面向"十三五"高职高专项目导向式教改教材·财经

经 济 法
(第 2 版)

张胜坤　主　编

高丽萍　李文华　副主编

清华大学出版社

北　京

内 容 简 介

经济法是高职高专院校财经类专业的核心课程，是财经类职业资格必考科目。本教材是面向"十三五"高职高专项目导向式教改教材，内容上主要安排了经济法的基础理论、公司法、企业法、企业破产法、合同法、竞争法、产品质量法、消费者权益保护法、工业产权法、金融法、财税及政府采购法、会计法、审计法、统计法等。

本教材以培养高职高专实用型人才为目标，结合经济法理论的最新发展，采用实践案例项目导向的编排体例，最大限度地激发读者的学习兴趣。

本教材既适用于高职高专财经专业及相关专业的教学，也可以作为同层次的学历教育、职业资格考试的参考用书。

图书在版编目(CIP)数据

经济法/张胜坤主编. —2 版. —北京：清华大学出版社，2018

(面向"十三五"高职高专项目导向式教改教材·财经系列)

ISBN 978-7-302-49068-5

Ⅰ. ①经…　Ⅱ. ①张…　Ⅲ. ①经济法—中国—高等职业教育—教材　Ⅳ. ①D922.29

中国版本图书馆 CIP 数据核字(2017)第 295842 号

责任编辑：梁媛媛
封面设计：刘孝琼
责任校对：周剑云
责任印制：李红英

出版发行：清华大学出版社

    网　　址：http://www.tup.com.cn, http://www.wqbook.com

    地　　址：北京清华大学学研大厦 A 座　　邮　　编：100084

    社 总 机：010-62770175　　　　　　　邮　　购：010-62786544

    投稿与读者服务：010-62776969, c-service@tup.tsinghua.edu.cn

    质量反馈：010-62772015, zhiliang@tup.tsinghua.edu.cn

    课件下载：http://www.tup.com.cn, 010-62791865

印 装 者：清华大学印刷厂

经　　销：全国新华书店

开　　本：185mm×260mm　　印　张：22.25　　字　数：538 千字

版　　次：2014 年 8 月第 1 版　2018 年 2 月第 2 版　印　次：2018 年 2 月第 1 次印刷

印　　数：1～3000

定　　价：49.80 元

产品编号：076564-01

再版前言

在经济快速发展时期，经济立法显得尤为重要，进入 21 世纪，每次重要的经济立法都会引起社会广泛的关注。例如，2008 年 1 月 1 日实施的《中华人民共和国劳动合同法》为广大劳动者带来全面的权利保护；2008 年的三聚氰胺事件催生了 2009 年 6 月 1 日施行的《食品安全法》，2015 年 4 月对该部法律作了全新的修订，并于当年 10 月 1 日实施；2009 年 9 月 1 日起将个税免征额由 2 000 元调整为 3 500 元，适用超额累进七级税率，各省、直辖市每隔一至两年即调整本省内的最低工资标准，对低收入人群影响深远；2013 年年末全国雾霾天气等极端天气频发，使得人们更加关注环境保护，环保立法也将成为今后的立法重点。可见，很多社会问题归结起来多为经济问题，都需要从经济立法的角度寻求其解决方案。

因本教材第一版出版已三年有余，从使用反馈来看，得到了不少来自读者的好评。但由于第一版成稿的仓促，存在一些文字内容及格式的错漏，同时由于我国经济的快速发展，法制建设的步伐也在加快，这三年来国家颁布了诸多新的法律法规，对不适合经济发展的相关法律法规也做了大量修订，这些现实变化使得本教材的部分内容也需要与时俱进，进行必要的调整。于是，编写组通过多次讨论，分工协作，经过半年多的努力终于通力完成了本教材的修订。例如，2017 年 10 月 1 日实施的《中华人民共和国民法总则》调整规定八周岁以上的未成年人为限制民事行为能力人，那么在再版第五章中的限制民事行为能力人订立的合同效力部分就需要涉及知识点的修改；又如，再版第二章的企业登记制度中增加了企业年度报告制度，就是根据 2014 年 10 月 1 日实施的《企业信息公示暂行条例》的内容修改的，将原来的企业年检制度修改为企业年度报告制度。这样细微但必要的修改还有很多，我们期待更多读者对再版教材的检阅和评判。

本教材作为高职高专教改教材，基于经济立法的政策性和易变性，结合高职高专的人才培养目标，突出了以下教改特征。

(1) 本教材定位于应用型、技能型人才的培养，实践知识以掌握实践技能为目的，理论知识以必要、够用为原则，来确定教材内容。

(2) 在编写体例上，设计了任务案例、实训项目，注重学习的互动性和应用性，突出重、难点，以提高学生运用理论解决实际问题的能力。

(3) 本教材结合最新的经济法律法规及相关经济政策，充分体现时效性、新颖性。

本教材由张胜坤担任主编，高丽萍、李文华为副主编，具体分工如下：云南经济管理职业学院张胜坤编写项目一、二，王燕铭编写项目六，李娅媛编写项目七，易乡编写项目十三；邢台学院王健伟编写项目三、十一，王伟编写项目十二；昆明医科大学高丽萍编写项目四、九；云南师范大学商学院李文华编写项目五；石家庄学院赵玉一编写项目十；河南交通职业技术学院郭凤丽编写项目八。编写成员都是具有丰富教学经验的一线教师，有的成员还是省市级骨干教师，同时都兼任着执业律师、企业法律顾问等职务，有着丰富的实践经验，这就确保了教材内容的实用性、针对性。

在编写过程中，我们参考和借鉴了大量国内外经济法相关资料和许多学者的研究成果，在此一并表示衷心的感谢！由于水平有限，本教材难免有不足之处，敬请各位同仁和专家批评指正！

编　者

第 1 版前言

在经济快速发展时期，经济立法显得尤为重要，进入 21 世纪，每次重要的经济立法都会引起社会广泛的关注。例如，2008 年 1 月 1 日实施的《中华人民共和国劳动合同法》为广大劳动者带来全面的权利保护；2008 年的三聚氰胺事件催生了 2009 年 6 月 1 日施行的《食品安全法》；2009 年 9 月 1 日起将个税免征额由 2 000 元调整为 3 500 元，适用超额累进七级税率，税率为 3%～45%，使工薪收入者的纳税面由调整前约 28%下降到约 7.7%；2013 年年末全国雾霾天气等极端天气频发，使得人们更加关注环境保护，环保立法也将成为今后的立法重点。可见，很多社会问题归结起来多为经济问题，都需要从经济立法的角度寻求其解决方案。

本教材作为高职高专教改教材，基于经济立法的政策性和易变性，结合高职高专的人才培养目标，突出了以下教改特征。

(1) 本教材定位于应用型、技能型人才的培养，实践知识以掌握实践技能为目的，理论知识以必要、够用为原则，来确定教材内容。

(2) 在编写体例上，设计了任务案例、实训项目，注重学习的互动性和应用性，突出重、难点，以提高学生运用理论解决实际问题的能力。

(3) 本教材结合最新的经济法律法规及相关经济政策，充分体现时效性、新颖性。

本教材由张胜坤、王健伟担任主编，王伟、高丽萍、李文华为副主编，具体分工如下：云南经济管理职业学院张胜坤编写项目一、二，王燕铭编写项目六，李娅媛编写项目七，易乡编写项目十三；邢台学院王健伟编写项目三、十一，王伟编写项目十二；昆明医科大学高丽萍编写项目四、九；云南师范大学商学院李文华编写项目五；石家庄学院赵玉一编写项目十；河南交通职业技术学院郭凤丽编写项目八。编写成员都是具有丰富教学经验的一线教师，有的成员还是省市级骨干教师，同时都兼任着执业律师、企业法律顾问等职务，有着丰富的实践经验，这就确保了教材内容的实用性、针对性。

在编写过程中，我们参考和借鉴了大量国内外经济法相关资料和许多学者的研究成果，在此一并表示衷心的感谢！由于水平有限，本教材难免有不足之处，敬请各位同仁和专家批评指正！

编　者

目　　录

面向『十三五』高职高专项目导向式教改教材·财经系列

项目一

经济法概述

【技能目标】

- 应用经济法律基础理论识别经济法律关系。
- 判断经济法律关系的产生、变更与终止。

【知识目标】

- 掌握经济法及经济法调整对象、经济法律关系的相关概念。
- 熟悉经济法法律关系的设立、变更及终止的理论。

任务一　经济法的基本概念

任务案例

2006 年 3 月，某市政府办公室下发〔2006〕11 号文件，要求市直机关和各乡镇农场在公务接待中使用"小糊涂仙"系列白酒，并给各单位附加总计 200 万元的任务，要求在本年度内完成。这一指定公务用酒的做法使得酒业同行一片哗然，这其实是在变相地将其他白酒品牌挤出公务接待用酒市场。小糊涂仙酒通过政府红头文件的"红色营销"事件被曝光，并由此引发了一系列的争议和声讨。

具体任务

(1) 如何看待本案例中的经济法律关系？
(2) 本案例中的事件违反了什么法律？应该如何处理？

理论认知

一、经济法的概念与调整对象

(一)经济法的产生与发展

经济法是人类社会政治、经济发展到一定历史阶段的产物，有其产生和发展的历史演变过程，并随着经济关系的复杂化而逐渐充实和完善。

在奴隶制和封建制时期，与简单的商品生产经济关系相适应的，调整不同社会关系的法律规范共存于"诸法合一"的法律大全中，没有按照法的调整对象进行部分法的划分。但这些综合法典中已有相当数量的调整当时社会经济关系的法律规范，对当时的社会生产、经济秩序的调整起到了一定的引导和维护作用。

在资本主义形成的自由资本主义时期，以亚当·斯密为代表的经济学家提出了"自由放任"的主张，用"看不见的手"("看不见的手"是指市场供给和需求的相互作用，而政府直接干预经济被看作是"看得见的手")来调节市场，充分发挥市场机制的作用。在这个时期，与此相适应；强调个人的平等、自由和自治的民法和商法成为法律的主要形式。同时，资本主义国家还颁布了大量单行经济法规来调整复杂的经济关系，如有关保护贸易和关税、促进工商业发展等方面的规定。在垄断资本主义时期，垄断经济的发展，加深了社会的矛盾，自发的市场调节机制受到很大的影响，国家必须放弃原来的自由放任的主张，承担起规范市场主体、维护市场秩序、进行宏观调控的职能。这一时期，国家运用大量法律手段干预经济，产生了现代意义上的经济法。例如，美国国会在 1890 年出台了《反对不法限制和垄断，保护交易和通商的法律》(《谢尔曼法》)，在 1904 年又颁布了《克莱顿法》和《联邦贸易委员会法》；德国在 1896 年制定了《反不正当竞争法》等。

推动经济法迅速发展的是第一次世界大战。在战争中，垄断资产阶级为了趁机垄断市场，控制紧缺物质，抬高物价，大发战争横财，使得政府征集战争物资变得非常困难，于是不少国家制定了以国家集中管理经济为内容的法律。在第二次世界大战以后，经济法得到了长足的发展。以美国、德国、英国、日本为首的发达资本主义国家，普遍认识到运用法律手段管理社会经济的重要性，并且都制定了大量经济法律、法规，经济法已发展成为比较完善的、独立的法律部门。

新中国成立后，在相当长的一段时间内，虽然制定和颁布过一些经济方面的法律、法规，但没有称之为经济法。1978 年改革开放以后，随着经济的发展，经济法日益受到重视，国家颁布了大量经济法律、法规，特别是党的十四大提出建立社会主义市场经济体制以后，为了适应市场经济对法制建设的要求，经济立法的步伐不断加快，自 1993 年开始陆续制定和颁布了一系列经济法律、法规。到目前为止，具有中国特色的社会主义市场经济体系已初步形成。与此同时，经济法的研究和教学在全国范围迅速展开，推动了我国社会主义市场经济建设和经济法制建设的进一步发展。

(二)经济法的概念

对于经济法的定义，国内外法学界存在很多争议，我国立法中也未予明确，但一般认为，经济法是指调整国家在管理和协调经济运行过程中发生的经济关系的法律规范的总称。

《知识链接》

"经济法"词源

"经济法"一词，最早出现在法国空想社会主义者摩莱里在 1755 年出版的《自然法典》一书中，摩莱里最早提出了经济法这一概念。1843 年法国空想社会主义者德萨米在其《公有法典》中、1865 年蒲鲁东在其《工人阶级的政治能力》中也都提到了"经济法"一词。但是，这些都不是现代意义上的经济法概念。现代意义上的"经济法"一词来源于德国。1906 年，德国学者莱特在《世界经济年鉴》中使用了"经济法"一词，用以说明与世界经济有关的各种法规。此后，随着经济立法的发展，经济法的概念开始被人们广泛接受和使用。1978 年，党的十一届三中全会以后，我国在国家的一些正式文件中开始使用"经济法"这一概念，同时学术界对经济立法也展开了广泛、深入的研究。

(三)经济法的调整对象

经济法的调整对象是指国家在管理和协调经济运行过程中发生的经济关系。作为一个独立的法律部门，经济法的调整对象不同于其他法律部门，具体包括以下四个方面。

1. 市场主体调控关系

市场主体调控关系是指国家在对市场主体的活动进行管理，以及市场主体在自身运行过程中所发生的社会关系。这里所说的市场主体，主要是指在市场上具体从事交易活动的经济组织，如企业和非企业性经济组织。调整这部分经济关系的经济法律制度主要有国有企业法、独资企业法、合伙企业法、公司法和外商投资企业法等。

2. 市场运行调控关系

市场运行调控关系是指国家为维护市场经济秩序，维护国家、经营者和消费者的合法权益而干预市场所发生的经济关系，包括市场竞争、产品质量、广告等方面的法律所涉及的关系。调整这部分经济关系的经济法律制度主要有反垄断法、反不正当竞争法、产品质量法、广告法和消费者权益保护法等。

3. 宏观经济调控关系

宏观经济调控关系是指国家从长远和社会公共利益出发，对关系国计民生的重大经济因素实行全局性的管理，并与其他社会经济组织发生的具有隶属性和指导性的社会经济关系。这部分经济关系主要包括产业调整、计划、国有资产管理等方面的关系。调整这部分经济关系的经济法律制度主要有预算法、计划法、金融法、会计法等。

4. 社会分配调控关系

社会分配调控关系是指国家在对国民收入进行初次分配和再分配过程中发生的经济关系，如关于财政、税收、社保等方面的法律关系。调整这部分经济关系的经济法律制度主要有税法和社会保障法等。

二、经济法的特征与基本原则

(一)经济法的特征

经济法具有一般法律的基本特征，即国家意志性、特殊的规范性和应有的强制性。经济法与其他法律相比较，又有自己的一些特点，具体表现在以下四个方面。

1. 综合性

经济法的综合性表明其不限于单一的范围，主要表现在以下三点。

(1) 在调整手段上，经济法将各种法律调整手段有机地结合起来，对经济关系进行综合调整。这主要表现在，经济法往往运用民事的、行政的、刑事的、程序的、专业及技术的等手段作用于某一经济领域，以达到维护社会经济秩序的目的。

(2) 在规范构成上，经济法既包括若干部门经济法，又包括法律、法令、条例、细则和办法等许多规范形式的经济法律、规范；既包括实体法规范，又包括程序法规范；既包括强制性规范和任意性规范，又包括指导性规范和诱导性规范等。

(3) 在调整范围上，经济法调整的内容既包括宏观经济领域的管理和调控关系，也包括微观经济领域的管理和协作关系，具体包括工业、农业、商贸、财政、税收、金融、统计、审计、会计、海关、物价、环保、土地等范畴。

2. 经济性

经济法直接作用于经济领域，并具有经济目的性，因此经济法的经济性是不言而喻的。经济法的经济性的重要表现是，经济法往往把经济制度、经济活动的内容和要求直接规定为法律。此外，经济法反映了经济生活的基本经济规律，并服务于经济基础，为经济基础所决定和制约。任何经济法律规范都不是立法者主观意志的随意编造，而是取决于客观经济条件是否成熟和客观经济形势是否需要。另外，经济法调整的手段主要是经济手段，即以经济规律和经济现实为依据而确立的具有经济内容的手段，这与行政、刑事手段不同。

3. 行政主导性

经济法是国家管理、干预、从事经济活动，参与经济关系的产物，因此经济法在调整经济关系的过程中直接体现了国家的特殊意志。作为国家特殊意志在法律上的反映，经济法更着重体现了法的强制性、授权性、指导性的色彩，并多以限制或禁止性规定来规范主体作为或不作为，以此来限制或取缔某种经济活动和某种经济关系的发生或存在，还常以奖励与惩罚并用的方法来促进主体的行为符合社会经济利益的整体需要，借以达到促进与支持某种经济关系的建立和发展的目的，并为处理经济纠纷提供相应的依据。这与民法规范不同。

4. 政策性

经济法是国家自觉参与和调控经济的重要手段，因此其重要任务是实现一定经济体制和经济政策的要求，这就使得经济法具有显著的政策性特征。这主要表现在经济法随时根据国家意志的需要赋予政策以法的效力，并根据政策的变化而变化，在经济法的执法和司法力度方面，也无不受政策的影响。

(二)经济法的基本原则

经济法的基本原则是指规定于或寓意于经济法律、法规之中，对经济立法、经济执法、经济司法和经济守法具有指导意义和适用价值的根本指导思想或准则。经济法的基本原则必须反映经济法的本质属性，必须具备明确的准则性或导向性，必须能够体现和适应经济法体系中所有法律、法规的本质要求。我国经济法的基本原则主要有以下四个方面。

1. 国家适度干预原则

国家适度干预原则是经济法的基本原则，是体现经济法本质特征的原则，也是经济法最重要的原则。在理解经济法的适度干预原则之前，我们必须对国家干预有一个基本的认识。由于市场是有缺陷的，因此运用国家的力量对这种缺陷进行修补是一种客观的需要。国家干预是不可避免的，问题的关键不在于要不要干预，而是如何干预。国家适度干预原则要求国家遵循经济法的价值目标谨慎地干预经济，确立其对市场的辅助性地位。贯彻适度干预原则需要明晰市场与政府的关系，加强法律对国家干预的规制，重塑国家的经济管理职能。

2. 社会本位原则

法律部门的本位思想是法律所立足的理念基点与价值追求，是法律所定位的保护目标与中心指引，是法律解决社会矛盾的基本立场。经济法的社会本位原则是指经济法作为国家干预经济的基本法律形式，以维护社会公共利益为出发点，规范国家干预行为，使其适度干预社会经济生活。

3. 经济公平原则

经济公平最基本的含义是指任何一个法律关系的主体，在以一定的物质利益为目标的活动中，都能够在同等的法律条件下，实现建立在价值规律基础之上的利益平衡。经济公平是市场经济主体进行市场交易的基本要求和基本条件。经济公平原则包括以下三个方面。

(1) 主体地位公平。主体地位公平是经济公平的先决条件。竞争是市场机制发挥其基本功能的先决条件，而竞争功能的实现程度又主要取决于法律对各竞争主体地位的公平性。因此，有必要确保市场主体的法律地位平等和竞争机会的均等。

(2) 分配公平。分配不公是经济社会发展的伴生物，如果确保竞争公平主要是关注市场主体的竞争机会公平的话，那么分配公平则是在此基础上进一步强调社会成员对资源成果的分享公平，是经济法应当实现的经济公平的第二个层次。

(3) 权利义务对等。权利义务对等是经济公平的核心内容。经济公平要求主体的权利和义务对等是权利义务在数量上的等值性的必然要求。

4. 权责利效相统一原则

权责利效相统一原则是指在经济法律关系中各管理主体和经营主体所承受的权利(力)、利益、义务和职责必须相一致，不应当有脱节、错位、不平衡等现象存在。

◎ 任务解析

(1) 本任务案例中，当地政府通过政府公务用酒的批文为"小糊涂仙"酒在同类市场中排挤其他竞争者，是典型的行政垄断行为。滥用行政权力限制竞争的行为在本质上是一种歧视行为，是对平等地位的市场主体实施了不平等的待遇，其后果是扭曲竞争，妨碍建立统一、开放和竞争的大市场，使社会资源不能得到合理和有效的配置。

(2) 本任务案例中，某市政府违反了我国《反垄断法》和《工商行政管理机关制止滥用行政权力排除、限制竞争行为程序规定》。根据规定，行政机关滥用行政权力，实施排除、限制竞争行为的，由上级机关责令改正；对直接负责的主管人员和其他直接责任人员依法给予处分。反垄断执法机构可以向有关上级机关提出依法处理的建议。

任务二　经济法律关系的认知

◎ 任务案例

新宇公司与佳林公司销售部订立一份化肥买卖合同。合同规定，佳林公司销售部负责供应新宇公司化肥20吨，并规定了交货日期和方式，新宇公司应预付订金20万元；此外，还规定了双方的违约责任。在合同履行期到来时，佳林公司销售部却未能交付化肥。对此，新宇公司要求佳林公司销售部双倍返还订金并承担违约责任。经查，佳林公司销售部乃是B公司内部的职能机构，未领取营业执照且未取得法人资格。

⊙ **具体任务**

佳林公司销售部是否能够作为经济法律关系主体签订合同？为什么？

⊙ **理论认知**

一、经济法律关系的概念

经济法律关系是指国家在调节或协调经济运行的过程中，根据经济法的规定在经济法主体之间所形成的权利义务关系。

经济法律关系是经济关系经过经济法的调整的结果，因此经济法律关系的产生与发展受到客观经济规律的制约，也需要国家强制力的保障。经济法律关系有其自身的特点，归纳起来具体表现为以下三点。

(1) 经济法律关系是经济管理关系和经济协作关系相统一、宏观调控和市场调节相统一的法律关系。经济法调整的经济管理关系和经济协作关系之间尽管有差别，但它们又是有机联系、相互统一的；宏观调控和市场调节是经济法调整经济法律关系的两种必备手段。

(2) 经济法律关系体现了经济权利和经济义务的统一。任何法律关系都是以当事人之间一定的权利和义务关系为内容的。在经济法律关系中的两个不可分割的方面则是以经济权利和经济义务为内容，否则不是经济法律关系。这种经济权利和经济义务直接反映了当事人之间的经济利益，体现了经济性。

(3) 经济法律关系体现了国家意志与个人意志、国家强制力保证实施与当事人自觉实现的统一。

二、经济法律关系的构成要素

社会关系都是由主体、内容、客体三个要素构成的，经济法律关系也不例外。任何经济法律关系都由主体、内容和客体三个要素构成，这三个要素相互联系、缺一不可。

(一)经济法律关系主体

经济法律关系主体是经济法律关系产生的先决条件，是客体的占有者、使用者和行为的实践者。主体是经济权利的享有者和经济义务的承担者，能够以自己的名义独立参加经济法律关系。失去了主体就不存在权利这种可能性及义务这种必要性转化为现实权利义务的条件，因此也就谈不上经济法律关系的内容了。

经济法主体必须具备一定的主体资格。主体资格是指当事人参与经济法律关系、享受经济权利和承担经济义务的资格或能力。只有具有经济法主体资格的当事人才能参与经济法律关系，享受经济权利和承担经济义务。

经济法对经济法主体资格的认可，一般采用法律规定一定条件或一定程序成立的方式予以确认。未取得经济法主体资格的组织不能参与经济法律关系，不能从中享有权利和承担义务，不受法律保护。

面向「十三五」高职高专项目导向式教改教材 · 财经系列

在我国，经济法律关系的主体范围包括：国家机关、企业和其他社会组织、企业内部组织或人员、农村承包经营户、个体工商户和自然人。

(二)经济法律关系内容

经济法律关系内容是指经济法主体依法享有的经济权利和承担的经济义务。经济法律关系内容是经济法律关系的实质和核心，是联络各主体、联系主体与客体之间的桥梁，直接体现了法律关系主体的要求和利益。仅有主体、客体，而不通过权利义务互相连接，也不可能形成法律关系。经济法律关系内容有其特殊性，除了一般的权利义务关系以外，还包括经济法律关系的权力。

1. 经济法律关系内容的含义

一般而言，法律关系的内容是指法律关系的主体享有的权利和承担的义务。在经济法律关系中，由于经济法调整的对象具有特殊性，主要是国家在协调本国经济运行的过程中发生的经济关系，因此主体之间的关系在很大程度上和许多层面上都存在一个管理和被管理的关系。经济法律关系主体具有特殊性，包括经济组织等专门进行经济活动的主体，也有国家、政府机关等从事经济管理、经济监督等经济组织活动的主体，因而在经济法律关系中既存在经济权利和经济义务关系，也存在经济权力和经济义务关系。因此，经济法律关系的内容与一般的民事法律关系的内容不同，具有其特殊性。

首先，经济法律关系内容，除了经济权利和经济义务以外，还包括经济权力。这主要是由政府机关的管理、协调和监督职能决定的。

其次，权利(力)义务的非均衡性。由于国家、政府与市场主体之间的地位具有不平等性，权利(力)义务的非均衡性必然导致意志的不平等。国家和政府固然不能任意干预市场主体的经济活动，但市场主体也必须遵守国家和政府制定的法规和政策，这就是一个服从的过程。

总之，经济法律关系内容指的就是经济法律关系的主体享有的经济权利，拥有的经济权力和承担的经济义务。

2. 经济权利

经济权利是指经济法主体依据法律规定或合同约定所获得的，实现经济目的，满足物质利益需要的权利。经济权利是一种法律资格。其意义在于经济法主体凭借这种资格，可以调节或进行一定的经济活动，参加具体的经济法律关系；凭借这种法律资格，可要求义务主体为一定行为或不一定行为，以实现自己的经济权益和要求；凭借这种法律资格，在义务主体不履行义务时，有权要求仲裁机构、司法机关做出裁决、判决，由司法机关强制执行，以保护自身权益。

经济法律关系主体具体的经济权利主要包括以下三点。

(1) 财产所有权。财产所有权即所有权，是指所有者对其财产依法享有的独立支配权，包括占有、使用、收益和处分的权利。

(2) 经营管理权。经营管理权是指企业进行生产经营活动时依法享有的权利。经营管理权可以分为两大类：一是经营权；二是管理权，是市场主体对于自己内部的生产经营活动进行组织、协调和管理的权利。

(3) 请求权。请求权是指经济法主体的合法权益受到侵犯时依法享有的要求侵权人停止侵权行为和要求国家机关保护其合法权益的权利,主要包括要求赔偿权、请求调解权、申请仲裁权和经济诉讼权等。

此外,监督权、举报权和知情权等权利也是市场主体依法享有的重要权利。

3. 经济权力

经济权力源于行政权力。随着国家经济职能的强化和扩展,一种经济性的权力形成并发展起来,这种经济权力形成独具特点的经济行政领域,行政作用随之被分割了。

在国民经济调节领域中,行政权力转化为经济权力。经济权力是指国家和国家经济机关为了实现国家的经济目的,依法对国民经济进行调节的权力。

国家经济机关是代表国家行使权力的机构,其行为为国家行为。国家的意思行为具有决定力特征。经济权力是由国家经济机关单方面实施国家行为而形成的,任何社会经济组织和公民个人的经济活动是否符合法律的要求,国家经济机关享有认定权,而其认定结果具有约束力。在民事权利关系中,任何一方的意思行为都不具有决定力,不存在一方当事人的意思行为决定另一方当事人的意思行为的情况。执行力也是经济权力的重要特征,经济权力是经济事务的执行权。国家经济机关负有对法律的执行义务。

从国家对国民经济调节的要求出发,经济权力可分为以下五大类。

(1) 经济组织权力。这是国家通过国家经济机关组织、领导国民经济的权力。它包括国民经济发展战略的选择,经济区域、产业结构的调整,国民经济各管理系列的协调,对涉外经济的组织等权力。

(2) 经济支配权力。这是国家经济机关依法在职权范围内,对具体经济事务进行支配的权力。它包括对物质资料和自然资源、财政信贷、科学技术、企业经济和劳动力等的支配权力。国家经济机关的经济支配权力,主要采取依法发布规章和执行经济行政措施的方式。

(3) 经济强制权力。这是强制社会经济组织和公民个人等执行国家经济机关经济行政措施的权力。基于这种权力,对于对行政规章和决定的干扰和不执行,国家经济机关有权采取排除措施。

(4) 经济处罚权力。对于违反法律、法规的规定,违反国家经济机关发布规定的决定的社会经济组织和公民个人等,国家经济机关享有处罚权力,可根据罚则予以制裁。

(5) 经济监督权力。对国民经济各过程、各环节进行监督,是国家经济机关的重要权力。这些经济权力都将在国家调节国民经济运行中表现出来。经济权力的实质是执行力,即执行法律、法规的权力。由于法律、法规的执行过程是国家经济机关独立行使经济权力的过程,因而强调行使经济权力的合法性、适法性是十分必要的。经济权力措施不得与宪法及法律相抵触,不得擅自利用经济权力设定经济权利或撤销经济义务,不得利用经济权力使社会经济组织和公民个人等主体承担法外义务或侵害其合法权利,不得超越法定界限自由处置。

4. 经济义务

经济义务是指经济法主体为满足权利主体或权利主体要求,依法为一定行为或不为一定行为的责任。经济法上的经济义务,既包括对权利主体的义务,也包括对权力主体的义务。

经济义务为法律设定或当事人约定。法律设定是法律明文规定义务;当事人约定是参加经济法律关系时双方当事人协商议定的义务。这里应当明确,当事人约定的义务,也必须以法律为依据，经济义务是满足权利主体或权力主体要求的行为；不履行经济义务则应承担责任。

根据权利者或权力者的不同情况，经济义务可分国家和政府机关的义务及市场主体的义务。

(1) 国家和政府机关的义务。由于政府机关是国家协调经济运行的实际承担者，所以国家的经济义务主要是通过政府机关来实现的。国家和政府机关的经济义务是指经济法对国家和政府进行宏观调控和市场管理活动所提出的约束，据此约束，政府必须为或不为一定的行为。这主要包括：①一般性义务。这是指政府必须正确行使权力的义务。这要求政府必须正确行使权力，不得放弃或转让，否则就是失职行为；同时权力的行使必须符合规范，不得超越权限范围，违反法定程序，否则也是违反义务。②服务性义务。这是指国家和政府应当为市场主体的生产经营活动提供或创造便利条件的义务，包括向市场主体提供信息和咨询、协调经济摩擦、组织劳动就业、培育和完善市场体系、发展和完善公共设施和公益事业等。

(2) 市场主体的义务。市场主体的义务是指经济法为市场主体设定的约束，市场主体在生产经营活动中必须受制于这些约束。这主要包括：①守法经营的义务。守法经营是市场经济主体的一项基本义务，包括市场主体依法进行生产、经营、管理、组织、销售、纳税等一般性义务。当市场主体未能履行守法义务时，国家政府就会介入干预。②公平竞争的义务。公平竞争是市场主体的主要义务，它要求市场主体在生产经营活动中要合法经营，凭借自身实力进行竞争，而不得借助非法力量或使用包括对市场的支配力量在内的不当手段损害其他经营者或消费者的利益。公平竞争义务一般是不作为义务，通过有关立法运用概括或列举的方式明确市场主体所不应当进行的行为。③接受监督的义务。接受监督的义务是指市场主体在政府对其经济活动进行检查时，应当予以积极配合，提供方便条件及所需资料，不得拒绝和阻挠的义务。各类经济法律规范都规定了政府有检查监督的权力，同时也规定市场主体有接受检查监督的义务。④经济组织内部的义务。经济组织内部的义务是指在作为经济法主体的经济组织内部形成的经济关系中所承担的义务，如生产经营责任制义务、内部合同义务、内部审计义务等。这种义务的特点是，不由法律直接规定，而是经济组织依据法律规定或对外合同约定，为履行经济义务在组织内部根据分工将义务又进行分解而成的义务。其违反义务的责任，为内部责任。

(三)经济法律关系客体

经济法律关系客体是指经济权利和经济义务所指向的对象。经济法律关系客体包括以下三个。

1. 物

物是指能够为人控制和支配、具有一定经济价值、可通过具体物质形态表现存在的物品。物包括自然存在的物品和人类劳动生产的产品，以及固定充当一般等价物的货币和有价证券等。物是经济法律关系中存在的最广泛的客体。

2. 经济行为

经济行为是指经济法主体为达到一定经济目的、实现其权利和义务所进行的经济活动。

它包括经济管理行为、提供劳务行为和完成工作行为等。作为经济法律关系客体的经济行为，仅指具有法律意义即为实现权利和义务而实施的行为。

3. 智力成果

智力成果又称精神财富，是指经济法主体从事智力劳动创造取得的成果，如科学发明、发现、技术成果、艺术创作成果、学术论著等。智力成果本身不直接表现为物质财富，但可以转化为物质财富。智力成果作为经济法律关系的客体，其法律表现形式主要为商标权、专利权、专有技术、著作权等。

三、经济法律关系的确立

经济法律关系的确立是指由经济法律规范所确认的、经济法主体之间的经济权利与义务关系在社会经济生活中的具体实现。

它包括经济法律关系的设立、变更和终止三种情况。经济法律关系的设立是指在特定的经济法主体之间形成某种经济权利与经济义务关系。经济法律关系的变更是指在原有的经济法律关系中，部分或全部要素发生改变。经济法律关系的终止是指特定经济法主体之间原有的经济权利与经济义务关系不再存在。

经济法律关系的确立是有条件的，需要有经济法律事实的存在。所谓经济法律事实，是指能够引起经济法律关系设立、变更与终止的客观情况。经济法律事实可以依照其发生是否与当事人的意志有关，分为行为与事件两类。

1. 行为

行为是指当事人有意识的活动，分为合法行为和违法行为。

(1) 合法行为是指符合法律规范的行为，包括经济管理行为、经济法律行为和经济司法行为。经济管理行为是指国家经济管理机关依法实施的、能够引起法律后果的行为，如工商企业设立登记等。经济法律行为是指经济法主体为发生、变更或终止一定的法律关系，按照法律规定而实施的行为，如依法签订合同，其产生的权利、义务受到国家的保护。经济司法行为是指司法机关而为的行为，其中包括判决、裁定、调解等。例如，经过法院的判决或裁定，就要按照判决或裁定发生的法律关系而变更或终止原有的法律关系。

(2) 违法行为是指违反法律规定的行为或实施法律所禁止的行为。违法行为不能产生行为人所预期的法律后果，但可能产生其他法律后果，也会引起相应的经济法律关系发生、变更或终止，如引起经济制裁法律关系等。违法行为是行为人承担法律责任的依据之一。

2. 事件

事件是指不依当事人的主观意志为转移的客观事实。事件包括自然现象和社会现象引起的事实。自然现象引起的事实又称绝对事件，如自然灾害等。社会现象引起的事实又称相对事件。相对事件虽属由人的行为引起，但其出现在特定经济法律关系中并不以当事人的意志为转移，如因战争、罢工等社会事件致使合同无法履行等。

经济主体是经济法律关系的第一要素，是经济权利义务的承受者，也是经济活动的实施者。经济法律关系的主体必须具有独立的法人资格，能够独立地享有权利并承担义务。本任务案例中，佳林公司的销售部是佳林公司的内部职能机构，虽然没有取得营业执照也不具备法人资格，但在其职权范围内的事务，对外是可以代表公司签订相关合同的，因此，它可以作为经济法主体与新宇公司签订货物买卖合同。

任务三　经济法律责任

◉ 任务案例

2008 年 9 月，石家庄三鹿集团股份有限公司(以下简称三鹿公司)发出声明，经自检发现部分批次三鹿婴幼儿奶粉受三聚氰胺污染，市场上大约有 700 吨，公司决定立即将 2008 年 8 月 6 日以前生产的三鹿婴幼儿奶粉全部召回。同日，甘肃省卫生厅召开新闻发布会，首次向媒体通报了部分婴儿泌尿系统结石病因的调查情况，该省共上报病例 59 例，死亡 1 例，以农村患儿为多。此外，江苏、陕西、湖北等地医疗机构也陆续收治了多例婴儿泌尿系统结石患者，婴儿均处于哺乳期，均曾经服用过或仍在服用同一品牌奶粉。最终调查结果证明，三鹿奶粉制品是婴儿泌尿系统结石的致病原因。为此，三鹿公司将承担巨大法律责任。

◉ 具体任务

试分析三鹿公司需要承担的经济法律责任。

◉ 理论认知

一、经济法律责任的概念及特征

1. 经济法律责任的概念

经济法律责任是在国家干预和调控社会经济过程中，因经济法律主体违反经济法律、法规，而依法由其强制承担的否定性、单向性、因果性经济义务。

2. 经济法律责任的特征

经济法律责任的特征有以下五个。

(1) 经济法律责任是一种消极的、否定的法律义务，具有否定性。法律责任是一种法律义务，但并非所有的法律义务都是法律责任，因为法律义务既有积极的、又有消极的，既有肯定的、又有否定的。法律责任只是一种消极的、否定的法律义务，而不能同时包含积极的、肯定的法律义务。也就是说，法律责任是在政治上、道德上、法律上、主观上、客观上都应受到非难和谴责的。经济法律责任也同样具有这种消极性和否定性。

(2) 经济法律责任是一种单向的、非对等的法律义务，具有单向性。从法律上讲，权利和义务是对等的，义务和义务也是对等的，但经济法律责任只是违法主体的单向义务，不存在对等性。

(3) 经济法律责任是一种法定的强制性义务，具有法定性、强制性。纯粹法学派创始人凯尔森认为："法律责任的概念是与法律义务相关的概念，一个人在法律上对一定行为负责，或者他在此承担法律责任，意思就是，如果作相反行为，他应受到制裁。"从现代汉语上看，"义务"一词主要表示按法律规定应尽的责任。从一定意义上讲，责任和义务是相通的。因此，经济法律责任同其他法律责任一样，从本质上讲，都是一种法定的强制性义务。它是法律明文规定的义务，具有法定性；同时，它是由国家强制行为人接受的，又具有强制性、不可替代性。此外，行为人不能放弃履行这种强制性义务。

(4) 经济法律责任是因经济主体的违法行为所引起的因果性、后续性义务，具有因果性。经济法律责任不是凭空产生的消极义务，而是与经济法主体的先前行为存在因果关系。它既是后续义务，又是因果义务，没有经济法主体的违法行为，就不可能产生经济法律责任。因此，经济法律责任的消极性和否定性是因其经济违法行为的消极性和否定性所决定的。同时，经济法主体违反经济义务产生经济法律责任，而经济法律责任又必然使违法者产生了法定的第二义务或后续性义务。

(5) 经济法律责任是在国家进行宏观调控和经济管理过程中产生的经济义务，具有经济性。经济法律责任同其他法律责任的主要区别或根本区别就在于，它是在国家干预和调节社会经济过程中产生的责任。这决定了责任的内容具有经济性。

二、承担经济法律责任的条件

1. 主体必须有经济违法行为存在

经济违法行为不仅是产生经济法律责任的前提，而且也是承担经济法律责任的必备条件。经济法主体的违法行为既包括违反法定经济义务的行为，如偷税、抗税、骗税、生产伪劣产品、销售侵权产品等，又包括不正确地行使权利的行为，如错误吊销营业执照、超额罚款、擅自审批、擅自减免税款等；既包括作为的违法行为，如私设金融机构、诈骗贷款等，又包括不作为的经济违法行为，如偷税、玩忽职守等。

2. 主体的违法行为必须是给国家、社会或个人造成损害的事实

经济法律责任既是一种经济责任，又是一种社会责任。因为主体的经济违法行为给国家、社会或个人造成了损害，既包括经济的，也包括人身的；既包括有形的，也包括无形的；既包括现实的，也包括潜在的；既包括对国家和社会的，也包括对个人的。因此，经济法律责任从本质上讲具有经济性，但从实现方式来看未必都具有经济性。

3. 主体的经济违法行为与损害事实之间存在因果关系

主体要承担经济法律责任，不仅要有经济违法行为和损害事实，而且要求经济违法行为与损害事实之间必须具有内在的、必然的引起和被引起的关系。无论是管理、调控主体，还是管理、调控受体，其违法行为与损害事实无关，或者说，违法行为仅仅是损害事实产

生的外部的、偶然的条件，一般就不应要求经济法主体承担经济法律责任。

4. 主体在主观上必须具有故意或过失

主体承担经济法律责任，不仅要具备客观方面的条件，还必须同时具备主观方面的条件，即要具备法定的故意或过失的主观因素。所谓故意，是指主体对其经济违法行为具备明知的认识因素和希望或放任的意志因素。所谓过失，是指主体对其经济违法行为是当知而因疏忽大意未知或已知但轻信能避免的心理态度。当然也有个别的经济违法行为，实行无过错责任原则，但这是特殊原则，并以法定为限。例如，国家机关及其工作人员在执行经济管理职权过程中，侵犯相对主体的经济权利时，应承担经济法律责任，而不论其主观上有无过错及其内容。

三、经济法律责任的承担方式

根据我国经济法的规定，经济法主体的法律责任的基本类型是追究行政责任、民事责任和刑事责任三种。

1. 行政责任

经济法中的行政责任可以分为行政制裁与其他负担。行政制裁包括行政处分(行政机关针对与其有行政隶属关系的相对人采取的纪律处分，如警告、记过等)与行政处罚(行政机关针对违法单位和个人采取的非纪律性制裁，如罚款、责令停业等)。其他负担主要是行政机关针对由于其行政行为给个人、法人或其他经济组织的合法权益造成损害而给予的经济补偿、返还财物、消除影响、赔偿损失等。单位一般承担行政责任的具体形式主要有：警告、限期停业整顿、吊销营业执照、勒令关闭和罚款等；个人一般承担行政责任的具体形式主要有：警告、记过、记大过、降级、降职、撤职、留用察看和开除等。

2. 民事责任

经济法中的民事责任强调侧重无过错责任和公平责任，即行为不违法甚至合法，但是为了体现公平，也可以对行为人要求承担民事责任。此外，为了保护弱者，在经济法的民事责任中不仅强调同质赔偿还在一定情况下适用惩罚性赔偿原则，具体形式主要有：排除妨碍、返还财产、赔偿损失、支付违约金等。

3. 刑事责任

对于违反经济法律法规并构成犯罪的行为称为经济犯罪，就应当承担相应的刑事责任。刑事责任分为主刑和附加刑。主刑有管制、拘役、有期徒刑、无期徒刑和死刑；附加刑有罚金、剥夺政治权利、没收财产。

◎ 任务解析

在本任务案例中，首先，受毒奶粉侵害的广大消费者有权向三鹿公司要求经济赔偿；其次，三鹿奶粉存在质量缺陷，应该受到质量监督部门的严厉的行政处罚；最后，相关直接责任人，依法需要承担刑事责任。

项目小结

本项目主要是认知经济法的基础理论，了解并掌握经济法的概念、特点、调整对象、基本原则、经济法律关系、经济法律责任等方面的知识，重点在于对本项目知识点的整体掌握。

实训练习

【实训项目】搜集重大经济事件资料。

【实训操作及要求】搜集我国上年度及本年度与经济法有关的重大经济事件资料，特别关注其对我国经济法的发展的影响，并分组讨论问题——经济法在我国法律制度体系中的地位。

理论复习

一、多项选择题

1. 下列关于经济法律责任的说法中，正确的是(　　)。
    A. 是一种不利的法律后果
    B. 是违法主体必须承担的
    C. 体现了国家的强制力
    D. 是由违法行为造成的
2. 经济法的特征包括(　　)。
    A. 经济性　　　　B. 行政主导性　　　　C. 综合性　　　　D. 政策性
3. 经济法主体包括(　　)。
    A. 国家、国家机关　　　　　　　　　B. 社会组织
    C. 企业的内部组织　　　　　　　　　D. 公民
4. 经济法律关系的内容是(　　)。
    A. 经济权利　　　B. 经济责任　　　　C. 经济义务　　　D. 经济利益
5. 下列选项中，可以成为经济法律关系客体的有(　　)。
    A. 房子　　　　　B. 车子　　　　　　C. 钱　　　　　　D. 技术
6. 下列可以成为法律事实中的事件的有(　　)。
    A. 工伤　　　　　B. 当事人的死亡　　C. 海啸　　　　　D. 罢工
7. 对法律事实中的行为判断正确的有(　　)。
    A. 行为是受人的意志操控的
    B. 甲主动辞职就是一种行为

  C. 法律事实中的行为必须是合法行为

  D. 合法行为必然引起法律关系的产生

8. 下列属于经济法律责任的具体形式的有( )。

  A. 罚款   B. 赔偿   C. 吊销营业执照 D. 没收非法所得

二、简答题

1. 简述经济法的概念及特征。

2. 简述经济法的调整对象及其含义。

3. 简述经济法的基本原则。

4. 简述经济法律关系的概念、构成要素及构成要素的含义。

5. 简述经济法律关系的确立。

项目二

公司法

【技能目标】

- 识别公司设立过程中的违法行为。
- 阐述有限责任公司与股份有限公司的区别。
- 识别公司内部管理中的不规范行为。
- 解释股权转让的注意事项。

【知识目标】

- 掌握有限责任公司的设立、组织机构与股权转让。
- 掌握股份有限公司的设立、组织机构、股份发行与转让。
- 掌握公司债券的发行与转让。
- 熟悉公司财务、会计的主要规定。
- 了解公司董事、监事、高级管理人员的资格和义务。
- 了解公司合并、分立、解散与清算。

任务一　公司及公司法认知

◉ 任务案例

当事人曾嘉长期在一家婚介所打工，现在凑足了近10万元的启动资金，准备自己开办一家婚介所，其朋友黄鑫也想一起参与。但曾嘉不知道婚介所注册哪种企业形式好，在向咨询公司咨询中，有的说注册成有限责任公司好，有限责任公司的投资人只承担有限责任；也有的说办成合伙企业或个人独资企业好，认为这两种形式经营管理灵活。曾嘉一时犯难，不知道如何判断其中的优劣。

◉ 具体任务

试为曾嘉分析有限责任公司、合伙企业、个人独资企业三者的区别及各自的优点。

◉ 理论认知

一、公司的概念与种类

(一)公司的概念

公司是指依法设立的，以营利为目的的，由股东投资形成的企业法人。我国的公司包括有限责任公司和股份有限公司。公司具有以下特征。

1. 依法设立

公司必须依法定条件、法定程序设立，即一方面要求公司设立条件、组织机构、活动原则等合法；另一方面要求公司设立要经过法定程序，进行工商登记。

2. 以营利为目的

任何投资者投资设立公司的目的都是为了获取利润。营利目的不仅要求公司本身为取得营利而活动，而且要求公司有营利时应当分配给股东。

3. 具有法人资格

法人是指依法成立的，具有民事权利能力和民事行为能力，能够依法独立承担民事责任的组织。公司是企业法人，能够独立地承担责任，即股东以其出资额或所持股份为限对公司债务承担有限责任，公司以其全部财产为限对其债务承担责任。

(二)公司的种类

从不同的角度，对公司可以进行不同的分类。例如，以公司的信用基础划分，可将公司分为人合公司、资合公司、资合兼人合公司；以公司组织关系划分，可将公司分为母公司和子公司、总公司和分公司；以股东对公司债务承担责任的方式划分，可将公司分为无限公司、两合公司、有限责任公司和股份有限公司。我国现行公司法中所谓的公司是指在中国境内设立的有限责任公司和股份有限公司。

1. 有限责任公司

有限责任公司是指由 50 个以下股东出资设立的，股东以其认缴的出资额为限对公司承担责任，公司以其全部财产对公司的债务承担责任的公司。

2. 股份有限公司

股份有限公司是指公司将全部资本划分为等额股份，股东以其认购的股份为限对公司承担责任，公司以其全部财产对公司债务承担责任的公司。

《《知识链接》》

母子公司与总分公司

根据公司之间是否存在控股或从属关系，公司可分为母公司和子公司。母公司是对另一个公司的投资额达到控股的公司，被控股公司即成为该公司的子公司，包括那些被某公司通过股权、融资、契约等方式置于其支配或统属之下的公司。母公司和子公司两者合在一起是连为一体的公司集团，但两者都是独立的法人，只是相互之间存在着控股关系、控制关系。母子公司之间存在的控制与被控制关系或支配与被支配关系，是公司中最基本的关系。

根据公司的内部管辖关系，公司可以分为总公司和分公司。总公司是指设立分公司的公司。分公司是指在住所以外设立的从事经营活动的机构，不具有独立的法人资格，其民事责任由总公司承担。

成立分公司只要拿总公司的营业执照和总公司关于成立分公司的申请到工商局办理分公司的营业执照即可。成立子公司的办理程序和成立一个新公司一样。分公司不是独立核算单位，不设法人代表，子公司是独立核算单位，要设法人代表。简单地说，母公司和子公司之间是投资关系，都是独立的法人，总公司和分公司是上下级关系。

二、公司法的概念

公司法是规定公司法律地位，调整公司组织关系，规范公司在设立、变更与终止过程中组织行为的法律规范的总称。公司法有狭义与广义之分。狭义的公司法仅指专门调整公司问题的法律，如《中华人民共和国公司法》；广义的公司法是指国家关于公司的设立、组织与活动的各种法律、法规和规章的总称。本项目重点介绍狭义的公司法。

《中华人民共和国公司法》(以下简称《公司法》)于 1993 年 12 月 29 日由第八届全国人大常委会通过，自 1994 年 7 月 1 日施行，随后经历了 1999 年 12 月 25 日和 2004 年 8 月 28 日全国人大常委会的两次修正和 2005 年 10 月 27 日的一次修正。2013 年 12 月 28 日第十二届全国人大常委会再次进行了修正，并于 2014 年 3 月 1 日起施行。

三、公司法人财产权与股东权利

(一)公司法人财产权

公司作为企业法人享有法人财产权，即公司拥有依法对股东投资形成的财产行使占有、使用、受益、处分的权利。公司的财产虽然源于股东，但股东一旦将财产投入公司，便丧失了对该财产的直接支配的权利，只享有公司的股权，由公司享有对该财产的支配权利。

为保护公司财产及股东的权益，《公司法》对公司法人财产权的行使做了以下限制性规定。

1. 对外担保

公司向他人提供担保，按照公司章程的规定由董事会或股东会、股东大会决议；公司章程对投资或担保的总额及单项投资或担保的数额有限额规定的，不得超过规定的限额。

公司为公司股东或实际控制人提供担保的，必须经股东会或股东大会决议。接受担保的股东或受实际控制人支配的股东，不得参加上述规定事项的表决。该项表决由出席会议的其他股东所持表决权过半数通过。

2. 对外投资

公司可以向其他企业投资，除法律另有规定外，公司不得成为对所投资企业的债务承担连带责任的出资人。公司向其他企业投资，按照公司章程的规定由董事会或股东会、股东大会决议。

(二)公司股东权利

公司股东依法享有资产受益、参与重大决策和选择管理者等权利。

为保护股东权益，《公司法》规定，公司股东会或股东大会、董事会的决议内容违反法律、行政法规，则无效。股东会或股东大会、董事会的会议召集程序、表决方式如果违反法律、行政法规或者公司章程，或者决议内容违反公司章程的，股东可以自决议作出之日起60日内，请求人民法院撤销。

《公司法》第二十条规定，公司股东应当遵守法律、行政法规和公司章程，依法行使股东权利，不得滥用股东权利损害公司或其他股东的利益；不得滥用公司法人独立地位和股东有限责任损害公司债权人的利益。公司股东滥用股东权利给公司或其他股东造成损失的，应当依法承担赔偿责任。公司股东滥用公司法人独立地位和股东有限责任，逃避债务，严重损害公司债权人利益的，应当对公司债务承担连带责任。

《 知识链接 》

公司人格否认制度

公司人格否认制度又称"刺破公司的面纱"或"揭开公司的面纱"，是指当公司股东滥用公司法人独立地位和股东有限责任来逃避债务，严重损害公司债权人利益时，债权人可以直接请求滥用公司人格的股东对公司债务承担连带责任的法律制度。公司人格否认制度最早创设于美国的判例法中，是为了在特定的情况下修正公司股东有限责任原则设置的，我国《公司法》第二十条的规定也体现了这一点。

四、公司的登记管理

公司登记是国家赋予公司法人资格与企业经营资格，并对公司的设立、变更、终止加以规范、公示的一种行政行为。设立公司应当依法向登记机关申请设立登记。法律、行政法规规定必须报经审核批准的，应当在公司登记前依法办理批准手续。公司经公司登记机关依法登记，领取企业法人营业执照，方取得企业法人资格。未经公司登记机关登记的，不得以公司名义从事经营活动。公司登记分为设立登记、变更登记、注销登记。

(一)设立登记

设立登记应当申请名称预先核准，预先核准的公司名称保留期为 6 个月。预先核准公司名称在保留期内，不得用于从事经营活动，不得转让。设立公司应当向公司登记申请设立登记，并提交相关文件。公司登记机关依法核准登记后，发给企业法人营业执照。公司营业执照签发日期为公司成立日期。公司的设立登记还包括分公司的登记。分公司是指公司在其住所以外设立的从事经营活动的机构。分公司不具有企业法人资格，其民事责任由总公司承担。设立分公司的，应当向分公司所在地的公司登记机关申请登记。

(二)变更登记

公司变更登记事项，应当向原公司登记机关申请变更登记。未经变更登记的，公司不得擅自改变登记事项。

(三)注销登记

公司解散有两种情况：一是不需要清算的，如合并、分立而解散的公司，其债权、债务由继续存续的公司承继；二是应当清算的，如依法宣告破产、股东会议决定解散等。公司解散应当申请注销登记，经公司登记机关注销登记，公司终止。

另外，公司的登记制度中还包括公司的年检制度和企业年度报告制度。2014 年 3 月 1 日国家工商总局发出通知起停止企业年度检验制度，同年 8 月 7 日颁布《企业信息公示暂行条例》，该条例于 2014 年 10 月 1 日实施。依据该条例的规定，将企业年度检验制度改为企业年度报告制度，企业应当于每年 1 月 1 日至 6 月 30 日，通过企业信用信息公示系统向工商行政管理部门报送上一年度年度报告，并向社会公示。当年设立登记的企业，自下一年起报送并公示年度报告。

◉ 任务解析

有限责任公司、合伙企业、个人独资企业是目前最常见的中小企业的主体形式，三者的区别可以概括为以下五点。

面向「十三五」高职高专项目导向式教改教材 · 财经系列

（1）三者的主体资格与投资人责任不同，有限责任公司是法人企业，投资人对企业债务一般承担以投资额为限的有限责任(适用公司人格否认制度的情形除外)；合伙企业不具有法人资格，是典型的自然人企业，一般普通合伙人对企业债务要承担无限连带责任；个人独资企业也不具有法人资格，投资人对企业债务也要承担连带责任。从投资人责任风险来看，成立有限责任公司风险相对较小。

（2）从设立时的出资要求来看，有限责任公司只能以货币、实物、土地使用权、知识产权的形式出资，不可以以劳务出资。而合伙企业中的合伙人还可以以劳务出资。

（3）从企业管理方面看，有限责任公司规模相对较大，有股东会、董事(会)、监事(会)等管理机构，管理相对规范。而后两者，对管理机构的设立没有严格要求，一般都是投资人自行管理或委托他人管理，管理比较简单。从这一方面看，规范的管理能更好防范企业法律风险。

（4）从企业财产权和企业经营权是否分离及缴税的角度看，有限责任公司的企业财产权和企业经营权是分离的，因此企业缴纳企业所得税而投资人对所得红利缴纳个人所得税。合伙企业和个人独资企业财产权和经营权不分离，企业所得即投资人个人所得，因此只缴纳个人所得税，税负相对较轻。

（5）从企业设立程序来看，有限责任公司相对复杂，包括订立发起人协议、订立章程、设立组织机构、出资验资、设立审批与登记；而后两者相对简单，包括申请、受理、审查、登记等程序。

因此，建议曾嘉根据自己的需要选择企业类型：如果考虑降低投资人风险而只承担以投资额为限的有限责任，成立有限责任公司比较合适；如果考虑到经营规模不要太大，需要管理方便，则成立合伙企业或个人独资企业；如果投资人以劳务出资，那就只能成立合伙企业。

任务二　有限责任公司

◉ 任务案例

2015年3月1日，甲、乙、丙三个自然人准备投资设立A有限责任公司，并共同起草了公司章程。章程要点如下：①公司名称为创意服装公司；②公司注册资本为30万元人民币，首次出资5万元，其余资金分别于2015年10月1日与2016年5月1日缴付；③甲方以专利权作价出资6万元，乙方以一年期的劳务作价出资8万元，丙方以土地使用权、房屋、机器设备作价出资12万元、信用作价出资4万元；④公司设立董事会，由两人组成；⑤公司设一名监事，由董事会成员兼任；⑥公司存续期间，出资各方均可自由抽回投资。

◉ 具体任务

指出该有限责任公司章程中约定内容的不合法之处，并说明原因。

理论认知

一、有限责任公司的设立

(一)有限责任公司设立的条件

设立有限责任公司，应当具备下列条件。

1. 股东符合法定人数

有限责任公司由 50 个以下股东出资设立。股东可以是自然人，也可以是法人或其他经济组织。有限责任公司股东人数没有下限规定，允许设立一人有限责任公司和国有独资公司。

2. 有符合法律规定的出资

(1) 有符合公司章程规定的全体股东认缴的出资额。《公司法》规定了我国实行认缴资本制，对投资人的认缴资本一般没有最低额的限制，但法律、行政法规以及国务院决定对有限责任公司注册资本实缴、注册资本最低限额另有规定的，从其规定。

(2) 出资期限。法律对股东的出资期限未作限制，转而将股东的出资期限交由股东在公司章程中进行约定，股东应当根据公司章程的约定按期足额缴纳公司章程中规定的各自所认缴的出资额。股东不按照规定缴纳出资的，除应当向公司足额缴纳外，还应当向已按期足额缴纳出资的股东承担违约责任。

(3) 出资方式。有限责任公司的股东可以用货币出资，也可以用实物、知识产权、土地使用权等可以用货币估价并可依法转让的非货币财产作价出资，但是股东不得以劳务、自然人姓名、商誉、特许经营权或设定担保的财产等作价出资。

有限责任公司成立后，发现作为设立公司出资的非货币财产的实际价额显著低于公司章程所定价额的，应当由交付该出资的股东补足其差额，公司设立时的其他股东承担连带责任。

【案例 2-1】甲、乙、丙拟共同出资设立 A 有限责任公司。公司章程规定，甲以货币出资 50 万元，乙以劳务作价出资 20 万元，丙以房产作价出资 30 万元。但是，当公司设立时，工商登记部门认为出资不合法，为什么？

A 有限责任公司成立后又吸收丁入股，成为股东。之后，A 有限责任公司与 B 公司交易过程中欠下巨额债务，B 公司将 A 有限责任公司起诉至法院。后经查明，丙作价出资的房产仅值 10 万元，丙现有可执行的个人财产 8 万元。试分析如何处理。

【解析】工商登记部门认为出资不合法是因为乙以劳务作价出资不合法。丙出资不实，应以丙现有可执行的个人财产 8 万元补交差额，不足部分由甲、乙补足，丁是设立后加入的，不承担出资不实的责任。

3. 股东共同制定公司章程

有限责任公司的章程由股东共同制定，股东应当在公司章程上签名、盖章。公司章程对公司、股东、董事、监事、高级管理人员具有约束力。高级管理人员是指公司的经理、副经理、财务负责人、上市公司董事会秘书和公司章程规定的其他人员。

有限责任公司章程应当载明下列事项：①公司名称和住所；②公司经营范围；③公司注册资本；④股东的姓名或名称；⑤股东的出资方式、出资额和出资时间；⑥公司的机构及其产生办法、职权、议事规则；⑦公司法定代表人；⑧股东会会议认为需要规定的其他事项。

《 知识链接 》

公司章程

公司章程是指公司依法制定的、规定公司名称、住所、经营范围、经营管理制度等重大事项的基本文件，也是公司必备的规定公司组织及活动基本规则的书面文件。公司章程载明了公司组织和活动的基本准则，是公司的宪章。公司章程具有法定性、真实性、自治性和公开性等基本特征。公司章程是股东共同一致的意思表示，是股东之间的契约，股东违反公司章程视作违反契约，守约方可以以此追究违约方的相应法律责任。公司章程与《公司法》一样，共同肩负调整公司活动的责任，只不过前者是约定的，而后者是法定的。作为公司组织与行为的基本准则，公司章程对公司的成立及其运营具有十分重要的意义，它既是公司成立的基础，也是公司赖以生存的灵魂。

4. 有公司名称，建立符合有限责任公司要求的组织机构

公司只能使用一个名称。有限责任公司必须在公司的名称中标明有限责任公司或有限公司的字样。公司应当设立符合有限责任公司要求的组织机构，即股东会、董事会或执行董事、监事会或监事。

5. 有公司住所

任何公司都必须有其固定的住所，不允许设立无住所的公司。公司以其主要办事机构所在地为住所。公司的住所只能有一个。

(二)有限责任公司设立的程序

1. 订立公司章程

股东设立有限责任公司，必须先订立公司章程，将要设立的公司基本情况及各方面的权利义务加以明确规定。

2. 股东缴纳出资

股东应当按期缴纳公司章程中规定的各自所认缴的出资额。股东以货币出资的，应当将货币出资足额存入有限责任公司在银行开设的账户。以非货币出资的，应当对作为出资的非货币财产评估作价，并且依法办理财产权的转移手续。

股东不按照规定缴纳出资的，除应当足额缴纳外，还应当向已按期足额缴纳出资的股东承担违约责任。

3. 申请设立登记

股东认足公司章程规定的出资后，由全体股东指定的代表或共同委托的代理人向公司登记机关报送公司登记申请书、公司章程等文件，申请设立登记。公司经核准登记后，领取公司营业执照。

有限责任公司在登记注册后，应向股东签发出资证明书。出资证明书由公司盖章，并且上面必须载明下列事项：①公司名称；②公司成立日期；③公司注册资本；④股东的姓名或名称、缴纳的出资额和出资日期；⑤出资证明书的编号和核发日期。

公司成立后，股东不得抽逃出资。

二、有限责任公司的组织机构

(一)股东会

1. 股东会的性质和职权

有限责任公司股东会由全体股东组成。股东会是公司的权力机构。但一人有限责任公司和国有独资公司不设股东会。

有限责任公司的股东会行使下列职权：①决定公司的经营方针和投资计划；②选举和更换非由职工代表担任的董事、监事，决定有关董事、监事的报酬事项；③审议批准董事会的报告；④审议批准监事会或者监事的报告；⑤审议批准公司的年度财务预算方案、决算方案；⑥审议批准公司的利润分配方案和弥补亏损方案；⑦对公司增加或者减少注册资本作出决议；⑧对发行公司债券作出决议；⑨对公司合并、分立、解散、清算或者变更公司形式作出决议；⑩修改公司章程；⑪公司章程规定的其他职权。

对上列事项股东以书面形式一致表示同意的，可以不召开股东会会议，直接作出决定，并由全体股东在决定文件上签名、盖章。

2. 股东会会议的形式

股东会会议分为定期会议和临时会议。定期会议依照公司章程的规定按时召开。临时会议是在公司章程规定的会议时间以外召开的会议。有权提议召开临时会议的人员有：代表 1/10 以上表决权的股东；1/3 以上的董事；监事会或不设监事会的公司的监事。

3. 股东会会议的召开

首次股东会会议由出资最多的股东召集和主持，依照法律规定行使职权。以后的股东会会议，设立董事会的，由董事会召集，董事长主持；不设董事会的，由执行董事召集和主持。董事长不能或不履行职务的，由副董事长主持；副董事长不能或不履行职务的，由半数以上董事共同推举一名董事主持。董事会或执行董事不能履行或不履行召集职责的，由监事会或不设监事会的公司的监事负责召集和主持；监事会或监事不召集和主持的，代表 1/10 以上表决权的股东可以自行召集和主持。

召开股东会会议，应当于会议召开 15 日前通知全体股东，但公司章程另有规定或全体股东另有约定的除外。股东会应当对所议事项的决定做成会议记录，并且出席会议的股东应当在会议记录上签名。

4. 股东会决议

股东会会议由股东按照出资比例行使表决权，但公司章程另有规定的除外。股东会的议事方式和表决程序，除《公司法》有规定的以外，由公司章程来规定。

股东会会议作出修改公司章程、增加或减少注册资本的决议，以及公司合并、分立、解散或变更公司形式的决议，必须经代表2/3以上表决权的股东通过。

(二)董事会(执行董事)和总经理

1. 董事会的组成

董事会是公司股东会的执行机构，对股东会负责。有限责任公司设董事会，其成员为3～13人，两个以上的国有企业或两个以上的其他国有投资主体投资设立的有限责任公司，其董事会成员中应当有公司职工代表；其他有限责任公司董事会成员中可以有公司职工代表。董事会中的职工代表由公司职工通过职工代表大会、职工大会或其他形式民主选举产生。董事会设董事长一人，可以设副董事长。董事长、副董事长的产生办法由公司章程规定。股东人数较少或规模较小的有限责任公司，可以不设董事会，而设一名执行董事。

董事任期由公司章程规定，但董事每届任期不得超过3年。董事任期届满，连选可以连任。在董事任期届满未及时改选，或者董事在任期内辞职导致董事会成员低于法定人数的情况之下，在改选出的董事就任前，原董事仍应当依照法律、行政法规和公司章程的规定，履行董事职务。

2. 董事会的职权

董事会对股东会负责，行使下列职权：①召集股东会会议，并向股东会报告工作；②执行股东会的决议；③决定公司的经营计划和投资方案；④制定公司的年度财务预算方案、决算方案；⑤制定公司的利润分配方案和弥补亏损方案；⑥制定公司增加或减少注册资本及发行公司债券的方案；⑦制定公司合并、分立、解散或变更公司形式的方案；⑧决定公司内部管理机构的设置；⑨决定聘任或解聘公司经理及其报酬事项，并根据经理的提名决定聘任或解聘公司副经理、财务负责人及其报酬事项；⑩制定公司的基本管理制度；⑪公司章程规定的其他职权。

3. 董事会的决议

董事会会议由董事长召集和主持；董事长不能履行职务或不履行职务的，由副董事长召集和主持；副董事长不能履行职务或不履行职务的，由半数以上董事共同推举一名董事召集和主持。董事会的议事方式和表决程序，除《公司法》有规定的外，由公司章程规定。董事会决议的表决，实行一人一票。董事会应对所议事项的决定做成会议记录，出席会议的董事应当在会议记录上签名。

4. 经理

有限责任公司可以设经理，由董事会决定聘任或解聘。

经理对董事会负责，行使下列职权：①主持公司的生产经营管理工作，组织实施董事会决议；②组织实施公司的年度经营计划和投资方案；③拟订公司内部管理机构设置方案；

④拟定公司的基本管理制度；⑤制定公司的具体规章；⑥提请聘任或解聘公司的副经理、财务负责人；⑦决定聘任或解聘除应由董事会决定聘任或解聘以外的负责管理人员；⑧董事会授予的其他职权。公司章程对经理职权另有规定的，按照其规定执行。经理列席董事会会议。

(三)监事会

1. 监事会的组成

有限责任公司设监事会，其成员不得少于 3 人。股东人数较少或规模较小的有限责任公司，可以设 1～2 名监事，不设监事会。监事会应当包括股东代表和适当比例的公司职工代表，其中职工代表的比例不得低于 1/3，具体比例由公司章程规定。监事会中的职工代表由公司通过职工代表大会、职工大会或其他形式的民主选举产生。董事、高级管理人员不得兼任监事。

监事会设主席一人，由全体监事过半数选举产生。监事会主席召集和主持监事会会议；监事会主席不能履行职务或不履行职务的，由半数以上监事共同推举一名监事召集和主持监事会会议。

监事的任期每届为 3 年，监事任期届满，连选可以连任。在监事任期届满未及时改选，或者监事在任期内辞职导致监事会成员低于法定人数的情形之下，在改选出的监事就任前，原监事仍应当依照法律、行政法规和公司章程的规定，履行监事职务。

2. 监事会的职权

监事会、不设监事会的公司的监事行使下列职权：①检查公司财务；②对董事、高级管理人员执行公司职务的行为进行监督，对违反法律、行政法规、公司章程或股东会决议的董事、高级管理人员提出罢免的建议；③当董事、高级管理人员的行为损害公司的利益时，要求董事、高级管理人员予以纠正；④提议召开临时股东会会议，在董事会不履行本法规定的召集和主持股东会会议职责时召集和主持股东会会议；⑤向股东会会议提出提案；⑥依照《公司法》规定，对董事、高级管理人员提起诉讼；⑦公司章程规定的其他职权。

3. 监事会的决议

监事会每年度至少召开一次会议，监事可以提议召开临时监事会会议。监事会的议事方式和表决程序，除《公司法》有规定的外，由公司章程规定。监事会决议应当经半数以上监事通过。监事会应当对所议事项的决定做成会议记录，出席会议的监事应当在会议记录上签名。

【案例 2-2】甲有限责任公司的注册资本为 100 万元，共 15 家股东，其中 A 出资 20 万元、B 出资 35 万元，是出资最多的股东。公司成立后，由 A 召集和主持了首次股东会议。经过几年运作，董事会提议将公司现有注册资本 100 万元增加到 150 万元。增资方案提交股东会讨论表决时，有 11 家股东赞成增资，其出资额合计为 62 万元；有 4 家股东反对，其出资额合计为 38 万元，股东会通过了增资决议，并授权董事执行。试分析甲公司上述行为中有无不合法之处？并说明理由。

【解析】

(1) 首次股东会会议由 A 召集和主持不合法。股东会的首次会议由出资最多的股东召集和主持,故应由 B 召集和主持。

(2) 股东会通过增资决议不合法。增加注册资本的,必须经代表 2/3 以上表决权的股东通过。本案中虽然有 11 家股东赞成,但所代表的表决权只有 62%,不够 2/3。

三、一人有限责任公司的特别规定

一人有限责任公司是指只有一个自然人股东或一个法人股东的有限责任公司。它是有限责任公司的一种特殊表现形式。

一个自然人只能投资设立一个一人有限责任公司。该一人有限责任公司不能投资设立新的一人有限责任公司。

一人有限责任公司应当在公司登记中注明自然人独资或法人独资,并在公司营业执照中载明。一人有限责任公司不设股东会。在股东作出决定公司的经营方针和投资计划时,应当采取书面形式,并由股东签名后置备于公司。一人有限责任公司应当在每一会计年度终了时编制财务会计报告,并经会计师事务所审计。

一人有限责任公司的股东不能证明公司财产独立于股东自己的财产的,应当对公司债务承担连带责任。

四、国有独资公司的特别规定

国有独资公司是指国家单独出资、由国务院或地方人民政府授权本级人民政府国有资产监督管理机构履行出资人职责的有限责任公司。国有独资公司章程由国有资产监督管理机构制定,或者由董事会制定后报国有资产监督管理机构批准。

国有独资公司不设股东会,由国有资产管理机构行使股东会职权。国有资产监督管理机构可以授权公司董事会行使股东会的部分职权,决定公司的重大事项,但公司的合并、分立、解散、增加或减少注册资本和发行公司债券,都必须由国有资产监督管理机构决定;其中,重要的国有独资公司合并、分立、解散、申请破产的,应当由国有资产监督管理机构审核后报本级人民政府批准。

国有独资公司设董事会,董事每届任期不得超过 3 年。董事会成员中应当有公司职工代表。董事会成员由国有资产监督管理机构委派,但是,董事会成员中的职工代表由公司职工代表大会选举产生。董事会设董事长一人,可以设副董事长。董事长、副董事长由国有资产监督管理机构从董事会成员中指定。

国有独资公司设经理,由董事会聘任或解聘。经国有资产监督管理机构同意,董事会成员可以兼任经理。

国有独资公司的董事长、副董事长、董事、高级管理人员,未经国有资产监督管理机构同意,不得在其他有限责任公司、股份有限公司或其他经济组织兼职。

国有独资公司监事会成员不得少于 5 人,其中职工代表的比例不得低于 1/3,具体比例由公司章程规定。监事会成员由国有资产监督管理机构委派,但是,监事会成员中的职工代表由公司职工代表大会选举产生。监事会主席由国有资产监督管理机构从监事会成员中指定。

五、有限责任公司的股权转让

(一)股权的一般转让

有限责任公司的股东之间可以相互转让其全部或部分股权。

在股东向股东以外的人转让股权时，应当经其他股东过半数同意。股东应就其股权转让事项书面通知其他股东征求同意，其他股东自接到书面通知之日起满30日未答复的，视为同意转让。其他股东半数以上不同意转让的，不同意的股东应当购买该转让的股权；不购买的，视为同意转让。经股东同意转让的股权，在同等条件下，其他股东有优先购买权。两个以上股东主张行使优先购买权的，协商确定各自的购买比例；协商不成的，可以按照转让时各自的出资比例行使优先购买权。

【案例 2-3】甲、乙、丙、丁四人共同出资设立了一有限责任公司。一年后，甲拟将其在公司的全部股权转让给丁，乙、丙不同意，认为如果甲将股权全部转让给丁，丁的股权比例将超过总资本的一半，对自己不利，故要求甲必须将股权按照乙、丙、丁三人的比例分别转让给他们。试分析乙、丙的要求是否合法。

【解析】不合法。有限责任公司的股东之间可以相互转让其全部或部分股权，不受其他股东的限制。

(二)股权的强制转让

股权的强制转让是指人民法院依照民事诉讼法等法律规定的执行程序，强制执行生效的法律文书时，以拍卖、变卖或其他方式转让有限责任公司股东的股权。

人民法院依照法律规定的强制执行程序转让股东的股权时，应当通知公司及全体股东，其他股东在同等条件下有优先购买权。其他股东自人民法院通知之日起满20日不行使优先购买权的，视为放弃优先购买权。

(三)出资证明书的更替

有限责任公司的股东转让股权后，公司应当注销原股东的出资证明书，向新股东签发出资证明书，并相应修改公司章程和股东名册中有关股东及其出资额的记载。对公司章程的该项修改不需要再由股东会表决。

(四)请求公司回购股权

有下列情形之一的，对股东会该项决议投反对票的股东可以请求公司按照合理的价格收购其股权。

(1) 公司连续5年不向股东分配利润，而公司该5年连续盈利，并且符合本法规定的分配利润条件的。

(2) 公司合并、分立、转让主要财产的。

(3) 公司章程规定的营业期限届满或章程规定的其他解散事由出现，股东会会议通过决议修改章程使公司存续的。

自股东会会议决议通过之日起60日内，股东与公司不能达成股权收购协议的，股东可以自股东会会议决议通过之日起90日内向人民法院提起诉讼。

◉ 任务解析

(1) 公司名称不规范，应标明"有限责任公司"字样。

(2) 甲出资方式合法，但乙以劳务作价出资、丙以信用作价出资不合法。

(3) 董事会人数不合法，应为3～13人。

(4) 设一名监事合法，可以不设监事会，但由董事兼任监事不合法，因为董事、高级管理人员不得兼任监事。

(5) 关于自由抽回投资的规定不合法。有限责任公司成立后，股东不得抽回投资。

任务三　股份有限公司

◉ 任务案例

昆阳股份有限公司是一家于2010年9月上市的上市公司。该公司董事会于2014年10月14日召开会议，有关会议情况如下。①该公司董事会成员共七位，出席本次会议的有甲、乙、丙、丁四人，董事李某因出国不能参加会议，电话委托甲代为出席并表决，董事王某因病不能出席，书面委托其朋友(非昆阳公司董事)代为出席。②出席本次董事会的董事一致通过三项决议：一是增设公司人力资源部；二是改选了一名董事；三是因公司经理为他人经营与本公司同类的业务，决定罢免现任经理。③为完善公司经营管理制度，董事会通过了修改公司章程的决议，并决定从通过之日起执行。

◉ 具体任务

试分析本任务案例中董事会的各项事务是否符合法律规定。

◉ 理论认知

一、股份有限公司的设立

(一)股份有限公司设立的方式

股份有限公司的设立有两种方式，既可以采取发起设立的方式，也可以采取募集设立的方式。

发起设立是指由发起人认购公司应发行的全部股份而设立股份有限公司。

募集设立是指由发起人认购公司应发行股份的一部分，其余股份向社会公开募集或者向特定对象募集而设立股份有限公司。

(二)股份有限公司设立的条件

设立股份有限公司应当具备下列条件。

1. 发起人符合法定人数

设立股份有限公司，应当有两人以上 200 人以下的发起人，其中须有半数以上的发起人在中国境内有住所。股份有限公司的发起人承担公司筹办事务。发起人应当签订发起人协议，明确各自在公司设立过程中的权利和义务。

股份有限公司的股东与发起人是两个不同的概念。发起人是指依法筹办公司设立事务的人。在公司设立阶段，由于公司尚未成立，股份尚未发行，所以无所谓股份有限公司的股东。在股份有限公司设立登记后，公司发起人因缴纳股款并经公司登记，自然成为股份有限公司的股东。股东与发起人是股份有限公司设立的两个阶段上的不同概念，二者的责任也不同，即股东承担有限责任，而发起人在公司设立失败时，则承担连带责任。

股份有限公司的发起人应当承担下列责任：①公司不能成立时，对设立行为所产生的债务和费用负连带责任；②公司不能成立时，对认股人已缴纳的股款，负返还股款并加算银行同期存款利息的连带责任；③在公司设立过程中，由于发起人的过失致使公司利益受到损害的，应当对公司承担赔偿责任。

2. 有符合公司章程规定的全体发起人认购的股本总额或者募集的实收股本总额

新《公司法》对股份有限公司注册资本的最低限额没有限制性规定，但法律、行政法规对股份有限公司注册资本的最低限额有较高规定的，从其规定。

股份有限公司采取发起设立方式设立的，注册资本为在公司登记机关登记的全体发起人认购的股本总额。在发起人认购的股份缴足前，不得向他人募集股份。股份有限公司采取募集方式设立的，注册资本为在公司登记机关登记的实收股本总额。

3. 股份发行、筹办事项符合法律规定

发起人为设立股份有限公司而发行股份时，以及在进行其他的筹办事项时，必须符合法律规定的条件和程序。例如，向社会公开募集股份，应当报国务院证券监督管理机构核准，并公告招股说明书、认股书等。

4. 发起人制定公司章程，采用募集方式设立的经创立大会通过

对于以发起方式设立的股份有限公司，由全体发起人制定公司章程；对于以募集方式设立的股份有限公司，由发起人制定公司章程，且还应当经创立大会通过。股份有限公司章程应当载明下列事项：①公司名称和住所；②公司经营范围；③公司设立方式；④公司股份总数、每股金额和注册资本；⑤发起人的姓名或者名称、认购的股份数、出资方式和出资时间；⑥董事会的组成、职权和议事规则；⑦公司法定代表人；⑧监事会的组成、职权和议事规则；⑨公司利润分配办法；⑩公司的解散事由与清算办法；⑪公司的通知和公告办法；⑫股东大会会议认为需要规定的其他事项。

5. 有公司名称，建立符合股份有限公司要求的组织机构

股份有限公司必须在公司的名称中标明有"股份"的字样。股份有限公司应当设立符合要求的组织机构，即股东大会、董事会、监事会。

6. 有公司住所

股份公司以其主要办事机构所在地为住所，并且住所只能有一个。

(三)股份有限公司设立的程序

1. 发起设立方式的程序

(1) 发起人书面认购公司章程规定的股份。

(2) 按照公司章程规定缴纳出资。

(3) 选举董事会和监事会。

(4) 申请设立登记。由董事会向公司登记机关申请设立登记。

2. 募集设立方式的程序

(1) 发起人认购股份。发起人认购的股份不得少于公司股份总数的35%；但法律另有规定的除外。

(2) 向社会公开募集股份。公告招股说明书，并制作认股书，应当由依法设立的证券公司承销。

(3) 召开创立大会。发行股份的股款缴足后，必须经依法设立的验资机构出具证明。发起人应当自股款缴足后30日内主持召开公司创立大会。创立大会由发起人、认股人组成。发起人应当在创立大会召开前15日将会议日期通知各认股人或予以公告。创立大会应有代表股份总数过半数的发起人、认股人出席，方可举行。

发行的股份超过招股说明书规定的截止期限尚未募足的，或者发行股份的股款缴足后，发起人在30日内未召开创立大会的，认股人可以按照所缴纳股款并加算银行同期利息，要求发起人返还。

创立大会行使下列职权：①审议发起人关于公司筹办情况的报告；②通过公司章程；③选举董事会成员；④选举监事会成员；⑤对公司的设立费用进行审核；⑥对发起人用于抵作股款的财产的作价进行审核；⑦发生不可抗力或经营条件发生重大变化直接影响公司设立的，可以作出不设立公司的决议，作出此项决议时，必须经出席会议的认股人所持表决权过半数通过。

【案例2-4】某股份有限公司的发起人在招股说明书中承诺从2017年2月10日至2017年5月10日，3个月内向社会募集首批资金8 000万元。公司如期募足了8 000万元资金，但直至2017年7月1日，仍未发出召开创立大会的通知。很多股东要求公司的发起人返还所认购的股款并加算同期银行存款利息。但该公司的发起人认为股东出资后不得撤资，从而拒绝了股东的要求。试分析发起人与股东之间谁对谁错。

【解析】股东的要求是合理的，发起人的观点不符合《公司法》的规定。发行股份的股款缴足后，发起人在30日内未召开创立大会的，认股人可以按照所缴纳股款并加算银行同期利息，要求发起人返还。

(4) 申请设立登记。董事会应于创立大会结束后 30 日内向公司登记机关申请设立。

股份有限公司成立后，发起人未按照公司章程的规定缴足出资的，应当补缴；其他发起人承担连带责任。股份有限公司成立后，发现作为设立公司出资的非货币财产的实际价额显著低于公司章程所定价额的，应当由交付该出资的发起人补足其差额；其他发起人承担连带责任。

发起人、认股人缴纳股款或交付抵作股款的出资后，除未按期募足股份、发起人未按期召开创立大会或创立大会决议不设立公司的情形外，不得抽回其股本。

有限责任公司变更为股份有限公司时，折合的实收股本总额不得高于公司净资产额；为增加资本公开发行股份时，应当依法办理。

二、股份有限公司的组织机构

股份有限公司的组织机构由三部分组成：股东大会、董事会及经理、监事会。上市公司还可增设独立董事和董事会秘书。

(一)股东大会

股份有限公司股东大会由全体股东组成。股东大会是公司的权力机构。

1. 股东大会的职权

股份有限公司股东大会的职权适用有限责任公司股东会的职权规定，此处不再赘述。

2. 股东大会的形式

股份有限公司的股东大会分为股东年会和临时股东大会两种。股东大会应当每年召开一次年会。发生下列情形之一的，应当在两个月内召开临时股东大会：①董事会人数不足《公司法》规定人数或公司章程所定人数的 2/3 时；②公司未弥补的亏损达实收股本总额的 1/3 时；③单独或合计持有公司 10%以上股份的股东请求时；④董事会认为必要时；⑤监事会提议召开时；⑥公司章程规定的其他情形。

3. 股东大会的召开

股东大会会议由董事会召集，董事长主持；董事长不能履行职务或不履行职务的，由副董事长主持；副董事长不能履行职务或不履行职务的，由半数以上董事共同推举一名董事主持。董事会不能履行或不履行召集股东大会会议职责的，监事会应当及时召集和主持；监事会不能召集和主持的，连续 90 日以上单独或合计持有公司 10%以上股份的股东可以自行召集和主持。

召开股东大会会议，应当将会议召开的时间、地点和审议的事项于会议召开 20 日前通知各股东；临时股东大会应当于会议召开 15 日前通知各股东；发行无记名股票的，应当于会议召开 30 日前公告会议召开的时间、地点和审议事项。

单独或合计持有公司 3%以上的股份的股东，可以在股东大会召开 10 日前提出临时提案并书面提交董事会；董事会应当在收到提案后两日内通知其他股东，并将该临时提案提交股东大会审议。临时提案的内容应当属于股东大会职权范围，并有明确议题和具体决议事项。

股东大会不得对上述两项通知中未列明的事项作出决议。无记名股票持有人出席股东大会会议的，应当于会议召开5日前至股东大会闭会时将股票交存于公司。

4. 股东大会的决议

股东出席股东大会，所持每一股份有一表决权。但是，公司持有的本公司股份没有表决权。股东大会作出决议，必须经出席会议的股东所持表决权过半数通过。但是，股东大会作出修改公司章程、增加或减少注册资本的决议，以及公司合并、分立、解散或变更公司形式的决议，必须经出席会议的股东所持表决权的2/3以上通过。

股东大会选举董事、监事，可以依照公司章程的规定或股东大会的决议实行累积投票制。累积投票制是指股东大会选举董事或监事时，每一股份拥有与应选董事或监事人数相同的表决权，股东拥有的表决权可以集中使用。例如，股东A持有1 000股，每股一票，公司选举7位董事，则A有7 000票，他可以将7 000票投给某一个候选人，也可以分别投给7个候选人，每人投1 000票，或者根据自己的意愿分投给自己选中的候选人。

股东可以委托代理人出席股东大会会议，代理人应当向公司提交股东授权委托书，并在授权范围内行使表决权。股东大会应当对所议事项的决定做成会议记录，主持人、出席会议的董事应当在会议记录上签名。会议记录应当与出席股东的签名册及代理出席的委托书一并保存。

(二)董事会及经理

1. 董事会

(1) 董事会的组成。董事会是股东大会的执行机构，对股东大会负责，由5～19人组成。董事会成员中可以有公司职工代表，由公司职工通过职工代表大会、职工大会或其他形式民主选举产生。董事任期由公司章程规定，但每届任期不得超过3年。董事任期届满，连选可以连任。董事任期届满未及时改选，或董事在任期内辞职导致董事会成员低于法定人数的，在改选出的董事就任前，原董事仍应当依照法律、行政法规和公司章程的规定，履行董事职务。

股份有限公司董事会的职权，适用有限责任公司董事会职权的规定。

股份有限公司董事会设董事长1人，可以设副董事长。董事长和副董事长由董事会以全体董事的过半数选举产生。董事长召集和主持董事会会议，检查董事会决议的实施情况。副董事长协助董事长工作，董事长不能履行职务或不履行职务的，由副董事长履行职务；副董事长不能履行职务或不履行职务的，由半数以上董事共同推举一名董事履行职务。

(2) 董事会的召开。董事会每年度至少召开两次会议，每次会议应当于会议召开前10日通知全体董事和监事。代表1/10以上表决权的股东、1/3以上董事或监事会，可以提议召开董事会临时会议。董事长应当自接到提议后10日内，召集和主持董事会会议。董事会召开临时会议，可以另定召集董事会的通知方式和通知时限。

(3) 董事会的决议。董事会会议应当由董事本人出席；董事本人因故不能出席，可以书面委托其他董事代为出席，委托书中应载明授权范围。董事会应当对会议所议事项的决定做成会议记录，出席会议的董事应当在会议记录上签名。董事应当对董事会的决议承担责任。董事会的决议违反法律、行政法规或公司章程、股东大会决议，致使公司遭受严重损失的，参与决议的董事对公司负责任。但经证明在表决时曾表明异议并记载于会议记录的，该董事可以免除责任。

董事会会议应有半数的董事出席方可举行。董事会作出决议，必须经全体董事的过半数通过。董事会决议的表决，实行一人一票制度。

2. 经理

股份有限公司设经理，由董事会决定聘任或解聘。公司董事会可以决定由董事会成员兼任经理。股份有限公司的经理职权适用有限责任公司经理职权的规定。

公司不得直接或通过子公司向董事、监事、高级管理人员提供借款。公司应当定期向股东披露董事、监事、高级管理人员从公司获得报酬的情况。

(三)监事会

股份有限公司设监事会，其成员不得少于 3 人。董事、高级管理人员不得兼任监事。

监事会应当包括股东代表和适当比例的公司职工代表，其中职工代表的比例不得低于1/3，具体比例由公司章程规定。监事会设主席 1 人，可以设副主席。监事会主席和副主席由全体监事过半数选举产生。监事会主席召集和主持监事会会议；监事会主席不能履行职务或不履行职务的，由监事会副主席召集和主持监事会会议；监事会副主席不能履行职务或不履行职务的，由半数以上监事共同推举 1 名监事召集和主持监事会会议。

监事的任期每届为 3 年。监事任期届满，连选可以连任。股份有限公司监事会的职权适用于有限责任公司监事会职权的规定。

监事会至少每 6 个月召开一次会议。监事可以提议召开临时监事会会议。

监事会的议事方式和表决程序，除《公司法》有规定的外，由公司章程规定。监事会决议应当经半数以上监事通过。监事会应当对所议事项的决定做成会议记录，出席会议的监事应当在会议记录上签名。

(四)上市公司组织机构的特别规定

上市公司是指其股票在证券交易所上市交易的股份有限公司。

上市公司设立独立董事，具体办法由国务院规定。独立董事是指不在公司担任除董事外的其他职务，并与其受聘的上市公司及其主要股东不存在可能妨碍其进行独立客观判断的关系的董事。其主要职责是对上市公司董事、高级管理人员及其与公司进行的关联交易等进行监督。

上市公司设董事会秘书，负责公司股东大会和董事会会议的筹备、文件保管及公司股东资料的管理，办理信息披露等事宜。

上市公司在一年内购买、出售重大资产或担保金额超过公司资产总额 30%的，应当由股东大会作出决议，并经出席会议的股东所持表决权的 2/3 以上通过。

上市公司董事与董事会会议决议事项所涉及的企业有关联关系的，不得对该项决议行使表决权，也不得代理其他董事行使表决权。该董事会会议由过半数的无关联关系董事出席即可举行，董事会会议所作决议须经无关联关系董事过半数通过。出席董事会的无关联关系董事人数不足 3 人的，应将该事项提交上市公司股东大会审议。

三、股份的发行和转让

股份是指按相等金额或相同比例，平均划分公司资本的基本计量单位，是公司资本的最小划分单位。股份的表现形式是股票。股票是公司签发的证明股东所持股份的凭证。

(一)股份的发行

1. 股份发行原则

我国股份有限公司股份的发行实行公开、公平、公正的原则；同股同权，同股同利。即同次发行同种股票，每股的发行条件和价格应当相同；任何单位或个人所认购的股份，每股应当支付相同价款。

2. 股票发行价格

股票发行价格既可以按票面金额，也可以超过票面金额，但不得低于票面金额。即股票可以平价和溢价发行，但不能折价发行。

公司发行的股票，可以为记名股票，也可以为无记名股票。公司向发起人、法人发行的股票，应当为记名股票，并应当记载该发起人、法人的名称或姓名，不得另立户名或以代表人姓名记名。

在股份有限公司成立后，即向股东正式交付股票。公司成立之前不能向任何股东交付股票。

(二)股份的转让

股份的转让是指股份有限公司股份所有人依法将其持有的股份让于他人的行为。

一般而言，股份有限公司的股份可以自由转让，但是股份的自由转让不是绝对的。股份转让的限制主要有以下几个方面。

(1) 股东持有的股份可以依法转让。即应当在依法设立的证券交易场所进行或按照国务院规定的其他方式进行。

(2) 发起人持有的本公司股份，自公司成立之日起一年内不得转让。公司公开发行股份前已发行的股份，自公司股票在证券交易所上市交易之日起一年内不得转让。

(3) 公司董事、监事、高级管理人员应当向公司申报所持有的本公司的股份及其变动情况，在任职期间每年转让的股份不得超过其所持有本公司股份总数的 25%；所持本公司股份自公司股票上市交易之日起一年内不得转让。上述人员离职后半年内，不得转让其所持有的本公司股份。

(4) 记名股票的转让以背书转让方式或法律、行政法规规定的其他方式转让；转让后由公司将受让人的姓名或名称及住所记载于股东名册。但是，股东大会召开前 20 日内或公司决定分配股利的基准日前 5 日内，不得进行股东名册的变更登记。

无记名股票的转让实行交付生效的方式，由股东将该股票交付给受让人后即发生转让的效力。

(5) 公司不得收购本公司股份。但是，有下列情形之一的除外：①减少公司注册资本；②与持有本公司股份的其他公司合并；③将股份奖励给本公司职工；④股东因对股东大会作出的公司合并、分立决议持异议，要求公司收购其股份的。

公司因上述第①项至第③项原因收购本公司股份的，应当经股东大会决议。公司依照上述规定收购本公司股份后，属于第①项情形的，应当自收购之日起 10 日内注销；属于第②项、第④项情形的，应当在 6 个月内转让或注销。

公司依照前述第③项规定收购的本公司股份，不得超过本公司已发行股份总额的 5%；用于收购的资金应当从公司的税后利润中支出；所收购的股份应当在一年内转让给职工。

另外，公司不得接受本公司的股票作为质押权的标的。

四、公司董事、监事、高级管理人员的资格和义务

(一)公司董事、监事、高级管理人员的资格

公司董事、监事、高级管理人员处于公司的重要地位并且具有法定职权，为保障其正确履行职责，公司法对其任职资格做了必要的限制。有下列情形之一的，不得担任公司的董事、监事、高级管理人员。

(1) 无民事行为能力或限制民事行为能力。

(2) 因贪污、贿赂、侵占财产、挪用财产或破坏社会主义市场经济秩序，被判处刑罚，执行期满未逾 5 年，或者因犯罪被剥夺政治权利，执行期满未逾 5 年。

(3) 担任破产清算的公司、企业的董事或者厂长、经理，对该公司、企业的破产负有个人责任的，自该公司、企业破产清算完结之日起未逾 3 年。

(4) 担任因违法被吊销营业执照、责令关闭的公司、企业的法定代表人，并负有个人责任的，自该公司、企业被吊销营业执照之日起未逾 3 年。

(5) 个人所负数额较大的债务到期未清偿。

如果公司违反前款规定选举、委派董事、监事或者聘任高级管理人员的，该选举、委派或聘任无效。董事、监事、高级管理人员在任职期间出现上述情形的，公司应当解除其职务。

(二)公司董事、监事、高级管理人员的义务

公司董事、监事、高级管理人员应当遵守法律、行政法规和公司章程，对公司负有忠实义务和勤勉义务，不得利用职权收受贿赂或其他非法收入，不得侵占公司的财产。公司董事、监事、高级管理人员在执行公司职务时违反法律、行政法规或公司章程的规定，给公司造成损失的，应当承担赔偿责任。

《公司法》规定，公司董事、监事、高级管理人员不得有下列行为。

(1) 挪用公司资金。

(2) 将公司资金以其个人名义或以其他个人名义开立账户存储。

(3) 违反公司章程的规定，未经股东会、股东大会或董事会同意，将公司资金借贷给他人或者以公司财产为他人提供担保。

(4) 违反公司章程的规定或未经股东会、股东大会同意，与本公司订立合同或进行交易。

面向「十三五」高职高专项目导向式教改教材 · 财经系列

(5) 未经股东会或股东大会同意，利用职务便利为自己或他人谋取属于公司的商业机会，自营或者为他人经营与所任职公司同类的业务。

(6) 接受他人与公司交易的佣金归为己有。

(7) 擅自披露公司秘密。

(8) 违反对公司忠实义务的其他行为。

公司董事、监事、高级管理人员违反上述规定所得的收入应当归公司所有。

◉ 任务解析

(1) 董事李某和王某的委托不具有法律效力。董事因故不能出席时，可以书面委托其他董事代为出席，即一是采用书面委托形式；二是受委托人应当是董事会成员。由于出席本次会议的董事是四人，超过半数，该公司本次董事会会议的举行符合法律规定。

(2) 董事会通过增设人力资源部与罢免现任经理的决议符合法律规定，一是因为董事会有权决定内部机构设置和任免经理；二是表决超过了全体董事的半数。但改选一名董事不符合法律规定，董事的改选属于股东大会的职权。

(3) 通过修改公司章程的决议不符合法律规定。章程的修改属于股东大会的职权。

任务四　公司债券与公司财务、会计

◉ 任务案例

华能股份有限公司属于募集设立的股份有限公司，注册资本为人民币 5 000 万元，在设立过程中，经有关部门批准，以超过股票票面金额 1.2 倍的发行价格发行，实际所得人民币 6 000 万元。溢价款 1 000 万元当年被股东作为股利分配。两年后，由于市场行情发生变化，华能股份有限公司开始亏损，且连续亏损两年，共计亏损人民币 1 200 万元。股东大会罢免了原董事长，重新选举了新的董事长。经过一年的改革，公司开始盈利人民币 600 万元，公司考虑到各股东多年来经济利益一直受损，故决定将该利润分配给股东。自此以后，公司业务蒸蒸日上，不仅弥补了公司多年的亏损，而且发展得越来越快。2012 年，公司财务状况良好，法定公积金占公司注册资本的 55%，公司决定，鉴于公司良好的财务状况，法定公积金可以不再提取了。为了增大企业规模，公司股东大会决定把全部法定公积金转为公司资本。

◉ 具体任务

(1) 华能股份有限公司将股票溢价发行款作为股利分配正确与否？说明理由。

(2) 2012 年华能股份有限公司决定不再提取法定公积金的理由是否充分？说明理由。

(3) 公司股东会能否决定将公司的法定公积金全部转为公司资本？说明理由。

⊙ 理论认知

一、公司债券

(一)公司债券概述

公司债券是指公司依照法定程序发行、约定在一定期限还本付息的有价证券。

公司债券按照是否记名，可以分为记名公司债券和无记名公司债券。记名公司债券是指在公司债券上记载债权人姓名或名称的债券。无记名公司债券是指在公司债券上不记载债权人姓名或名称的债券。记名公司债券转让时，转让人须在债券上背书；无记名公司债券转让时，交付债券即发生转让的法律效力。

公司债券按照是否可转换为股票，可以分为可转换公司债券与不可转换公司债券。可转换公司债券是指可以转换成公司股票的公司债券。可转换公司债券在发行时规定了转换为公司股票的条件与办法，当条件具备时，债券持有人拥有将公司债券转换为公司股票的选择权。不可转换公司债券是指不能转换为公司股票的公司债券。凡在发行时未作转换约定的，均为不可转换公司债券。

《 知识链接 》

公司债券与股票的区别

债券和股票都是有价证券，但二者具有不同的法律特征。其主要区别如下。

(1) 权利性质不同。公司债券持有人是公司的债权人，依法享有债权人的权利；而股票的持有人则是公司的股东，享有股东的权利。

(2) 收益不同。公司债券持有人，无论公司是否盈利，均可要求公司依照事先约定的利率计取固定的利息；而股票持有人，必须在公司有盈利时，才能依法获得股利。

(3) 风险不同。公司债券的利率一般是固定的，在企业清算时，公司债券持有人享有优先于股票持有人获得清偿，风险较小；而股票股利分配与公司经营好坏密切相关，风险较大。

(4) 偿还性不同。公司债券到了约定期限，公司必须偿还债券本金，而股票持有人只有在公司解散时才可以请求公司分配剩余财产。

(二)公司债券的发行和转让

1. 公司债券发行的条件

公开发行公司债券，应当符合下列条件。

(1) 股份有限公司的净资产不低于人民币 3 000 万元，有限责任公司的净资产不低于人民币 6 000 万元。

(2) 累计债券余额不超过公司净资产的 40%。

(3) 最近 3 年平均可分配利润足以支付公司债券 1 年的利息。

面向「十三五」高职高专项目导向式教改教材 · 财经系列

(4) 筹集的资金投向符合国家产业政策。

(5) 债券的利率不超过国务院限定的利率水平。

(6) 国务院规定的其他条件。

公开发行公司债券筹集的资金，必须用于核准的用途，不得用于弥补亏损和非生产性支出。上市公司发行可转换为股票的公司债券，除应当符合上述条件外，还应当符合关于公开发行股票的条件，并报国务院证券监督管理机构核准。

有下列情形之一的，不得再次公开发行公司债券：①前一次公开发行的债券尚未募足；②对已发行的公司债券或其他债务有违约或延迟支付本息的事实，仍处于继续状态；③违反规定，改变公开发行公司债券所募资金的用途。

有限责任公司、股份有限公司发行公司债券，应由股东会、股东大会作出决议，并报国务院授权的部门或国务院证券监督管理机构核准。审批机关受理公司债券发行申请文件之日起3个月内，依法作出核准或予核准的决定。经核准后，公司应当公告公司债券募集办法。

【案例 2-5】ABC 股份有限公司 2015 年 5 月获准发行 3 年期公司债券 6 000 万元，1 年期公司债券 3 000 万元。2017 年 8 月，该公司鉴于到期债券已偿还且具备再次发行公司债券的条件，拟再次发行公司债券。经审计该公司净资产额为 2 亿元。试分析该公司此次发行公司债券额最多为多少万元。

【解析】最多为 2 000 万元。公司累计债券余额不超过公司净资产的 40%，即 2 亿元的 40%，为 8 000 万元，该公司尚有未到期债券 6 000 万元，因此最多发行 2 000 万元。

2. 公司债券的转让

公司债券可以转让，转让价格由转让人与受让人约定。公司债券在证券交易所上市交易的，按照证券交易所的交易规则转让。

公司债券种类不同，转让方式也不同。记名公司债券的转让，由债券持有人以背书方式或法律、行政法规规定的其他方式转让，转让后由公司将受让人的姓名或名称及住所记载于公司债券存根簿；无记名公司债券的转让，由债券持有人将该债券交付给受让人后即发生转让的效力。

二、公司财务、会计

(一)公司财务、会计的基本要求

公司应依照法律、行政法规和国务院财政部门的规定，建立本公司的财务、会计制度。

公司应在每一会计年度终了时编制公司财务会计报告，并依法经会计师事务所审计。

股份有限公司的财务会计报告应在召开股东大会的 20 日以前置备于本公司，供股东查阅。有限责任公司应按公司章程规定的期限，将公司财务会计报告及时送交公司的各个股东。

公司聘用、解聘承办公司审计业务的会计师事务所，依照公司章程的规定，由股东会、股东大会或董事会决定。

公司除法定的会计账簿外，不得另立会计账簿，对公司资产，不得以任何个人名义开立账户存储。

(二)公司利润分配

1. 公司利润

利润是指公司在一定会计期间从事生产经营活动的财务成果。公司应按照下列顺序进行利润分配：①弥补以前年度的亏损，但不得超过税法规定的弥补期(5 年)；②按税法规定缴纳企业所得税；③法定公积金不足弥补以前年度亏损，弥补亏损；④提取法定公积金；⑤提取任意公积金；⑥向股东分配利润。

公司弥补亏损和提取公积金后所余税后利润，有限责任公司按照股东实缴的出资比例分取红利，但全体股东约定不按照出资比例分取红利的情况除外。股份有限公司按照股东持有的股份比例分配，但股份有限公司章程规定不按持股比例分配的除外。

股东会、股东大会或董事会如果违反上述规定，在公司弥补亏损和提取法定公积金之前向股东分配利润的，股东必须将违反规定分配的利润退还公司。公司持有的本公司股份不得分配利润。

2. 公积金的提取与使用

公积金分为盈余公积金和资本公积金两类。

盈余公积金是从公司税后利润中提取的，又分为法定盈余公积金和任意盈余公积金。法定盈余公积金按照税后利润的 10%提取，当公司法定公积金累计额已达注册资本的 50%以上时，可以不再提取。任意盈余公积金是根据公司章程规定或股东会的决议提取。

股份有限公司以超过股票票面金额的发行价格发行股份所得的溢价款及国务院财政部门规定列入资本公积金的其他收入，应当列为公司资本公积金。资本公积金不得用于弥补公司的亏损，但经过一定程序可以转为资本。

公司的公积金用于弥补公司的亏损、扩大公司生产经营或转为增加公司资本。但是，法定公积金转为资本时，所留存的该项公积金不得少于转增前公司注册资本的 25%。

⊙ 任务解析

(1) 股份有限公司依法溢价发行的款项属于公司资本公积金的，不能作为股利分配，华能股份有限公司将股票发行的溢价款作为股利分配是错误的。

(2) 公司法定公积金占公司注册资本的 55%，可以不再提取法定公积金。《公司法》规定，公司的法定公积金累计额为公司注册资本的 50%以上的，可不再提取。

(3) 股份有限责任公司经股东大会决议可将法定公积金转为资本，但法定公积金转为资本时，所留存的该项公积金不得少于注册资本的 25%。本任务案例中华能公司将全部法定公积金转为公司资本，显然违反了《公司法》的有关规定。

任务五　公司的合并、分立、解散和清算

◉ 任务案例

　　甲有限责任公司于 2016 年 10 月从乙厂购入一批原材料，货款 50 万元，一直未付，乙厂在 2017 年 11 月催要时，才发现该公司已分立为 A、B 两个小公司，甲公司已经解散。当乙厂找 A 公司追要时，A 公司以原公司分立时 B 公司分得 80%的资产为由拒绝支付，认为应由 B 公司承担所有债务。当乙厂找 B 公司追要全部货款时，B 公司以按原公司财产分配比例承担责任为由，只愿意偿付 80%的债务。

◉ 具体任务

　　试分析 A、B 两个公司的做法有无法律依据。

◉ 理论认知

一、公司的合并与分立

(一)公司的合并

公司的合并是指两个或两个以上的公司依照法定程序变为一个公司的行为。

1. 公司合并的形式

公司合并的形式有吸收合并和新设合并两种。吸收合并是指一个公司吸收其他公司加入本公司，被吸收的公司解散。新设合并是指两个以上公司合并设立一个新的公司，合并各方解散。

2. 公司合并的程序

(1) 签订合并协议。公司合并应当由合并各方签订合并协议。合并协议应当包括以下主要内容：①合并各方的名称、住所；②合并后存续公司的名称、住所；③合并各方的债权债务的处理办法；④合并各方的资产状况及处理办法；⑤合并后公司因合并而增资所发行的股份总额、种类和数量；⑥合并各方认为需要载明的其他内容。

(2) 编制资产负债表。

(3) 作出合并决议。由公司的最高权力机关依法作出合并决议。例如，有限责任公司股东会在对公司合并作出决议时，必须由代表 2/3 以上表决权的股东通过；股份有限公司的股东大会在对公司合并作出决议时，必须由出席会议的持 2/3 以上表决权的股东通过。

(4) 通知债权人。公司应当自作出合并决议之日起 10 日内通知债权人，并于 30 日内在报纸上公告。债权人自接到通知书之日起 30 日内，未接到通知书的自公告之日起 45 日内，可以要求公司清偿债务或提供相应的担保。

(5) 依法进行工商变更登记。

3. 债权、债务的处理

当公司合并时，合并各方的债权、债务，应当由合并后存续的公司或新设的公司承继。

(二)公司的分立

公司分立是指一个公司依照法定程序分立为两个以上的公司。

公司分立的形式有两种：一是公司以其部分财产和业务另设立一个新的公司，原公司存续；二是公司以全部财产分别归入两个以上的新设立的公司，原公司解散。公司分立程序同公司合并程序。

公司分立前的债务由分立后的公司承担连带责任。但是，公司在分立前与债权人就债务清偿达成的书面协议另有约定的除外。

二、公司注册资本的减少和增加

公司增加或减少注册资本，应当依法向公司登记机关办理变更登记。

(一)注册资本的减少

当公司需要减少注册资本时，必须编制资产负债表及财产清单。公司应当自作出减少注册资本决议之日起 10 日内通知债权人，并于 30 日内在报纸上公告。债权人自接到通知书之日起 30 日内，未接到通知书的自公告之日起 45 日内，有权要求公司清偿债务或提供相应的担保。公司减资后的注册资本不得低于法定的最低限额。

(二)注册资本的增加

当有限责任公司增加注册资本时，股东认缴新增资本的出资，依照《公司法》设立有限责任公司缴纳出资的有关规定执行。当股份有限公司为增加注册资本发行新股时，股东认购新股，依照《公司法》设立股份有限公司缴纳股款的有关规定执行。

三、公司的解散和清算

(一)公司解散的原因

《公司法》规定，公司有下列情形的，应当解散。

(1) 公司章程规定的营业期限届满或公司章程规定的其他解散事由出现时。
(2) 股东会或股东大会决议解散时。
(3) 因公司合并或分立需要解散的。
(4) 依法被吊销营业执照、责令关闭或被撤销。
(5) 人民法院依法予以解散。

面向「十三五」高职高专项目导向式教改教材 · 财经系列

(二)公司的清算

1. 成立清算组

公司应当在解散事由出现之日起15日内成立清算组(合并或分立解散除外),进行清算。有限责任公司的清算组由股东组成,股份有限公司的清算组由董事或股东大会确定的人员组成。逾期不成立清算组的,债权人可以申请人民法院指定有关人员组成清算组进行清算。

2. 清算组的职权

清算组在清算期间行使下列职权:①清理公司财产,分别编制资产负债表和财产清单;②通知、公告债权人;③处理与清算有关的公司未了结的业务;④清缴所欠税款及清算过程中产生的税款;⑤清理债权、债务;⑥处理公司清偿债务后的剩余财产;⑦代表公司参与民事诉讼活动。

清算组成员应当忠于职守,依法履行清算义务。清算组成员不得利用职权收受贿赂或其他非法收入,不得侵占公司财产。因故意或重大过失给公司或债权人造成损失的,清算组成员应当承担赔偿责任。

3. 清算的程序

(1) 登记债权。清算组应自成立之日起10日内通知债权人,并于60日内在报纸上公告。债权人应当自接到通知书之日起30日内,未接到通知书的自公告之日起45日内,向清算组申报其债权。在申报债权期间,清算组不得对债权人进行清偿。

(2) 清理公司财产,制订清算方案。清算组应对公司财产进行清理,编制资产负债表和财产清单,制订清算方案,并报股东会、股东大会或人民法院确认。如果清算中发现公司财产不足清偿债务,应当依法向人民法院申请宣告破产。公司经人民法院裁定宣告破产后,清算组应当将清算事务移交给人民法院。

(3) 清偿债务。公司财产在拨付清算费用后,按下列顺序清偿:①职工的工资、劳动保险费用和法定补偿金;②缴纳所欠税款;③清偿公司债务。清偿债务后公司的剩余财产,有限责任公司按股东的出资比例进行分配;股份有限公司按股东所持股份比例进行分配。

(4) 公告公司终止。公司清算结束后,清算组应制作清算报告,报股东会、股东大会或人民法院确认,并报送公司登记机关,申请注销公司登记,公告公司终止。

◉ 任务解析

在任务案例中,A、B两个公司的说法都没有法律依据。《公司法》规定,公司分立前的债务由分立后的公司承担连带责任。即债权人可以向分立后的任何一个或数个公司提出清偿要求,被追偿的公司应当清偿全部债务,至于两者约定自己一方承担的债务比例,这是内部约定,效力不及于外部。

项 目 小 结

公司是现代企业的主要形式，公司企业制度也是企业法中的主要部分。本项目以案例的方式贯穿公司法理论认知的运用过程，重点在于了解公司从产生、运行到消灭的整个过程中的理论知识，掌握运用《公司法》知识解决实际问题的技能。

实 训 练 习

【实训项目】 模拟设立有限责任公司。

【实训操作及要求】 将班级学生分为每 8 人一组，设学生为股东，模拟设立有限责任公司。每组应根据《公司法》的规定，确定公司的名称、签署出资协议、拟定公司章程、模拟出资、建立公司管理组织。所有设立程序中的文件要符合文本的要求。

理 论 复 习

一、单项选择题

1. 设立股份有限公司发起人的法定人数要求是( )。
   A. 2 人以上 200 人以下
   B. 5 人以上 200 人以下
   C. 5 人以上 500 人以下
   D. 10 人以上 500 人以下
2. 下列机构中，属于公司最高权力机构的是( )。
   A. 董事会　　　B. 股东会　　　C. 监事会　　　D. 职工代表大会
3. 有限责任公司为公司的股东提供担保，应由( )机构作出决议。
   A. 董事会　　　B. 股东会　　　C. 监事会　　　D. 董事长

二、多项选择题

1. 下列选项中，不属于有限责任公司股东会职权的有( )。
   A. 决定公司的经营计划和投资方案　　B. 选举和更换由职工代表担任的董事
   C. 对发行公司债券作出决议　　　　　D. 决定公司内部管理机构的设置
2. 下列选项中，有权提议召开有限责任公司临时股东会会议的有( )。
   A. 代表 8% 以上表决权的股东　　　B. 1/3 以上的董事
   C. 监事会　　　　　　　　　　　　D. 董事长
3. 有限责任公司股东会作出的下列决议中，必须经代表 2/3 以上表决权的股东通过的有( )。
   A. 对股东转让出资作出决议　　　　B. 对利润分配方案作出决议
   C. 对变更公司形式作出决议　　　　D. 对修改公司章程作出决议

4. 下列有关有限责任公司董事会的职权表述中，不正确的有(　　)。

    A. 决定增设销售网点，但须经股东会同意后方可实施

    B. 决定罢免现任经理，但须请示股东会批准

    C. 决定公司的经营计划和投资方案

    D. 决定公司的经营方针和投资计划

5. 下列选项中，对于一人有限责任公司的说法正确的是(　　)。

    A. 一个自然人只能投资设立一个有限责任公司

    B. 一人有限责任公司的注册资本最低为 30 万元

    C. 一人有限责任公司的股东不能分期缴付出资，应当一次足额缴付出资

    D. 一人有限责任公司不设股东会

三、案例分析题

甲、乙、丙三人共同出资设立一个有限责任公司，取名为北京世达科技有限公司，专业从事网络技术咨询和维护(以下称为世达公司)，共同拟定的公司章程中约定，公司注册资本为 100 万元。甲为公司法定代表人，出资 80 万元，其中货币出资 60 万元，以自己的汽车作价 20 万元出资，首次出资交付 20 万元货币资金和汽车，其余出资额在公司成立之日起 3 年内缴足；乙出资 10 万元，以自己的房屋及土地使用权作价出资；丙出资 10 万元，以自己的计算机技术作价出资。

公司成立两年后，世达公司与个体工商户丁之间签订了一份网络设备的买卖合同，但由于世达公司的资金链断裂，无法支付 90 万元的合同款。丁查询到世达公司实际已到资不抵债的边缘，能找到的只有甲一个股东了。于是丁将甲起诉到法院，认为甲出资占 80%，世达公司基本就是甲个人在操作，因此要求甲个人来还债。

试分析：

(1) 甲、乙、丙三人的出资形式、货币出资比例等是否符合法律规定？并说明理由。

(2) 甲、乙、丙三人的出资时间是否符合法律规定？并说明理由。

(3) 如果公司成立后，经查实甲出资的汽车实际价值仅为 10 万元，该如何处理？

(4) 本案中丁的主张是否会得到法院的支持？

项目三

企业法

【技能目标】

- 能够应用个人独资企业法的原理设立个人独资企业。
- 能够处理个人独资企业经营过程中涉及的法律问题。
- 能够起草合伙协议书。
- 能够处理入伙及退伙过程中的法律事务。

【知识目标】

- 了解个人独资企业的概念与特点。
- 理解个人独资企业的权利与义务。
- 掌握个人独资企业的设立条件及事务管理。
- 了解合伙企业的概念与种类。
- 理解合伙企业中合伙人的责任承担、合伙企业的设立条件与程序。
- 掌握合伙企业的事务执行、入伙及退伙的效力。

任务一 个人独资企业及个人独资企业法认知

任务案例

甲出资成立某个人独资企业，为吸引更多的合作伙伴，获得更高的信誉，在设立登记时明确以其家庭共有财产的 30 万元作为出资。后在经营过程中，欠下 50 万元债务，该企业无力偿还，债权人提出变卖甲的住房，但是甲却坚持该房屋的产权人是其爱人乙的名字，属于家庭共有财产，与企业债务无关。

具体任务

试分析甲的住房是否应该作为其开设的个人独资企业偿债财产。

理论认知

一、个人独资企业的概念与特点

(一)个人独资企业的概念

个人独资企业是指依照《中华人民共和国个人独资企业法》在中国境内设立，由一个自然人投资，财产为投资人个人所有，投资人以其个人财产对企业债务承担无限责任的经营实体。

个人独资企业法有狭义和广义之分，狭义的个人独资企业法是指 1999 年 8 月 30 日第九届全国人大常委会第十一次会议通过的《中华人民共和国个人独资企业法》(下称《个人独资企业法》)，该法自 2000 年 1 月 1 日起施行；广义的个人独资企业法是指调整有关个人独资企业组织和行为的一切法律规范的总称。

(二)个人独资企业的特点

个人独资企业是企业的基本组织形式之一，它与公司、合伙、私营企业等其他企业形式相比，具有以下特点。

(1) 从组织结构形式上看，它是由个人投资设立的企业，其投资者为一个自然人，且必须是享有完全民事行为能力的自然人。这一点明显区别于合伙企业，合伙企业必须有两个以上的合伙人才能组成一个企业。

(2) 从财产上看，个人独资企业的财产为投资者一人所有，其对个人独资企业的财产享有所有权。这一点也与合伙人对合伙企业的财产享有共有权明显不同。

(3) 从责任形态上看，投资者个人以其个人财产对企业债务承担无限责任。投资人如果以其家庭共有财产作为个人出资并经登记的，以家庭共有财产对企业债务承担无限责任。这是个人独资企业区别于有限责任公司和股份有限公司等企业形式的基本特征。

二、个人独资企业的设立

(一)个人独资企业的设立条件

根据《个人独资企业法》的规定，在中国境内设立个人独资企业，应当具备下列条件。

(1) 投资人为一个自然人，必须是享有完全民事行为能力的自然人。

(2) 有合法的企业名称。名称应当符合名称登记管理有关规定，并与其责任形式及从事的营业相符合。名称中不得使用"有限""有限责任"或"公司"字样。

(3) 有投资人申报的出资。

(4) 有固定的生产经营场所和必要的生产经营条件。

(5) 有必要的从业人员。

设立个人独资企业，应当由投资人或其委托的代理人向个人独资企业所在地登记机关申请设立登记。

(二)个人独资企业的设立程序

投资人申请设立登记，应当向登记机关提交下列文件：①投资人签署的个人独资企业设立申请书；②投资人身份证明；③企业住所证明；④国家工商行政管理局规定提交的其他文件。从事法律、行政法规规定须报经有关部门审批的业务的，应当提交有关部门的批准文件。委托代理人申请设立登记的，应当提交投资人的委托书和代理人的身份证明或资格证明。

个人独资企业设立申请书应当载明下列事项：①企业的名称和住所；②投资人的姓名和居所；③投资人的出资额和出资方式；④经营范围及方式。个人独资企业投资人以个人财产出资或以其家庭共有财产作为个人出资的，应当在设立申请书中予以明确。

登记机关应当在收到申请文件之日起 15 日内，作出核准登记或不予登记的决定。予以核准的发给营业执照；不予核准的，发给企业登记驳回通知书。

个人独资企业营业执照的签发日期为个人独资企业的成立日期。

三、个人独资企业的事务管理

(一)个人独资企业的投资人

个人独资企业由一个具有中国国籍的自然人投资设立，但是法律、行政法规禁止从事营利性活动的人，不得作为投资人申请设立个人独资企业。根据我国有关法律、行政法规规定，国家公务员、党政机关领导干部、警官、法官、检察官、商业银行工作人员等，不得作为投资人申请设立个人独资企业。

个人独资企业投资人对本企业的财产依法享有所有权，其有关权利可以依法进行转让或继承。个人独资企业投资人在申请企业设立登记时明确以其家庭共有财产作为个人出资的，应当依法以家庭共有财产对企业债务承担无限责任。

(二)个人独资企业的内部管理

个人独资企业投资人可以自行管理企业事务，也可以委托或聘用其他具有民事行为能力的人负责企业的事务管理。投资人委托或聘用他人管理个人独资企业事务时，应当与受托人或被聘用的人员签订书面合同，明确委托的具体内容和授予的权利范围。受托人或被聘用的人员应当履行诚信、勤勉义务，按照与投资人签订的合同负责个人独资企业的事务管理。投资人对受托人或被聘用的人员职权的限制，不得对抗善意第三人。

【案例 3-1】 甲出资设立某个人独资企业，从事水果批发业务。经营过程中甲委托乙对企业进行经营管理，并签订委托经营管理协议，但是为了加强对企业的控制，在委托经营协议中约定，凡从事标的额为 10 万元以上的业务，必须经过甲的批准。其后，乙在经营过程中与丙谈妥一单生意，标的额为 14 万元。乙准备向甲请示，但当时甲正在外地旅游，无法取得联系。为了促成这笔业务，乙便与丙签订了合同。此合同是否对该个人独资企业发生效力？

【解析】 此合同对该企业发生效力。因为个人独资企业中投资人对受托人或被聘用的人员职权的限制不得对抗善意第三人。

投资人委托或聘用的管理个人独资企业事务的人员不得有下列行为：①利用职务上的便利，索取或收受贿赂；②利用职务或工作上的便利侵占企业财产；③挪用企业的资金归个人使用或者借贷给他人；④擅自将企业资金以个人名义或以他人名义开立账户储存；⑤擅自以企业财产提供担保；⑥未经投资人同意，从事与本企业相竞争的业务；⑦未经投资人同意，同本企业订立合同或进行交易；⑧未经投资人同意，擅自将企业商标或其他知识产权转让给他人使用；⑨泄露本企业的商业秘密；⑩法律、行政法规禁止的其他行为。

个人独资企业应当依法设置会计账簿，进行会计核算。个人独资企业招用职工时，应当依法与职工签订劳动合同，保障职工的劳动安全，按时、足额发放职工工资。个人独资企业应当按照国家规定参加社会保险，为职工缴纳社会保险费。个人独资企业可以依法申请贷款、取得土地使用权，并享有法律、行政法规规定的其他权利。任何单位和个人不得违反法律、行政法规的规定，以任何方式强制个人独资企业提供财力、物力、人力；对于违法强制提供财力、物力、人力的行为，个人独资企业有权拒绝。

四、个人独资企业的解散与清算

(一)个人独资企业的解散

个人独资企业有下列情形之一时，应当解散：①投资人决定解散；②投资人死亡或被宣告死亡，无继承人或继承人决定放弃继承；③被依法吊销营业执照；④法律、行政法规规定的其他情形。

(二)个人独资企业的清算

个人独资企业解散后，由投资人自行清算或由债权人申请人民法院指定清算人进行清算。投资人自行清算的，应当在清算前 15 日内书面通知债权人；无法通知的，应当予以公告。债权人应当在接到通知之日起 30 日内，未接到通知的应当在公告之日起 60 日内，向投资人申报其债权。

个人独资企业解散后，原投资人对个人独资企业存续期间的债务仍应承担偿还责任，但债权人在 5 年内未向债务人提出偿债请求的，该责任消灭。

个人独资企业解散的，财产应当按照下列顺序清偿：①所欠职工工资和社会保险费用；②所欠税款；③其他债务。清算期间，个人独资企业不得开展与清算目的无关的经营活动。在按前述规定清偿债务前，投资人不得转移、隐匿财产。

个人独资企业财产不足以清偿债务的，投资人应当以其个人的其他财产予以清偿。个人独资企业清算结束后，投资人或人民法院指定的清算人应当编制清算报告，并于 15 日内到登记机关办理注销登记。

五、个人独资企业的法律责任

违反《个人独资企业法》规定，提交虚假文件或采取其他欺骗手段取得企业登记的，责令改正，并处以 5 000 元以下的罚款；情节严重的，并处吊销营业执照。个人独资企业使用的名称与其在登记机关登记的名称不相符合的，责令限期改正，并处以 2 000 元以下的罚款。

涂改、出租、转让营业执照的，责令改正，没收违法所得，并处以 3 000 元以下的罚款；情节严重的，吊销营业执照。伪造营业执照的，责令停业，没收违法所得，处以 5 000 元以下的罚款。构成犯罪的，依法追究刑事责任。个人独资企业成立后无正当理由超过 6 个月未开业的，或者开业后自行停业连续 6 个月以上的，吊销营业执照。违反《个人独资企业法》规定，未领取营业执照，以个人独资企业名义从事经营活动的，责令停止经营活动，并处以 3 000 元以下的罚款。个人独资企业登记事项发生变更时，未按《个人独资企业法》规定办理有关变更登记的，责令限期办理变更登记；逾期不办理的，处以 2 000 元以下的罚款。

投资人委托或聘用的人员管理个人独资企业事务时，违反双方订立的合同，给投资人造成损害的，受托人或被聘用的人员承担民事赔偿责任。个人独资企业违反《个人独资企业法》规定，侵犯职工合法权益，未保障职工劳动安全，不缴纳社会保险费用的，按照有关法律、行政法规予以处罚，并追究有关责任人员的责任。投资人委托或聘用的人员违反《个人独资企业法》第二十条规定，侵犯个人独资企业财产权益的，责令退还侵占的财产；给企业造成损失的，依法承担赔偿责任；有违法所得的，没收违法所得；构成犯罪的，依法追究刑事责任。

违反法律、行政法规的规定，强制个人独资企业提供财力、物力、人力的，按照有关法律、行政法规予以处罚，并追究有关责任人员的责任。

个人独资企业及其投资人在清算前或清算期间隐匿或转移财产，逃避债务的，依法追回其财产，并按照有关规定予以处罚；构成犯罪的，依法追究刑事责任。

投资人违反《个人独资企业法》规定，应当承担民事赔偿责任和缴纳罚款、罚金，其财产不足以支付的，或者被判处没收财产的，应当先承担民事赔偿责任。

登记机关对不符合《个人独资企业法》规定条件的个人独资企业予以登记，或者对符合本法规定条件的企业不予登记的，对直接责任人员依法给予行政处分；构成犯罪的，依法追究刑事责任。登记机关的上级部门的有关主管人员强令登记机关对不符合《个人独资企业法》规定条件的企业予以登记，或者对符合《个人独资企业法》规定条件的企业不予登记的，或者对登记机关的违法登记行为进行包庇的，对直接责任人员依法给予行政处分；构成犯罪的，依法追究刑事责任。登记机关对符合法定条件的申请不予登记或超过法定时限不予答复的，当事人可依法申请行政复议或提起行政诉讼。

◉ 任务解析

根据《个人独资企业法》的规定，该房屋应该作为偿债财产。因为投资人在申请企业设立登记时明确以其家庭共有财产作为个人出资的，应当依法以家庭共有财产对企业债务承担无限责任。

任务二　合伙企业及合伙企业设立的认知

◉ 任务案例

张三为某派出所民警，他的几个好朋友打算合伙开办一个服装生产企业，拟请张三作为合伙人。

◉ 具体任务

试分析张三是否可以成为合伙人。

◉ 理论认知

一、合伙企业的概念、种类与特征

(一)合伙企业的概念

合伙企业是企业的一种形式，也是一种重要的企业组织形式。所谓合伙企业，是指自然人、法人和其他组织依照《合伙企业法》在中国境内设立的普通合伙企业和有限合伙企业。

(二)合伙企业的种类

依照《合伙企业法》的规定，合伙企业分为普通合伙企业和有限合伙企业。

普通合伙企业是指由普通合伙人组成，共同出资，共负盈亏，对合伙企业债务承担无限连带责任的合伙。

有限合伙企业是指由普通合伙人和有限合伙人组成，普通合伙人对合伙企业债务承担无限责任，有限合伙人以其认缴的出资额为限对合伙企业债务承担有限责任的合伙。

(三)合伙企业的特征

合伙企业作为一种法定的企业组织形式,依法具有以下特征。

(1) 合伙企业必须以合伙协议为基础设立。全体合伙人的权利和义务均以合伙协议的方式确定,这与公司的股东权利义务以公司章程来确定不同。

(2) 合伙人须为两人以上。根据《合伙企业法》的规定,合伙人可以是自然人,也可以是法人和其他组织。但是,自然人必须是完全民事行为人,国有独资公司、国有企业、上市公司,以及公益性的事业单位、社会团体不得成为普通合伙人。

(3) 合伙企业必须由全体合伙人共同出资设立。出资是合伙企业成立的基础,也是合伙人取得合伙资格的条件,因此出资应当是全体合伙人的基本义务。

《知识链接》

《合伙企业法》的修订

在现代市场经济社会中,合伙企业是一种非常普遍和非常重要的企业组织形式。为了规范合伙企业的行为,保护合伙企业及其合伙人、债权人的合法权益,维护社会经济秩序,促进社会主义市场经济的发展,我国于 1997 年 2 月 23 日在第八届全国人民代表大会常务委员会第二十四次会议上通过了《中华人民共和国合伙企业法》(以下简称《合伙企业法》),该法于 1997 年 8 月 1 日起施行。2006 年 8 月 27 日第十届全国人大常委会第二十三次会议再次对《合伙企业法》进行了修订,修订后的《合伙企业法》于 2007 年 6 月 1 日起施行,在该次修订中新加入了特殊的普通合伙企业及有限合伙企业的规定。

二、合伙企业的设立

(一)合伙企业的设立条件

根据《合伙企业法》的规定,设立合伙企业应当具备下列条件。

1. 有两个以上合伙人

普通合伙企业的合伙人可以是自然人,也可以是法人或其他组织。为自然人的,应当具有完全民事行为能力。但是,国家公务员、法官、检察官和警察等法律、行政法规禁止从事营利性活动的人员不得成为合伙人。同时,国有独资公司、国有企业、上市公司,以及公益性的事业单位、社会团体不得成为普通合伙人。有限合伙企业由两个以上 50 个以下合伙人设立,但是法律另有规定的除外。有限合伙企业至少应当有一个普通合伙人。

2. 有书面合伙协议

合伙协议是合伙企业设立的重要法律文件,是各合伙人享有权利和承担义务的法律依据,根据《合伙企业法》规定应当以书面形式订立。

普通合伙企业的合伙协议应当载明下列事项:①合伙企业的名称和主要经营场所的地点;②合伙目的和合伙经营范围;③合伙人的姓名或名称、住所;④合伙人的出资方式、数额和缴付期限；⑤利润分配、亏损分担方式；⑥合伙事务的执行；⑦入伙与退伙；⑧争议解决办法；⑨合伙企业的解散与清算；⑩违约责任。有限合伙企业的合伙协议除符合上述规定外，还应当载明下列事项：①普通合伙人和有限合伙人的姓名或名称、住所；②执行事务合伙人应具备的条件和选择程序；③执行事务合伙人的权限与违约处理办法；④执行事务合伙人的除名条件和更换程序；⑤有限合伙人入伙、退伙的条件、程序及相关责任；有限合伙人和普通合伙人相互转变的程序。

合伙协议的修改和补充，应当经过全体合伙人的一致同意，但是合伙协议另有约定的除外。也就是说，合伙协议的变更有两种方式：一是全体合伙人一致同意；二是合伙协议对协议变更做出的其他规定。合伙协议未约定或约定不明的事项，由合伙人协商决定；协商不成的，依照《合伙企业法》和其他法律、行政法规的规定处理。

3. 有合伙人认缴或实际缴付的出资

普通合伙人可以用货币、实物、知识产权、土地使用权或其他财产权利出资，也可以用劳务出资。合伙人以实物、知识产权、土地使用权或其他财产权利出资，需要评估作价的，可以由全体合伙人协商确定，也可以由全体合伙人委托法定评估机构评估。合伙人以劳务出资的，其评估办法由全体合伙人协商确定，并在合伙协议中载明。合伙人应当按照合伙协议约定的出资方式、数额和缴付期限，履行出资义务。以非货币财产出资的，依照法律、行政法规的规定，需要办理财产权转移手续的，应当依法办理。

有限合伙人可以用货币、实物、知识产权、土地使用权或其他财产权利作价出资。有限合伙人不得以劳务出资。有限合伙人应当按照合伙协议的约定按期足额缴纳出资；未按期足额缴纳的，应当承担补缴义务，并对其他合伙人承担违约责任。

4. 有合伙企业的名称

合伙企业应当有自己的企业名称。只有拥有自己的名称，合伙企业才能以自己的名义参与各种法律关系，享有相应的权利，并承担义务。

合伙企业的名称除了要符合《企业名称登记管理规定》的规范性要求之外，普通合伙企业名称中应当标明"普通合伙"字样；特殊的普通合伙企业名称中应当标明"特殊普通合伙"字样；有限合伙企业名称中应当标明"有限合伙"字样。

5. 有必要的生产经营场所

合伙企业的经营场所是其生产经营活动的所在地，并且具有债务履行、诉讼管辖和法律文书送达等法律意义。

此外，合伙企业还应具备与其生产经营业务性质和规模等相适应的设备、人员和设施等条件。

(二)合伙企业的设立程序

申请设立合伙企业，应当向企业登记机关提交登记申请书、合伙协议书、合伙人身份证明等文件。合伙企业的经营范围中有属于法律、行政法规规定在登记前须经批准的项目的，该项经营业务应当依法经过批准，并在登记时提交批准文件。

申请人提交的登记申请材料齐全、符合法定形式，企业登记机关能够当场登记的，应予当场登记，发给营业执照。除上述规定情形外，企业登记机关应当自受理申请之日起 20 日内，作出是否登记的决定。予以登记的，发给营业执照；不予登记的，应当给予书面答复，并说明理由。

合伙企业的营业执照签发日期为合伙企业的成立日期。合伙企业领取营业执照前，合伙人不得以合伙企业名义从事合伙业务。

合伙企业设立分支机构的，应当向分支机构所在地的企业登记机关申请登记，领取营业执照。

合伙企业登记事项发生变更的，执行合伙事务的合伙人应当自作出变更决定或发生变更事由之日起 15 日内，向企业登记机关申请办理变更登记。

任务解析

《合伙企业法》规定，法律、行政法规禁止从事营利性活动的人，不得成为合伙企业的合伙人，如国家公务员、人民警察、法官、检察官等。因此，张三不可以成为合伙企业的合伙人。

任务三　合伙企业财产及事务管理的认知

任务案例

合伙企业 A，由合伙人甲、乙、丙、丁共同出资设立。后经合伙人全体决定，合伙企业委托甲对外执行合伙企业事务，并以合伙企业的名义将上述决定发给企业的经常性业务伙伴 B 公司。在经营过程中，合伙企业对甲的权限进行了限制，规定对外签订的合同如果标的额超过 30 万元，必须经过全体合伙人的确认，但这一决定并未通知 B 公司。后合伙企业与 B 公司洽谈一笔业务，涉及标的额 60 万元，甲及时联系其他合伙人，但因某种原因没有联系上。甲考虑到商机不容错过，遂以合伙企业的名义与 B 公司签订了合同。其他合伙人知道后，都不赞成，遂以甲超越权限为由，主张该合同对合伙企业无效。

具体任务

试分析该合同是否对合伙企业有效。

理论认知

一、合伙企业的财产与事务管理

(一)合伙企业的财产

合伙人的出资、以合伙企业名义取得的收益和依法取得的其他财产，均为合伙企业的财产。

合伙人在合伙企业清算前，不得请求分割合伙企业的财产；但是，《合伙企业法》另有规定的除外。合伙人在合伙企业清算前私自转移或处分合伙企业财产的，合伙企业不得以此对抗善意第三人。

除合伙协议另有约定外，合伙人向合伙人以外的人转让其在合伙企业中的全部或部分财产份额时，须经其他合伙人一致同意，合伙人之间转让在合伙企业中的全部或部分财产份额时，应当通知其他合伙人。合伙人向合伙人以外的人转让其在合伙企业中的财产份额的，在同等条件下，其他合伙人有优先购买权；但是，合伙协议另有约定的除外。

合伙人以外的人依法受让合伙人在合伙企业中的财产份额的，经修改合伙协议即成为合伙企业的合伙人，依照《合伙企业法》和修改后的合伙协议享有权利，履行义务。

合伙人以其在合伙企业中的财产份额出质的，须经其他合伙人一致同意；未经其他合伙人一致同意的，其行为无效，由此给善意第三人造成损失的，由行为人依法承担赔偿责任。

(二)合伙企业的事务管理

合伙人对执行合伙事务享有同等的权利，按照合伙协议的约定或经全体合伙人决定，可以委托一个或数个合伙人对外代表合伙企业，执行合伙事务。作为合伙人的法人、其他组织执行合伙事务的，由其委派的代表执行。

依照《合伙企业法》第二十六条第二款规定，委托一个或数个合伙人执行合伙事务的，其他合伙人不再执行合伙事务。不执行合伙事务的合伙人有权监督执行合伙事务的合伙人的执行情况。

由一个或数个合伙人执行合伙事务的，执行合伙事务的合伙人应当定期向其他合伙人报告事务执行情况及合伙企业的经营和财务状况，其执行合伙事务所产生的收益归合伙企业，所产生的费用和亏损由合伙企业承担。合伙人为了解合伙企业的经营状况和财务状况，有权查阅合伙企业的会计账簿等财务资料。

合伙人分别执行合伙事务的，执行事务合伙人可以对其他合伙人执行的事务提出异议。提出异议时，应当暂停该项事务的执行。如果发生争议，依照《合伙企业法》第三十条规定作出决定。受委托执行合伙事务的合伙人不按照合伙协议或全体合伙人的决定执行事务的，其他合伙人可以决定撤销该委托。

合伙人对合伙企业有关事项作出决议，按照合伙协议约定的表决办法办理。合伙协议未约定或约定不明确的，实行合伙人一人一票并经全体合伙人过半数通过的表决办法。《合伙企业法》对合伙企业的表决办法另有规定的，从其规定。除合伙协议另有约定外，合伙企业的下列事项应当经全体合伙人一致同意：①改变合伙企业的名称；②改变合伙企业的经营范围、主要经营场所的地点；③处分合伙企业的不动产；④转让或处分合伙企业的知识产权和其他财产权利；⑤以合伙企业名义为他人提供担保；⑥聘任合伙人以外的人担任合伙企业的经营管理人员。

合伙人不得自营或同他人合作经营与本合伙企业相竞争的业务。除合伙协议另有约定或经全体合伙人一致同意外，合伙人不得同本合伙企业进行交易。合伙人不得从事损害本合伙企业利益的活动。

合伙企业的利润分配、亏损分担，按照合伙协议的约定办理；合伙协议未约定或约定不明确的，由合伙人协商决定；协商不成的，由合伙人按照实缴出资比例分配、分担；无法确定出资比例的，由合伙人平均分配、分担。合伙协议不得约定将全部利润分配给部分合伙人或由部分合伙人承担全部亏损。

合伙人按照合伙协议的约定或经全体合伙人决定，可以增加或减少对合伙企业的出资。

被聘任的合伙企业的经营管理人员应当在合伙企业授权范围内履行职务。被聘任的合伙企业的经营管理人员超越合伙企业授权范围履行职务，或者在履行职务过程中因故意或重大过失给合伙企业造成损失的，应依法承担赔偿责任。

合伙企业应当依照法律、行政法规的规定建立企业财务、会计制度。

二、合伙企业与第三人的关系

合伙企业对合伙人执行合伙事务及对外代表合伙企业权利的限制，不得对抗善意第三人。合伙企业对其债务，应先以其全部财产进行清偿。合伙企业不能清偿到期债务的，合伙人承担无限连带责任。合伙人由于承担无限连带责任，清偿数额超过《合伙企业法》第三十三条第一款规定的其亏损分担比例的，有权向其他合伙人追偿。

合伙人发生与合伙企业无关的债务，相关债权人不得以其债权抵销其对合伙企业的债务；也不得代位行使合伙人在合伙企业中的权利。

合伙人的自有财产不足清偿其与合伙企业无关的债务的，该合伙人可以以其从合伙企业中分取的收益用于清偿；债权人也可以依法请求人民法院强制执行该合伙人在合伙企业中的财产份额用于清偿。

人民法院强制执行合伙人的财产份额时，应当通知全体合伙人，其他合伙人有优先购买权；其他合伙人未购买，又不同意将该财产份额转让给他人的，依照《合伙企业法》第五十一条的规定为该合伙人办理退伙结算，或者办理削减该合伙人相应财产份额的结算。

◉ 任务解析

《合伙企业法》规定，合伙企业对合伙人执行合伙事务及对外代表合伙企业权利的限制，不得对抗善意第三人。该案例中 B 公司对个人独资企业关于甲的权利限制并不知情，为善意第三人，因此该合同有效。

任务四　特殊的普通合伙企业

◉ 任务案例

A、B、C 三人成立了一个合伙制的牙科诊所。由于 B 的重大失误，致使顾客李某的健康牙齿出现损坏，李某要求该诊所承担赔偿责任。

◉ 具体任务

试分析如果诊所不能承担全部赔偿责任，可否要求 B 以其个人财产承担责任。

面向『十三五』高职高专项目导向式教改教材 · 财经系列

理论认知

特殊的普通合伙企业是指以专门知识和技能为客户提供有偿服务的专业服务机构，这些服务机构可以设立为特殊的普通合伙企业，如律师事务所、会计师事务所、医师事务所、设计师事务所等。特殊的普通合伙企业必须在其企业名称中标明"特殊普通合伙"字样，以区别于普通合伙企业。

《合伙企业法》规定，在特殊的普通合伙企业中，一个或数个合伙人在执业活动中因故意或重大过失造成合伙企业债务的，应当承担无限责任或无限连带责任，其他合伙人则仅以其在合伙企业中的财产份额为限承担责任。这与普通合伙企业是不同的，在普通合伙企业中，合伙人即使是基于故意或重大过失而给合伙企业造成了债务，在对外责任的承担上依然是由全体合伙人承担无限连带责任，尽管对内其他合伙人可以追索有过错的合伙人。而在特殊的普通合伙企业中，出现由于个别合伙人的故意或重大过失而导致的合伙企业债务时，没有过错的其他合伙人是不需要承担对外责任的，债权人也只能追索有过错的合伙人。

当然，如果特殊普通合伙企业的合伙人并非因为故意或重大过失而导致合伙企业的债务，此种情形下与普通合伙企业一样，应当由全体合伙人承担无限连带责任。

特殊的普通合伙企业的合伙人在因故意或重大过失而造成合伙企业债务时，首先以合伙企业的财产承担对外清偿责任，不足时由有过错的合伙人承担无限责任或无限连带责任，没有过错的合伙人不再承担责任。当以合伙企业的财产承担对外责任后，有过错的合伙人应当按照合伙协议的约定对给合伙企业造成的损失承担赔偿责任。

知识链接

特殊的普通合伙企业

特殊的普通合伙企业仅适用于以专门知识和技能(如法律知识与技能、医学和医疗知识与技能、会计知识与技能等)为客户提供有偿服务的机构。这是因为这些专门知识和技能通常只为少数的、受过专门知识教育与培训的人才所掌握，而在向客户提供专业服务时，个人的知识、技能、职业道德、经验等往往起着决定性的作用，与合伙企业本身的财产状况、声誉、经营管理方式等都没有直接的和必然的联系，合伙人个人的独立性极强。

任务解析

根据《合伙企业法》的相关规定，在特殊的普通合伙企业中，一个或数个合伙人在执业活动中因故意或重大过失造成合伙企业债务的，应当承担无限责任或无限连带责任，其他合伙人则仅以其在合伙企业中的财产份额为限承担责任，因此可以要求 B 承担无限责任。

任务五　有限合伙企业

◉ 任务案例

　　甲、乙、丙、丁共同投资设立一从事商品流通的有限合伙企业。合伙协议约定了以下事项：①甲以现金 5 万元出资，乙以房屋作价 8 万元出资，丙以劳务作价 4 万元出资、以商标权作价 5 万元出资，丁以现金 10 万元出资；②丁为普通合伙人，甲、乙、丙均为有限合伙人；③各合伙人按相同比例分配盈利、分担亏损；④合伙企业的事务由丙和丁执行，甲和乙不执行合伙企业事务，也不对外代表合伙企业；⑤普通合伙人向合伙人以外的人转让财产份额的，不需要经过其他合伙人同意；⑥合伙企业名称为"恒信物流合伙企业"。

◉ 具体任务

　　该有限合伙企业合伙协议中有哪些地方不符合规定？

◉ 理论认知

一、有限合伙企业的概念

　　有限合伙企业是指由一个以上的普通合伙人和一个以上的有限合伙人共同设立的合伙企业。换言之，有限合伙企业中至少有一个普通合伙人和至少有一个有限合伙人，否则就不能称为有限合伙。

二、有限合伙企业的设立

　　根据《合伙企业法》的规定，有限合伙企业由两个以上 50 个以下合伙人设立，但法律另有规定的除外。这意味着有限合伙企业的合伙人最多不超过 50 人，除非其他法律对某种情形的有限合伙有另外的规定。

　　有限合伙企业的名称中应当标明"有限合伙"字样，以区别于普通合伙企业。

　　有限合伙企业的合伙协议除需要记载普通合伙企业协议应当载明的事项，还需要载明以下特殊事项：①执行事务合伙人应具备的条件和选择程序；②执行事务合伙人的权限与违约处理办法；③执行事务合伙人的除名条件和更换程序；④有限合伙人入伙、退伙的条件、程序以及相关责任；⑤有限合伙人和普通合伙人相互转变程序。

　　有限合伙人可以货币、实物、知识产权、土地使用权或其他财产权利作价出资，但不得以劳务出资。这是有限合伙人与普通合伙人在出资方式上的唯一差别。

　　有限合伙企业登记事项中应当载明有限合伙人的姓名或名称及认缴的出资数额。

三、有限合伙企业的事务执行

有限合伙企业的事务由普通合伙人执行。有限合伙人不执行合伙事务，也不得对外代表有限合伙企业。这是有限合伙企业与普通合伙企业的重大区别。在普通合伙企业中，任何一个合伙人都有权执行合伙事务，都有权对外代表合伙企业，其地位是完全平等的。

有限合伙人的下列行为不视为执行合伙事务：①参与决定普通合伙人入伙、退伙；②对企业的经营管理提出建议；③参与选择承办有限合伙企业审计业务的会计师事务所；④获取经审计的有限合伙企业的财务会计报告；⑤对涉及自身利益的情况，查阅有限合伙企业财务会计账簿等财务资料；⑥在有限合伙企业中的利益受损时，向有责任的合伙人主张权利或提起诉讼；⑦执行事务合伙人怠于行使权利时，督促其行使权利或为了本企业的利益以自己的名义提起诉讼；⑧依法为本企业提供担保。

《《知识链接》》

表见普通合伙

有限合伙人仅以其认缴的出资额为限对合伙企业债务承担责任。但是，如果有限合伙人的行为足以使得第三人合理信赖其为普通合伙人时，则有限合伙人得承担普通合伙人的责任，即承担无限连带责任。《合伙企业法》规定，第三人有理由相信有限合伙人为普通合伙人并与其交易的，该有限合伙人对该笔交易承担与普通合伙人同样的责任。但这一规定明确表见的普通合伙仅适用于该笔特定的情形，而非从合伙人地位上完全否认有限合伙人的身份，对其他不构成表见普通合伙的情形，有限合伙人仍旧承担有限责任。

四、有限合伙人的特殊权利

(1) 有限合伙人仅以其认缴的出资额为限对合伙企业的债务承担责任，而普通合伙人需要对合伙企业债务承担无限连带责任。新入伙的有限合伙人对入伙前合伙企业的债务也是以其认缴的出资额为限承担责任。

(2) 除非合伙协议另有约定，有限合伙人可以同本合伙企业进行交易，而普通合伙人通常是不可以的，除非合伙协议另有约定或经过全体合伙人同意。

(3) 除非合伙协议另有约定，有限合伙人可以自营或同他人合作经营与本合伙企业相竞争的业务，而普通合伙人是不可以的。

(4) 除非合伙协议另有约定，有限合伙人可以将其在合伙企业中的财产份额出质，而普通合伙人须经其他合伙人一致同意方可以其在合伙企业中的财产份额出质。

(5) 有限合伙人可以按照合伙协议的约定向合伙人以外的人转让其在合伙企业中的财产份额，只需提前30日通知其他合伙人即可。而普通合伙人对外转让财产份额时须经其他合伙人一致同意，除非合伙协议另有约定。

(6) 作为有限合伙人的自然人，在合伙企业存续期间丧失民事行为能力的，其他合伙人不得因此要求其退伙。而普通合伙人如果丧失民事行为能力，除非经得全体合伙人一致同意，否则只能做退伙处理。

五、有限合伙与普通合伙的转换

(1) 当有限合伙企业仅剩普通合伙人时，有限合伙企业转为普通合伙企业，并应当进行相应的变更登记。

(2) 当有限合伙企业仅剩有限合伙人时，则该企业不再是合伙企业，故应解散。

(3) 经全体合伙人一致同意，普通合伙人可以转变为有限合伙人，有限合伙人可以转变为普通合伙人。有限合伙人转变为普通合伙人的，对其作为有限合伙人期间合伙企业发生的债务承担无限连带责任；普通合伙人转变为有限合伙人的，对其作为普通合伙人期间合伙企业发生的债务承担无限连带责任。

◉ 任务解析

(1) 丙以劳务作价出资的做法不符合规定。根据规定，有限合伙人不得以劳务出资，丙为该合伙企业的有限合伙人，因此不得以劳务作价出资。

(2) 合伙企业的事务由丙和丁执行的做法不符合规定。根据规定，有限合伙人不执行合伙企业事务，不得对外代表合伙企业。由于丙为该合伙企业的有限合伙人，因此其执行合伙企业事务，对外代表合伙企业的做法是不符合规定的。

(3) 合伙企业名称不符合规定。根据规定，有限合伙企业名称中应当标明"有限合伙"字样。该企业名称中并没有标明"有限合伙"，因此是不符合规定的。其名称应该为"恒信物流有限合伙企业"。

任务六　入伙、退伙及合伙企业的解散与清算

◉ 任务案例

甲、乙、丙、丁四人出资设立 A 有限合伙企业，其中，甲、乙为普通合伙人，丙、丁为有限合伙人。合伙企业存续期间，发生以下事项：①7月，A 有限合伙企业向 B 银行贷款100万元；②8月，经全体合伙人一致同意，普通合伙人乙转变为有限合伙人，有限合伙人丙转变为普通合伙人；③9月，戊、庚新入伙，戊为有限合伙人，庚为普通合伙人，戊、庚的出资均为30万元；④10月，甲、丁提出退伙；经结算，甲从合伙企业分回10万元，丁从合伙企业分回20万元；⑤12月，B 银行100万元的贷款到期，A 合伙企业的全部财产只有40万元。

◉ 具体任务

试分析对于不足清偿的60万元，银行能否单独要求甲、乙、丙、丁、戊、庚清偿全部的60万元。

理论认知

一、入伙

入伙是指在合伙企业存续期间，合伙人以外的第三人加入合伙企业并取得合伙人资格的行为。

(一)入伙的条件与程序

入伙是一种民事法律行为，因此入伙应具备下列条件。

(1) 经全体合伙人的同意。入伙使得入伙人取得合伙人的资格，与其他合伙人共同成为合伙组织的成员，因此须经其他合伙人的一致同意。

(2) 入伙人与原合伙人订立书面合伙协议。入伙协议的签订表明原合伙人对入伙人的接受，也表明了入伙人的入伙意愿。原合伙人与入伙人签订入伙协议时，应履行其告知的义务，即告知入伙人原合伙企业的经营状况和财务状况。因为入伙人入伙后，对入伙前的合伙企业债务要与原合伙人承担连带责任。原合伙人履行告知义务，目的是有利于第三人决定是否入伙。入伙协议中关于入伙人债权债务承担的约定不得对抗第三人，但对内具有效力。

(二)入伙的后果

入伙的后果是入伙人取得合伙人的资格；入伙人对入伙前合伙企业的债务承担连带责任；除入伙协议另有约定外，入伙人与合伙人享有同等权利，承担同等责任。新入伙的有限合伙人对入伙前有限合伙企业的债务，以其认缴的出资额为限承担责任。

二、退伙

退伙是在合伙企业存续期间，合伙人资格的消灭。

(一)退伙的形式

退伙的形式包括以下两种。

1. 声明退伙

声明退伙又称自愿退伙，是指合伙人基于自愿的意思表示而退伙。声明退伙又可分为协议退伙和通知退伙。

协议退伙是指当合伙协议约定了合伙的经营期限时，某一合伙人要求退伙的情形。《合伙企业法》第五十条规定：如果合伙协议约定了合伙期限，在该期限内如果有下列情形之一时，合伙人可以单方提出退伙。

(1) 合伙协议约定的退伙事由出现。

(2) 经全体合伙人同意退伙。

(3) 发生合伙人难以继续参加合伙企业的事由。

(4) 其他合伙人严重违反合伙协议约定的义务。

依此规定，在约定有合伙期限的情形下，合伙人有两种途径退出合伙：一是与其他合伙人协商，取得其他合伙人的一致同意，则无须任何理由都可以退伙；二是出现上述第(1)、(3)、(4)种情形时，合伙人可以单方提出退伙，无须取得其他合伙人的同意。

通知退伙是指在合伙协议未约定合伙期限的情况下的退伙。根据《合伙企业法》第四十六条的规定，合伙协议未约定合伙期限的，在不给合伙事务执行造成不利影响的前提下，合伙人可以不经其他合伙人同意而退伙，但应当提前 30 日通知其他合伙人。

2. 法定退伙

法定退伙是指直接根据法律的规定而退伙。法定退伙又可分为当然退伙和除名退伙。

(1) 当然退伙，是指发生了某种客观情况而导致的退伙。《合伙企业法》第四十九条规定了这些客观情况，即：①作为合伙人的自然人死亡或被依法宣告死亡；②个人丧失偿债能力；③作为合伙人的法人或其他组织依法被吊销营业执照、责令关闭、撤销，或者被宣告破产；④法律规定或合伙协议约定合伙人必须具有相关资格而丧失该资格；⑤合伙人在合伙企业中的全部财产份额被人民法院强制执行。

如果作为合伙人的自然人被依法认定为无民事行为能力人或限制民事行为能力人的，并不必然导致退伙。在此种情形下，如果经其他合伙人一致同意，该合伙人可以依法转为有限合伙人，普通合伙企业依法转为有限合伙企业。但是，如果未能取得其他合伙人的一致同意，则该合伙人退伙。

(2) 除名退伙，也称开除退伙，是指在合伙人出现法定事由的情形下，由其他合伙人决议将该合伙人除名。《合伙企业法》第四十九条规定了除名退伙的事由，即：①未履行出资义务；②因故意或重大过失给合伙企业造成损失；③执行合伙企业事务时有不正当竞争行为；④合伙协议约定的其他事项。

由此可见，当然退伙与除名退伙的不同之处在于：当然退伙的原因是客观性的，应当退伙的合伙人主观上并无过错，并未实施损害合伙企业利益的行为；而除名退伙的原因是主观性的，即退伙的合伙人发生了损害合伙企业利益的行为，其退伙含有惩罚性的因素。因此，在判断哪些原因是导致当然退伙的原因，哪些原因是导致除名退伙的原因时，合伙人的主观状态是否存在过错、是否实施了损害合伙企业利益的行为，是关键的判断因素。

合伙企业作出对某一合伙人的除名决议，应当书面通知被除名人。被除名人接到除名通知之日，除名生效，被除名人退伙。但是，如果被除名人对除名决议有异议，可以自接到除名通知之日起 30 日内向人民法院起诉，通过诉讼以最终确认除名决议的效力。

(二)退伙的效力

就退伙的效力而言，声明退伙与法定退伙基本是一致的，具体表现为以下几点。

(1) 退伙人丧失合伙人身份，脱离原合伙协议约定的权利义务关系。

(2) 导致合伙财产的清理与结算。退伙时的结算应遵循如下规则：①合伙人退伙，其他合伙人应当与该退伙人按照退伙时的合伙企业财产状况进行结算，退还退伙人的财产份额。退伙时有未了结的合伙企业事务的，可以待该事务了结后再进行结算。②退伙人对给合伙企业造成的损失负有赔偿责任的，可以相应扣减其应当赔偿的数额。③退伙人在合伙企业

面向『十三五』高职高专项目导向式教改教材 · 财经系列

中财产份额的退还办法，由合伙协议约定或由全体合伙人决定，可以退还货币，也可以退还实物。④如果退伙时合伙企业的财产少于合伙企业债务，即资不抵债，则退伙人应当根据合伙协议的约定或《合伙企业法》第三十三条的规定分担亏损。⑤在退伙人退伙时，对基于其退伙前的原因发生的合伙企业债务，仍应与其他合伙人一起承担无限连带责任。有限合伙人退伙后，对基于其退伙前的原因发生的有限合伙企业债务，以其退伙时从合伙企业取回的财产承担责任。

(3) 退伙并不必然导致合伙企业的解散。只有在合伙人为两人的情况下，其中一人退伙则导致合伙的解散。当然，即使是在合伙人为两人的情况下，如果另一合伙人同意，也可以由退伙人将其份额转让给第三人，则合伙企业继续存在。

三、合伙企业的解散与清算

(一)合伙企业的解散

合伙企业有下列情形之一的，应当解散：①合伙期限届满，合伙人决定不再经营；②合伙协议约定的解散事由出现；③全体合伙人决定解散；④合伙人已不具备法定人数满30天；⑤合伙协议约定的合伙目的已经实现或无法实现；⑥依法被吊销营业执照、责令关闭或被撤销；⑦法律、行政法规规定的其他原因。

(二)合伙企业的清算

当合伙企业解散时，应当由清算人进行清算。清算人由全体合伙人担任；经全体合伙人过半数同意，可以自合伙企业解散事由出现后15日内指定一个或数个合伙人，或者委托第三人担任清算人。自合伙企业解散事由出现之日起15日内未确定清算人的，合伙人或其他利害关系人可以申请人民法院指定清算人。

清算人在清算期间执行下列事务：①清理合伙企业财产，分别编制资产负债表和财产清单；②处理与清算有关的合伙企业未了结事务；③清缴所欠税款；④清理债权、债务；⑤处理合伙企业清偿债务后的剩余财产；⑥代表合伙企业参加诉讼或仲裁活动。

清算人自被确定之日起10日内将合伙企业解散事项通知债权人，并于60日内在报纸上公告。债权人应当自接到通知书之日起30日内，未接到通知书的自公告之日起45日内，向清算人申报债权。债权人申报债权，应当说明债权的有关事项，并提供证明材料。清算人应当对债权进行登记。清算期间，合伙企业存续，但不得开展与清算无关的经营活动。

合伙企业财产在支付清算费用和职工工资、社会保险费用、法定补偿金及缴纳所欠税款、清偿债务后的剩余财产，依照《合伙企业法》第三十三条第一款的规定进行分配。

清算结束，清算人应当编制清算报告，经全体合伙人签名、盖章后，在15日内向企业登记机关报送清算报告，申请办理合伙企业注销登记。

合伙企业注销后，原普通合伙人对合伙企业存续期间的债务仍应承担无限连带责任。

合伙企业不能清偿到期债务的，债权人可以依法向人民法院提出破产清算申请，也可以要求普通合伙人清偿。合伙企业依法被宣告破产的，普通合伙人对合伙企业的债务仍应承担无限连带责任。

四、合伙企业的法律责任

违反《合伙企业法》规定，提交虚假文件或采取其他欺骗手段，取得合伙企业登记的，由企业登记机关责令改正，并处以 5 000 元以上 50 000 元以下的罚款；情节严重的，撤销企业登记，并处以 50 000 元以上 200 000 元以下的罚款。

违反《合伙企业法》规定，合伙企业未在其名称中标明"普通合伙""特殊普通合伙"或"有限合伙"字样的，由企业登记机关责令限期改正，并处以 2 000 元以上 10 000 元以下的罚款。

违反《合伙企业法》规定，未领取营业执照，而以合伙企业或者合伙企业分支机构名义从事合伙业务的，由企业登记机关责令停止，并处以 5 000 元以上 50 000 元以下的罚款。当合伙企业登记事项发生变更时，未依照《合伙企业法》规定办理变更登记的，由企业登记机关责令限期登记；逾期不登记的，处以 2 000 元以上 20 000 元以下的罚款。当合伙企业登记事项发生变更时，执行合伙事务的合伙人未按期申请办理变更登记的，应当赔偿由此给合伙企业、其他合伙人或善意第三人造成的损失。

合伙人执行合伙事务，或者合伙企业从业人员利用职务上的便利，将应当归合伙企业的利益据为己有的，或者采取其他手段侵占合伙企业财产的，应当将该利益和财产退还合伙企业；给合伙企业或其他合伙人造成损失的，应依法承担赔偿责任。

合伙人对《合伙企业法》规定或合伙协议约定必须经全体合伙人一致同意始得执行的事务擅自处理，给合伙企业或其他合伙人造成损失的，应依法承担赔偿责任。

不具有事务执行权的合伙人擅自执行合伙事务，给合伙企业或其他合伙人造成损失的，应依法承担赔偿责任。

合伙人违反《合伙企业法》规定或合伙协议的约定，从事与本合伙企业相竞争的业务或与本合伙企业进行交易的，该收益归合伙企业所有；给合伙企业或其他合伙人造成损失的，应依法承担赔偿责任。

清算人未依照《合伙企业法》规定向企业登记机关报送清算报告，或者报送清算报告时隐瞒重要事实，或者有重大遗漏的，由企业登记机关责令改正。由此产生的费用和损失，由清算人承担和赔偿。

清算人执行清算事务时，牟取非法收入或侵占合伙企业财产的，应当将该收入和侵占的财产退还给合伙企业；给合伙企业或其他合伙人造成损失的，应依法承担赔偿责任。

清算人违反《合伙企业法》规定，隐匿、转移合伙企业财产，对资产负债表或财产清单作虚假记载，或者在未清偿债务前分配财产，损害债权人利益的，应依法承担赔偿责任。

合伙人违反合伙协议的，应当依法承担违约责任。合伙人履行合伙协议发生争议的，合伙人可以通过协商或调解解决。不愿通过协商、调解解决或协商、调解不成的，可以按照合伙协议约定的仲裁条款或事后达成的书面仲裁协议，向仲裁机构申请仲裁。合伙协议中未订立仲裁条款，事后又没有达成书面仲裁协议的，可以向人民法院起诉。

有关行政管理机关的工作人员违反《合伙企业法》规定，滥用职权、徇私舞弊、收受贿赂、侵害合伙企业合法权益的，应依法给予行政处分。

违反《合伙企业法》规定，构成犯罪的，应依法追究刑事责任。

面向『十三五』高职高专项目导向式教改教材 · 财经系列

违反《合伙企业法》规定，应当承担民事赔偿责任和缴纳罚款、罚金，其财产不足以同时支付的，应先承担民事赔偿责任。

◉ 任务解析

(1) 债权人B银行可以要求甲清偿全部的60万元。根据规定，普通退伙人对基于其退伙前的原因发生的合伙企业债务，承担无限连带责任。

(2) 债权人B银行可以要求乙或丙清偿全部的60万元。根据规定，普通合伙人转变为有限合伙人的，对其作为普通合伙人期间合伙企业发生的债务承担无限连带责任。

(3) 债权人B银行不能要求丁清偿全部的60万元。根据规定，有限合伙人退伙后，对基于其退伙前的原因发生的有限合伙企业债务，以其退伙时从有限合伙企业中取回的财产承担责任。在本案例中，由于有限合伙人丁在退伙时，从合伙企业分回20万元，因此债权人B银行只能要求丁清偿20万元。

(4) 债权人B银行不能要求戊清偿全部的60万元。根据规定，新入伙的有限合伙人对入伙前有限合伙企业的债务，以其认缴的出资额为限承担责任。

(5) 债权人B银行可以要求庚清偿全部的60万元。根据规定，新入伙的普通合伙人对入伙前合伙企业的债务承担无限连带责任。

项 目 小 结

本项目介绍了个人独资企业法和合伙企业法的基本理论，主要内容包括个人独资企业的设立、变更、终止、企业事务管理以及普通合伙企业和有限合伙企业的设立、企业财产管理、企业事务执行、入伙、退伙、企业终止、合伙债务等。其中重点在于通过项目实训掌握解决合伙企业的入伙与退伙程序以及合伙债务承担等实际问题的操作技能。

实 训 练 习

【实训项目】模拟起草合伙企业的合伙协议。

【实训操作及要求】将班级学生分为每10人一组，设若干学生为合伙人，模拟设立不同种类的合伙企业。每组应根据《合伙企业法》的规定，起草合伙协议，确定合伙企业的名称、合伙人出资、合伙损益分配、入伙与退伙和违约责任等内容。

理 论 复 习

一、单项选择题

1. 根据《合伙企业法》的规定，合伙协议未约定合伙利润分配和亏损分担比例的，合伙人之间分配利润和分担亏损的原则是(　　)。

    A. 由合伙人协商决定；协商不成的，由合伙人按照实缴出资比例分配、分担

    B. 按各合伙人贡献大小分配和分担

    C. 在全体合伙人之间平均分配和分担

    D. 合伙人临时协商决定如何分配和分担

  2. 下列有关有限合伙企业设立条件的表述中，不符合《合伙企业法》规定的是(　　)。

    A. 有限合伙企业至少应当有一个普通合伙人

    B. 有限合伙企业名称中应当标明"特殊普通合伙"字样

    C. 有限合伙人可以用知识产权作价出资

    D. 有限合伙企业登记事项中应载明有限合伙人的姓名或名称

  3. 下列有关普通合伙企业和合伙人进行债务清偿的表述中，不符合《合伙企业法》规定的是(　　)。

    A. 合伙企业应先以其全部财产清偿企业债务

    B. 合伙企业不能清偿到期债务的，合伙人对企业债务承担无限连带责任

    C. 合伙人的自有财产不足清偿个人债务的，债权人可自行接管该合伙人在合伙企业中的财产份额用于清偿

    D. 合伙人之间约定的亏损分担比例对债权人没有约束力

  4. 甲、乙、丙三人合伙经营水产品批发业务，由于经营不善，不到一年时间，三人欠某水产公司货款20万元。后来，乙经甲和丙同意决定退伙。水产公司多次上门催讨，因甲资金紧张，丙还清了对水产公司的20万元欠款。关于乙对合伙债务的责任，下列说法中正确的是(　　)。

    A. 如果三方约定乙对合伙债务不再承担责任，则乙可以对原合伙的债务不再承担责任

    B. 如果乙退伙时支付了一定数额的金钱让甲、丙承担债务，则对合伙债务不再承担连带责任

    C. 乙退伙后对原合伙的债务承担补充责任

    D. 乙退伙后对其退伙之前的债务仍然承担连带清偿责任

二、多项选择题

  1. 个人独资企业有(　　)情形的，可被吊销营业执照。

    A. 提交虚假文件或采取其他欺骗手段，取得企业登记，情节严重的

    B. 涂改营业执照，情节严重的

    C. 成立后无正当理由超过6个月未开业的

    D. 开业后自行停业连续6个月以上的

  2. 申请设立个人独资企业，应当由投资人或其委托的代理人向个人独资企业所在地的登记机关提交(　　)。

    A. 设立申请书

    B. 投资人身份证明

    C. 生产经营场所证明

  D. 从业人员身份证明

3. 合伙协议必须载明的事项有(　　)。

  A. 合伙目的和合伙企业的经营范围

  B. 合伙人出资的方式、数额和缴付出资的期限

  C. 合伙人的姓名与住所

  D. 合伙企业的经营期限

4. 根据合伙企业法律制度的规定,下列各项中,可导致合伙企业解散的情形有(　　)。

  A. 2/3 合伙人决定解散

  B. 合伙人已不具备法定人数满 30 天

  C. 依法被吊销营业执照、责令关闭或被撤销

  D. 合伙协议约定的合伙目的已经实现或无法实现

5. 根据《合伙企业法》的规定,合伙人发生的下列情形中,当然退伙的有(　　)。

  A. 合伙人未履行出资义务

  B. 合伙人个人丧失偿债能力

  C. 合伙人故意给合伙企业造成损失

  D. 合伙人被依法宣告死亡

三、案例分析题

  2016 年 1 月 15 日,张某出资 15 万元设立个人独资企业(下称甲企业)。因经营不善,到 2017 年 5 月 4 日,甲企业严重亏损,不能支付到期债务,张某决定解散该企业,并请求人民法院指定清算人。同年 7 月 10 日,人民法院指定李某作为清算人对甲企业进行清算。

  经查,甲企业和张某的资产及债权债务情况如下。

  (1) 甲企业欠缴税款 3 000 元,欠王某工资 6 000 元,欠社会保险费用 6 000 元,欠丁 10 万元。

  (2) 甲企业的银行存款 2 万元,实物折价 6 万元。

  (3) 甲企业在乙合伙企业出资 6 万元,占 50%的出资额,乙合伙企业每年可向合伙人分配利润。

  (4) 张某其他可执行的财产价值 3 万元。

  试分析:

  (1) 甲企业的财产清偿顺序。

  (2) 如何满足丁的债权请求?

项目四

企业破产法

任务一　企业破产法概述

任务案例

A公司与B公司签订了一份买卖合同，A公司交货后，B公司一直未支付货款。经查，A公司发现B公司对外还负有多项债务未进行清偿，对所欠货款已经丧失了全部偿还的能力。为了保障公司的利益，A公司拟采取法律措施，律师建议通过两种方式解决：①A公司可向法院申请财产保全，通过诉讼的强制执行程序实现其债权；②A公司可向法院申请B公司破产，通过破产清算实现其债权。

具体任务

试分析律师所提的两种建议的区别，并分析A公司在何种情况下采用何种方式更佳。

理论认知

一、破产的概念

破产是指债务人不能清偿到期债务或有明显丧失清偿能力可能的一种事实状态。这意味着两层含义：①其债务已到期；②以其全部财产无法清偿该债务或明显缺乏清偿能力。不能清偿到期债务或明显丧失清偿能力的债务人可在法院的审理与监督之下，强制清算其全部财产，公平清偿全体债权人的债权。破产法律制度包括破产清算制度和以挽救债务人、避免破产为目的的和解、重整等法律制度。

《知识链接》

破产清算与民事执行制度的区别

破产清算是破产法的基本制度，它与相关的民事执行制度相比，具有如下特征。

(1) 在民事执行程序中主要适用于债权债务已到期，债务人具有清偿能力，但拒不履行义务，需要通过强制执行实现债权；而破产程序中的债务人不具有清偿能力，不能对债权人履行全部义务，须以破产方式公平解决全体债权人债务清偿的问题。

(2) 民事执行强调债务人自动履行和债权人主动行使权利；而在破产程序中，个别债权人的单独行权或债务人对个别债权人的自动履行将违背全体债权人公平受偿的原则，债务的单独清偿是法律所禁止的。

(3) 民事执行是为申请执行的个别债权人的利益进行的；而破产清算则是为全体债权人的利益进行的。前者的目的是债的个别清偿；而后者更强调债权人之间公平受偿的权利，解决因债务人财产不足清偿全部债务而引发的冲突。

(4) 破产清算的启动会导致债务人法人主体资格的消灭；而民事执行的范围则仅限于与

所执行债务相关的财产，且不涉及主体资格问题。

此外，民事执行的对象范围广泛，既包括对财产的执行，也包括对行为的执行，而破产程序中执行的对象仅为财产。

二、破产法

破产法是调整在债务人不能清偿到期债务或明显丧失清偿能力时，实现债权人利益最大化或企业价值最大化的法律规范的总称。狭义的破产法特指破产法典，如《中华人民共和国企业破产法》(以下简称《企业破产法》)；广义的破产法还包括其他有关破产的法律、法规、行政规章、司法解释，以及散见于其他立法中的调整破产关系的法律规范，如《商业银行法》、《保险法》、《公司法》、《合伙企业法》等立法中有关破产的规定。现代意义上的破产法均由破产清算制度与挽救债务人的和解、重整制度两方面的法律构成。

《企业破产法》第二条规定，其主体适用范围是所有的企业法人。同时，该法第一百三十五条规定："其他法律规定企业法人以外的组织的清算，属于破产清算的，参照适用本法规定的程序。"

关于破产宣告的域外效力，《企业破产法》第五条规定："依照本法开始的破产程序，对债务人在中华人民共和国领域外的财产发生效力。对外国法院作出的发生法律效力的破产案件的判决、裁定，涉及债务人在中华人民共和国领域内的财产，申请或者请求人民法院承认和执行的，人民法院依照中华人民共和国缔结或者参加的国际条约，或者按照互惠原则进行审查，认为不违反中华人民共和国法律的基本原则，不损害国家主权、安全和社会公共利益，不损害中华人民共和国领域内债权人的合法权益的，裁定承认和执行。"

任务解析

(1) 律师所提的两种建议包括 A 公司可选择通过民事执行程序和破产程序来实现其债权。

民事执行程序和破产程序的区别如下。

① 民事执行程序主要适用于债务人仍具有清偿能力的，而拒不自动履行义务，需要通过国家强制力的强制执行来实现债权；破产程序则主要适用于债务人已丧失清偿能力，无法对全体债权人完整履行债务，为保障债权人债权的公平实现而采用该程序。

② 民事执行程序针对个别债权人的到期债权进行清偿；破产程序则无论债权是否到期，全体债权人都能公平清偿。

③ 民事执行涉及标的范围广，既包括对财产的执行，也包括对行为义务的执行；破产程序执行的对象仅限于财产。

(2) 根据两种方式的不同，A 公司应该考虑 B 公司财产是否已经被其他债权人查封、扣押、执行，并且 B 公司剩余财产能否完全实现自己的债权。

任务二　破　产　程　序

◎ 任务案例

国有企业 Z 市糖厂由于经营管理不善，不能清偿到期债务，厂长决定向本企业所在区的人民法院申请宣告破产。法院在征得其上级主管部门同意并受理后决定由厂长召集并主持债权人会议。该企业的最大债权人是 L 市的捷讯公司，法院指定由财产担保未放弃优先受偿权的债权人潘某担任债权人会议主席，并裁定糖厂所有的债务保证人为债权人，会议成员享有表决权。后经占无财产担保债权总额的 1/5 以上的债权人请求，法院召开了第二次债权人会议。此后经一段时间的审理，法院作出裁定宣告该国有企业破产，破产企业由其上级主管部门接管并进行清算。

◎ 具体任务

试分析该国有企业在破产过程中，有哪些违法之处。

◎ 理论认知

一、破产的提出和程序

我国《企业破产法》规定，债务人发生破产原因，可直接向人民法院提出重整、和解或破产清算申请。债务人不能清偿到期债务，债权人可以向人民法院提出对债务人进行重整或者破产清算的申请。在破产案件被受理后至破产宣告前，债务人可以提出和解申请，债务人或持有债务人注册资本 1/10 以上的出资人还可以向法院申请重整。同样，重整或和解失败的，可以转换为破产清算案件。

企业法人已解散但未清算或未清算完毕，资产不足以清偿债务的，依法负有清算责任的人应当向人民法院申请破产清算。例如，《中华人民共和国公司法》第一百八十八条第一款规定："清算组在清理公司财产、编制资产负债表和财产清单后，发现公司财产不足清偿债务的，应当依法向人民法院申请宣告破产。"

【案例 4-1】中国汽车工业销售总公司因不能清偿到期债务，向北京市第一中级人民法院(下称北京一中院)提出破产申请。北京一中院经审理查明，中国汽车工业销售总公司成立于 1992 年，为全民所有制企业，注册资金 5 588 万元。2006 年 4 月 19 日，全国企业兼并破产和职工就业工作领导小组办公室下达〔2006〕4 号《关于下达新疆有色金属工业公司等 5 户企业破产项目的通知》表明，中国汽车工业销售总公司破产项目已经国务院同意。截至 2007 年 6 月 30 日，经审计，中国汽车工业销售总公司资产总额为 6 803.23 万元，负债总额为 3.9 亿元，资产负债率为 575.21%，亏损严重，不能清偿债务，无法继续进行经营，应予宣告破产。据此，北京一中院依照《企业破产法》第一百零七条、第一百三十三条关于破产宣告、国有企业实施破产的规定，裁定宣告中国汽车工业销售总公司破产。试分析本案中破产原因的认定标准。

　　【解析】债务人是否存在破产原因，是确认当事人能否提供破产申请，法院应否受理破产案件，在清算程序中应否作出破产宣告的法定依据。根据法律的相关规定，破产申请受理的原因主要有四个：①债务人不能清偿到期债务且资不抵债；②债务人不能清偿到期债务并且明显丧失清偿能力；③债务人不能清偿到期债务；④企业法人已经解散但未清算或未清算完毕，资产不足以清偿债务的情形。以上原因或条件都构成了破产申请权人申请破产清算程序的原因或条件。在本案中，法院启动破产程序，宣告中国汽车工业销售总公司破产的破产原因是基于其符合了"不能清偿到期债务且资不抵债"的法定要件。

1. 破产申请的提出

　　破产申请是指破产申请人请求法院受理破产案件的意思表示。破产受理并非破产程序开始的标志，但是属于开始的条件。

2. 破产申请人

　　破产申请人应该为与破产案件有利害关系，依法具有破产申请资格的民商事主体。法律规定，债权人和债务人均可以申请破产，但同时也规定了两个例外：一是在公司自行清算或指定清算的情形下，如遇公司资不抵债，清算责任人为破产申请人；二是在法院受理破产案件后，在破产宣告前，持有债务人注册资本 1/10 以上的出资人可为重新申请人。如果申请人为债权人，法院应自收到申请之日起 5 日内通知债务人，债务人对此享有异议权。异议期为 7 日，自收到法院通知之日起计算。

3. 管辖

　　《企业破产法》规定，破产案件的地域管辖由债务人住所地人民法院管辖。债务人住所地是指债务人的主要办事机构所在地；债务人无办事机构的，则由其注册地法院管辖。

4. 受理

　　破产案件的受理，即立案，是指法院收到破产申请后，经审查符合法定条件而予以接受，并开始破产程序的法律行为。破产案件的受理意味着破产程序开始。

　　对破产申请，法院可以作出裁定受理或不予受理。裁定受理后，只要尚未作出破产宣告，一旦发现债务人并不具备破产事由，可以裁定驳回申请。

　　破产申请受理的时间因申请人不同而异。债权人提出破产申请的，人民法院应当自收到申请之日起 5 日内通知债务人。债务人对申请有异议的，应当自收到人民法院的通知之日起 7 日内向人民法院提出。人民法院应当自异议期满之日起 10 日内裁定是否受理。除上述情形外，人民法院应当自收到破产申请之日起 15 日内裁定是否受理。有特殊情况需要延长受理案件期限的，经上一级人民法院批准，可以延长 15 日。

　　人民法院裁定不受理破产申请的，应当将裁定自作出之日起 5 日内送达申请人并说明理由。申请人对裁定不服的，可以自裁定送达之日起 10 日内向上一级人民法院提起上诉。

　　人民法院裁定受理破产申请的，应当同时指定管理人，并在裁定受理破产申请之日起 25 日内通知已知债权人，并予以公告。

法院受理破产案件，破产程序即告开始。破产程序一旦开始，法院即指挥和监督破产程序，债务人财产进入保全状态，债权人权利行使亦受约束。

二、管理人

1. 管理人的产生

法院受理破产申请的同时，即应指定管理人接管债务人的财产，直至破产分配，以免债务人的行为损害债权人的利益，最大限度地保障债权人的利益，因此法律规定管理人应具有专业性和独立性，并且有品行条件的要求。例如，我国《企业破产法》第二十四条规定了有关部门或机构的人员组成的清算组不要求其具有专业性，而社会中介机构担任管理人则要求其具备相关专业知识并取得职业资格，方可接受指定。如果专业人士曾被吊销相关专业执业证书，则不得担任管理人。

可以担任管理人的有三大类：①由有关部门、机构的人员组成的清算组；②依法设立的律师事务所、会计师事务所、破产清算事务所等社会中介机构；③具有相关专业知识并取得执业资格的人员，主要是指律师和会计师。另外，《企业破产法》明确规定，管理人不得与本案有利害关系，明确否认了有品性瑕疵的人的管理人资格，即：①因故意犯罪受过刑事处罚的；②法院认为不宜担任管理人的其他情形。

2. 管理人的职权及其行使

我国《企业破产法》第二十五条赋予管理人三个方面的职权，即债务人财产管理、企业拯救和破产清算，共九项职权：①接管债务人的财产、印章和账簿、文书等资料；②调查债务人财产状况，制作财产状况报告；③决定债务人的内部管理事务；④决定债务人的日常开支和其他必要开支；⑤在第一次债权人会议召开之前，决定继续或停止债务人的营业；⑥管理和处分债务人的财产；⑦代表债务人参加诉讼、仲裁或其他法律程序；⑧提议召开债权人会议；⑨法院认为管理人应当履行的其他职责。

3. 管理人的报酬

《企业破产法》规定，管理人的报酬由人民法院确定；同时规定，如果债权人会议对管理人的报酬有异议，可以向人民法院提出。

《知识链接》

管理人与清算组的比较

管理人与清算组的不同，主要表现在以下几个方面。

(1) 管理人是《企业破产法》中的概念，其产生主要为法院指定；清算组是《公司法》中的概念，其产生主要由股东、董事或股东大会人员组成，或者由法院指定。

(2) 管理人由法院在裁定受理破产申请的同时指定；而公司应在解散理由出现之日起15日内成立清算组，开始清算。

(3) 管理人资格要求应该具有专业性、独立性。我国规定管理人可以是由有关部门、机构的人员组成的清算组，也可以是依法设立的律师事务所、会计师事务所、破产清算事务所等社会中介机构。清算组则不同，有限责任公司的清算组由股东组成，股份有限公司的清算组由董事或者股东大会确定的人员组成，往往不具有专业性和独立性的特征。

(4) 在职权方面，管理人根据法律规定具有债务人财产管理、企业拯救和破产清算三个方面的职权；而清算组主要承担清算的主要职权。

【案例 4-2】 甲公司因经营严重亏损向某基层人民法院提出破产申请。该法院受理破产申请后，很快召集第一次债权人会议并要求债权人会议选举管理人。A 是某律师事务所的律师，一年前曾为甲公司一起合同纠纷案件担任过代理人，甲公司至今尚有部分代理费用未支付。B 是某会计师事务所的注册会计师，两年前曾是甲公司的控股股东。C 是某资产评估事务所的评估师，6 个月前曾因治安事件被行政处罚。试分析上述有关管理人选任程序是否合法？A、B、C 三人能否担任管理人？

【解析】

(1) 《企业破产法》第二十二条规定："管理人由人民法院指定。债权人会议认为管理人不能依法、公正执行职务或者有其他不能胜任职务的情形的，可以申请人民法院予以更换。"第十三条规定："人民法院裁定受理破产申请的，应当同时指定管理人。"本案中关于管理人选任程序有两处不合法：①破产管理人应当在案件受理的同时由人民法院指定，而不能在案件受理后才指定；②破产管理人应当由人民法院指定而不能由债权人会议选举。

(2) A、B 不能担任管理人。C 能担任管理人，C 作为社会中介机构中具有专业执业资格的人，虽受过行政处罚，但并未吊销执业证，所以可以担任管理人。我国《企业破产法》第二十四条第三款规定："有下列情形之一的，不得担任管理人，①因故意犯罪受过刑事处罚的；②曾被吊销相关专业执业证书的；③与本案有利害关系的；④人民法院认为不宜担任管理人的其他情形。"A 与甲公司尚存在未了结的债权债务关系，B 曾是甲公司的股东，与甲公司有密切关系，因此不能成为甲公司的管理人。

三、债务人财产

(一)债务人财产的概念及范围

债务人财产是指破产案件受理时属于债务人的全部财产，以及受理破产案件后至破产程序终结前债务人所取得的财产，一经破产宣告，该财产即成为破产财产。债务人财产自破产案件受理后即由管理人接管，其控制权可能因破产程序的进行而发生转移。例如，和解计划获得通过，并得到法院的认可，该财产应移交给债务人；在重整情形下，债务人请求自行管理财产，经法院批准后，管理人也应向债务人移交该财产。

无论是债务人财产，还是破产财产，我国《企业破产法》规定了破产案件受理时属于债务人的全部财产，以及破产案件受理后至破产程序终结前债务人所取得的财产，均为债务人财产。破产宣告称为破产财产。

【案例 4-3】A 公司申请破产，人民法院受理后指定管理人接管公司财产，管理人发现如下事实：①在 A 公司的财产中，有一座价值 500 万元的办公楼用于对银行 600 万元贷款的抵押担保；②A 公司对外享有 200 万元的债权；③持有其他公司价值 100 万元的股权；④A 公司在人民法院受理破产案件后，原闲置房屋对外出租取得租金 50 万元。试分析 A 公司的破产财产有哪些。

【解析】A公司的破产财产包括上述①、②、③、④项所列内容。因为《企业破产法》第三十条规定，债务人财产包括破产申请受理时属于债务人的全部财产，以及破产申请受理后至破产程序终结前债务人取得的财产，债务人设定担保物权的特定财产，人民法院应当认定为债务人财产，因此A公司的办公楼、对外享有的债权和股权及A公司房屋租金均属于破产财产。

(二)管理人接管和追收

债务人财产由管理人接管，债务人的出资人尚未完全履行出资义务的，管理人应要求其缴纳所认缴的出资，且不受出资期限的限制。至于质物和留置物，管理人可以通过清偿债务或提供为债权人接受的担保，将其取回。例如，质物或留置物的价值低于被担保的债权额，则以该质物或留置物当时的市场价值为限。同时，依据《企业破产法》(2006)第十七条、第三十四条至第三十六条的规定，管理人能为债务人追收债权或追回财产。

(三)破产程序前的无效行为

1. 无效行为概述

所谓破产程序前的无效行为，是指债务人在破产前一定期限内所实施的使债务人财产不当减少或违反集体受偿原则，依法应被撤销或确认无效的财产处分行为。它有两个特征：一是有害性，即有损债权人的一般利益；二是不当性，即有违公平正义的观念。只有具备有害性和不当性的行为，才构成破产程序前的无效行为。

2. 无效行为的类型

破产程序前的无效行为有三种类型：第一种是欺诈破产行为。欺诈行为又有两种情形，即一般的欺诈破产行为和严重的欺诈破产行为。前者包括五种情形：①无偿转让财产的；②以明显不合理的价格进行交易的；③对没有财产担保的债务提供财产担保的；④对未到期的债务提前清偿的；⑤放弃债权的。后者包括两种情形：①为逃避债务而隐匿、转移财产的；②虚构债务或承认不真实的债务的。第二种是个别清偿行为，是指债务人明知自身已有破产事由，仍对个别债权人进行清偿。第三种是经营者以权谋私，是指债务人的董事、监事和高管利用职权从企业获取非正常收入和侵占企业财产。

3. 无效行为的溯及期限

我国对破产程序前的无效行为采用完全溯及主义。一般破产欺诈行为溯及破产案件受理前一年内，严重的破产欺诈行为和经营者以权谋私行为则不受时限限制，无论何时发生，均在规制之列。至于个别清偿行为，也溯及破产案件受理前6个月内。

4. 无效行为的法律后果

破产程序前的无效行为的法律后果有两种：一是撤销；二是无效。对于一般欺诈破产行为和个别清偿行为，其后果均为可撤销，由管理人请求法院予以撤销。至于严重欺诈破产行为，无论发生在何时，均归于无效。经营者以权谋私亦然。对于由此而取得债务人的财产，管理人均有权追回。

【案例 4-4】 2017 年 5 月，某公司被法院宣告破产，管理人对该公司的财产进行了接管。清理后发现：①法院受理案件后的 5 天内，15 位债权人从公司拿走价值 50 万元的商品抵债；②破产立案前 3 个月，该公司以低于成本价的价格销售商品，造成损失 20 万。试分析以上两种行为是否有效。

【解析】 根据我国《企业破产法》第三十一条、第三十二条、第三十三条的规定，以上两种行为都属于破产程序前的无效行为，管理人可以请求人民法院予以撤销，并可以向债权人追回私自抵债的商品。

四、破产费用和共益债务

1. 破产费用

破产费用是指破产程序开始后，为保障破产程序的顺利进行及管理债务人财产、变价和分配所产生的费用。该费用系为债权人共同利益而产生，依据民事诉讼有关民事执行费用由债务人承担的规则，以及《民法》上有关共益费用优先受偿的规则，该费用从破产财产中优先拨付。依据《企业破产法》第四十一条，以下三项费用属于破产费用：破产案件的诉讼费用，管理、变价和分配债务人财产的费用和管理人执行职务的费用、报酬和聘用工作人员的费用。

2. 共益债务

共益债务也称财团债务，是指在破产程序中为维护全体债权人共同利益所形成的债务。依据《企业破产法》第四十二条，以下六项均属共益债务：①因管理人或债务人请求对方当事人履行双方均未履行完毕的合同所产生的债务；②债务人财产受无因管理所产生的债务；③因债务人不当得利所产生的债务；④为债务人继续营业而应支付的劳动报酬和社会保险费用及由此产生的其他债务；⑤管理人或相关人员执行职务致人损害所产生的债务；⑥债务人财产致人损害所产生的债务。

3. 破产费用和共益债务的清偿

依据我国《企业破产法》第四十三条，破产费用和共益债务下属于优先支付的范畴，以债务人财产随时清偿。如债务人财产不足以清偿所有破产费用和共益债务，则先行清偿破产费用。在清偿顺序中，破产费用和共益债务都属优先清偿范围，破产费用优先于共益债务。如果债务人财产不足以清偿其中任何一项，则该项费用应按比例清偿。如债务人的财产不足以支付破产费用，管理人应请求法院终结破产程序。法院收到请求后，应于 15 日内裁定终结破产程序。

【案例 4-5】 2007 年 7 月 30 日，人民法院受理了甲公司的破产申请，并同时指定了管理人。管理人接管甲公司后，在清理其债权债务过程中，有如下事项。

(1) 2006 年 4 月，甲公司向乙公司采购原材料，欠乙公司 80 万元货款未付。2007 年 3 月，甲、乙双方签订一份还款协议，约定：甲公司 2007 年 9 月 10 日前偿还所欠乙公司货款及利息共计 87 万元，并以甲公司所属一间厂房作抵押。还款协议签订后，双方办理了抵押登记。乙公司在债权申报期内就上述债权申报了债权。

(2) 2006年6月，丙公司向A银行借款120万元，借款期限为1年。甲公司以所属部分设备为丙公司提供抵押担保，并办理了抵押登记。借款到期后，丙公司未能偿还A银行贷款本息。经甲公司、丙公司和A银行协商，甲公司用于抵押的设备被依法变现，所得价款全部用于偿还A银行，但尚有20万元借款本息未能得到清偿。

(3) 2006年7月，甲公司与丁公司签订了一份广告代理合同，该合同约定：丁公司代理发布甲公司产品广告；期限为2年；一方违约，应当向另一方承担违约金20万元。至甲公司破产申请被受理时，双方均各自履行了部分合同义务。

(4) 2006年8月，甲公司向李某购买一项专利，尚欠李某19万元专利转让费未付。李某之子小李创办的戊公司曾于2006年11月向甲公司采购一批电子产品，尚欠甲公司货款21万元未付。人民法院受理甲公司破产申请后，李某与戊公司协商一致，戊公司在向李某支付19万元后，取得李某对甲公司的19万元债权。戊公司向管理人主张以19万元债权抵销其所欠甲公司的相应债务。

(5) 甲公司共欠本公司职工工资和应当划入职工个人账户的基本养老保险、基本医疗保险费用共37.9万元，其中，在2006年8月27日新的《企业破产法》公布之前，所欠本公司职工工资和应当划入职工个人账户的基本养老保险、基本医疗保险费用为20万元。甲公司的全部财产在清偿破产费用和共益债务后，仅剩余价值1 500万元的厂房及土地使用权，但该厂房及土地使用权已于2006年6月被甲公司抵押给B银行，用于担保一笔2 000万元的借款。要求：根据上述内容，分别回答下列问题。

(1) 管理人是否有权请求人民法院对甲公司将厂房抵押给乙公司的行为予以撤销？并说明理由。

(2) A银行能否将尚未得到清偿的20万元欠款向管理人申报普通债权，由甲公司继续偿还？并说明理由。

(3) 如果管理人决定解除甲公司与丁公司之间的广告代理合同，并由此给丁公司造成实际损失5万元，则丁公司可以向管理人申报的债权额应为多少？并说明理由。

(4) 戊公司向管理人提出以19万元债权抵销其所欠甲公司相应债务的主张是否成立？并说明理由。

(5) 甲公司所欠本公司职工工资和应当划入职工个人账户的基本养老保险、基本医疗保险费用共计37.9万元应当如何受偿？

【解析】

(1) 管理人有权请求人民法院予以撤销。根据规定，人民法院受理破产申请前一年内，债务人对没有财产担保的债务提供财产担保的，管理人有权请求人民法院予以撤销。在本案中，2007年3月甲公司将厂房抵押给乙公司的行为发生在人民法院受理破产申请前1年内，因此管理人有权请求人民法院予以撤销。

(2) A银行不能将尚未得到清偿的20万元欠款向管理人申报普通债权。根据规定，如果破产人仅作为担保人为他人债务提供物权担保，担保债权人的债权虽然在破产程序中可以构成别除权，但因破产人不是主债务人，在担保物价款不足以清偿担保债额时，余债不得作为破产债权向破产人要求清偿，只能向原主债务人求偿。

(3) 丁公司可以向管理人申报的债权额为5万元。根据规定，管理人依照《企业破产法》

规定解除合同的，对方当事人以因合同解除所产生的损害赔偿请求权申报债权。可申报的债权以实际损失为限，违约金不作为破产债权。

(4) 戊公司的主张不成立。根据规定，债务人的债务人在破产申请受理后取得他人对债务人的债权的，不得抵销。

(5) 甲公司所欠本公司职工工资和应当划入职工个人账户的基本养老保险、基本医疗保险费用，只有在《企业破产法》公布之日前的 20 万元可以得到清偿。

五、破产债权

(一)破产债权概述

1. 破产债权的概念

破产程序开始，在法院受理破产案件时，在破产案件受理前对债务人享有债权的债权人可申报债权。一旦宣告破产，该普通债权就成为破产债权。破产债权须经依法申报并获得确认，才能通过破产程序受偿。

2. 破产债权的法律特征

破产债权的法律特征如下。

(1) 是破产案件受理前产生的债权。

(2) 以财产给付为内容。

(3) 须为对人的请求权，而非对特定物的请求权。担保债权有特定标的物作为担保，因此被作为别除权，而非破产债权。当担保权人放弃优先受偿权或虽未放弃，但担保标的物抵偿其债权后仍有差额的，该债权或差额方可作为破产债权。

(4) 以债务人财产为受偿的对象。

(5) 须为可强制执行的请求权。

3. 破产债权的范围

凡是破产案件受理前成立的对债务人的债权，均可称为破产债权。未到期债权，在破产案件受理时视为已到期。对附利息的债权，如果破产案件受理后才到期，自破产案件受理时起停止计息。附条件、附期限的债权及诉讼、仲裁未决的债权也可作为破产债权申报。

债务人的保证人或其他连带债务人可以其对债务人的求偿权申报破产债权，但债权人已向管理人申报全部债权的除外。多个连带债务人破产的，其债权人有权就全部债权分别在各个破产案件中申报破产债权。

因管理人或债务人解除合同造成损失的，对方当事人可以申报破产债权。委托合同的委托人破产，受托人因不知而继续履行委托事务的，可依据合同申报债权。作为出票人的债务人破产，因票据付款人继续付款或承兑所享有的请求权的，同样可申报破产债权。

(二)破产债权申报

破产债权申报是指债权人在破产案件受理后依法定程序主张并证明其债权，以便参加破产程序的法律行为。它具有以下四个特征。

(1) 它是债权人的单方意思表示。

(2) 债权人只能主张债权且须提供债权证据，其申报才能获得确认。

(3) 债权人申报并经确认后，取得参加债权人会议的资格，并依法享有相应的权利。

(4) 必须符合法定程序。

破产债权申报期限是准确地确定债权人人数、债权数额和保证债权人会议及时召开的保障。我国破产债权申报期限由法院在受理破产案件时确定，该期限不得少于30日，但也不得超过3个月。

债权人应在破产债权申报期限内向管理人申报债权。对于逾期未申报的债权，债权人并不因此丧失权利，还可以在破产财产最终分配前补充申报，已进行的分配，不再补充分配。未依法申报的破产债权，不享有破产程序相关权利。

《《知识链接》》

破产债权的算定

破产债权的算定是指将数额未确定债权和未到期债权，以破产案件受理时间为分界线，计算并认定为数额确定的已到期债权。实际上，这就是将所有债权同质化，便于在破产分配中进行公平清偿。

破产债权算定的标准如下。

(1) 非金钱债权。这可能是直接的非金钱财产给付请求，也可能是因实物毁损灭失而产生的损害赔偿请求，均需要转换为货币形态。对于种类物而言，按法院受理破产案件裁定之日的债务履行地的平均市场价格计算其债权金额。对于特定物而言，则应按破产案件裁定之时债务履行地的成本水平和其他相关因素进行评估，从而确定其债权额。

(2) 以外币表示的金钱债权。这种金钱债权应按法院受理破产案件裁定之日的人民币市场汇率的基准价计算该债权的金额。

(3) 数额未定债权。通常为破产案件受理时尚有争议的债权，包括涉讼争议和非涉讼争议两种情形。对于涉讼争议之债，在破产案件受理前已有生效判决的，其数额以判决为准；无生效判决的或未达成协议的非涉讼争议之债，由破产法院裁定其数额。

对于合同约定于未来确定数额之债，在破产案件受理时尚未确定的，如合同有明确的计算方法，从其约定；如合同未约定或约定不明，又没有可适用的法定计算依据的，则由法院依据有关事实和公平合理的原则裁定其数额。

(4) 未到期债权。凡是在破产案件受理时尚未到期的债权，均视为已到期。对于附利息之债，在计算时则应减去未到期的利息。

【案例4-6】人民法院受理A公司破产案件并指定了管理人，管理人接管后发现当事人提出以下债权申报：①B公司在受理破产案件前成立的未放弃优先权的有财产担保的债权200万元；②C公司在破产案件受理后因管理人决定解除与其未履行的合同而受到的损害100万元赔偿额；③D拍卖公司受管理人委托拍卖A公司财产，现请求A公司支付拍卖费用5万元。试问上述申报债权中，哪些属于破产债权？哪些不属于破产债权？

【解析】《企业破产法》第一百零七条第二款规定，人民法院受理破产案件申请时对债务人享有的债权称为破产债权，据此，B公司在破产案件受理前成立的未放弃优先受偿权的有财产担保的 200 万元债权并未被排除，属于破产债权。我国《企业破产法》第五十三条规定，管理人或债务人依照本法规定解除合同的，对方当事人以因合同解除所产生的损害赔偿请求权申报债权，因此 C 公司的损害也属于破产债权。我国《企业破产法》第四十一条规定，人民法院受理破产申请后发生的下列费用为破产费用：①破产案件的诉讼费用；②管理、变价和分配债务人财产的费用；③管理人执行职务的费用、报酬和聘用工作人员的费用。因此，D 拍卖公司的债务属于破产费用，而非破产债权。

六、债权人会议与债权人委员会

(一)债权人会议与债权人委员会概述

债权人会议是指由全体登记在册的债权人组成的表达债权人意思和统一其行动的议事机构。从性质上看，它是债权人团体在破产程序中的意思表达机关。只有依法申报债权的债权人，才能成为债权人会议的成员。凡是债权人会议成员，均可出席债权人会议，享有表决权。对于债权尚未确定的债权人，如法院就其行使表决权而临时确定债权数额的，可以行使表决权；否则，不得行使表决权。别除权人则享有限制性的表决权，其中对与其利益无关的事项(如是否通过和解协议草案、破产财产的分配方案)，不享有表决权，而对其他事项均享有表决权。至于债务人的职工和工会代表，有权参加债权人会议，可以就有关事项发表意见，但不享有表决权。鉴于许多破产案件债权人人数多、地域分散，而破产程序时间较长，为增强维护其合法权益，我国《企业破产法》中既设债权人会议，又设债权人委员会，作为行使监督职能的常设机构。

(二)债权人会议与债权人委员会的职权

作为债权人的集体议事机构，《企业破产法》规定了 11 项职能：核查债权；申请法院更换管理人，审查管理人的费用和报酬；监督管理人；选任和更换债权人委员会成员；决定继续或停止债务人的营业；通过重整计划；通过和解协议；通过债务人财产的管理方案；通过破产财产的变价方案；通过破产财产的分配方案；法院认为应当由债权人会议行使的其他职权。

作为行使监督职能的债权人会议常设机构，《企业破产法》赋予其四项职权：监督债务人的财产管理和处分；监督破产财产分配；提议召开债权人会议；债权人会议委托的其他职权。

(三)债权人会议的召集与召开

第一次债权人会议必须在债权申报期限届满后 15 日内召开，法院为其召集人。以后债权人会议的召集人为债权人会议主席，召集事由为：法院认为必要的；管理人、债权人委员和占债权总额 1/4 以上的债权人向债权人会议主席提议召集会议的。

作为债权人的集体议事机构，债权人会议作出决议，即对全体债权人具有约束力，但债权人均可对债权人会议作出的决议提出异议。对于债权人会议无法形成决议的特定事项，如对于债务人财产的管理方案和破产财产变价方案，债权人会议未通过的，法院可裁定通

面向「十三五」高职高专项目导向式教改教材·财经系列

过；对于破产财产分配方案而言，经债权人会议两次表决仍未通过的，法院可裁定通过。法院的裁定可以在债权人会议上宣布，也可另行通知债权人。

【案例4-7】人民法院受理A公司破产案件后，立即指定了管理人。第一次债权人会议由管理人于债权申报期满后的第20日召集，管理人选举的代表主持。在债权人会议上，对A公司事先提出的和解协议进行表决，由出席会议的有表决权的债权人的过半数通过，同意者所代表的债权额占无财产担保债权总额的1/2以上。试分析该债权人会议是否合法。

【解析】

(1)《企业破产法》第六十二条规定："第一次债权人会议由人民法院召集，自债权申报期限届满之日起15日内召开。以后的债权人会议，在人民法院认为必要时，或者管理人、债权人委员会、占债权总额1/4以上的债权人向债权人会议主席提议时召开。"第六十条第二款规定："债权人会议主席主持债权人会议。"可见，本案中召集第一次债权人会议的时间和主体，以及主持债权人会议的主体都是错误的。

(2) 债权人会议表决通过A公司和解协议的决议程序错误。《企业破产法》第九十七条规定："债权人会议通过和解协议的决议，由出席会议的有表决权的债权人过半数同意，并且其所代表的债权数额占无财产担保债权总额的2/3以上。"

◉ 任务解析

该国有企业破产程序中有以下几处不合法：①厂长自行申请企业破产不合法；②由厂长召集并主持债权会议不合法；③由潘某担任债权人会议主席不合法；④所有的保证人均为债权人会议成员，享有表决权不合法；⑤法院召开第二次债权会议的程序不合法；⑥由破产企业上级主管部门主持清算活动不合法。

任务三　重整与和解的程序

◉ 任务案例

在A公司进入破产程序后，人民法院受理了A公司提出的重整申请，裁定A公司重整并予以公告。在重整期间，债权人B向管理人提出，其享有的100万元债权事先已由A公司提供五间厂房作为抵押，现要求对该抵押物行使优先受偿权。债权人C是出租人，尽管出租合同尚未到期，但A公司未支付租金，故向管理人提出请求行使取回权，要求收回出租给A公司的房屋。另外，A公司的大股东董事长D要求公司支付两年前公司未分配的利润10万元，并和自然人E签订了股权转让协议。

◉ 具体任务

试分析B、C、D三者的主张能否实现？为什么？

◉ 理论认知

一、重整

重整是指困境企业依法定程序，保护其继续营业，实现债务调整和企业整理，使之摆脱困境，走向复兴的拯救型债务清理制度。作为拯救型破产程序，我国以其是否具备法人资格为准，确定是否可以启动重整程序，进行企业拯救。

《 知识链接 》

破产清算与重整程序的区别

与以消灭债务人主体资格的破产清算相比，重整与其具有以下差异。

(1) 目标不同。重整以企业价值最大化为目标，而破产清算则以公平清偿为目标。前者旨在将"蛋糕"做大，而后者着眼于现有"蛋糕"之公平分配。

(2) 成本不同。在破产清算程序中，债权人除自费参与破产清算程序外，无须其他投入；而在重整程序中，为了实现挽救企业的目的，不仅股东需要再注资，债权人往往也要减免企业债务或债转股。

(3) 收益不同。破产清算程序以债权人主体资格消灭而告终，债权人的债权清偿率不高。

(一)重整的开始

1. 重整的启动条件

重整以拯救企业为目标，因此各国对重整事由的规定比破产事由更为宽泛，这有利于实现重整的目标。我国《企业破产法》规定，只要企业法人有明显丧失清偿能力的可能，即可申请重整，无须等到具备破产条件才启动重整程序。

2. 重整申请

《企业破产法》规定，重整申请人有三种，即债务人、债权人和持有债务人注册资本总额 1/10 以上的出资人。债权人、债务人可在未破产申请前，也可以在法院受理破产申请后、破产宣告之前，向法院申请对债务人进行重整。债务人出资 10%以上的出资人只能在法院受理的破产案件中，在破产宣告前提出该请求。申请人提出重整申请，不仅要提交申请书，而且还应提交有关证据证明债务人属于重整程序的适用对象，并具有重整事由。

是否同意重整由法院审查决定。只要债务人为企业法人，且具备重整事由，法院即可裁定债务人重整，并予以公告。

(二)重整期间及其营业

1. 重整期间

重整期间是指用于制订重整计划，并防止债权人在重整程序开始后，对债务人及其财产采取诉讼或其他程序行动，进而保护企业的营运价值的特定期间。依据我国《企业破产法》规定，重整期间始于法院裁定债务人重整之日，终于重整程序终止之日。

为保护债务人的营运价值，制止债权人的个别追索行为，一旦受理破产案件，已经开始而尚未终结的有关债务人财产的民事诉讼或仲裁，一切有关债务人财产的民事执行程序均需中止，财产保全措施应予解除。

2. 重整期间的管理人

在重整期间，我国法律规定，原则上由管理人负责债务人的财产管理和营业事务。但是，如果债务人符合以下三条：一是债务人申请，二是法院批准，三是接受管理人的监督，重整期间的营业可由债务人负责。如由债务人负责重整期间的营业，已接管债务人财产和营业事务的管理人，需要向债务人移交财产和营业事务，有关管理人的职权由债务人行使。

3. 重整期间继续营业的特别权利

(1) 财产的使用与处分权。该权利是继续从事营业的基本条件。管理人有权管理和处分债务人的财产，决定其内部管理事务。担保债务中的财产暂停行使担保权，管理人在继续营业中可以使用该财产，但不得进行处分。因继续营业而需要取回质物、留置物的，要及时报告债权人委员会，在第一次债权人会议之前则应经法院同意，并且提供替代担保。

(2) 贷款优先受偿权。《企业破产法》规定，准予管理人或债务人为继续营业而借款，准予设定担保，而且将其作为共益债务，享受优先受偿待遇。

(3) 劳动报酬和社会保险费用的优先受偿。与借款的优待相同，为债务人继续营业而支付的劳动报酬和社会保险费用，也享受共益债务的待遇，随时受偿，优先受偿。

(4) 在重整期间内，担保权人的担保权暂停行使。但是，担保物有损坏或价值明显减少的可能，足以危害担保权人的权利时，担保权人便有权向法院请求恢复行使担保权。同时，为使债务人继续营业，管理人可以取回质物、留置物，但应提供替代担保。

(5) 债务人合法占有的他人的财产。该财产的权利人在重整期间要求取回的，应当符合事先约定的条件。

(三)重整计划

重整计划是指债务人、债权人和其他利害关系人通过协商，就债务清偿和企业拯救所作出的安排。重整计划具有以下特征：①以企业拯救和债务公平清偿为目的；②由管理人或债务人负责制备；③应依据企业的财务状况和营业前景，确定以让步为基础的债务清偿方案，并确定有助于企业解困复兴的经营方案。一般需要征得债权人会议的同意，须经法院批准，方可生效。

1. 重整计划的制订

我国法律规定，重整期间的营业可以由管理人管理，也可以由债务人管理，故重整计划由管理人或债务人制备。一般情形下，管理人和债务人制备重整计划的期限为 6 个月，自法院裁定债务人重整之日算起。该期限届满，未能完成该计划，具有正当理由的，经债务人或管理人申请，法院可裁定延长 3 个月。如果不能按期向法院和债权人会议提交重整计划，法院即应裁定终止重整程序，宣告债务人破产。

重整计划的内容主要包括：①必要记载事项。依据我国《企业破产法》第八十一条规定，重整计划必须记载以下事项，债务人的经营方案；债权分类；债权调整方案；债权的受偿方案；重整计划的执行期限；重整计划执行的监督期限；有利于债务人重整的其他方案。除第 7 项补遗条款外，这些事项大多属于概括性规定，当事人意思自治空间很大。②重整企业的经营方案。我国仅对此提出概括性要求，至于重整企业是否合并或分立以及如何筹资等，均留待当事人意思自治。

2. 重整计划的通过和批准

作为企业拯救的行动纲领，重整计划不仅需要债权人会议通过，而且须经法院裁定批准方才生效。在特定情形下，法院可强行批准未获债权人会议通过的重整计划。依据我国《企业破产法》的规定，债权人每组形成决议的定足数为，出席该组的债权人过半数同意，其所代表债权数额占该组债权总额的 2/3 以上。每组均通过的，该计划即告通过。

我国法律对债权人会议未通过重整计划时，有两个补救方式：①再次表决。管理人或债务人可与未通过重整计划的表决组协商，该组可在协商后再次表决。但是，双方再协商的结果不得损害其他表决组的利益。②强行批准。如果该组拒绝再次表决，或者再次表决仍不能通过该计划草案，管理人或债务人可以申请法院裁定批准该计划草案。

3. 重整计划的效力、执行与监督

重整计划一经批准，即对破产案件受理时已成立的所有债权均有约束力，对债务人也具有约束力。不论特定债权人是否参加债权人会议，是否赞成该计划，均应受其约束。尚未申报的债权，在重整计划执行期间不得行使。该计划执行完毕后，方可按照重整计划中同类债权的清偿条件行使权利。债务人的保证人或其他连带债务人的责任，并不受该计划的影响。简而言之，债权人可以对债务人的保证人或其他连带债务人行使权利。

重整计划由债务人负责执行，管理人则负责执行计划的监督。一旦重整计划执行完毕，债务人对于按照重整计划减免的债务即不再承担清偿责任。

4. 重整程序的终止

在重整期间，因债务人出现以下情形之一而终止：①债务人的经营状况和财产状况继续恶化，缺乏挽救的可能性；②债务人有欺诈、恶意减少债务人财产或其他显著不利于债权人的行为；③由于债务人的行为致使管理人无法执行职务。

重整计划制备期间届满仍未向法院和债权人会议提交重整计划草案、重整计划未获债权人会议通过且经管理人与未通过的表决组协商后仍未获得通过，或者该计划虽经债权人会议通过但未依法提请法院批准或法院未予批准的，重整期间终止。

在重整计划执行阶段，债务人不能执行或不执行该计划的，经管理人或利害关系人申请，也应终止重整程序。

无论在哪个阶段，依据何种事由终止重整程序，均应由法院作出裁定。重整程序终止均会导致债务人转入破产清算的效果。

二、和解

和解是指具备破产原因的债务人为避免破产清算，与债权人团体达成以让步方法了结

债务的协议，并经法院批准后生效的法律程序。和解为三大破产程序之一，属于独立的破产程序，债务人既可以直接向法院申请和解，也可以在破产宣告之前，申请转入和解程序。和解程序适用于所有的企业法人。

《知识链接》

和解与协商解决及重整的区别

首先，从法律上看，和解是当事人意思自治的体现，不论是否具有破产原因均可采用。协商过程和解决方案完全由当事人自治，通过它不仅可以避免旷日持久和费用高昂的法院程序，而且协议还能够得到有效的实施。

和解与协商解决相比，主要有以下差别。

(1) 和解属于三大破产程序之一，而协商解决则不是。

(2) 协商解决由当事人自行磋商，一般无须第三方介入；而和解则由法院主持，是否能够进入和解程序、和解协议是否生效，均须法院裁定。

(3) 协商无须当事人向法院申请，只要双方有和解之合意即可；而和解则须由债务人向法院申请，是否同意由法院裁定。

(4) 协商解决所达成的协议，只要当事人达成一致即发生效力；而和解协议不仅须由债权人会议通过，而且要经法院认可才生效。

其次，虽然同为企业拯救程序，均以企业价值最大化为目标，但和解与重整仍有以下五大差异。

(1) 申请和解以债务人具备破产事由为前提，而申请重整则只要有明显丧失清偿能力的可能即可。

(2) 只有债务人才可以申请和解；而在重整程序中，不仅债务人可以申请，债权人及债务人的出资人也可以申请。

(3) 重整程序有重整期间，债务人在该期限的营业享受特别保护，担保权暂停行使；而和解程序则没有该保护期，担保权人可自法院裁定和解之日起行使权利。

(4) 和解协议经法院认可而生效；而重整计划经法院批准而生效。在特定情形下，即使债权人会议没有通过重整计划，法院也可强行批准该计划；而和解协议则不能强行认可。

(5) 和解协议由债务人执行，无须管理人进行监督；而重整计划虽由债务人执行，但由管理人在监督期限内对其进行监督。

(一)和解的申请与裁定

依据《企业破产法》规定，只有债务人才可以在破产宣告前直接向人民法院申请和解，并应提出和解协议草案。这就有别于重整，无论债权人还是债务人均可申请，而且债务人的出资人也可以申请重整。法院应对债务人的申请进行审查。如果认为和解申请符合法定条件，法院应裁定和解，并予以公告。自该裁定之日起，对债务人特定财产享有担保权的人即可行使权利。

(二)和解协议的制备和执行

和解协议草案由债务人制备,内容由债务人自主确定。我国《企业破产法》(2006)要求由出席债权人会议的有表决权的债权人过半数同意,同时,其所代表的债权额占无财产担保债权总额的 2/3 以上才能通过。获得通过的和解协议须经法院审查认可方能生效。同时,还应裁定终止和解程序,并予以公告。

和解协议由债务人负责执行。和解协议一旦生效,管理人应立即中止执行职务,并向债务人移交债务人的财产和营业事务,向法院提交执行职务的报告。债务人不执行或不能执行和解协议的,经和解债权人请求,法院应裁定终止和解协议的执行,宣告债务人破产。一旦和解协议执行完毕,债务人对依据和解协议减免的债务不再承担清偿责任。

(三)和解协议的效力

(1) 约束债务人。债务人受和解协议的约束,并负责执行。

(2) 约束全体和解债权人。凡在破产案件受理时对债务人享有无财产担保债权的人,均为和解债权人。无论是否参加债权人会议,是否同意和解协议,均应受其约束。和解债权人在和解协议约定的范围内受偿。但和解债权人对债务人的保证人和其他连带债务人主张权利,不受和解协议的约束。

(3) 和解协议对债权人及债务人而言具有强制执行的法律效力。

三、和解程序的终止

(1) 因和解协议未通过或无效而终止。这主要包括两种:一是债权人会议没有通过债务人提出的和解协议草案;二是法院因发现该协议有违法情形而不予认定,或者因该协议是债务人利用欺诈或其他不法手段成立的,法院宣告无效。

(2) 因债务人不能或不按照和解协议清偿债务而终止。

(3) 因债务人与全体债权人就债务处理达成一致而终止。

前两种情形均会导致破产清算的发生。

◉ 任务解析

(1)《企业破产法》第七十五条规定:"在重整期间,对债务人的特定财产享有的担保权暂停行使。但是,如果担保物有损坏或者价值明显减少的可能,足以危害担保权人权利的,担保权人可以向人民法院请求恢复行使担保权。"由于 B 享有的别除权不存在损坏或者价值明显减少的可能,同时为了保障 A 公司重整期间能够继续营业,B 的担保权应该暂停行使。

(2)《企业破产法》第七十六条规定:"债务人合法占有的他人财产,该财产的权利人在重整期间要求取回的,应当符合事先约定的条件。"本案中债权人 C 出租的房屋租期未满,因此不能行使取回权。

(3)《企业破产法》第七十七条规定:"在重整期间,债务人的出资人不得请求投资收益分配。在重整期间,债务人的董事、监事、高级管理人员不得向第三人转让其所持有的

面向『十三五』高职高专项目导向式教改教材 · 财经系列

债务人的股权。但是，经人民法院同意的除外。"因此，D不能在重整期间向公司提出分配利润的请求。其转让股权的协议也不能生效，除非取得人民法院的同意。

任务四　破产宣告与破产清算

◉ 任务案例

某公司在破产清算后，存在下列债权和款项尚未支付：①破产企业所欠职工工资和医疗费、伤残补助费用400万元；②管理人报酬100万元；③劳动者因企业破产解除劳动合同，依据劳动合同企业应补偿职工800万元；④破产财产的管理、变卖和分配费用100万元；⑤债权人A为参加债权人会议而支出的差旅费3万元；⑥破产企业所欠税款200万元；⑦在破产案件受理前，所欠合同对方B的3 000万元。

◉ 具体任务

试分析上述各项费用的清偿顺序。

◉ 理论认知

一、破产宣告

破产宣告是指法院认定债务人已具备破产事由，并宣告其破产的司法行为，是破产法上的一个重要事件，会产生一系列法律效果。它既是破产清算的开始标志，也是破产案件进入破产清算程序的标志。一旦宣告破产，债务人即成为破产人，债务人财产即成为破产财产。

破产宣告的基本依据是债务人已经具备破产事由。已经具备破产事由的债务人，具有法定排除破产宣告事由的，应当免于破产宣告，包括两种情形：一是第三人为债务人提供足额担保或为债务人清偿所有到期债务的；二是债务人已全部清偿到期债务的。

人民法院作出的破产宣告的裁定应采用书面形式，并且公开进行。一旦宣告破产，破产案件即转入破产清算程序，且该过程不可逆转。

破产宣告会产生如下法律效力：①债务人在破产宣告后成为破产人，丧失了对财产和事务的管理权；②债务人的财产成为破产财产，由管理人占有、支配，并用于破产分配；③对享有担保权的权利人，债权人可就特定财产享有优先受偿权，无财产担保的债权人依照破产程序进行清偿。

二、破产变价和破产分配

(一)破产变价

破产变价是指管理人将非金钱的破产财产，通过合法方式加以转让变现，以便实现破产清算的目的。

企业破产财产的变价，可采用拍卖、变卖等公开的方式公开处理，并征得人民法院许可，对破产企业中的成套设备，原则上应当整体出售，不能整体出售的，可分散出售。

(二)破产分配

破产分配是指破产管理人将变价后的破产财产，根据符合法定顺序并经合法程序确定的分配方案，对全体破产债权人进行公平清偿的程序。破产分配标志着破产清算的完成。破产分配结束是破产程序终结的原因。

1. 破产清偿顺序

破产财产在优先清偿破产费用和共益债务后，依照下列顺序清偿：①破产人所欠职工的工资和医疗、伤残补助、抚恤费用，所欠的应当划入职工个人账户的基本养老保险、基本医疗保险费用，以及法律、行政法规规定应当支付给职工的补偿金；②破产人欠缴的除前项规定以外的社会保险费用和破产人所欠税款；③普通破产债权。

破产财产首先清偿在先顺序的债权，在先顺序清偿完毕后，有剩余财产的，进行下一顺序的清偿。每一顺序的债权，破产财产足够清偿的，予以足额清偿；不足清偿的，按比例清偿。按比例分配后，无论是否有未获分配的下一顺序债权，破产分配均告结束。

2. 破产分配方案

破产分配方案是载明破产财产如何用于破产分配和各破产债权人如何获得破产分配的书面文件。破产分配方案由管理人制备，提交债权人会议讨论，由出席会议的有表决权的债权人过半数通过，并且其所代表的债权额必须占无财产担保债权总额的1/2以上。该决议经债权人会议二次表决仍未通过的，由人民法院裁定。

破产分配方案由管理人执行，分配可进行一次或多次，采用金钱分配的形式。债权人会议有特别规定的可采用非现金形式进行分配。

破产债权人应该按照管理人的通知，及时受领分配财产；未受领的部分，由管理人负责提存；提存期限届满，仍不受领的，视为破产债权人放弃受领权利，管理人可将其分配给其他债权人。

《知识链接》

债权人的别除权

别除权是指债权人不依照破产分配程序，而以管理人所占有财产中的特定财产单独优先受偿的权利。别除权的范围包括抵押权、留置权、质押权三种。

别除权行使必须在债权和担保权合法有效成立的基础上进行，且两者都符合《企业破产法》的规定，并依法申报获得确认。别除权人行权的方式可因标的物的占有情形不同而不同：一是别除权人占有标的物的，可不经管理人同意，直接依照《担保法》的规定行权；二是别除权人未占有标的物的，权利人须向管理人主张权利。

同时，我国《企业破产法》还规定了标的物的回赎制度，管理人可通过清偿债务或提供为债权人可接受的担保，收回担保的标的物。

三、破产程序的终结

破产财产分配完毕后，破产清算组应当提请人民法院终结破产程序，人民法院应当在 7 日内裁定终结破产程序。对破产宣告前的终结和破产分配前的终结，法院可依管理人的申请或依职权而裁定。对于破产分配完毕后的终结，首先由管理人向法院提交破产财产分配报告，请求法院裁定程序终结。

破产程序终结使破产清算程序不可逆转地归于结束。我国《企业破产法》规定的程序终结方式有三种：①由债权的实现引发的终结；②债务人的破产财产不足以支付破产费用的；③破产财产分配完毕后的终结。

破产程序终结后，对于新发现的属于破产人而且可用于破产分配的财产，由法院按照破产程序对尚未获得满足的破产请求权进行清偿的补充性程序称为追加分配。

追加分配应当注意以下 4 点：①追加分配的财产是破产程序终结后新发现的财产；②追加分配受法定除斥期间的限制；③追加分配由法院负责实施；④追加分配应该按照破产财产分配方案进行。我国对追加分配制度规定了除斥期间，期限为两年，两年后不再适用追加分配制度。

破产程序因分配完毕和破产财产不足以支付破产费用而终结后，法人的主体资格归于消灭，其所负剩余债务当然免除。破产程序终结后，破产企业的主体资格归于消灭，债权人未得到分配的债权，于破产终结裁定作出后视为消灭。破产程序终结后，管理人、债权人会议等破产机构宣布解散，但破产清算组如有关于破产财产的未完结的诉讼、债权确认诉讼或对债权分配表等异议之诉等遗留事务时，仍须对破产财产进行管理和处分。

◉ 任务解析

根据《企业破产法》的规定，本案的清偿顺序如下。

(1) 管理人报酬 100 万元；破产财产的管理、变卖和分配费用 100 万元。

(2) 破产企业所欠职工工资和医疗费、伤残补助费用 400 万元；劳动者因企业破产解除劳动合同，依据劳动合同企业应补偿职工 800 万元。

(3) 破产企业所欠税款 200 万元。

(4) 在破产案件受理前，所欠合同对方 B 的 3 000 万元。

债权人 A 为参加债权人会议而支出的差旅费 3 万元，依照法律的规定不能作为破产费用支付，也不能作为破产债权清偿，应自行承担。

项 目 小 结

破产法作为债法的特别法，是为实现债权人公平受偿的权利，弥补传统民事救济手段的不同而设立的，是经济法中的重要内容，在现代经济社会中具有非常重要的意义。本项目以破产法的制度价值为基础，着重对破产法程序进行详细的解读，旨在帮助大家了解三种类型破产程序的立法目的、适用程序、实体权利及权益保障等，建立和加强经济活动中债权人和债务人利益的保护体系。

实 训 练 习

【实训项目】模拟某企业破产过程。

【实训操作及要求】将班级学生分组，分别要求各组学生完成破产企业、债权人、人民法院、管理人等各种角色的准备及执行。要求：

(1) 企业破产申请的材料准备。

(2) 企业破产程序的适用。

(3) 管理人、人民法院、债权人、债务人权利义务的应用。

(4) 破产清算、重整、和解三种程序的适用。

理 论 复 习

一、多项选择题

1. 人民法院受理破产申请前一年内，涉及债务人的财产的行为，管理人有权请求人民法院予以撤销，这些行为包括(　　)。

　　A. 有偿转让财产　　　　　　　　　B. 以明显不合理的价格进行交易

　　C. 放弃债权　　　　　　　　　　　D. 对没有财产担保的债务提供财产担保

2. 根据《企业破产法》的规定，向债务人所在地人民法院提出破产清算申请的当事人有(　　)。

　　A. 债务人　　　　　　　　　　　　B. 债权人

　　C. 人民法院　　　　　　　　　　　D. 对债务人负有清算责任的人

3. 下列属于破产费用的是(　　)。

　　A. 破产案件的诉讼费用

　　B. 管理、变价和分配债务人财产的费用

　　C. 管理人执行职务的费用、报酬和聘用工作人员的费用

　　D. 债务人财产受无因管理所产生的债务

4. 根据企业破产法律制度的规定，在第一次债权人会议召开之前，管理人实施下列行为时，应当经人民法院许可的是(　　)。

　　A. 管理人决定继续或停止债务人的营业

　　B. 全部库存或营业的转让

　　C. 设定财产担保的事项

　　D. 履行债务人和对方当事人均未履行完毕的合同

5. 根据企业破产法律制度的规定，下列各项中，应当召开债权人会议的情形有(　　)。

　　A. 人民法院认为必要时

　　B. 管理人提议召开时

面向「十三五」高职高专项目导向式教改教材·财经系列

C. 债权人委员会提议召开时

D. 占债权总额 1/4 以上的债权人向债权人会议主席提议时

6. 下列有关债权申报的表述中，符合《企业破产法》规定的有(　　)。

A. 债务人所欠职工的工资和医疗、伤残补助、抚恤费用不必申报，由管理人调查后列出清单并予以公示

B. 债务人的保证人或其他连带债务人已经代替债务人清偿债务的，以其对债务人的求偿权申报债权

C. 管理人或债务人依照规定解除合同的，对方当事人以因合同解除所产生的损害赔偿请求权申报债权

D. 债务人是票据的出票人，被裁定适用本法规定的程序，该票据的付款人继续付款或承兑的，付款人以由此产生的请求权申报债权

7. 管理人应当追回下列人员利用职权从企业获取的非正常收入和侵占的企业财产，包括债务人的(　　)。

A. 董事　　　　　　B. 监事　　　　　　C. 经理　　　　　　D. 副经理

8. 对债务人的特定财产享有担保权的债权人，未放弃优先受偿权利的，对于(　　)没有表决权。

A. 选任和更换债权人委员会成员　　　B. 决定继续或停止债务人的营业

C. 通过和解协议　　　　　　　　　　D. 通过破产财产的分配方案

9. 关于债权人委员会，下列说法中正确的是(　　)。

A. 债权人会议可以决定设立债权人委员会

B. 债权人会议应当设立债权人委员会

C. 债权人委员会由债权人会议选任的债权人代表和一名债务人的职工代表或工会代表组成

D. 债权人委员会成员应当经人民法院书面决定认可

10. 根据《企业破产法》的规定，下列事项中，属于债权人会议职权的有(　　)。

A. 通过和解协议

B. 通过重整计划

C. 对破产企业未履行的合同，决定解除或继续履行

D. 选任和更换债权人委员会成员

二、案例分析题

某国有企业因经营管理不善，依法被人民法院宣告破产。经管理人确认：①该企业的全部财产变价收入为 300 万元；②向建设银行信用贷款 66 万元；③其他债权合计为 300 万元；④欠职工工资和法定补偿金 65 万元，欠税款 35 万元；⑤管理人查明法院受理案件前 3 个月无偿转让作价为 80 万元的财产(不包括在以上变价收入中)；⑥破产费用共 30 万元。

试分析建设银行可以得到多少清偿额。

项目五 合同法

【技能目标】

- 能够根据合同法的要求订立、审查合同。
- 识别无效合同、可撤销合同、效力待定合同，并根据情况补救。
- 提高合同法的应用能力，真正做到学以致用，维护自身利益及企业利益。

【知识目标】

- 掌握合同法的原则。
- 熟悉合同订立的过程，以及合同的必要条款与格式条款。
- 掌握合同的履行、合同的变更、合同的转让、合同的终止所涉及的知识。
- 掌握合同的担保及违约责任所涉及的知识。

任务一　合同认知

任务案例

甲、乙两人是朋友关系。2016年7月31日，两人签订书面协议，协议约定：甲出资20余万元，以乙的名义购买"铜江"牌重型自卸货车一辆，乙只需协助甲办理年检、纳税等，由此获取几百元劳务费。购车后，甲以该车从事货物运输，夜晚常寄放于丙停车场，停车费每天20元。2017年1月13日中午，甲又将车寄存于丙停车场，当晚汽车被盗。次日，丙停车场和甲一起向派出所报案，派出所立案侦查未果。甲多次要求丙停车场赔偿，因丙拒绝，甲遂聘请律师，由登记车主乙做原告向当地法院起诉，请求判决丙停车场承担因保管不善的违约责任。

具体任务

(1) 根据合同的类别分析本任务案例中的合同类型。

(2) 分析乙在本任务案例中的法律地位。

理论认知

一、合同的概念与特征

合同法中所谓的合同，是指平等主体的自然人、法人、其他组织之间设立、变更、终止民事权利义务关系的协议。而同属民事法律领域的婚姻、收养、监护等有关身份关系的协议，以及其他法律性质的协议，如行政合同，则适用其他有关法律的规定。

根据合同法的规定，合同具有以下法律特征。

(1) 合同是平等主体之间的民事法律关系，是平等当事人之间从事的法律行为，任何一方不论其所有制性质及行政地位如何，都不能将自己的意志强加给对方。

(2) 合同是双方或多方法律行为。首先，合同至少需要两个或两个以上的当事人；其次，合同是法律行为，故当事人的意思表示是合同的核心要素；最后，因为合同是双方法律行为或多方法律行为，所以合同成立不但需要当事人有意思表示，而且还要求当事人之间的意思表示一致。

(3) 合同是当事人之间变动民事权利与义务关系的协议。合同是以在当事人之间变动民事权利义务关系为目的的法律事实。与其他法律事实不同，合同是当事人自由约定、协商一致的结果。如果当事人之间的约定合法，则在当事人之间产生相当于法律的效力，当事人就必须按照约定履行合同义务。任何一方违反合同，都要依法承担违约责任。

二、合同法概述

(一)合同法的特征

合同法是调整平等主体之间商品交换关系的法律规范的总称。合同法具有以下特征。

1. 合同法是私法

合同法规范当事人之间因私人利益产生的合同法律关系，强调主体平等、意思自治。因此合同法是私法。

2. 合同法是自治法

合同法主要是通过任意性法律规范而不是强制性法律规范调整合同关系的。合同法通过任意性规范或引导当事人的行为，或补充当事人意思的不完整。法律对当事人意思自治的限制，被严格限制在合理与必要的范围之内。合同法的适用，也取决于当事人的援引。

3. 合同法是财产交易法

合同法与物权法均属财产法范畴，其中物权法主要调整财产归属及利用的财产关系，是从静态角度为财产关系提供法律保护；而合同法则调整财产的流转关系，即商品交换关系，是从动态角度为财产关系提供法律保护。

(二)合同法的基本原则

基于上述合同法的特征，《中华人民共和国合同法》(以下简称《合同法》)在总则部分确定了以下基本原则。

1. 平等原则

合同当事人法律地位一律平等，一方不得将自己的意志强加给另一方，各方应在权利义务对等的基础上订立合同。

2. 意思自治原则

意思自治是贯彻合同活动整个过程的基本原则，在不违反强制性法律规范和社会公共利益的基础上，当事人依法享有自愿订立合同的权利，任何单位和个人不得非法干预。

3. 公平原则

当事人应当遵循公平原则确定各方的权利和义务。任何当事人不得滥用职权，不得在合同中规定显失公平的内容，要根据公平原则确定风险与违约责任的承担。

4. 诚实信用原则

当事人行使权利、履行义务应当遵循诚实信用原则。当事人应当诚实守信，善意地行使权利、履行义务，不得有欺诈等恶意行为。在法律、合同未作规定或规定不清的情况下，要依据诚实信用原则解释法律和合同，平衡当事人之间的利益关系。

面向「十三五」高职高专项目导向式教改教材·财经系列

5. 守法、不损害社会公共利益原则

当事人订立、履行合同，应当遵守法律、行政法规，尊重社会公德，不得扰乱社会经济秩序，损害社会公共利益。

三、合同的分类

根据不同的标准，可将合同分为不同的种类。合同的分类有助于正确理解法律、订立和履行合同，有助于正确地使用法律处理合同纠纷，还可对合同法律制度的完善起到促进作用。通常，在立法与合同法理论上对合同做以下分类。

(一)有名合同与无名合同

根据《合同法》或其他法律是否对合同规定有确定的名称与调整规则的标准，可将合同分为有名合同与无名合同。有名合同是立法上规定有确定名称与规则的合同，又称典型合同。例如，《合同法》在分则中规定的买卖合同、赠与合同、借款合同、租赁合同等各类合同。无名合同是立法上尚未规定有确定名称与规则的合同，又称非典型合同。区分两者的法律意义在于法律适用的不同。有名合同可直接适用《合同法》分则中关于该种合同的具体规定。无名合同则只能在适用《合同法》总则中规定的一般规则的同时，参照该法分则或其他法律中最相类似的规定执行。

(二)单务合同与双务合同

根据合同当事人是否相互负有对价义务的标准，可将合同分为单务合同与双务合同。此处的对价义务并不要求双方的给付价值相等，而只是要求双方的给付具有相互依存、相互牵连的关系即可。单务合同是指仅有一方当事人承担义务的合同，如赠与合同。双务合同是指双方当事人互负对价义务的合同，如买卖合同、承揽合同、租赁合同等。区分两者的法律意义在于，因为双务合同中当事人之间的给付义务具有依存和牵连关系，所以双务合同中存在同时履行抗辩权和风险负担的问题，而这些情形并不存在于单务合同中。

(三)有偿合同与无偿合同

根据合同当事人是否因给付取得对价的标准，可将合同分为有偿合同与无偿合同。有偿合同是指合同当事人为从合同中得到利益要支付相应对价给付(此给付并不局限于财产的给付，也包含劳务、事务等)的合同。买卖、租赁、雇用、承揽、行纪等都是有偿合同。无偿合同是指只有一方当事人作出给付，或者虽然是双方作出给付但双方的给付间不具有对价意义的合同。赠与合同是典型的无偿合同，另外，委托、保管合同如果没有约定利息和报酬的，也属于无偿合同。

(四)诺成合同与实践合同

根据合同的除当事人的意思表示以外，是否还要其他现实给付的标准，可以将合同分为诺成合同与实践合同。诺成合同是指当事人意思表示一致即可认定合同成立的合同。实践合同是指在当事人意思表示一致以外，尚须有实际交付标的物或有其他现实给付行为才

能成立的合同。确认某种合同属于实践合同必须法律有规定或当事人之间有约定。区分两者的法律意义在于，除了两种合同的成立要件不同以外，实践合同中作为合同成立要件的给付义务的违反不产生违约责任，而只是一种缔约过失责任。

(五)要式合同与不要式合同

根据合同的成立是否必须符合一定形式的标准，可将合同分为要式合同与不要式合同。要式合同是按照法律规定或当事人约定必须采用特定形式订立方能成立的合同。不要式合同是对合同成立的形式没有特别要求的合同。确认某种合同属于要式合同必须法律有规定或当事人之间有约定。

(六)主合同与从合同

根据两个或多个合同相互间的主从关系的标准，可将合同分为主合同与从合同。主合同是无须以其他合同存在为前提即可独立存在的合同，这种合同具有独立性。从合同又称附属合同，是以其他合同的存在为其存在前提的合同。保证合同、定金合同、质押合同等相对于提供担保的借款合同而言即为从合同。从合同的存在是以主合同的存在为前提的，因此主合同的成立与效力直接影响到从合同的成立与效力。但是，从合同的成立与效力不影响主合同的成立与效力。

《《知识链接》》

合同相对性原理

所谓合同相对性原理，是指合同主要在特定的合同当事人之间发生法律拘束力，只有合同当事人一方能基于合同向对方提出请求或提起诉讼，而不能向与其无合同关系的第三人提出合同上的请求，也不能擅自为第三人设定合同上的义务，合同债权也主要受合同法的保护。合同相对性原理包括以下三个方面的内容。

(1) 主体的相对性。它是指合同关系只能发生在特定的主体之间，只有合同当事人一方能够向合同的另一方当事人基于合同提出请求或提起诉讼。具体地说，首先，由于合同关系仅是在特定人之间发生的法律关系，因此只有合同关系当事人彼此之间才能相互提出请求，与合同关系当事人没有发生合同上的权利义务关系的第三人，不能依据合同向合同当事人提出请求或提起诉讼；其次，合同一方当事人只能向另一方当事人提出合同上的请求或提起诉讼，而不能向与其无合同关系的第三人提出合同上的请求及诉讼。

(2) 内容的相对性。它是指除法律、合同另有规定以外，只有合同当事人才能享有某个合同所规定的权利义务，并承担该合同规定的义务，除合同当事人以外的任何第三人不能主张合同上的权利。

(3) 责任的相对性。它是指违约责任只能在特定的当事人之间即合同关系的当事人之间发生，合同关系以外的人不负违约责任，合同当事人也不对其承担违约责任。合同的相对性是合同规则和制度的奠基石，在债法或合同法中具有十分重要的地位。

面向「十三五」高职高专项目导向式教改教材 · 财经系列

任务解析

(1) 甲乙之间是委托合同,甲丙之间是保管合同,均属有名合同、不要式合同,本案案例中的委托合同和保管合同均为有偿合同、双务合同。

(2) 本案中被盗车辆是甲以乙的名义而购买、使用、收益,乙虽是登记的"挂名"车主,但车辆是特殊动产,乙仍当属法律上的所有权人。一般来说,当车辆被他人毁损、灭失时,乙以所有权人的身份提起侵权之诉,当无任何障碍。但本案是合同纠纷,不同于侵权之诉。《合同法》第三百六十五条规定:"保管合同是保管人保管寄存人交付的保管物,并返还该物的合同。"被盗的"铜江"牌重型自卸货车乃甲停放于丙处,而甲又非乙的雇员,因此其寄车不是职务行为,甲才是车辆的寄存人,与丙停车场形成保管合同关系。乙虽是法定车主,但不是寄存人,与丙停车场没有合同关系。当以保管合同为诉因,追究保管人丙的违约责任时,必须遵守合同的相对性原理,只有保管合同的寄存人才有资格,因此甲才是本案的适格原告。乙不是合同的当事人,无权以原告身份向停车场主张违约责任,对其起诉应当裁定驳回。本案未能分清法律关系的性质,混淆了侵权之诉与违约之诉的区别,忽视了合同相对性原理,局限于"所有权人""物权法定原则",在"事实车主"与"法律车主"之间纠缠不清,均未能抓住问题的实质。即便法院不考虑主体问题而判决乙胜诉,乙也将通过诉讼而获得的款项交给甲(如乙不交,又将产生纠纷,由此看来,拘泥于法定车主做原告,既于法不通,又多此一举),从结果上看与甲做原告并无两样,但该案终将因原告的主体不适格而永远是错案,再审也不可避免。

任务二 合同的订立

任务案例

2016 年至 2017 年期间,厦门某房地产开发有限公司在楼房未建成前,就在报刊上刊登广告并多次推出商品房项目的宣传册。宣传中曾有这样的描述:"钻石店面""恰如上海南京路、厦门中山路、24 米宽度刚刚好……""二期独立店面,间间沿街,直面人潮……更有厦门温州企业积极介入……"同时,在广告中的项目位置示意图中还标明该项目相邻的道路。19 名业主看到广告后,被广告描述的前景所吸引,并与某开发公司签订《商品房买卖合同》,交纳了首付款及办理按揭贷款。合同签订后,众业主按约履行了义务。但当该开发公司向众业主交付房屋时,众业主却发现与当时的承诺不符,根本没有广告中描述的"24 米宽道路,与主干道交汇连接",不但没有"厦门温州企业商会积极介入进行统一管理",而且也不能作为商铺使用,广告中所称的配套设施——"五项健康设施""三大海韵中庭"等无一兑现。于是,众业主拿着该开发公司的广告与其交涉。开发公司同意就店面门前道路等问题与业主进行协商,并达成解决问题协议。但未能兑现,众业主对于开发公司提出的赔偿 20 万元的方案,不予认可,遂将该开发公司告上法庭。

具体任务

(1) 该开发公司发布广告是否已构成合同的要约？

(2) 因签订合同的目的无法实现，该开发公司是否已构成根本违约？

理论认知

一、合同的内容与形式

(一)合同的内容

1. 合同条款

合同的内容就是合同当事人的权利与义务，具体体现为合同的各项条款。根据《合同法》的规定，在不违反法律强制性规定的情况下，合同条款可以由当事人自由约定，但一般包括以下条款：①当事人的名称或姓名和住所；②标的，即合同双方当事人权利义务所共同指向的对象；③数量；④质量；⑤价款或者报酬；⑥履行期限、地点和方式；⑦违约责任；⑧解决争议的方法。

2. 合同条款的解释

当事人对合同条款的理解有争议的，应当按照合同所使用的词句、合同的有关条款、合同的目的、交易习惯及诚实信用原则，确定该条款的真实意思。合同文本采用两种以上文字订立并约定具有同等效力的，对各文本使用的词句推定具有相同含义。各文本使用的词句不一致的，应当根据合同的目的予以解释。

3. 合同的法律适用

涉外合同的当事人可以选择处理合同争议所适用的法律，但法律另有规定的除外。涉外合同的当事人对此没有选择的，适用与合同有最密切联系的国家的法律。但在中华人民共和国境内履行的中外合资经营企业合同、中外合作经营企业合同、中外合作勘探开发自然资源合同，只能适用中华人民共和国法律。

4. 格式条款

格式条款是指一方当事人为了与不特定多数人订立合同重复使用而单方预先拟定，并在订立合同时不允许对方协商变更的条款。格式条款的适用可以简化签约程序、加快交易速度、减少交易成本，并非所有格式条款都是不公平的。但是，由于格式条款是由一方当事人拟定，且在合同谈判中不容对方协商修改，条款内容难免有不够公平之处。因此，《合同法》对格式条款的效力及解释作有特别规定，以保证合同相对人的合法权益：①采用格式条款订立合同的，提供格式条款的一方应当遵循公平原则确定当事人之间的权利和义务，并采取合理的方式提请对方注意免除或限制其责任的条款，按照对方的要求，对该条款予以说明；②格式条款具有《合同法》规定的合同无效和免责条款无效的情形，或者提供格式条款一方免除其责任、加重对方责任、排除对方主要权利的，该条款无效；③对格式条款的理解发生争议的，应当按照通常理解予以解释。对格式条款有两种以上解释的，应当作出不利于提供格式条款一方的解释。格式条款和非格式条款不一致的，应当采用非格式条款。

5. 免责条款

免责条款是指合同当事人在合同中规定的排除或限制一方当事人未来责任的条款。基于合同自由原则，对双方当事人自愿订立的免责条款，尤其是事后订立的免责条款，法律原则上不加干涉。但如事先约定的免责条款明显违反诚实信用原则及社会公共利益的，则法律规定其为无效。《合同法》规定，合同中的下列免责条款无效：①造成对方人身伤害的；②因故意或重大过失造成对方财产损失的。

(二)合同的形式

合同的形式是指合同当事人意思表示一致的外在表现形式。当事人订立合同，可以采取书面形式、口头形式和其他形式。合同形式在对于固定证据、警告当事人郑重其事、区分磋商与缔约两个阶段均有重要意义。口头形式的合同虽方便易行，但缺点是发生争议时难以举证确认责任，不够安全。书面形式是指以合同书、信件等各种有形的表现所载内容的合同形式。根据《合同法》的规定，数据电文(包括电报、电传、传真、电子数据交换和电子邮件)也属于书面形式的一种。另外，根据《合同法》规定，法律、行政法规规定或当事人约定采用书面形式的合同，当事人应当采用书面形式。

二、合同订立程序

当事人订立合同应当具备相应的资格，即具有相应的民事权利能力和民事行为能力。除依据合同性质不能代理的以外，当事人可以委托代理人订立合同。

订立合同采取要约、承诺的方式进行。在当事人意思表示真实一致时，合同即可成立。

(一)要约

1. 要约的概念

要约是指希望与他人订立合同的意思表示。要约可以向特定人发出，也可以向非特定人发出。根据《合同法》的规定，该意思表示应当符合下列规定：①内容具体确定，此项条件要求该意思表示已经具备了未来合同的必要内容；②表明经受要约人承诺，要约人即受该意思表示约束。

2. 要约邀请

要约邀请是指希望他人向自己发出要约的意思表示。寄送的价目表、拍卖公告、招标公告、招股说明书、商业广告等的性质为要约邀请。但如果商业广告的内容符合要约的规定，如悬赏广告，则视为要约。在实践中要注意要约与要约邀请的区分，如根据《最高人民法院关于审理商品房买卖合同纠纷案件适用法律若干问题的解释》的规定，商品房的销售广告和宣传资料为要约邀请，但是出卖人就商品房开发规划范围内的房屋及相关设施所做的说明和允诺具体确定，并对商品房买卖合同的订立及房屋价格的确定有重大影响的，应当视为要约。该说明和允诺即使未载入商品房买卖合同，也应当视为合同内容，当事人违反的，应当承担违约责任。

3. 要约的生效时间

要约须到达受要约人时才生效。采用数据电文形式订立合同，收件人指定特定系统接收数据电文的，该数据电文进入该特定系统的时间，视为到达时间；未指定特定系统的，该数据电文进入收件人的任何系统的首次时间，视为到达时间。

4. 要约的撤回

要约可以撤回，撤回要约的通知应当在要约到达受要约人之前或与要约同时到达受要约人。撤回要约是在要约尚未生效的情形下发生的。如果要约已经生效，则不是要约的撤回，而是要约的撤销。

5. 要约的撤销

要约可以撤销，撤销要约的通知应当在受要约人发出承诺通知之前到达受要约人。但下列情形下的要约不得撤销：①要约人确定了承诺期限的；②以其他形式明示要约不可撤销的；③受要约人有理由认为要约是不可撤销的，并已经为履行合同做了准备工作的。

6. 要约的失效

有下列情形之一的，要约失效：①拒绝要约的通知到达要约人的；②要约人依法撤销要约的；③承诺期限届满，受要约人未作出承诺的；④受要约人对要约的内容作出实质性变更的。

(二)承诺

1. 承诺的概念

承诺是受要约人同意要约的意思表示。承诺应当由受要约人向要约人作出。

2. 承诺的期限

承诺应当在要约确定的期限内到达要约人。要约没有确定承诺期限的，承诺应当依照下列规定到达：①要约以对话方式作出的，应当即时作出承诺，但当事人另有约定的除外；②要约以非对话方式作出的，承诺应当在合理期限内到达。所谓合理期限，是指依通常情形可期待承诺到达的期间，一般包括要约到达受要约人的期间、受要约人作出承诺的期间、承诺通知到达要约人的期间。

要约以信件或电报作出的，承诺期限自信件载明的日期或电报交发之日开始计算。信件未载明日期的，自投寄该信件的邮戳日期开始计算。要约以电话、传真等快速通信方式作出的，承诺期限自要约到达受要约人时开始计算。

3. 承诺的生效时间

承诺自通知到达要约人时生效。承诺不需要通知的，自根据交易习惯或要约的要求作出承诺的行为时生效。采用数据电文形式订立合同，收件人指定特定系统接收数据电文的，该数据电文进入该特定系统的时间，视为承诺到达时间；未指定特定系统的，该数据电文进入收件人的任何系统的首次时间，视为承诺到达时间。

4. 承诺的撤回

承诺人发出承诺后反悔的，可以撤回承诺。其条件是撤回承诺的通知应当在承诺通知到达要约人之前或与承诺通知同时到达要约人，即在承诺生效前到达要约人。

5. 承诺的迟延与迟到

受要约人超过承诺期限发出承诺的，为迟延承诺。除要约人及时通知受要约人该承诺有效的以外，迟延的承诺应视为新要约。受要约人在承诺期限内发出承诺，按照通常情形能够及时到达要约人，但因其他原因使承诺到达要约人时超过承诺期限的，为迟到承诺。除要约人及时通知受要约人因承诺超过期限不接受该承诺的以外，迟到的承诺为有效承诺。

6. 承诺的内容

承诺的内容应当与要约的内容一致，这在学理上称为镜像规则。但严格执行镜像规则不能适应市场发展的需要。在实践中，受要约人可能对要约的文字乃至内容作出某些修改，此时承诺是否具有法律效力须根据具体情况予以确认。《合同法》规定，受要约人对要约的内容作出实质性变更的，为新要约。有关合同标的、数量、质量、价款或报酬、履行期限、履行地点和方式、违约责任和解决争议方法等内容的变更，是对要约内容的实质性变更。承诺对要约的内容作出非实质性变更的，除要约人及时表示反对或要约表明承诺不得对要约的内容作出任何变更的以外，该承诺有效，合同的内容以承诺的内容为准。

(三)合同成立的时间与地点

1. 合同成立的时间

由于合同订立方式的不同，所以合同成立的时间也有所不同。①承诺生效时合同成立，这是大部分合同成立的时间标准。②当事人采用合同书形式订立合同的，自双方当事人签字或者盖章时合同成立。③当事人采用信件、数据电文等形式订立合同的，可以要求在合同成立之前签订确认书，在签订确认书时合同成立。

对于第②、③种情况要注意一点：如果当事人未采用法律要求或当事人约定的书面形式、合同书形式订立合同，或者当事人没有在合同书上签字盖章的，只要一方当事人履行了主要义务，对方接受的，合同仍然成立。

2. 合同成立的地点

由于合同订立方式不同，所以合同成立地点的确定标准也有所不同。①承诺生效的地点为合同成立的地点，这是大部分合同成立的地点标准。②采用数据电文形式订立合同的，收件人的主营业地为合同成立的地点；没有主营业地的，其经常居住地为合同成立的地点。当事人另有约定的，按照其约定执行。③当事人采用合同书形式订立合同的，双方当事人签字或盖章的地点为合同成立的地点。

三、缔约过失责任

缔约过失责任也称缔约过错责任，是指当事人在订立合同过程中，因故意或过失致使合同未成立、未生效、被撤销或无效，给他人造成损失而应承担的损害赔偿责任。

《合同法》规定，当事人在订立合同过程中有下列情形之一，给对方造成损失的，应当承担损害赔偿责任：①假借订立合同，恶意进行磋商；②故意隐瞒与订立合同有关的重要事实或提供虚假情况；③当事人泄露或不正当地使用在订立合同过程中知悉的商业秘密；④有其他违背诚实信用原则的行为。

缔约过失责任与违约责任存在下列区别：①两种责任产生的时间不同。缔约过失责任发生在合同成立之前；而违约责任产生于合同生效之后。②适用的范围不同。缔约过失责任适用于合同未成立、合同未生效、合同无效等情况；违约责任适用于生效合同。③赔偿范围不同。缔约过失赔偿的是信赖利益的损失；而违约责任赔偿的是可期待利益的损失。原则上，可期待利益的损失要大于信赖利益的损失。

【案例 5-1】龙头饭店的老板得知隔壁的鑫鑫超市要转让，并得知一连锁火锅店要出 50 万元的价格买下鑫鑫超市所在的店铺开火锅店。龙头饭店的老板为了避免火锅店开起来后影响自己生意，遂提出以 60 万元的价格与鑫鑫超市老板多次谈判。一个月以后，在得知连锁火锅店在隔壁街开起来，对自己的生意无太大影响后，龙头饭店的老板终止了与鑫鑫超市的谈判，称无法在短期内凑足 60 万元。鑫鑫超市最后以 45 万元的价格转让店面。由于与龙头饭店谈判次数较多，鑫鑫超市花费谈判费用 2 万元，价格损失 5 万元，鑫鑫超市要求龙头饭店赔偿损失 7 万元。试利用缔约过失责任的法律知识为龙头饭店的行为定性，分析鑫鑫超市 7 万元的损失能否依法得到赔偿。

【解析】缔约过失责任以信赖利益为赔偿的基本范围，信赖利益的损失仅限于直接损失(现实利益的损失或实际损失，不包括预期利益的损失，如利润等)。本案中的 7 万元属直接损失，龙头饭店应该予以赔偿。

任务解析

(1) 该房地产开发公司发布不实广告，此广告已构成合同的要约。

(2) 签订合同的目的无法实现，该房地产开发公司已构成根本违约。

理由：在销售广告中所宣传的内容陈述具体明确，对合同订立有决定性影响，应视为合同的要约，是合同的重要组成部分。不仅如此，在交房以后，开发商与业主就广告中的内容达成协议，已构成《商品房购销合同》的补充条款，并产生拘束力，因此双方均应当履行，任何一方不履行便构成违约。而该房地产开发公司违背其所做的承诺，应视为违约。

业主与开发商订立的合同的目的是商场(经营用房)，商场的经营需要一定的道路环境，需要一定的人流量与车流量，周围环境的好坏、配套设施的齐备与否直接影响店面的价值。而在本案中，不仅 24 米宽的道路没有，而且间间沿街也变成泡影，最后竟成了"间间是胡同"，根本无法经营，因此合同的目的无法实现，构成根本违约，理应解除合同。

面向「十三五」高职高专项目导向式教改教材 · 财经系列

任务三　合同的效力

任务案例

王某是甲公司的法定代表人，以甲公司名义向乙公司发出书面要约，愿以10万元的价格出售甲公司的一块清代翡翠。王某在函件发出后2小时意外死亡，乙公司回函表示愿意以该价格购买。甲公司新任法定代表人以王某死亡且未经董事会同意为由拒绝了乙公司。

具体任务

试分析本任务案例中的买卖合同是否生效。

理论认知

一、合同的生效与有效条件

(一)合同的生效

合同的生效是指已依法成立的合同发生相应的法律效力，即法律约束力。合同生效不同于合同成立。合同是否成立是一个事实问题，需要考察当事人之间是否有要约和承诺。合同生效是一个价值判断，需要考察当事人之间的合同是否符合法律的精神与规定，能否发生法律所认可的效力。

《合同法》根据合同类型的不同，分别规定了不同的合同生效的时间。

(1) 依法成立的合同，原则上自成立时生效。

(2) 法律、行政法规规定应当办理批准、登记等手续生效的，在依照其规定办理批准、登记等手续后生效。例如，《物权法》规定，股票质押合同自到证券登记结算机构办理出质登记时生效。对于这类合同，在法院审理案件过程中，一审法庭辩论终结前当事人仍未办理批准手续的，或者仍未办理批准、登记等手续的，人民法院应当认定该合同未生效。

法律、行政法规规定合同应当办理登记手续，但未规定登记后生效的，当事人未办理登记手续不影响合同的效力，但合同标的所有权及其他物权不能转移。例如，《商品房买卖合同解释》规定，当事人以商品房预售合同未按照法律、行政法规规定办理登记备案手续为由，请求确认合同无效的，不予支付。当事人约定以办理登记备案手续为商品房预售合同生效条件的，从其约定，但当事人一方已经履行主要义务，对方接受的除外。

(3) 当事人对合同的效力可以附条件或附期限。附生效条件的合同，自条件成就时生效；附解除条件的合同，自条件成就时失效。当事人为自己的利益不正当地阻止条件成就的，视为条件已成就；不正当地促成条件成就的，视为条件不成就。附生效期限的合同，自期限届至时生效；附终止期限的合同，自期限届满时失效。

(二)合同的有效条件

合同有效成立的条件包括：①当事人必须具有订立合同的行为能力；②当事人的意思表示必须真实；③合同的内容必须合法；④合同的形式必须符合法律规定的形式。

二、效力待定合同

效力待定合同是指合同订立后尚未生效，须经权利人追认才能生效的合同。效力待定合同主要有以下几种类型。

1. 限制民事行为能力人独立订立的与其年龄、智力、精神状况不相适应的合同

《合同法》规定，限制民事行为能力人订立的合同，经法定代理人追认后，该合同有效，但纯获利益的合同或与其年龄、智力、精神健康状况相适应而订立的合同，不必经法定代理人追认。

法定代理人的追认权在性质上属于形成权。仅凭其单方面意思表示就可以使得效力待定的合同转化为有效合同。

法律在保护限制民事行为能力人合法权益的同时，为避免合同相对人的利益因为合同效力待定而受损，特别规定了相对人的催告权和善意相对人的撤销权。相对人可以催告法定代理人在一个月内予以追认。法定代理人未作表示的，视为拒绝追认。合同被追认之前，善意相对人有撤销的权利。撤销应当以通知的方式作出。其中的"善意"是指相对人在订立合同时不知道与其订立合同的人欠缺相应的行为能力。

【案例 5-2】甲的儿子小甲，现年 8 岁，见邻家小孩用电脑玩游戏很有意思，就将自己过年的压岁钱(其母亲保管)偷拿了 5 000 元，到电脑店买了一台手提电脑。小甲拿着电脑回家后被父亲甲发现，甲问明原因后，痛打了小甲一顿，并提着电脑回到电脑店，要求退货。电脑店老板觉得生意已成，钱货两清，因此不给退货。试分析甲能否要求退货。

【解析】本案中小甲为限制民事行为能力人，其买电脑的行为应该认定为限制民事行为能力人独立订立的与其年龄、智力、精神状况不相适应的合同，即为效力待定合同。其法定监护人(代理人)有权依法拒绝追认本合同，本案中甲要求退货就是拒绝追认的行为，此时该合同变得无效，电脑店应该退货。

2. 无权代理人订立的合同

《合同法》规定，行为人没有代理权、超越代理权或代理权终止后以被代理人名义订立的合同，未经被代理人追认，对被代理人不发生效力，由行为人承担责任。相对人可以催告被代理人在一个月内予以追认。被代理人未作表示的，视为拒绝追认。合同被追认之前，善意相对人有撤销的权利。撤销应当以通知的方式作出。

3. 无处分权人订立的合同

《合同法》规定，无处分权的人处分他人财产，经权利人追认或无处分权的人订立合同后取得处分权的，该合同有效。

面向『十三五』高职高专项目导向式教改教材·财经系列

三、无效合同、可撤销合同及其法律后果

(一)无效合同

无效合同是指合同订立后,由于缺少合同必要的生效要件而不发生法律效力。根据《合同法》的规定,有下列情形的合同无效:①一方以欺诈、胁迫的手段订立合同,损害国家利益;②恶意串通,损害国家、集体或第三人的利益;③以合法形式掩盖非法目的;④损害社会公共利益;⑤违反法律、行政法规的强制性规定。根据《合同法解释》的规定,关于合同的无效还要注意以下几点:①合同法实施以后,人民法院确认合同无效,应当以全国人大及其常委会制定的法律和国务院制定的行政法规为依据,不得以地方性法规、行政规章为依据;②当事人超越经营范围订立合同,人民法院不因此认定合同无效,但违反国家限制经营、特许经营以及法律、行政法规禁止经营规定的除外。

【案例5-3】张某外调两年,将自己的液晶电视等家电寄存于王某家,肖某到王某家后,怂恿王某将张某的市价为4 000元的电视机以2 000元的价格成交卖给自己,并给王某好处费300元。王某给张某打电话称电视机出了问题,能否以低价卖掉,张某相信王某,并同意了此事,张某回来得知真相后要求王某赔偿损失。

【解析】根据《合同法》的规定,恶意串通损害国家、集体或第三人利益的合同无效。在本案中,王某与肖某恶意串通为张某订立的买卖合同,损害了张某的利益,因此该买卖合同应属无效合同。张某可以要求肖某返还电视机,并要求王某和肖某承担其他因此而产生的损失。

(二)可撤销合同

1. 可撤销合同的概念

可撤销合同又称可变更可撤销合同,是指因合同当事人意思表示的瑕疵,撤销权人可以请求人民法院或仲裁机构予以撤销或变更的合同。

与无效合同相比,可撤销合同在撤销前已经生效。在被撤销以前,其法律效果可以对抗除撤销权人以外的任何人。而无效合同在法律上当然无效,从一开始即不发生法律效力。而且可撤销合同的撤销,应由撤销权人以撤销行为为之,人民法院不主动干预。无效合同在内容上具有明显的违法性,因此对无效合同的确认,司法机关和仲裁机构可以主动干预,宣告其无效。

2. 可撤销合同的类型

根据《合同法》的规定,可撤销合同主要有以下三种。

(1) 因重大误解订立的合同。所谓重大误解,是指当事人对合同的性质,对方当事人,标的物的种类、质量、数量等涉及合同后果的重要事项存在错误认识,违背其真实意思表示订立合同,并因此可能受到较大损失的行为。合同订立后因商业风险等发生的错误认识,不属于重大误解。

(2) 在订立合同时显失公平的合同。显失公平是指一方当事人利用优势或对方没有经

验，在订立合同时致使双方的权利与义务明显违反公平、等价有偿原则的行为。此类合同的"显失公平"必须发生在合同订立时，如果合同订立以后，因为商品价格发生变化而导致的权利义务不对等则不属于显失公平。

(3) 一方以欺诈、胁迫的手段或乘人之危，使对方在违背真实意思的情况下订立的合同。对于这种类型的可撤销合同，应注意以下几点：①因一方欺诈、胁迫而订立的合同，如损害到国家利益，则属于无效合同。对于乘人之危订立的合同，则不用考虑是否损害国家利益，一律属于可撤销合同。②并非所有的合同当事人都享有撤销权，只有合同的受损害方，即受欺诈方、受胁迫方等才享有撤销权。

3. 撤销权

撤销权在性质上是一种形成权，即依据撤销权人单方面的意思表示即可使得双方当事人之间的法律关系发生变动。为了确保当事人之间法律关系的稳定性，《合同法》特别规定，撤销权因一定的事由或期限而消灭，具体如下。

(1) 具有撤销权的当事人自知道或应当知道撤销事由之日起1年内没有行使撤销权。此"1年"期间的性质为除斥期间，不适用诉讼时效中止、中断或延长的规定。

(2) 具有撤销权的当事人知道撤销事由后明确表示或以自己的行为放弃撤销权。

【案例5-4】李某在古董店向店主张某购买了一个宋代花瓶，此花瓶做工精细，颜色较纯，李某向张某询问是否为真品时，张某言之凿凿为真品。李某遂以10万元买下此花瓶，随后到相关部门鉴定，鉴定结果为高仿赝品，于是李某找到张某要求撤销该合同。

【解析】一方以欺诈、胁迫的手段或乘人之危，使对方在违背真实意思的情况下订立的合同为可撤销合同。对于这种类型的合同，李某可行使撤销权撤销该合同。

(三)合同无效或被撤销后的法律后果

合同无效或被撤销后发生的法律后果主要有以下几种。

(1) 无效或可撤销的合同在被认定无效或被撤销后自始没有法律约束力。

(2) 合同部分无效，不影响其他部分效力的，其他部分仍然有效。

(3) 合同无效、被撤销或终止的，不影响合同中独立存在的有关解决争议方法的条款的效力，如关于管辖权、法律适用的条款即属于有关解决争议方法的条款。

(4) 合同无效或被撤销后，因该合同而取得的财产，应当予以返还；不能返还或没有必要返还的，应当折价补偿。有过错的一方应当赔偿对方因此所受到的损失；双方都有过错的，应当各自承担相应的责任。当事人恶意串通，损害国家、集体或第三人利益的，因此取得的财产收归国家所有或返还集体、第三人。

◉ 任务解析

法定代表人是法人的代表机关，其权限来自公司的章程，而非董事会。因此，法人的法定代表人所做的意思表示不需要经过董事会的同意，其法律效力直接归于法人，即使法定代表人变更也不影响该意思表示的效力。在本案中，王某是甲公司的法定代表人，其对乙公司发出书面要约的行为不需要经过董事会的同意，该要约的法律效力直接归于甲公司，之后虽然王某去世，但该要约依然有效。因为后来乙公司针对该要约作出了有效承诺，所以买卖合同成立并生效。

任务四　合同的履行

◉ 任务案例

2013年8月10日，河南省喜雨有限公司(以下简称喜雨公司)与深圳东南经济开发公司(以下简称开发公司)在河南省郑州市签订购销合同一份。合同约定：喜雨公司供给开发公司国际中级毛绿豆(含水量2%)3 000吨，每吨价格985元，总货款2 955 000元，于同年9月20日前交货，并负责办理商检证、免疫证、产地证、供货证和化验单。需方开发公司在合同生效后预付22万元定金，8月底付足货款的50%，包括定金共1 477 500元，余下货款在货到后付清。合同签订后，开发公司于2013年8月11日给付合同定金22万元，并在收到喜雨公司提供的商检证、产地证等和河南省经贸委的绿豆计划外销售批件后，于同年8月25日将合计金额为1 257 500元的两张汇票交给喜雨公司。喜雨公司收到定金及汇票后，于9月13日向需方发出毛绿豆3 000吨，并要求需方收到货物后结清余款。需方开发公司在验货后发现：毛绿豆的含水量高出合同约定标准的4%，无法制浆，因此以供方履约有瑕疵为由拒付余款。而喜雨公司则认为：合同约定需方在"货到后结清余款"，但需方在收货后迟迟未将余款结清，构成违约，双方遂发生纠纷。

◉ 具体任务

试分析本任务案例中当事人履行合同中的问题。

◉ 理论认知

一、合同履行的基本原则

(一)合同履行的基本原则

在合同生效后，合同的双方当事人应当正确、适当、全面地完成合同中规定的各项义务。在合同的履行中，当事人应当遵循诚实信用原则，根据合同的性质、目的和交易习惯履行通知、协助、保密等义务。

在合同生效后，当事人就质量、价款或报酬、履行地点等内容没有约定或约定不明确的，可以协议补充；不能达成补充协议的，按照合同有关条款或交易习惯确定。依照上述履行原则仍不能确定的，适用《合同法》第六十二条的规定。

(1) 质量要求不明确的，按照国家标准、行业标准履行；没有国家标准、行业标准的，按照通常标准或符合合同目的的特定标准履行。

(2) 价款或报酬不明确的，按照订立合同时履行地的市场价格履行；依法应当执行政府定价或政府指导价的，按照规定履行。

(3) 履行地点不明确，给付货币的，在接受货币一方所在地履行；交付不动产的，在不动产所在地履行；其他标的的，在履行义务一方所在地履行。

(4) 履行期限不明确的，债务人可以随时履行，债权人也可以随时要求履行，但应当给对方必要的准备时间。

(5) 履行方式不明确的，按照有利于实现合同目的的方式履行。

(6) 履行费用的负担不明确的，由履行义务一方负担。

合同约定执行政府定价或政府指导价的，在合同约定的交付期限内政府价格调整时，按照交付时的价格计价。逾期交付标的物的，遇价格上涨时，按照原价格执行；遇价格下降时，按照新价格执行。逾期提取标的物或逾期付款的，遇价格上涨时，按照新价格执行；遇价格下降时，按照原价格执行。

在合同生效后，当事人不得因姓名、名称的变更或法定代表人、负责人、承办人的变动而不履行合同义务。

(二)向第三人履行和由第三人履行

合同是特定主体之间的法律行为，具有相对性。但是合同作为一种交易关系，往往在连续交易关系中会涉及第三人，如当事人约定由债务人向第三人履行或由第三人向债权人履行。为保障涉及第三人的合同履行中各方当事人的正当权益，《合同法》规定，当事人约定由债务人向第三人履行债务的，债务人未向第三人履行债务或履行债务不符合约定，应当向债权人承担违约责任。当事人约定由第三人向债权人履行债务的，第三人不履行债务或履行债务不符合约定，债务人应当向债权人承担违约责任。从这两个规定来看，对于向第三人履行和由第三人履行，《合同法》严格遵循合同的相对性规则，并不将参与履行的第三人作为合同相对人对待，由于第三人的原因造成合同相对人自己的违约，合同相对人应该承担相应的违约责任，第三人既不承担合同项下的义务，也不享有合同项下的权利。

【案例 5-5】张先生与地产公司正式签订了《商品房买卖合同》。合同约定：张先生购买一套商品房，总价款为 50 万元，合同签订后即付 10 万元，其余通过银行贷款支付。合同签完后张先生依约履行，但楼盘开工时间却一延再延，已无法在合同规定的期限内交付。张先生想退房，但与地产公司协商未果，遂停止每月向银行还贷。经催告后，张先生仍拒绝还款，银行遂起诉至法院。张先生是否可以不履行向银行还贷的义务？

【解析】合同具有相对性，由于第三人的原因造成合同相对人自己的违约，合同相对人应该承担相应的违约责任，第三人既不承担合同项下的义务，也不享有合同项下的权利。张先生与银行所签订的贷款合同是有效的。张先生不能因为第三人地产公司的违约而停止向银行还款，停止还贷的行为在贷款合同中属违约行为，应承担违约责任。这里需要特别明确一点，买房人与卖房人的买卖合同关系和买房人与银行的资金借贷关系是相互独立的，不能混淆。张先生可以地产公司违约为由向法院起诉 A 公司，要求解除《商品房买卖合同》，返还预付款、银行贷款及利息。然后，张先生再与银行协商，提前还款，履行完其与银行的贷款合同，使贷款合同终止。

面向『十三五』高职高专项目导向式教改教材 · 财经系列

(三)中止履行、提前履行与部分履行

1. 中止履行

债权人分立、合并或变更住所没有通知债务人，致使履行债务发生困难的，债务人可以中止履行或将标的物提存。

2. 提前履行

债权人可以拒绝债务人提前履行债务，但提前履行不损害债权人利益的除外。债务人提前履行债务给债权人增加的费用，由债务人负担。需要注意的是，《合同法》第二百零八条的规定把提前履行作为借款人的一项权利对待，因此属于提前履行规则的例外。

3. 部分履行

债权人可以拒绝债务人部分履行债务，但部分履行不损害债权人利益的除外。债务人部分履行债务给债权人增加的费用，由债务人负担。

二、双务合同的履行抗辩权

双务合同的履行抗辩权，是当事人在符合条件时，将自己的给付暂时保留的权利。双务合同中的双方当事人互为债权人和债务人，双方的履行给付具有牵连性，为了体现双方权利义务的对等及保护交易安全，《合同法》为双务合同的债务人规定了同时履行抗辩权、后履行抗辩权和不安抗辩权三种履行抗辩权，使得债务人可以在法定情况下对抗相对人的请求权，使保留给付的行为不构成违约。

(一)同时履行抗辩权

同时履行抗辩权是指双务合同的当事人应同时履行义务的，一方在对方未履行前，有拒绝对方请求自己履行合同的权利。《合同法》规定，当事人互负债务，没有先后履行顺序的，应当同时履行；一方在对方履行之前有权拒绝其对自己提出的履行要求；一方在对方履行债务不符合约定时，有权拒绝其相应的履行要求。

【案例5-6】2017年1月，甲、乙公司签订了一项房屋买卖合同，合同约定甲公司于当年9月1日向乙公司交付房屋100套，并办理登记手续，乙公司则向甲公司分三次付款：第一期支付2千万元，第二期支付3千万元，第三期则在9月1日甲公司向乙公司交付房屋时支付5千万元。在签订合同后，乙公司按期支付了第一期、第二期款项共5千万元。9月1日，甲公司将房屋的钥匙移交给乙公司，但并未立即办理房产所有权移转登记手续。因此，乙公司表示剩余款项在登记手续办理完毕后再付。在合同约定付款日期(9月1日)7日后，乙公司仍然没有付款，甲公司遂以乙公司违约为由诉至法院，请求乙公司承担违约责任。甲公司则以乙公司未按期办理房产所有权移转登记手续为由抗辩。

【解析】在本案中，从表面看，甲公司违背合同约定，未按期办理房地产所有权移转登记手续，已构成违约；而乙公司也违背了合同约定，在合同约定付款日期7日后，仍然没有付款，构成了履行迟延。但是，在考虑其是否应当承担违约责任时，尚应考虑其是否

享有法定的抗辩权。从本案看，乙公司按期向甲公司支付了第一期、第二期款项共5 000万元，并无违约情形，甲公司并无理由行使后履行抗辩权，因此其未按期办理房产所有权移转登记手续属于违约行为，应当承担相应的违约责任。由于本案中合同标的物是房屋，属于不动产，与动产买卖合同不同，不动产的买卖中出卖人除负有交付标的物的义务之外，还应当完成产权移转登记，才真正履行完给付义务。由于不动产所有权的变动以登记为要件，尽管当事人未办理登记手续并不影响合同本身的效力，但是因为没有办理登记，所以房屋的所有权不能发生移转，买受人不能因出卖人的交付而获得房产的所有权。因此，办理登记是房屋买卖合同的主给付义务。可见，在本案中，由于甲公司的行为有可能导致乙公司的合同目的不能实现，所以乙公司有权拒绝支付剩余款项。

(二)后履行抗辩权

后履行抗辩权是指双务合同中应先履行义务的一方当事人未履行时，对方当事人有拒绝对方请求履行的权利。《合同法》规定，当事人互负债务，有先后履行顺序，先履行一方未履行的，后履行一方有权拒绝其履行要求。先履行一方履行债务不符合约定的，后履行一方有权拒绝其相应的履行要求。

【案例5-7】甲、乙签订了一份购销合同，约定甲将于2017年10月1日前向乙供货A级大米10吨，乙需提前在同年9月28日向甲支付定金1万元，待货到后，经验货合格3日内付清全款。但到了2017年9月28日，乙因公司财务原因，未能及时付款，到10月8日国庆节休假后才付清定金。于是甲也未在10月1日前交货，而是到了10月10日才交货。乙认为甲逾期交货，为违约行为，应该承担违约责任。试分析甲是否应该承担违约责任。

【解析】在本案中，约定乙先履行定金义务而未履行，甲为此推迟自己一方的交货时间，是主张后履行抗辩权的行为。根据《合同法》的规定，因合法主张后履行抗辩权而造成的迟延履行不承担违约责任。

(三)不安抗辩权

不安抗辩权是指双务合同中应先履行义务的一方当事人，有确切证据证明相对人财产明显减少或欠缺信用，不能保证对待给付时，有暂时中止履行合同的权利。《合同法》规定，应当先履行债务的当事人，有确切证据证明对方有下列情形之一的，可以中止履行：①经营状况严重恶化；②转移财产、抽逃资金，以逃避债务；③丧失商业信誉；④有丧失或可能丧失履行债务能力的其他情形。主张不安抗辩权的当事人如果没有确切证据中止履行的，则应当承担违约责任。

当事人行使不安抗辩权中止履行的，应当及时通知对方。对方提供适当担保时，应当恢复履行。在中止履行后，对方在合理期限内未恢复履行能力并且未提供适当担保的，中止履行的一方可以解除合同。

【案例5-8】A公司与B公司签订购销合同，购买B公司价值100万元的电脑设备。合同约定，A公司预付50万元货款，B公司收到货款后10日内供货。合同签订后，B公司因欠数家银行贷款，办公场所、库存商品、银行账户相继被人民法院查封、冻结，无法履行与A公司的合同。为此，A公司决定拒付预付款，解除合同。B公司提出A公司拒付预付款，违约在先，应承担违约责任，要求 A 公司支付预付款 20%的违约金。A 公司认为拒付预付款、解除合同的原因在于 B 公司，不同意支付违约金。

【解析】应当先履行债务的当事人，有确切证据证明对方有下列情形之一的，可以行使先履行抗辩权：①经营状况严重恶化；②转移、抽逃资金，以逃避债务；③丧失商业信誉；④有丧失或可能丧失履行债务能力的其他情形。因此，A 公司的正确做法是暂停支付预付款并通知 B 公司；B 公司在合理期限内未恢复履行能力并且未提供适当担保时，解除合同。

三、合同的保全

合同的保全是合同履行的一种担保，是指为了保护一般债权人不因债务人的财产不当减少而受损害，允许债权人干预债务人处分自己财产行为的法律制度。合同保全主要有代位权与撤销权。其中代位权是针对债务人消极不行使自己债权的行为，撤销权则是针对债务人积极侵害债权人债权实现的行为。两者或者为了实现债务人的财产权利，或是为了恢复债务人的责任财产，从而确保债权人债权的实现。

(一)代位权

代位权是指债务人怠于行使其对第三人(次债务人)享有的到期债权，危及债权人债权实现时，债权人为保障自己的债权，可以自己的名义代位行使债务人对次债务人的债权的权利。

1. 代位权行使的条件

结合《合同法》及《合同法解释》的规定，债权人提起代位权诉讼，应当符合下列条件：①债权人对债务人的债权合法。②债务人怠于行使其到期债权，对债权人造成损害。债务人的懈怠行为必须是债务人不以诉讼方式或仲裁方式向次债务人主张其享有的具有金钱给付内容的到期债权。③债务人的债权已到期。代位权的行使条件中虽然没有明确债权人的债权是否到期，但是根据《合同法解释》的规定，债权人在主张代位权时，要求债权人的债权已经到期。④债务人的债权不是专属于债务人自身的债权。所谓专属于债务人自身的债权，是指基于扶养关系、抚养关系、赡养关系、继承关系产生的给付请求权和劳动报酬、退休金、养老金、抚恤金、安置费、人寿保险、人身伤害赔偿请求权等权利。

2. 代位权诉讼中的主体及管辖

根据《合同法解释》的规定，在代位权诉讼中，债权人是原告，次债务人是被告，债务人为诉讼上的第三人。因此，在代位权诉讼中，如果债权人胜诉，由次债务人承担诉讼费用，且从实现的债权中优先支付。其他必要费用则由债务人承担。代位权诉讼由被告住所地人民法院管辖。

3. 代位权行使的法律效果

根据《合同法解释》的规定，债权人向次债务人提起的代位权诉讼经人民法院审理后认定代位权成立的，由次债务人向债权人履行清偿义务，债权人与债务人、债务人与次债务人之间相应的债权债务关系即予消灭。从此规定来看，债权人的债权就代位权行使的结果有优先受偿权利。在代位权诉讼中，次债务人对债务人的抗辩，可以向债权人主张。

【案例 5-9】 A 公司长期拖欠我公司货款 300 万元。我公司通过调查 A 公司的审计报告发现，A 公司对其关联企业 B 公司享有 200 万元的到期债权。A 公司与 B 公司都是隶属于 C 集团的二级企业。由于 A 公司经营不太景气，C 集团决定让 A 公司暂中止经营，停业期间 A 公司暂不向 B 公司追收该笔 200 万元的债权。现 A 公司没有什么资产可向我公司偿债。

【解析】《合同法》规定，因债务人怠于行使其到期债权，对债权人造成损害的，债权人可以向人民法院请求以自己的名义代位行使债务人的债权。在让 A 公司不愿意向 B 公司追收 200 万元到期债权的情况下，我公司为了保护自身债权，可以依法行使上述《合同法》规定的代位权，向人民法院起诉 B 公司。因为 B 公司对 A 公司负债 200 万元，A 公司对我公司又负债 300 万元，所以我公司可以直接诉请 B 公司向我公司清偿债务，以 200 万元为限。《合同法》规定的债权人的代位权，为债权人追收、清理三角债，保护债权人的合法债权提供了重要的法律依据。

(二)撤销权

撤销权是指债权人对债务人减少财产以致危害债权的行为，请求人民法院予以撤销的权利。

1. 撤销权的性质

债权人行使撤销权，可请求受益人返还财产，恢复债务人责任财产的原状，因此撤销权兼有请求权和形成权的特点。合同保全中的撤销权与可撤销合同中的撤销权不同，保全撤销权是债权人请求人民法院撤销债务人与第三人之间已经生效的法律关系。撤销权突破了合同相对性，其效力扩及了第三人，而且其目的是为了维护债务人清偿债权的清偿能力。而可撤销合同中的撤销权并没有扩及第三人，其目的也是为了消除当事人之间意思表示的瑕疵。

2. 撤销权的成立要件

根据《合同法》的规定，债权人行使撤销权，应当具备以下条件：①债权人须以自己的名义行使撤销权；②债权人对债务人存在有效债权，债权人对债务人的债权可以到期，也可以不到期；③债务人实施了减少财产的处分行为；④债务人的处分行为有害于债权人债权的实现。

其中，债务人减少财产的处分行为有：①放弃到期债权，对债权人造成损害；②无偿转让财产，对债权人造成损害；③以明显不合理的低价转让财产，对债权人造成损害，并且受让人知道该情形。其中第③种处分行为不但要求有客观上对债权人造成损害的事实，还要求有受让人知道的主观要件。

当债务人的处分行为符合上述条件时，债权人可以请求人民法院撤销债务人的处分行为。撤销权的行使范围以债权人的债权为限。

3. 撤销权的行使期限

《合同法》对撤销权的行使规定有期限限制。撤销权自债权人知道或应当知道撤销事由之日起 1 年内行使。自债务人的行为发生之日起 5 年内没有行使撤销权的，该撤销权消灭。上述规定中的"5 年"期间为除斥期间，不适用诉讼时效中止、中断或延长的规定。

4. 行使撤销权的法律效果

一旦人民法院确认债权人的撤销权成立，债务人的处分行为即归于无效。债务人的处分行为无效的法律后果则是双方返还，即受益人应当返还从债务人处获得的财产。因此，撤销权行使的目的是恢复债务人的责任财产，债权人就撤销权行使的结果并无优先受偿权利。

5. 撤销权诉讼中的主体与管辖

撤销权必须通过诉讼程序行使。在诉讼中，债权人为原告，债务人为被告，受益人或受让人为诉讼上的第三人。撤销权诉讼由被告住所地人民法院管辖。根据《合同法解释》的规定，债权人行使撤销权所支付的律师代理费、差旅费等必要费用，由债务人负担；第三人有过错的，应当适当分担。

◉ 任务解析

在本案中，喜雨公司与开发公司签订的购销合同依法有效，对双方当事人均有法律拘束力。按照合同，供需双方当事人互负给付义务，喜雨公司负有"提供符合约定标准的绿豆"的义务，开发公司则负有"支付约定的货款与定金"的义务，且根据合同约定，双方的履行次序依次是：需方支付定金及部分货款，然后供方供货，最后需方结清余款。但在本案中，在需方按时支付定金及部分货款后，供方提供的货物并不符合合同约定，因此根据《合同法》第六十七条的规定，需方有权主张后履行抗辩权，拒绝支付余款。

任务五　合同的担保

◉ 任务案例

恒飞装修公司(以下简称恒飞)为驰达房地产开发商(以下简称驰达)装修房子，初装修800 套，精装修 200 套。双方约定，驰达先付首批工程款 1 000 万元，尾款 800 万元在完工后半年内付清，恒飞要求驰达提供担保。驰达找到合作伙伴——另一家装修公司腾飞装修有限责任公司(以下简称腾飞)作保证担保。恒飞在工程完工验收之后找驰达收尾款，但驰达却一拖再拖。恒飞后来才知道，由于驰达高层决策失误，投资于国外的项目亏损，无法偿还尾款。

具体任务

试分析本任务案例中各主体之间的法律关系，恒飞应如何维护自己的权利。

理论认知

担保是指法律规定或当事人约定的保证合同履行、保障债权人利益实现的法律措施。《中华人民共和国物权法》(以下简称《物权法》)、《中华人民共和国担保法》(以下简称《担保法》)及《担保法解释》等法律、法规、司法解释对担保问题作有详细规定。担保具有从属性和补充性。《担保法》规定的担保方式主要包括保证、抵押、质押、留置和定金。

《 知识链接 》

担保中的主合同与从合同

根据合同相互之间的主从关系，将合同分为主合同和从合同。主合同能独立存在，而从合同不能独立存在，是依附于主合同的存在而存在的。没有主合同就不可能单独存在从合同。担保合同就是典型的从合同，是依附于主合同而存在的。例如，甲、乙订立一份借款合同，丙为担保乙能够偿还借款而与甲订立一份保证合同，则甲、乙之间的借款合同为主合同，甲、丙之间的保证合同为从合同。

一、保证

保证是指第三人和债权人约定，当债务人不履行其债务时，该第三人按照约定履行债务或承担责任的担保方式。第三人被称为保证人；债权人既是主债的债权人，也是保证合同中的债权人。保证是保证人与债权人之间的合同关系。

(一)保证合同

保证合同是指保证人与债权人订立的在主债务人不履行其债务时，由保证人承担保证债务的协议。

保证合同为单务合同、无偿合同、诺成合同和要式合同。

保证合同为从合同。只有主合同有效成立或将要成立，保证合同才发生效力。因此，主合同无效，则保证合同无效。但保证合同无效，并不必然导致主合同无效。

保证合同为要式合同，需要书面形式订立，但在实践中要注意下列问题：①保证人在债权人与被保证人签订的订有保证条款的主合同上，以保证人身份签字或盖章的，保证合同成立；②第三人单方以书面形式向债权人出具担保书，债权人接受且未提出异议的，保证合同成立；③主合同中虽然没有保证条款，但保证人在主合同上以保证人的身份签字或盖章的，保证合同成立。

面向「十三五」高职高专项目导向式教改教材·财经系列

(二)保证人

保证合同当事人为保证人和债权人。有代偿能力的自然人、法人或其他组织均可以为保证人。但法律对保证人仍有相应的限制，这些限制主要有：①主债务人不得同时为保证人；②国家机关原则上不得为保证人，但经国务院批准为使用外国政府或国际经济组织贷款进行转贷的，国家机关可以为保证人；③学校、幼儿园、医院等以公益为目的的事业单位、社会团体不得作保证人，但从事经营活动的事业单位、社会团体可以担任保证人；④企业法人的职能部门不得担任保证人；⑤企业法人的分支机构原则上不得担任保证人，但企业法人的分支机构有法人书面授权的，可以在授权范围内提供保证。

(三)保证方式

1. 一般保证和连带责任保证

根据保证人承担责任方式的不同，可以将保证分为一般保证和连带责任保证。所谓一般保证，是指当事人在保证合同中约定，债务人不能履行债务时，由保证人承担保证责任的保证。所谓连带责任保证，是指当事人在保证合同中约定保证人与债务人对债务承担连带责任的保证。依据《担保法》的规定，如果当事人在保证合同中对保证方式没有约定或约定不明确的，按照连带责任保证承担保证责任。这两种保证之间最大的区别在于保证人是否享有先诉抗辩权，一般保证的保证人享有先诉抗辩权，连带责任保证的保证人则不享有先诉抗辩权。

所谓先诉抗辩权，是指在主合同纠纷未经审判或仲裁，且就债务人财产依法强制执行用于清偿债务前，保证人对债权人可拒绝承担保证责任。根据《担保法解释》的规定，所谓"不能清偿"，是指对债务人的存款、现金、有价证券、成品、半成品、原材料、交通工具等可以执行的动产和其他方便执行的财产执行完毕后，债务仍未能得到清偿。但有下列情形之一的，保证人不得行使先诉抗辩权：①债务人住所变更，致使债权人要求其履行债务发生重大困难的，如债务人下落不明，移居境外，且无财产可供执行；②人民法院受理债务人破产案件，中止执行程序的；③保证人以书面形式放弃先诉抗辩权的。

一般保证的保证人在主债权履行期间届满后，向债权人提供了债务人可供执行财产的真实情况的，债权人放弃或怠于行使权利致使该财产不能被执行，保证人可以请求法院在其提供可供执行财产的实际价值范围内免除保证责任。

2. 单独保证和共同保证

从保证人的数量划分，可以将保证分为单独保证和共同保证。单独保证是指只有一个保证人担保同一债权的保证。共同保证是指数个保证人担保同一债权的保证。共同保证既可以在数个共同保证人与债权人签订一个保证合同时成立，也可以在数个保证人与债权人签订数个保证合同，但担保同一债权时成立。按照保证人是否约定各自承担的担保份额，可以将共同保证分为按份共同保证和连带共同保证。按份共同保证是保证人与债权人约定按份额对主债务承担保证义务的共同保证；连带共同保证是各保证人约定均对全部主债务承担保证义务或保证人与债权人之间没有约定所承担保证份额的共同保证。

需要注意的是，连带共同保证的"连带"是保证人之间的连带，而非保证人与主债务人之间的连带，因此称之为"连带共同保证"，而非"连带责任保证"。

连带共同保证的债务人在主合同规定的债务履行期届满但没有履行债务的，债权人可以要求债务人履行债务，也可以要求任何一个保证人承担全部保证责任。已经承担保证责任的保证人，有权向债务人追偿，或者要求承担连带责任的其他保证人清偿其应当承担的份额。

(四)保证责任

1. 保证的责任范围

根据《担保法》的规定，保证担保的责任范围包括主债权及利息、违约金、损害赔偿金和实现债权的费用。保证合同对责任范围另有约定的，按照约定执行。当事人对保证的责任范围没有约定或约定不明确的，保证人应当对全部债务承担责任。

2. 主合同变更与保证责任承担

在保证期间，债权人依法将主债权转让给第三人的，保证债权同时转让，保证人在原保证担保的范围内对受让人承担保证责任。但是，保证人与债权人事先约定仅对特定的债权人承担保证责任或禁止债权转让的，保证人不再承担保证责任。

在保证期间，债权人许可债务人转让债务的，应当取得保证人的书面同意，保证人对未经其同意转让的债务部分，不再承担保证责任。

在保证期间，债权人与债务人协议变更主合同的，应当取得保证人的书面同意，未经保证人同意的主合同变更，如果减轻债务人的债务的，保证人仍应当对变更后的合同承担保证责任；如果加重债务人的债务的，保证人对加重的部分不承担保证责任。债权人与债务人对主合同履行期限做了变动，未经保证人书面同意的，保证期间为原合同约定的或法律规定的期间。债权人与债务人协议变动主合同内容，但并未实际履行的，保证人仍应当承担保证责任。

主合同当事人双方协议以新贷偿还旧贷，除保证人知道或应当知道者外，保证人不承担民事责任，但是新贷与旧贷系同一保证人的除外。

3. 保证人的追偿权

保证人承担保证责任后，有权向债务人追偿其代为清偿的部分。保证人对债务人行使追偿权的诉讼时效，自保证人向债权人承担责任之日起开始计算。保证人自行履行保证责任时，其实际清偿额大于主债权范围的，保证人只能在主债权范围内对债务人行使追偿权。

二、抵押

抵押是指债务人或第三人不转移对财产的占有，将该财产作为债权的担保。债务人不履行债务时，债权人有权依法以该财产折价或以拍卖、变卖该财产的价款优先受偿。抵押中提供财产担保的债务人或第三人为抵押人，债权人为抵押权人，提供担保的财产为抵押物。抵押权作为担保物权的一种，具有从属性、不可分性、物上代位性、不移转标的物占有的特点。

(一)抵押合同的订立

抵押权的设定应当由双方当事人签订抵押合同。抵押合同应当采用书面形式，内容包括：①被担保的主债权种类、数额；②债务人履行债务的期限；③抵押物的名称、数量、质量、状况、所在地、所有权权属或使用权权属；④抵押担保的范围；⑤当事人认为需要约定的其他事项。抵押合同不具备上述内容的，可以由当事人补正。

当事人在订立抵押合同时，不得在合同中约定在债务履行期满抵押权人未受清偿时，抵押物的所有权转移为债权人所有。如果合同中有这样的条款，则该条款无效，即"流质条款无效"。流质条款无效不影响抵押合同其他条款的效力。

(二)抵押物

抵押物又称为抵押财产，是抵押权的标的物，是指抵押人用以设定抵押权的财产。

《物权法》规定了可以用于抵押的财产范围：①建筑物和其他土地附着物；②建设用地使用权；③以招标、拍卖、公开协商等方式取得的荒地等土地承包经营权；④生产设备、原材料、半成品、产品；⑤在建造的建筑物、船舶、航空器；⑥交通运输工具；⑦法律、行政法规未禁止抵押的其他财产。

《物权法》和《担保法》不仅规定了可用于抵押的财产，而且还规定了不得用于抵押的财产。根据《物权法》的规定，下列财产不得抵押：①土地所有权；②耕地、宅基地、自留地、自留山等集体所有的土地使用权，但是法律规定可以抵押的除外；③学校、幼儿园、医院等以公益为目的的事业单位、社会团体的教育设施、医疗卫生设施和其他社会公益设施；④所有权、使用权不明或有争议的财产；⑤依法被查封、扣押、监管的财产；⑥法律、行政法规规定不得抵押的其他财产，如以法定程序确认为违法、违章的建筑物。

(三)抵押当事人

抵押当事人包括抵押人和抵押权人。抵押权人就是指债权人，因为抵押权是担保主债权而存在的，所以只有被担保的主债权中的债权人才能成为抵押权人。抵押人即抵押财产的所有人，既可能是债务人，也可能是第三人。由于设定抵押权在性质上属于处分财产的行为，因此抵押人必须对设定抵押的财产享有所有权或处分权。

(四)抵押权的设立

抵押物登记的效力有两种情形：①登记是抵押权的生效条件。根据《物权法》的规定，如果以建筑物和其他土地附着物，建设用地使用权，以招标、拍卖、公开协商等方式取得的荒地等土地承包经营权，正在建造的建筑物这四种财产设定抵押的，应当办理抵押物登记，抵押合同自登记之日起生效。②登记为对抗第三人的效力。当事人以《物权法》规定的生产设备、原材料、半成品、产品，正在建造的船舶、航空器，交通运输工具设定抵押，或者以《物权法》规定的动产设定抵押，抵押权自抵押合同生效时设立。未经登记的，不得对抗善意第三人。因此，对这些财产是否进行抵押登记，完全由当事人决定。抵押合同自签订之日起成立并生效，并对当事人产生拘束力。如果没有登记，不能对抗善意第三人。

(五)抵押权的效力

1. 抵押人的权利

抵押人的权利主要有以下几个。

(1) 抵押物的占有权及孳息收取权。抵押设定以后，除法律和合同另有约定以外，抵押人有权继续占有抵押物，并有权取得抵押物的孳息。根据《物权法》的规定，债务人不履行到期债务或发生当事人约定的实现抵押权的情形，致使抵押财产被人民法院依法扣押的，自扣押之日起抵押权人有权收取该抵押财产的天然孳息或法定孳息，但抵押权人未通知应当清偿法定孳息的义务人的除外。

(2) 抵押人对抵押物的处分权。抵押设定以后，抵押人并不丧失对抵押物的所有权，抵押人有权将抵押物转让给他人，但抵押人处分财产的权利受到如下限制：①抵押人经抵押权人同意转让抵押财产的，应当将转让所得的价款向抵押权人提前清偿债务或提存。②如果抵押物未经登记，则抵押权不能对抗善意第三人。因此给抵押权人造成损失的，由抵押人承担赔偿责任。③抵押物依法被继承或赠与的，抵押权不受影响。

(3) 抵押人对抵押物设定多项抵押的权利。抵押人可以就同一抵押物设定多个抵押权，但不得超出余额部分。在同一抵押物上有数个抵押权时，各个抵押权人应按照法律规定的顺序行使抵押权。

(4) 抵押人对抵押物的收益权。由于抵押物仍然归抵押人占有，因此抵押人有权将抵押物出租。但要注意的是，如果抵押权设定在先，出租在后，抵押权实现后，租赁合同对受让人不具有约束力。抵押人将已抵押的财产出租时，如果抵押人未书面告知承租人该财产已抵押的，抵押人对出租抵押物造成承租人的损失承担赔偿责任；如果抵押人已书面告知承租人该财产已抵押的，抵押权实现造成承租人的损失，由承租人自己承担。如果出租在先，抵押在后，租赁合同在有效期内对抵押物的受让人继续有效。

2. 抵押人的义务

抵押人的主要义务是妥善保管抵押物。根据《物权法》的规定，抵押人的行为足以使抵押财产价值减少的，抵押权人有权要求抵押人停止其行为。抵押财产价值减少时，抵押权人有权要求恢复抵押财产的价值，或者提供与减少的价值相应的担保。抵押人不恢复抵押财产的价值也不提供担保的，抵押权人有权要求债务人提前清偿债务。

3. 抵押权人的权利

抵押权人的权利主要有以下三个。

(1) 保全抵押物。在抵押期间，抵押权人虽未实际占有抵押物，但法律为抵押权人的利益，赋予其保全抵押物的权利。如果抵押物受到抵押人或第三人的侵害，抵押权人有权要求停止侵害、恢复原状、赔偿损失。如果因抵押人的行为使抵押物价值减少，抵押权人有权要求抵押人恢复抵押物的价值，或者提供与减少的价值相当的担保。

(2) 放弃抵押权或变更抵押权的顺位。《物权法》规定，抵押权人可以放弃抵押权或抵押权的顺位。抵押权人与抵押人可以协议变更抵押权顺位及被担保的债权数额等内容，但抵押权的变更未经其他抵押权人书面同意，不得对其他抵押权人产生不利影响。债务人以自己的财产设定抵押，抵押权人放弃该抵押权、抵押权顺位或变更抵押权的，其他担保人在抵押权丧失优先受偿权益的范围内免除担保责任，但其他担保人承诺仍然提供担保的除外。

(3) 优先受偿权。在债务人不履行债务时，抵押权人有权以抵押财产折价或以拍卖、变卖抵押物的价款优先于普通债权人受偿。抵押物折价或拍卖、变卖该抵押物的价款不足清偿债权的，不足清偿的部分由债务人按普通债权清偿。

(六)抵押权的实现

根据《物权法》的规定，担保物权的担保范围包括主债权及其利息、违约金、损害赔偿金、保管担保财产和实现担保物权的费用。当事人另有约定的，按照约定执行。

《物权法》规定，债务人不履行到期债务或发生当事人约定的实现抵押权的情形，抵押权人可以与抵押人协议以抵押财产折价或以拍卖、变卖该抵押财产所得的价款优先受偿。协议损害其他债权人利益的，其他债权人可以在知道或应当知道撤销事由之日起 1 年内请求人民法院撤销该协议。

抵押物折价或拍卖、变卖所得的价款，当事人没有约定的，清偿顺序如下：①实现抵押权的费用；②主债权的利息；③主债权。抵押物不足清偿的债权由债务人清偿。

在抵押物灭失、毁损或被征用的情况下，抵押权人可以就该抵押物的保险金、赔偿金或补偿金优先受偿；如抵押权所担保的债权未届清偿期，抵押权人可以请求人民法院对其采取保全措施。

【案例 5-10】王某向农业银行贷款 15 万元，并用自己的一辆福特轿车做抵押，该车价值 15 万元。借款合同签订当日，双方就办理了相关手续。王某在驾车途中被一辆货车追尾，原因是货车超速，刹车不灵，由货车司机负全责。货车司机与王某协商后赔王某 4 万元，福特车修理后价款降低为 10 万元。试分析价值只有 10 万元的汽车能为 15 万元的贷款担保吗。

【解析】根据《担保法》第五十一条的规定：抵押人对抵押物价值减少无过错的，抵押权人只能在抵押人因损害而得到的赔偿范围内要求提供担保。抵押物价值未减少的部分，仍作为债权的担保。本案中银行不可以要求王某另行提供担保物，只能针对受偿的 4 万元另行作为担保。

三、质押

所谓质押，是指债务人或第三人将其动产或权利移交债权人占有，将该财产作为债务的担保，当债务人不履行债务时，债权人有权依法以该财产变价所得优先受偿。

质押权是一种担保物权，因此同样具备担保物权的特征，即从属性、不可分性、物上代位性。质押分为动产质押与权利质押。

(一)动产质押

动产质押是以动产作为标的物的质押。

1. 动产质押的设定

设定动产质押，出质人和质权人应当以书面形式订立质押合同。质押合同的内容应当包括如下条款：①被担保的主债权种类、数额；②债务人履行债务的期限；③质物的名称、数量、质量、状况；④质押担保的范围；⑤质物移交的时间；⑥当事人认为需要认定的其他事项。质押合同不完全具备上述内容时，当事人可以事后补正，不能宣告合同无效。

质押合同自质物移交给质权人占有时生效。在质押期间，质权人也必须控制抵押物的占有。

根据《物权法》的规定，和抵押合同一样，出质人与质权人不得在合同中约定在债务履行期届满质权人未受清偿时，质物的所有权转移为质权人所有。但该条款无效不影响质押合同其他部分的效力。

2. 动产质押的标的物

动产质押的标的物必须具备可让与性，并且要求出质人有处分权。出质人以其不具有所有权但合法占有的动产出质的，法律保护善意质权人的权利。善意质权人行使质权给动产所有人造成损失的，由出质人承担赔偿责任。动产质权的效力及于质物的从物，但是从物未随同质物移交质权人占有的，质权的效力不及于从物。

3. 动产质押的效力

动产质押设立后，在主债务清偿以前，质权人有权占有质物，并有权收取质物所生的孳息。质权人收取孳息，并非取得孳息所有权，而是将孳息作为质押标的。

质权人在质权存续期间，为担保自己的债务，经出质人同意，以其所占有的质物为第三人设定质权的，应当在原质权所担保的债权范围之内，超过的部分不具有优先受偿的效力。转质权的效力优于原质权。

(二)权利质押

权利质押是指以可转让的权利为标的物的质权。《物权法》和《担保法》将权利质押与动产质押共同规定在质押中，仅就权利质押做了一些特殊规定，未对权利质押的一般问题作出规定。因此，权利质押本身未作特殊规定的，应适用动产质押的有关规定。

根据《物权法》的规定，可以作为权利质押的权利有：①汇票、支票、本票；②债券、存款单；③仓单、提单；④可以转让的基金份额、股权；⑤可以转让的注册商标专用权、专利权、著作权等知识产权中的财产权；⑥应收账款；⑦法律、行政法规规定可以出质的其他财产权利。

权利质押根据设定质押的权利标的的不同，其生效条件也是不同的。

(1) 有价证券的质押。以汇票、支票、本票、债券、存款单、仓单、提单出质的，当事人应当订立书面合同。质权自权利凭证交付质权人时设立。没有权利凭证的，质权自有关部门办理出质登记时设立。

(2) 可以转让的基金份额、股权的质押。以基金份额、股权出质的，当事人应当订立书面合同。以基金份额、证券登记结算机构登记的股权出质的，质权自证券登记结算机构办理出质登记时设立；以其他股权出质的，质权自工商行政管理部门办理出质登记时设立。

（3）知识产权的质押。依法可以转让的商标专用权、专利权、著作权中的财产权可以质押。以知识产权设定质押，应当向有关管理部门办理出质登记，才能使得质权生效。对于这类权利质押，未经质权人同意不得转让或许可他人使用。未经许可转让或许可他人使用，应当认定为无效，因此给质权人或第三人造成损失的，由出质人承担民事责任。

（4）应收账款的质押。以应收账款出质的，当事人应当订立书面合同。质权自信贷征信机构办理出质登记时设立。应收账款出质后，不得转让，但经出质人与质权人协商同意的除外。出质人转让应收账款所得的价款，应当向质权人提前清偿债务或提存。公路桥梁、公路隧道或公路渡口等不动产收益权实际上就是应收账款的一种。

【案例 5-11】2017 年 6 月，某典当行与某企业签订《股权质押借款协议书》一份及当票两份。《股权质押借款协议书》约定，该企业将其全部股权质押给典当行，典当行提供借款 200 万元，借款月利率为 0.5%，月综合费率为 2.4%，借款期限为 2017 年 6 月 8 日至 2017 年 12 月 8 日，首次借款期限为 3 个月，具体借款期限在双方签署的当票上确认，借款期限满后 5 日内，经双方协商同意后可以续期；企业如果逾期还款，除应向典当行归还本金外，还应交付逾期利息、综合费用、违约金。当票载明当物为该企业股权，典当金额共 206 万元；月综合费用为 55 620 元，实付金额为 2 004 380 元；月费率为 2.7%，月利率为 0.5%；典当期限为 2017 年 6 月 8 日至 2017 年 7 月 7 日止。2017 年 11 月 25 日，该企业向典当行归还了 12 万元。后因企业未归还其余当金 194 万元，典当行遂诉至法院。

该企业辩称，典当的股权未经工商部门进行质押登记，因此股权质押登记的法律效力并未产生，未办理登记的过错在于典当行。此外，基于其从典当行处借款，获得利益，企业表示应当返还本金 194 万元，但利息的计算应当按照同期贷款利率进行计算。

试分析《股权质押借款协议书》的效力，典当行能否得到法院支持？

【解析】典当行与该企业间的典当法律关系明确，双方签订的当票及股权质押借款协议均合法有效，企业取得当金后未在约定期限内归还当金，属违约。根据《物权法》第二百二十六条的规定，质押自出质登记时成立，但质权的成立与否并不影响质押借款协议本身的法律效力，质押借款协议应当确认为合法有效。典当行并未要求实现股权质权，而是依照双方签订的质押借款协议要求该企业承担合同约定的本金、利息、综合费、律师费等违约责任，并无不当。因此，该企业应当偿还典当行剩余借款及利息损失、综合费用。

四、留置

留置权是指债权人按照合同约定占有债务人的动产，债务人不按照合同约定的期限履行债务的，债权人有权依法留置该财产，以该财产折价或以拍卖、变卖该财产的价款优先受偿。留置权属于法定的担保物权，只有在符合法律规定的条件时产生，并非依当事人约定产生，但当事人可以通过合同约定排除留置权的适用。

(一)留置权的成立条件

留置权作为法定的担保物权必须符合法定的条件才能成立。留置权的成立条件是：①债权人在已合法占有债务人的动产。如果债权人在合法占有债务人交付的动产时，不知债务人无处分该动产的权利，法律保护债权人的利益，债权人可以行使留置权。②占有的动产与债权属于同一法律关系，但法律另有规定的除外。《物权法》规定，债权人留置的动产，应当与债权属于同一法律关系，但企业之间留置的除外。根据《合同法》的相关规定，在承揽合同、运输合同、保管合同、仓储合同、行纪合同中可以产生留置权。③债权已届清偿期且债务人未按规定期限履行义务。

(二)留置权的效力

留置权人在占有留置物期间，除了留置物本身以外，留置权的效力还及于从物、孳息和代位物。根据《物权法》的规定，留置的财产为可分物的，留置物的价值应当相当于债务的金额；留置物为不可分物的，留置权人可以就其留置物的全部行使留置权。

留置权的效力分两个层次：①留置标的物。债权人在其债权没有得到清偿时，有权留置债务人的财产，并给债务人确定一个履行期限。根据《物权法》的规定，该履行期限应当为两个月以上。②优先受偿。它是指债务人超过规定的期限仍不履行其债务时，留置权人可依法以留置物折价或拍卖、变卖所得价款优先受偿。

五、定金

(一)定金的概念及种类

定金是以确保合同的履行为目的，由当事人一方在合同订立前后，以合同履行前预先交付于另一方的金钱或其他代替物的法律制度。按照定金的目的和功能，可以把定金分为立约定金、成约定金、证约定金、违约定金、解约定金等。《担保法》规定的定金在原则上属于违约定金。

【案例5-12】2017年3月20日，张先生与某开发商签订房屋买卖合同一份，张先生购买开发商的房屋一套，交房时间为合同签订后两个月内，购房订金12万元(言字旁订金)，剩余购房款58万元，交房时一次性付清。合同签订后，张先生交付开发商12万元，收据载明为言字旁"订金"。张先生到期未能领取钥匙，张先生称开发商违约至今没有交房，开发商则称张先生违约不领钥匙不接收房屋，实质上房屋还不具备交付条件，张先生只好提起诉讼要求开发商双倍返还定金。试分析张先生的诉求能否得到法院支持。

【解析】所谓定金，是指合同当事人中接受定金一方违约时应当双倍返还定金，支付定金方违约无权要求返还定金。言字旁"订金"只是预付款性质的一种支付，不具有定金的性质。因此，在购房者签订《预购房屋协议》时，真正的预购房屋正式合同是否能够成立，还处于一种不确定状态，订金不适用定金罚则，一方违约不能要求双倍返还定金，只能冲抵价款或单独返还。本案中张先生的12万元属于预付款，可以要求开发商退还，但是不能双倍返还，张先生的诉求不能得到法院的支持。

(二)定金的效力

《担保法》规定，定金应当以书面形式约定。当事人在定金合同中应当约定交付定金的期限。定金合同从实际交付定金之日起生效，因此定金合同是实践性合同。

面向『十三五』高职高专项目导向式教改教材 · 财经系列

当事人约定的定金数额不得超过主合同标的额的 20%。如果超过 20%，超过部分无效，即不作为定金，可以作为预付款或返还。

定金一旦交付，定金所有权发生移转。给付定金一方不履行约定的债务的，无权要求返还定金；收受定金的一方不履行约定的债务的，应当双倍返还定金。当事人一方不完全履行合同的，应当按照未履行部分所占合同约定内容的比例，适用定金罚则。因不可抗力、意外事件致使主合同不能履行的，不适用定金罚则。因合同关系以外第三人的过错，致使主合同不能履行的，适用定金罚则。受定金处罚的一方当事人，可以依法向第三人追偿。

在同一合同中，如果当事人既约定违约金，又约定定金的，在一方违约时，当事人只能选择适用违约金条款或定金条款，不能同时要求适用两个条款。

◉ 任务解析

本案中，恒飞与驰达之间为合同关系(主债合同)，是保证合同关系。保证合同中未约定保证方式，根据《担保法》的相关规定，当事人对保证方式没有约定或约定不明的，为连带保证方式。因此，恒飞可以要求腾飞为驰达的债务承担连带责任。

任务六　合同的变更、转让和终止

◉ 任务案例

高女士半年前订购了一套 86 平方米的商品房，还没住进去，便出现了地基下沉、室内墙体裂缝、承重结构变形等现象，全家人都感到十分不安，于是，高女士找到开发商进行交涉，却遭到开发商的冷待和拒绝。开发商声称，购房合同已经签了，是谁也改变不了的。高女士问：难道购房合同一旦签订，无论遇到什么情况都是不能改变的吗？自己遇到这样的情况，是不是就只能自认倒霉？

◉ 具体任务

(1) 高女士能否解除合同？依据是什么？
(2) 解除合同后有什么法律后果？

◉ 理论认知

依法成立的合同受法律保护，对当事人具有法律约束力。当事人应当按照合同约定履行自己的义务，不得擅自变更或解除合同。如果在合同订立之后，因为各种原因使得合同内容或合同主体发生了变更，则为合同的变更与转让。如果当事人基于履行、提存、抵销等原因使得合同消灭，即为合同的终止。

一、合同的变更

《合同法》中所谓的合同的变更是指合同内容的变更，不包括合同主体的变更。合同主体的变更属于合同的转让。

合同是双方当事人合意的体现，因此经当事人协商一致，当然可以变更合同。但法律、行政法规规定变更合同应当办理批准、登记等手续的，应当办理相应手续。《合同法》规定，当事人对合同变更的内容约定不明确的，推定为未变更。

除了双方通过合意变更合同以外，还存在法定变更的情形，即一方当事人单方通知对方变更合同的权利，如《合同法》分则第三百零八条、第二百五十八条的规定。

合同的变更，仅对变更后未履行的部分有效，对已履行的部分无溯及力。

【案例 5-13】A 贸易商行于 9 月份向某服装厂订购了一批童装，总价值 18 万元。A 贸易商行(需方)预付了货款的 20%即 3.6 万元，并约定年底交货，11 月需方打电话给服装厂(供方)的厂长要求变动一下童装的部分花色，当时厂长不在，接电话的人草草记下电话内容后，就忘了此事，等到 12 月底供方将童装交给需方时，需方才发现，童装的花色并未变更，仍和合同规定的一样，需方询问供方厂长时，供方厂长说并不知道需方要求变更花色。需方说在 11 月打过电话给供方，接电话的那个人见闯了祸就矢口否认接过此电话，需方即以供方违约为由拒付货款，供方见要不回货款，即提起诉讼，要求需方承担违约责任，支付货款及违约金。试分析合同的变更成立吗？为什么？法院应怎样审理此案？

【解析】当事人需要变更合同时，应及时通知对方，经过双方协商一致达成变更协议后，合同的变更行为一般才算完成。变更合同一般采用书面形式，口头变更合同在任何一方不承认或未有确切证据表明对方同意时，法院是不承认的，如本案中的需方，变更服装花色时只打了个电话，也未签订任何书面协议，由于缺乏必要的证据所以需方只能败诉。法院判决只以原合同为基础，需方在收到货后拒不付款，显然是违约行为，而供方完全按合同内容履行了义务，无任何过错，自然胜诉。

二、合同的转让

【案例 5-14】2014 年 1 月 17 日，张某欠李某工程材料费 4 500 元，书面约定 2010 年 7 月 31 日付清，逾期不还则按月息 2%付利息，逾期后张某未向李某清偿。2011 年 9 月 11 日，李某将其持有对张某的欠据转让给王某，并电话通知了张某，张某表示同意。随后，张某拒不向王某履行义务。2017 年 9 月 3 日，王某将张某诉诸法院，张某以超过诉讼时效为由进行抗辩。试分析张某的抗辩事由是否成立。

【解析】债权转让的，应当认定诉讼时效从债权转让通知到达债务人之日起中断。本案中李某将其持有对张某的欠据转让给王某，并电话通知了张某，张某表示同意，这完全符合诉讼时效中断的情形。因此，诉讼时效应重新计算，张某的抗辩事由不成立。

合同的转让，即合同主体的变更，是指当事人将合同的权利和义务全部或部分转让给第三人。合同的转让分为债权的转让和债务的转让，当事人一方经对方同意，也可以将自己在合同中的权利和义务一并转让给第三人，即合同的概括移转。

(一)合同债权的转让

1. 债权转让的概念及条件

债权转让是指债权人将合同的权利全部或部分转让给第三人的法律制度。其中，债权人是转让人，第三人是受让人。《合同法》规定，债权人转让权利的，无须债务人同意，但应当通知债务人；如未经通知，该转让对债务人不发生效力。债权人转让权利的通知不得撤销，但经受让人同意的除外。根据此条规定，债权转让不以债务人的同意为生效条件，但是要对债务人发生效力，则必须通知债务人。

2. 禁止债权转让的情形

《合同法》规定，有下列情形的债权不得转让：①根据合同性质不得转让，主要是指基于当事人特定身份而订立的合同，如出版合同、赠与合同、委托合同、雇用合同等；②按照当事人约定不得转让；③依照法律规定不得转让。

3. 债权转让的效力

对债权人而言，如果在全部转让的情况下，原债权人脱离债权债务关系，受让人取代债权人地位。在部分转让的情况下，原债权人就转让部分丧失债权。

对受让人而言，债权人转让权利的，受让人取得与债权有关的从权利，如抵押权，但该从权利专属于债权人自身的除外。

对债务人而言，债权人权利的转让，不得损害债务人的利益，不应影响债务人的权利。①债务人接到债权转让通知后，债务人对让与人的抗辩可以向受让人主张，如提出债权无效、诉讼时效已过等事由的抗辩。②债务人接到债权转让通知时，债务人对让与人享有债权，并且其债权先于转让的债权到期或同时到期的，债务人可以向受让人主张抵销。

(二)合同债务的承担

《合同法》规定，债务人将合同义务的全部或部分转移给第三人的，应当经债权人同意。这是因为新债务人的资信情况和偿还能力须得到债权人的认可，以免债权人的利益受到不利影响。债务人转移义务的，新债务人可以主张原债务人对债权人的抗辩。新债务人应当承担与主债务有关的从债务，但该从债务专属于原债务人自身的除外。

债务承担除了《合同法》规定的免责的债务承担以外，还有并存的债务承担，即第三人以担保为目的加入债的关系，而与原债务人共同承担同一债务。由于并存的债务承担并不使得原债务人脱离债的关系，因此原则上不以债权人的同意为必要。

(三)合同债权债务的概括移转

合同权利义务的概括移转是指合同一方当事人将自己在合同中的权利义务一并转让的法律制度。《合同法》规定，当事人一方经他方当事人同意，可以将自己在合同中的权利义务一并转让给第三人。概括移转分为意定的概括移转和法定的概括移转两种情形。意定的概括移转基于转让合同的方式进行，而法定的概括移转往往是因为某一法定事实的发生而导致的。最典型的就是合同当事人发生合并或分立时，就会有法定的概括移转的发生。《合同法》规定，当事人订立合同后合并的，由合并后的法人或其他组织行使合同权利，履行合同义务；当事人订立合同后分立的，除债权人和债务人另有约定的以外，由分立的法人或其他组织对合同的权利和义务享有连带债权，承担连带债务。

三、合同的终止

(一)合同终止的原因

合同的终止是指因发生法律规定或当事人约定的情况，使当事人之间的权利义务关系消灭，而使合同终止法律效力。

《合同法》规定的终止原因有：①债务已经按照约定履行；②合同解除；③债务相互抵销；④债务人依法将标的物提存；⑤债权人免除债务；⑥债权债务同归于一人，即混同；⑦法律规定或当事人约定终止的其他情形。

在合同的权利义务终止后，有时当事人还负有后合同义务，应当遵循诚实信用原则，根据交易习惯履行通知、协助、保密等义务。

(二)合同的解除

合同的解除是指合同有效成立以后，没有履行或没有完全履行之前，双方当事人通过协议或一方行使解除权的方式，使得合同关系终止的法律制度。合同的解除分为合意解除与法定解除两种情况。

1. 合意解除

合意解除是指根据当事人事先约定的情况或经当事人协商一致而解除合同。其中协商解除是以一个新的合同解除旧的合同；而约定解除权则是一种单方解除，即双方在订立合同时，约定了合同当事人一方解除合同的条件。一旦该条件成立，解除权人就可以通过行使解除权而终止合同。法律规定或当事人约定了解除权行使期限的，期限届满当事人不行使的，该权利消灭。法律没有规定或当事人没有约定解除权行使期限，经对方催告后在合理期限内不行使的，该权利消灭。在合同订立后，经当事人协商一致，也可以解除合同。

2. 法定解除

法定解除是指根据法律规定而解除合同。《合同法》规定，有下列情形之一的，当事人可以解除合同：①因不可抗力致使不能实现合同目的；②在履行期限届满之前，当事人一方明确表示或以自己的行为表明不履行主要债务；③当事人一方迟延履行主要债务，经催告后在合理期限内仍未履行；④当事人一方迟延履行债务或有其他违约行为致使不能实现合同目的；⑤法律规定的其他情形。

当事人一方行使解除权，或者依照《合同法》规定主张解除合同的，应当通知对方。合同自通知到达对方时解除。对方有异议的，可以请求人民法院或仲裁机构确认解除合同的效力。当事人解除合同，法律、行政法规规定应当办理批准、登记等手续的，应依照其规定办理。

在合同解除后，尚未履行的，终止履行；已经履行的，根据履行情况和合同性质，当事人可以要求恢复原状、采取其他补救措施，并有权要求赔偿损失。

合同的权利义务终止，不影响合同中结算和清理条款的效力。

(三)抵销

抵销是指双方当事人互负债务时，一方通知对方以其债权充当债务的清偿或双方协商以债权充当债务的清偿，使得双方的债务在对等额度内消灭的行为。抵销分为法定抵销与约定抵销。抵销具有简化交易程序、降低交易成本、提高交易安全性的作用。

1. 法定抵销

《合同法》规定，当事人互负到期债务，该债务的标的物种类、品质相同的，任何一方可以将自己的债务与对方的债务抵销，但依照法律规定或按照合同性质不得抵销的除外。

法定抵销中的抵销权性质上属于形成权，因此当事人主张抵销的，应当通知对方。通知自到达对方时生效。抵销不得附条件或附期限。

2. 约定抵销

《合同法》规定，当事人互负债务，标的物种类、品质不相同的，经双方协商一致后，也可以抵销。

(四)提存

1. 提存的概念

提存是指非因可归责于债务人的原因，导致债务人无法履行债务或难以履行债务的情况下，债务人将标的物交由提存机关保存，以终止合同权利义务关系的行为。《合同法》规定的提存是以清偿为目的，因此是债消灭的原因。但是《担保法》规定的提存并非以清偿为目的，而是以担保为目的的提存。

2. 提存的原因

《合同法》规定，有下列情形之一，难以履行债务的，债务人可以将标的物提存：①债权人无正当理由拒绝受领；②债权人下落不明；③债权人死亡未确定继承人或丧失民事行为能力未确定监护人；④法律规定的其他情形。

3. 提存的法律后果

标的物提存后，毁损、灭失的风险由债权人承担。在提存期间，标的物的孳息归债权人所有，提存费用由债权人负担。标的物不适于提存或提存费用过高的，债务人依法可以拍卖或变卖标的物，提存所得的价款。

在标的物提存后，合同虽然终止，但债务人还负有后合同义务。除债权人下落不明的以外，债务人应当及时通知债权人或债权人的继承人、监护人。

债权人可以随时领取提存物，但债权人对债务人负有到期债务的，在债权人未履行债务或提供担保之前，提存部门根据债务人的要求应当拒绝其领取提存物。债权人领取提存物的权利，自提存之日起 5 年内不行使则消灭，提存物扣除提存费用后归国家所有。此处规定的"5 年"时效为不变期间，不适用诉讼时效中止、中断或延长的规定。

(五)免除与混同

债权人免除债务人部分或全部债务的，合同的权利义务部分或全部终止。

债权和债务同归于一人，即债权债务混同时，合同的权利义务终止，但涉及第三人利益的除外。

任务解析

(1) 高女士能解除该房屋买卖合同。《合同法》规定，当事人一方迟延履行债务或有其他违约行为致使不能实现合同目的时，另一方可以解除合同。高女士购买的商品房的目的就是居住，但还没等住进去，便出现了地基下沉、室内墙体裂缝、承重结构变形等现象，完全不能安全居住，不能实现合同目的。高女士可以依照《合同法》的规定解除该合同。

(2) 依照《合同法》的规定，合同解除后，已经履行的，根据履行情况和合同性质，当事人可以要求恢复原状、采取其他补救措施，并有权要求赔偿损失。在本案中，高女士在解除合同后，可以要求开发商返还购房款，赔偿因购房而产生的其他损失。

任务七　违约责任

任务案例

美国甲商务公司(以下简称甲公司)与中国乙玩具制造公司(以下称为乙公司)在2016年9月签订了一份买卖合同。合同约定乙公司为甲公司提供1万套圣诞服，并于2016年12月20日前到达甲公司指定的港口交货，甲公司订立合同后支付1万元人民币定金，收到货后10日内付余款。2016年11月10日，乙公司在生产过程中发生火灾，烧毁了大部分成品圣诞服，乙公司立即函告甲公司，说明情况，并要求延期交货。甲公司回函，认为该批圣诞服主要供应圣诞节市场，延期交货将错过销售季节，乙公司此行为是预期违约，因此要求解除合同，并要求乙公司承担违约责任。乙公司认为火灾无法预料，不同意解除合同。

具体任务

试分析甲公司的要求是否有法律依据。乙公司是否要承担违约责任。

理论认知

一、违约责任概述

(一)违约责任的概念

违约责任也称违反合同的民事责任，是指合同当事人因违反合同义务所承担的责任。《合同法》规定，当事人一方不履行合同义务或履行合同义务不符合约定的，应当承担继

面向"十三五"高职高专项目导向式教改教材 · 财经系列

续履行、采取补救措施或赔偿损失等违约责任。违约责任具有以下特点。

(1) 违约责任以合同的有效存在为前提。

(2) 违约责任是合同当事人不履行合同义务所产生的责任。如果当事人违反的不是合同义务，而是法律规定的其他义务，则应负其他责任。

(3) 违约责任具有相对性。由于合同关系具有相对性，因此违约责任也具有相对性，即违约责任只能在特定的当事人之间即合同关系的当事人之间发生。当事人一方因第三人的原因造成违约的，应当向对方承担违约责任。当事人一方和第三人之间的纠纷，依照法律规定或按照约定解决。

(二)违约责任的构成要件

1. 合同当事人有违约行为

《合同法》规定的违约责任归责原则为严格责任原则，因此只要合同当事人有违约行为存在，无论导致违约的原因是什么，除了法定或约定的免责事由以外，均不得主张免责。

2. 不存在法定和约定的免责事由

法定的免责事由包括不可抗力和相对人有过错。约定的免责事由主要是指合法的免责条款。

(三)违约责任的种类

根据合同当事人违反义务的性质、特点的不同，可以对违约责任做不同的分类。结合《合同法》第一百零七条和第一百零八条的规定，我国将违约行为分为预期违约和届期违约两种类型，每种类型又可以分为两类。

1. 预期违约

预期违约是指在履行期限到来之前，一方无正当理由而明确表示其在履行期到来后将不履行合同，或者其行为表明其在履行期到来以后将不可能履行合同。《合同法》第一百零八条规定了预期违约，并将预期违约分为明示的预期违约和默示的预期违约两种。明示与默示的区别在于违约的合同当事人是否通过意思表示明确表达自己不再履行合同的意愿。

2. 届期违约

在履行期限到来以后，当事人不履行或不完全履行合同义务的，将构成届期违约。届期违约可以分为不履行和不适当履行两类。

3. 违约与侵权的竞合

《合同法》规定，因当事人一方的违约行为，侵害对方人身、财产权益的，受损害方有权选择依照《合同法》规定要求其承担违约责任或依照其他法律要求其承担侵权责任。根据《合同法解释》的规定，债权人向人民法院起诉时作出选择后，在一审开庭以前又变更诉讼请求的，人民法院应当准许。但如果对方当事人对变更后的诉讼请求提出管辖权异议，经审查异议成立的，人民法院应当驳回起诉。

二、承担违约责任的方式

《合同法》规定的承担违约责任的方式主要有：继续履行、补救措施、损害赔偿三种。

(一)继续履行

继续履行又称实际履行，是指债权人在债务人不履行合同义务时，可请求人民法院或仲裁机构强制债务人实际履行合同义务。

《合同法》规定，当事人一方未支付价款或报酬的，对方可以要求其支付价款或报酬。当事人一方不履行非金钱债务或履行非金钱债务不符合约定的，对方可以要求履行，但有下列情形之一的除外：①法律上或事实上不能履行；②债务的标的不适于强制履行或履行费用过高；③债权人在合理期限内未要求履行。

(二)补救措施

补救措施是指债务人履行合同义务不符合约定，债权人在请求人民法院或仲裁机构强制债务人实际履行合同义务的同时，可根据合同履行情况要求债务人采取的补救履行措施。《合同法》规定，当事人履行合同义务，质量不符合约定的，应当按照当事人的约定承担违约责任。对违约责任没有约定或约定不明确的，受损害方根据标的的性质及损失的大小，可以合理选择要求对方承担修理、更换、重作、退货、减少价款或报酬等违约责任。

(三)损害赔偿

当事人一方不履行合同义务或履行合同义务不符合约定的，在履行义务或采取补救措施后，对方还有其他损失的，应当承担损害赔偿责任。损害赔偿的具体方式包括赔偿损失、支付违约金和适用定金罚则等多种情况。

1. 赔偿损失

损失赔偿额应当相当于因违约所造成的损失，包括合同履行后可以获得的利益，但不得超过违反合同一方订立合同时预见到或应当预见到的因违反合同可能造成的损失。当事人可以在合同中约定因违约产生的损失赔偿额的计算方法。

经营者对消费者提供商品或服务有欺诈行为的，依照《中华人民共和国消费者权益保护法》的规定承担损害赔偿责任，即按照购买商品的价款或接受服务的费用承担双倍赔偿责任。

在当事人一方违约后，对方应当采取适当措施防止损失的扩大；没有采取适当措施致使损失扩大的，不得就扩大的损失要求赔偿。当事人因防止损失扩大而支出的合理费用由违约方承担。

2. 支付违约金

违约金是按照当事人约定或法律规定，一方当事人违约时应当根据违约情况向对方支付的一定数额的货币。

约定的违约金低于造成的损失的，当事人可以请求人民法院或仲裁机构予以增加；约定的违约金过分高于造成的损失的，当事人可以请求人民法院或仲裁机构予以适当减少。根据《商品房买卖合同解释》的规定，当事人以约定的违约金过高为由请求减少的，应当以违约金超过造成损失的 30%为标准适当减少；当事人以约定的违约金低于造成的损失为由请求增加的，应当以违约造成的损失确定违约金数额。当事人就迟延履行约定违约金的，违约方支付违约金后，还应当履行债务。

3. 适用定金罚则

当事人在合同中既约定违约金，又约定定金的，一方违约时，对方可以选择适用违约金或定金条款，但两者不可同时并用。

在当事人一方违约后，对方应当采取适当措施防止损失的扩大；没有采取适当措施致使损失扩大的，不得就扩大的损失要求赔偿。

三、免责事由

《合同法》规定的法定的免责事由仅限于不可抗力。《合同法》规定，不可抗力是指不能预见、不能避免并不能克服的客观情况。常见的不可抗力有：①自然灾害，如地震、台风、洪水、海啸等。②政府行为。政府行为是指当事人在订立合同以后发生，且不能预见的情形。例如，运输合同订立后，由于政府颁布禁运的法律，使合同不能履行。③社会异常形象。一些偶发的事件阻碍合同的履行，如罢工骚乱等。不可抗力虽为合同的免责事由，但有关不可抗力的具体事由很难由法律作出具体列举式的规定，因此根据合同自由原则，当事人可以在订立不可抗力条款时，具体列举各种不可抗力的事由。

不可抗力发生后对当事人责任的影响要注意以下几点：①不可抗力并非当然免责，要根据不可抗力对合同履行的影响决定。《合同法》规定，因不可抗力不能履行合同的，根据不可抗力的影响，部分或全部免除责任。②当事人迟延履行后发生不可抗力的，不能免除责任。③不可抗力事件发生后，主张不可抗力一方要履行两个义务，一是及时通报合同不能履行或需要迟延履行、部分履行的事由；二是取得有关不可抗力的证明。

◉ 任务解析

(1) 乙公司在履行期限到来之前就提出自己无法按期履行，是预期违约行为。甲公司以圣诞服装具有季节性，逾期履行将无法实现合同目的为由解除合同也是符合《合同法》规定的法定解除原因的。

(2) 甲公司有权利以乙公司的逾期违约行为要求乙公司承担违约责任，但乙公司的违约行为是由于不可抗力的原因(火灾)造成的，所以乙公司可以免责。

项 目 小 结

本项目主要介绍了我国《合同法》的一般规定，阐述了合同的概念和特征、合同的订立、合同的效力、合同的履行、合同的变更、转让和终止、违约责任等内容。本项目以案例分析为线索，重点在于对合同法的基本原理的理解，掌握处理合同实务问题的操作技能。

实 训 练 习

【实训项目】草拟合同；审查合同；修订合同。

【实训操作及要求】将班级学生分为3～5人一组，设学生为公司法务，模拟、草拟、审查、修改公司在运营中所涉及的合同及处理合同纠纷。要求按照《合同法》的基本知识，订立有效、用词准确、逻辑清晰的合同。

理 论 复 习

一、单项选择题

1. 王瑞与妻子长期两地分居，为解决这个问题，王瑞欲调往甲地(妻子的工作地)工作。王瑞同事张某得知此事后，请求王瑞将其现在居住的私有房屋4间卖给他。王瑞告知张某，调动工作之事是否成功尚难以预料，如调动不成，他现住的房屋不能卖，如调动成功则可以卖给张某。两人遂达成房屋买卖协议一份，协议约定：如果王瑞调往甲地工作，则将其目前居住的4间私有房屋转让给张某，价款为4.8万元。在协议订立后3个月，王瑞恰遇一机会将其妻调回自己工作的城市。于是王瑞便告知张某，现其妻调回本市，他的私有房屋要自用不能出卖给张某。张某遂诉至市人民法院要求王瑞交付房屋。则下列陈述中正确的是：(　　)。

    A. 王瑞与张某的合同属于可追认的合同

    B. 王瑞与张某的合同属于附解除条件的合同

    C. 王瑞的行为属于以不正当的手段阻止条件成就，因此应当认定条件成就，合同生效。张某有权要求王瑞交付房屋

    D. 王瑞的行为不属于以不正当手段阻止条件成就，因此合同没有生效。张某无权要求王瑞交付房屋

2. A公司于10月20日向B公司发出一项要约，欲向其购买材料一批，第二天因为发生安全事故公司停产，便想反悔，10月23日发出撤回通知。要约于10月26日到达B公司。27日，B公司正在组织讨论是否应该接受这个要约的时候，撤回通知到达B公司，则(　　)。

    A. 要约有效，撤回通知后于要约到达，未被撤销

    B. 要约有效，要约未被撤销

    C. 要约无效，要约已被撤回

    D. 要约无效，要约已被撤销

3. 某手表厂为纪念千禧年特制纪念手表2 000只，每只售价2万元。其广告主要内容为：①纪念表为金表；②纪念表镶有进口钻石。后经证实，该纪念表为镀金表；进口钻石为进口人造钻石，每粒价格为1元。手表成本约1 000元。为此，购买者与该手表厂发生纠纷。该纠纷应(　　)。

A. 按无效合同处理，理由为欺诈　　　B. 按可撤销合同处理，理由为欺诈

C. 按可撤销合同处理，理由为重大误解　　D. 按有效合同处理

4. 甲公司欠乙公司货款 900 万元不能偿还，乙公司几次催要，甲公司均以无财产可供偿还为由拒绝偿还。后乙公司得知丙公司欠甲公司 1 000 万元，且因甲公司一直不催要，该债权诉讼时效期间即将届满，乙公司遂欲行使代位权。以下对于乙公司行使代位权说法中不正确的是(　　)。

A. 在代位权诉讼中，丙公司对甲公司的抗辩，可以向乙公司主张

B. 代位权的行使范围以 900 万元为限

C. 乙公司应当向人民法院请求以自己的名义代位行使甲公司的债权

D. 乙公司行使代位权的必要费用，由丙公司负担

5. 甲居于某城市，因业务需要，以其坐落在市中心的一处公寓(价值 210 万元)作抵押，分别从乙银行和丙银行各贷款 100 万元。甲与乙银行于 6 月 5 日签订了抵押合同，6 月 10 日办理了抵押登记；与丙银行于 6 月 8 日签订了抵押合同，同日办理了抵押登记。后因甲无力还款，乙银行、丙银行行使抵押权，对甲的公寓依法拍卖，只得价款 150 万元。乙银行、丙银行对拍卖款应如何分配？(　　)

A. 乙与丙各 75 万元　　　　　　　　B. 乙 100 万元、丙 50 万元

C. 丙 100 万元、乙 150 万元　　　　D. 丙 80 万元、乙 70 万元

6. 甲、乙于 2016 年 10 月 5 日签订一借款合同，丙作为担保方在借款合同上签字。合同约定乙的还款日期为 2014 年 2 月 5 日，如到期未还则由丙对借款本金 500 万元承担一般保证责任。2013 年 12 月 1 日，甲、乙双方经协商将还款期限延至 2017 年 4 月 5 日，并通知丙，丙对此不置可否。2017 年 5 月 1 日，甲因乙未按期还款而首次要求丙偿还借款本息。根据上述案情，下列选项中(　　)是不正确。

A. 由于丙对延期付款不置可否，因此丙不再承担保证责任

B. 就保证范围而言，丙对本金的利息也应该承担保证责任

C. 根据约定的保证条款，甲应该先向乙主张权利后才能向丙主张权利

D. 如果丙不同意变更还款期，则甲向丙主张权利的保证期间止于 2014 年 8 月 5 日

7. 甲欠乙 10 万元，乙欠丙 20 万元，均已到期。由于乙迟迟不行使债权，现在丙向法院提起对甲的代位权诉讼，而丙曾欠甲 5 万元也已到期未还。下面关于他们之间权利义务关系的说法中正确的是(　　)。

A. 甲可向丙主张抵销权，并可附条件

B. 甲可以在乙提出代位权诉讼时在诉讼中向丙主张抵销权

C. 甲只能在代位权胜诉之后才能向丙主张抵销权

D. 丙对乙的债权不成立的抗辩只能由乙对丙行使，而不能由甲行使

8. 甲与乙订立了一份苹果购销合同，约定甲向乙交付 20 万千克苹果，货款为 40 万元，乙向甲支付定金 4 万元；如任何一方不履行合同应支付违约金 6 万元。但甲因将苹果卖给丙而无法向乙交付苹果，在乙提出的如下诉讼请求中，既能最大限度保护自己的利益，又能获得法院支持的诉讼请求是(　　)。

A. 请求甲双倍返还定金 8 万元

B. 请求甲双倍返还定金 8 万元，同时请求甲支付违约金 6 万元

C. 请求甲支付违约金 6 万元，同时请求返还支付的定金 4 万元

D. 请求甲支付违约金 6 万元

二、多项选择题

1. 丰起商场给张某无偿保管一辆自行车；张某借给李某 500 元钱不要利息；李某把价值 2 万元的柑橘交给铁路部门运输；铁路部门找木器加工厂加工制作 100 条长椅。则以上 4 种合同中( )。

 A. 第 1 个合同是实践合同   B. 第 2 个合同是实践合同

 C. 第 3 个合同是实践合同   D. 第 4 个合同是实践合同

2. 甲学校向乙公司发出要约，要定做一批桌椅，要约中表明了桌椅的样式，甲在要约中提出："双方发生争议，提交北京市仲裁委员会仲裁。"乙公司回信接受甲学校的一切条件，但在回信中指出，双方发生争议，任何一方有权向法院起诉。根据已知条件，下列选项中正确的是( )。

 A. 甲、乙之间的合同成立，因为已经达成了合意

 B. 甲、乙之间的合同成立，因为乙的变更是非实质性变更

 C. 甲、乙之间的合同不成立，因为乙的变更是实质性变更

 D. 甲、乙之间的合同不成立，因为乙的回信是新要约

3. 公民甲与房地产开发商乙签订一份商品房买卖合同，乙提出，为少交契税建议将部分购房款算作装修费用，甲未表示反对。后发生纠纷，甲以所付装修费用远远高于装修标准为由，请求法院对装修费用予以变更。则该装修费用条款效力应如何认定？( )

 A. 是双方当事人真实意思表示，有效 B. 显失公平，可变更

 C. 以合法形式掩盖非法目的，无效 D. 违反法律禁止性规定，无效

4. 下列情形中，属于抗辩权的有( )。

 A. 甲、乙签订买卖合同，合同价款为 100 万元，甲先提供货物，货物验收入库以后乙支付货款，为了使自己的利益得到保证，甲要求乙提供保证。乙找到丙，保证人丙承担一般保证责任，并与甲签订了一般保证合同。债务到期了，乙仍然不能支付货款，于是甲找保证人丙，要求保证人承担保证责任，丙以甲未对乙(债务人)提起诉讼或者申请仲裁为由拒绝承担保证责任

 B. 甲、乙签订买卖汽车合同，以一辆奥拓车为标的，乙误以为是一辆奥迪车。甲请求乙交付货款，乙则主张撤销合同

 C. 甲于 2011 年 1 月 1 日向乙借了 2 万元，约定月底还清。后来乙因为忙而一直没有催甲还钱，到 2014 年 1 月 1 日才想起，但甲却以已过诉讼时效为由拒绝履行

 D. 甲公司欠乙公司 2 万元，乙公司则因损害甲公司的财物而需要赔偿甲公司 2 万元。双方债务已届清偿期，甲公司请求乙公司支付，乙公司则主张抵销权

5. 甲(卖方)与乙(买方)于 2014 年 1 月 5 日订立买卖合同，约定甲于同年 1 月 10 日发货，乙于同年 2 月 18 日前付款，由丙接受乙的委托提供保证担保，但丙与乙约定仅对甲这个特定债权人提供保证。至同年 3 月 1 日，甲通知乙和丙已将 10 万元货款债权转让给丁公司。通知要求乙向丁还款，由丙承担保证责任。根据已知条件，下列各项中正确的是( )。

 A. 因当事人事先约定仅对特定债权人承担保证责任，因此丙不再承担保证责任

面向「十三五」高职高专项目导向式教改教材·财经系列

B. 合同债权转让无效

C. 合同债权转让有效

D. 丙应继续承担保证责任

6. 甲公司因欠乙公司货款 10 万元，乙公司要求甲公司提供担保。甲公司找到丙公司，由丙公司提供 50 吨纯碱作为质押，丙公司与乙公司签订了质押合同并向乙公司交付了 50 吨纯碱。1 个月后，丙公司发现乙公司将 50 吨纯碱露天存放，恰逢雨季，如不采取措施将会造成很大损失，遂要求乙公司立即将 50 吨纯碱移入库房，但乙公司以库容已满为由拒绝移入库房。丙公司有权向乙公司或甲公司提出(　　　)。

A. 要求解除质押合同，收回 50 吨纯碱

B. 要求甲公司提前清偿债务，收回 50 吨纯碱

C. 要求乙公司将 50 吨纯碱提存

D. 如果 50 吨纯碱确已损坏，丙公司有权要求乙公司和甲公司承担赔偿责任

7. 甲购买一辆汽车，在开回的路上因刹车失灵而翻车受伤。在此情形下，他可以要求谁承担何种责任？(　　　)

A. 请求商家承担违约责任

B. 请求厂家同时承担违约责任和侵权责任

C. 请求厂家承担侵权责任

D. 请求厂家承担侵权责任，同时请求商家承担违约责任

三、案例分析题

最近，我厂想生产学生书包，于是向甲纺织厂发去传真，要求该厂能够在一个月内为我厂发一批布料。该传真载明了所要布料的品种、型号、价格、数量，以及交货时间、地点和交货方式等内容。传真发出后 10 天，乙纺织厂为我厂送来样品，该纺织厂同类产品的价格比甲纺织厂要低 25%。于是，我厂与乙纺织厂签订了合同书，并购买了乙纺织厂的布料。正在这时，我厂收到甲纺织厂同意供货的传真。为避免重复购货，我厂赶紧给甲纺织厂发去传真，声明我厂已经购货，不再向甲纺织厂购货。但 5 天后，甲纺织厂将货送至我厂。试问我厂是否可以以未与甲纺织厂签订合同为由拒收货物？

项目六

竞争法

【技能目标】

- 掌握《反垄断法》禁止的垄断行为，分辨合法垄断与非法垄断。
- 能够运用法律手段应对非法垄断行为。
- 掌握 8 种不正当竞争行为的法律界定，能够分辨正当竞争与不正当竞争。
- 养成正当竞争的法律意识，能够运用法律手段应对不正当竞争行为。

【知识目标】

- 掌握不正当竞争行为的概念及表现形式。
- 掌握垄断和限制竞争行为的概念和表现形式。
- 了解反垄断的概念，掌握垄断行为的基本内容。
- 了解垄断行为的法律责任。

任务一 竞争法制度的认知

◉ 任务案例

张某为天恒广告公司的法定代表人，为解决 2013 年以来广告业务锐减的经营困境，自 2014 年 1 月开始，先后以返点、会务费、赞助费等方式给予合作方的业务员共计 13 万余元，以此取得了多项广告工程。

◉ 具体任务

请分析天恒广告公司经营行为的性质。

◉ 理论认知

一、市场竞争的概述

竞争是人类社会中普遍存在的一种社会现象。在瞬息万变的现实世界中，到处充满了尖锐激烈的竞争，如经济竞争、商业竞争、科技竞争、体育竞争、文艺演出比赛及国际竞争等。正是这种富有进取性和排他性的竞争推动着社会蓬勃发展。生产经营者之间的竞争是经济领域中的竞争，是市场上的竞争，因此人们把这种竞争称之为经济竞争或市场竞争。市场竞争是指市场主体之间，为谋求自身经济利益而争夺有利的市场地位和生产经营条件的经济活动。

就市场竞争的一般性质而言，它主要有以下四个特征。

(1) 竞争是独立的生产经营者之间的个体(不是群体)竞争。

(2) 竞争是由双方经济力量的互相抗衡而引起的。

(3) 处于劣势地位的商品生产者总是企图摆脱自己的不利地位。

(4) 生产经营者摆脱自己的不利处境，是通过竞争者个体排他性的生产经营活动实现的。

上述 4 点是所有的市场竞争所共有的一般特点，如果否认这些特点，那就等于否定了竞争。但是，竞争的本质体现着一定的社会经济关系。而一定的经济关系总是与该社会的基本经济制度相联系的。竞争不是资本主义社会的特有现象，但资本主义条件下的竞争也不能等同于社会主义市场经济条件下的竞争。社会主义市场经济条件下的竞争具有市场竞争的一般特点，也有其自身区别于资本主义市场竞争的个性特征，这种个性特征是与社会主义基本制度结合在一起的。

《《 知识链接 》》

1889 年，加拿大制定了世界上第一部竞争法——《预防和禁止贸易合并法》。随后，美国于 1892 年制定了《维护贸易与商业不受非法限制与危害法案》(即《谢尔曼法》)。德国于 1923 年制定了第一部反垄断法——《卡特尔条例》。第二次世界大战后，在各国国内竞争立法迅速发展的同时，国际领域也在构筑统一的竞争法体系，1980 年 12 月，第 35 届联合国大会正式通过了《控制限制性商业行为的公平原则和规则的多边协议》。我国于 1993 年 9 月 2 日制定的《反不正当竞争法》，为维护社会主义市场经济竞争秩序提供了法律保障。2007 年 8 月 30 日，第十届全国人大常委会第 29 次会议通过了《中华人民共和国反垄断法》，并于 2008 年 8 月 1 日起施行。《反垄断法》的出台将对我国社会主义市场经济建设发挥积极的作用。

竞争是市场经济的普遍规律，竞争具有积极的进取性和排他性。马克思、恩格斯之所以赋予竞争以经济规律的意义，正是因为竞争及其两种基本属性都是客观存在并发生着重要作用的。它的这种特性和作用始终不懈地推动着市场经济的运行。正当的市场竞争对促进我国社会主义市场经济建设具有重要的积极作用。

(1) 市场竞争是促进社会生产力提高的重要因素。

(2) 市场竞争能够保证价格机制内在调节社会资源配置作用的发挥。

(3) 市场竞争推动企业开拓进取和勤奋创业。

(4) 正当的市场竞争有利于消费者生活质量的提高。

二、反不正当竞争法的含义及构成

反不正当竞争法是保障市场经济健康发展，鼓励和保护公平竞争，制止不正当竞争行为，禁止各种形式的垄断的法律规范的总称，是我国市场经济法律制度的重要组成部分。市场经济是有规制的竞争型经济。垄断是自由竞争经济的发展结果，是自由竞争的异化物，是不正当竞争最为重要的外部原因。它使竞争主体的竞争环境恶化，致使公平竞争的基础受到严重破坏，因此，必须依靠反不正当竞争法律制度来禁止垄断、限制竞争和不正当竞争的行为。反不正当竞争法从根本上保障了经营者和消费者的合法权益，维护了市场竞争秩序，为我国社会主义市场经济长期稳定发展发挥着积极作用，在市场经济中具有根本的地位。

在我国，广义不正当竞争行为主要包括限制竞争行为、狭义不正当竞争行为和垄断行为。限制竞争行为和狭义不正当竞争行为主要由《反不正当竞争法》来调整，而垄断行为则由《反垄断法》来调整。《反不正当竞争法》和《反垄断法》就构成了我国反不正当竞争法律制度体系。其他相关市场竞争法则分散于《消费者权益保护法》《产品质量法》《价格法》《商标法》等法律之中，形成了我国多层次的市场竞争立法模式。

从世界范围来看，反不正当竞争法的立法模式主要有两种。

(1) 分别制定《反不正当竞争法》和《反垄断法》或《反限制竞争法》。这种立法模式也称分立式，即将垄断行为和不正当竞争行为区分开来分别立法。

(2) 综合制定一部法律来调整不正当竞争行为、垄断行为或限制竞争行为。这种立法模式也称单一式或统一式，即将垄断行为或限制竞争行为和不正当竞争行为合并在一部法律中加以调整，制定统一的《反不正当竞争法》(或称《反托拉斯法》)等。

三、反不正当竞争法律制度的建设现状

1993 年 9 月 2 日，第八届全国人大常委会第三次会议通过《中华人民共和国反不正当

面向「十三五」高职高专项目导向式教改教材 · 财经系列

竞争法》(以下简称《反不正当竞争法》)，并于 1993 年 12 月 1 日起施行。随后，国家工商总局又于同年 12 月 14 日颁布实施了《关于禁止有奖销售活动中不正当竞争行为的若干规定》《关于禁止公用企业限制竞争行为的若干规定》，1995 年 7 月 6 日颁布实施了《关于禁止仿冒知名商品特有的名称、包装、装潢的不正当竞争行为的若干规定》，1995 年 12 月 23 日颁布实施，并于 1998 年 12 月 3 日修订的《关于禁止侵犯商业秘密行为的若干规定》，以及 1996 年 11 月 15 日颁布实施了《关于禁止商业贿赂行为的暂行规定》，2007 年 2 月 1 日颁布实施《最高人民法院关于审理不正当竞争民事案件应用法律若干问题的解释》，进一步细化了《反不正当竞争法》的相关规定。

在反垄断法方面，国家发展和改革委员会于 2003 年 6 月 18 日颁布了《制止价格垄断行为暂行规定》，并于 2003 年 11 月 1 日起开始实施，规定了对价格垄断的法律规制。2007 年 8 月 30 日第十届全国人大常委会第二十九次会议通过了《中华人民共和国反垄断法》，并于 2008 年 8 月 1 日起施行。2008 年 8 月 3 日，国务院颁布并实施了《国务院关于经营者集中申报标准的规定》，具体明确了经营者集中申报的标准。2012 年 5 月 3 日，最高人民法院颁布了《关于审理因垄断行为引发的民事纠纷案件应用法律若干问题的规定》，并于 2016 年 6 月 1 日起开始实行。2014 年商务部发布实施《商务部反垄断局关于经营者集中申报的指导意见》(修订)和《商务部反垄断局关于经营者集中简易案件申报的指导意见》(试行)。2016 年 4 月国家工商总局发布实施《国家工商总局关于公用企业限制竞争和垄断行为突出问题的公告》。

任务解析

天恒广告公司为取得业务而以返点、会务费、赞助费等方式给予合作方的业务员财产，违反了我国《反不正当竞争法》第八条的规定，构成扰乱市场竞争秩序的商业贿赂行为。

任务二 反垄断法

任务案例

某市为促进地区经济发展，决定扶持本市的针织企业。为此，该市从外地聘请专家前来授课，并且派技术人员到外地学习，投入了大量资金。很快，针织企业在本市打开了局面，刺激了本地经济的发展。可是不久，邻市一家针织企业的产品由于花样品种更多且宣传策略得当，迅速占领了本地市场。为此，该市经济主管部门向全市有关部门发文，凡需针织品应从本市针织厂购买，并以税务局名义通知邻市针织厂将对其提高税率。

具体任务

试分析本任务案例中该市的行为是否构成垄断行为？应如何处理？

◉ 理论认知

一、反垄断法的概念

垄断是指经营者已经形成或正在进行的应受法律谴责的，在一定市场上限制竞争的某种状态或行为。广义的反垄断法是指通过规范垄断和限制竞争行为来调整企业和企业联合组织相互间竞争关系的法律规范的总和。狭义的反垄断法是指全国人大常委会通过的《反垄断法》，即 2007 年 8 月 30 日第十届全国人大常委会第二十九次会议通过的《中华人民共和国反垄断法》(以下简称《反垄断法》)。该法于 2008 年 8 月 1 日起正式施行，共 8 章 57 条。

《反垄断法》规定的垄断行为包括：一是经营者达成垄断协议；二是经营者滥用市场支配地位；三是具有或可能具有排除、限制竞争效果的经营者集中。

二、反垄断法的基本内容

《反垄断法》的任务是防止市场上出现垄断，并对合法的垄断企业进行监督，防止其滥用市场优势地位。我国《反垄断法》主要有以下内容。

(一)禁止垄断协议

《反垄断法》把竞争者之间的限制竞争协议称为横向协议或"卡特尔"。《反垄断法》第十三条主要禁止下列横向协议。

(1) 固定或变更商品价格。

(2) 限制商品的生产数量或销售数量。

(3) 分割销售市场或原材料采购市场。

(4) 限制购买新技术、新设备或者限制开发新技术、新产品。

(5) 联合抵制。

(6) 国务院反垄断执法机构认定的其他垄断协议。

第(1)至第(3)类协议因为损害竞争的程度非常严重，各国反垄断法一般将它们称为核心卡特尔或恶性卡特尔，在任何情况下都不给予豁免。鉴于竞争者之间有些限制竞争有利于提高经济效益，如为改进技术和节约成本进行的合作研发，统一产品的规格或型号，推动中小企业之间的合作；或者有利于社会公共利益，如节约能源环境，《反垄断法》第十五条对某些限制竞争协议作出了豁免的规定。

限制竞争协议除了竞争者之间的书面或口头协议，还包括企业集团或行业协会制定的具有排除、限制竞争影响的决定和竞争者之间的协同行为。

《反垄断法》还对纵向即卖方和买方之间的限制竞争协议作出以下禁止性规定，禁止经营者与交易相对人达成下列垄断协议。

(1) 固定向第三人转售商品的价格。

(2) 限定向第三人转售商品的最低价格。

(3) 国务院反垄断执法机构认定的其他垄断协议。

面向『十三五』高职高专项目导向式教改教材 ·财经系列

因为这些限制不仅严重损害销售商的定价权，而且严重损害消费者的利益。其他类型的纵向协议如独家销售、独家购买、限制地域等，因为它们在很多情况下有合理性，应当适用合理原则。

(二)禁止滥用市场支配地位

《反垄断法》虽然不反对合法垄断，但因合法垄断者同样不受竞争的制约，从而可能滥用其市场优势地位，损害市场竞争和消费者的利益，因此《反垄断法》规定禁止滥用市场支配地位。

根据《反垄断法》第十七条，滥用市场支配地位的行为主要包括以下几种。

(1) 以不公平高价销售商品或以不公平低价购买商品。

(2) 没有正当理由，以低于成本的价格销售商品。

(3) 没有正当理由，拒绝与交易相对人进行交易。

(4) 没有正当理由，限定交易相对人只能与其或与其指定的经营者进行交易。

(5) 没有正当理由，搭售商品或在交易中附加其他不合理的条件。

(6) 没有正当理由，对条件相同的交易相对人在价格等交易条件上实行差别待遇。

此外，该法第五十五条还规定，经营者滥用知识产权，排除、限制竞争的行为适用本法。这说明知识产权和一般财产权一样，不能得到反垄断的豁免。

市场支配地位是指经营者在相关市场上能够控制商品的价格、数量或其他交易条件，或者能够阻碍、影响其他经营者进入相关市场能力的市场地位。也就是说，市场支配地位是一种经济现象，反映了企业与市场竞争的关系，即拥有这种地位的企业，不受竞争制约，不必考虑其竞争者或交易对手就可以自由定价，或者自由作出其他经营决策。为了使这个关于市场支配地位的定义具有可操作性，《反垄断法》提出了认定市场支配地位的一系列因素，包括经营者的市场份额、相关市场竞争状况、经营者控制市场的能力、经营者的财力和技术条件、其他经营者对该经营者在交易上的依赖程度、其他经营者进入相关市场的难易程度等。

为了提高法律稳定性和当事人的可预见性，我国《反垄断法》还借鉴德国的法律，提出以下情况下可以推断市场支配地位：①经营者在相关市场的份额达到 1/2 的；②经营者在相关市场的份额合计达到 2/3 的；③经营者在相关市场的份额合计达到 3/4 的。有上述②、③项规定的情形，其中有的经营者市场份额不足 1/10 的，不应当推定该经营者具有市场支配地位。

被推定具有市场支配地位的经营者，有证据证明不具有市场支配地位的，不应当认定其具有市场支配地位。

(三)控制经营者集中

经营者集中有利于提高企业的规模经济，促进企业间的人力、物力、财力及技术方面的合作，从而有利于提高企业效率和竞争力。然而，如果允许它们无限制地并购企业，就不可避免地会消灭市场上的竞争者，导致垄断性的市场结构。

根据《反垄断法》第二十条的规定，经营者集中是指下列情形：①经营者合并；②经营者通过取得股权或资产的方式取得对其他经营者的控制权；③经营者通过合同等方式取得对其他经营者的控制权或能够对其他经营者施加决定性影响。

控制经营者集中的制度主要是集中申报和审批制度。经营者集中达到国务院规定的申报标准的，应事先进行申报，未申报的不得实施集中。

经营者集中具有或可能具有排除、限制竞争效果的，反垄断执法机构应作出禁止集中的决定。然而，因为经济是非常复杂和活跃的，所以有些合并即便具有排除、限制竞争的负面影响，但同时也可能有利于提高市场竞争强度或企业的经济效益。因此，经营者能够证明集中对竞争产生的有利因素明显大于不利因素，或者符合社会公共利益的，国务院反垄断执法机构可作出对集中不予禁止的决定。反垄断执法机构审查经营者集中时，主要考虑经营者在相关市场上的份额及其市场支配力、相关市场集中度、经营者集中对市场进入和技术进步的影响、经营者集中对消费者和其他经营者的影响，此外还有对国民经济发展的影响。反垄断执法机构的批准决定中可附加限制性条件，以减少集中对竞争的不利影响。

(四)禁止行政垄断

《反垄断法》第八条明确规定，行政机关和法律、法规授权的具有管理公共事务的职能组织不得滥用行政权力，排除、限制竞争。该法第三十三条规定，行政机关和法律、法规授权的具有管理公共事务职能的组织不得滥用行政权力实施下列行为，妨碍商品在地区之间的自由流通。

(1) 对外地商品设定歧视性收费项目、实行歧视性收费标准，或者规定歧视性价格。

(2) 对外地商品规定与本地同类商品不同的技术要求、检验标准，或者对外地商品采取重复检验、重复认证等歧视性技术措施，限制外地商品进入本地市场。

(3) 采取专门针对外地商品的行政许可，限制外地商品进入本地市场。

(4) 设置关卡或采取其他手段，阻碍外地商品进入或本地商品运出。

(5) 妨碍商品在地区之间自由流通的其他行为。

上述规定说明，滥用行政权力限制竞争的行为在本质上是一种歧视行为，即对市场条件下本来应该有着平等地位的市场主体实施了不平等的待遇，其后果是扭曲竞争，妨碍建立统一、开放和竞争的大市场，使社会资源不能得到合理和有效的配置。

三、垄断行为的法律责任

(一)经营者的法律责任

(1) 经营者违反本法规定，达成并实施垄断协议的，由反垄断执法机构责令停止违法行为，没收违法所得，并处上一年度销售额1%以上10%以下的罚款；尚未实施所达成的垄断协议的，可以处50万元以下的罚款。经营者主动向反垄断执法机构报告达成垄断协议的有关情况并提供重要证据的，反垄断执法机构可以酌情减轻或免除对该经营者的处罚。

(2) 经营者违反本法规定，滥用市场支配地位的，由反垄断执法机构责令停止违法行为，没收违法所得，并处上一年度销售额1%以上10%以下的罚款。

(3) 经营者违反本法规定实施集中的，由国务院反垄断执法机构责令停止实施集中、限期处分股份或资产、限期转让营业及采取其他必要措施恢复到集中前的状态，可以处50万元以下的罚款。

(4) 对反垄断执法机构依法实施的审查和调查，拒绝提供有关材料、信息，或者提供虚假材料、信息，或者隐匿、销毁、转移证据，或者有其他拒绝、阻碍调查行为的，由反垄断执法机构责令改正，对个人可以处 2 万元以下的罚款，对单位可以处 20 万元以下的罚款；情节严重的，对个人处 2 万元以上 10 万元以下的罚款，对单位处 20 万元以上 100 万元以下的罚款；构成犯罪的，依法追究刑事责任。

(二)行业协会的法律责任

行业协会违反本法规定，组织本行业的经营者达成垄断协议的，反垄断执法机构可以处 50 万元以下的罚款；情节严重的，社会团体登记管理机关可以依法撤销登记。

(三)行政机关和具有管理公共事务职能的组织的法律责任

行政机关和法律、法规授权的具有管理公共事务职能的组织滥用行政权力，实施排除、限制竞争行为的，由上级机关责令改正；对直接负责的主管人员和其他直接责任人员依法给予处分。反垄断执法机构可以向有关上级机关提出依法处理的建议。

法律、行政法规对行政机关和法律、法规授权的具有管理公共事务职能的组织滥用行政权力实施排除、限制竞争行力的处理另有规定的，依照其规定执行。

◉ 任务解析

某市市政府为保护本市的针织企业，使其占领本地市场，明确要求其所属部门只能购买其所指定企业的针织产品，又以税收手段增加邻市针织企业的负担，变相阻止外地商品进入本地市场，损害了正当竞争者的合法权益及市场经济的公平、稳定，且其主观上为故意。属于滥用行政权力排除、限制公平竞争，属于行政垄断行为。根据《反垄断法》的规定，应由其上级机关责令其改正违法行为，撤销其下发给下属部门及邻市针织企业的通知。

任务三　反不正当竞争法

◉ 任务案例

王某和朱某各自承包了五星镀银厂的一个车间，独立核算，各自联系业务，各自购买原材料，各自向工厂上缴承包费用。

2015 年，王某与 A 元件厂在镀银加工上有业务关系，后因故中断业务往来。2017 年 5 月，A 元件厂因业务需要写信给王某，要求王某接到信后立即前往 A 元件厂洽谈加工业务。该信先被朱某看到，朱某即推测信中可能有业务信息，于是拆阅该信。2017 年 6 月，朱某持该信私自前往 A 元件厂联系业务。当元件厂有关人员询问王某为何不来时，朱某称王某在外地出差，自己和王某实属一个单位职工，谁来都一样。结果，A 元件厂和朱某建立了新的镀银加工业务关系。2017 年 8 月，王某得知上述有关情况，就与朱某交涉，朱某拒不承认。后王某又亲自前往 A 元件厂了解情况。朱某终于承认其截信并到 A 元件厂联系业务的事实。王某要求朱某赔偿经济损失，但朱某称王某无法律根据。为此，王某诉到法院，要求朱某赔偿经济损失 15 万元。

◉ 具体任务

(1) 王某的请求是否有法律根据？

(2) 本任务案例中，朱某截信、私自联系业务的行为是否属于不正当竞争行为？并说明原因。

◉ 理论认知

一、不正当竞争的概念与特征

竞争根据其对社会经济秩序的作用不同，分为正当竞争和不正当竞争。在社会经济竞争中，提倡和保护正当竞争，抑制和打击不正当竞争。

(一)不正当竞争的概念

不正当竞争是指经营者违背自愿、平等、公平、诚实信用的原则和公认的商业道德，损害其他经营者的合法权益，扰乱社会经济秩序的行为。

(二)不正当竞争的特征

不正当竞争具有以下三个特征。

(1) 不正当竞争行为是违法行为。不正当竞争行为的违法性主要表现在违反了《反不正当竞争法》的规定。经营者的某些行为虽然表面上难以确认为该法明确规定的不正当竞争行为，但是只要违反了自愿、平等、公平、诚实信用原则或违反了公认的商业道德，损害了其他经营者的合法权益，扰乱了社会经济秩序，也应认定为不正当竞争行为。

(2) 不正当竞争行为的主体是经营者。所谓经营者是指从事商品经营或营利性服务的法人、其他经济组织和个人。非经营者不是竞争行为主体，因此也不能成为不正当竞争行为的主体。但是在有些情况下，非经营者的某些行为也会妨碍经营者的正当经营活动，侵害经营者的合法权益，这种行为也是《反不正当竞争法》的规制对象，如政府及其所属部门滥用行政权力妨碍经营者的正当竞争行为。

(3) 不正当竞争行为侵害的客体是其他经营者的合法权益和正常的社会经济秩序。不正当竞争行为的破坏性主要体现在：危害公平竞争的市场秩序；阻碍技术进步和社会生产力的发展；损害其他经营者的正常经营和合法权益，使守法经营者蒙受物质上和精神上的双重损害。有些不正当竞争行为，如虚假广告和欺骗性有奖销售，还可能损害广大消费者的合法权益。另外，不正当竞争行为还有可能给我国的对外开放政策带来消极影响，严重损害国家利益。

二、不正当竞争行为的种类

根据《反不正当竞争法》的规定，不正当竞争行为主要包括以下八种。

面向「十三五」高职高专项目导向式教改教材 · 财经系列

(一)欺骗性市场交易行为

欺骗性交易行为是指行为人未经他人许可，在其生产、经销的商品或提供的服务上冒用他人的商品名称、包装、装潢、产地及质量标志等，使人产生误解的行为。构成假冒的关键要件是：行为人是否实施了冒充行为。至于是否实际引起消费者误解，则不影响行为性质。

欺骗性交易行为包括以下四种。

(1) 假冒他人的注册商标。其行为包括：①未经注册商标所有人许可，在同一种商品或者类似商品上使用与其注册商标相同或相近似的商标的；②销售明知是假冒注册商标的商品的；③伪造、擅自制造他人注册商标标识或销售伪造、擅自制造的注册商标标识的；④给他人注册商标专用权造成其他损害的。这些假冒他人注册商标的行为，不仅侵害商标注册人的商标专用权，也损害了消费者的利益。

(2) 擅自使用知名商品特有的名称、包装、装潢，或者使用与知名商品近似的名称、包装、装潢，造成和他人的知名商品相混淆，使购买者误认为是该知名商品。知名商品是指在中国境内具有一定的市场知名度，为相关公众所知悉的商品。擅自使用是指未经所有权人的许可而自行使用其知名商品的名称、包装、装潢。根据 2006 年 12 月 30 日《最高人民法院关于审理不正当竞争民事案件应用法律若干问题的解释》的规定，有下列情形之一的，人民法院不认定为知名商品特有的名称、包装、装潢：①商品的通用名称、图形、型号；②仅仅直接表示商品的质量、主要原料、功能、用途、重量、数量及其他特点的商品名称；③仅由商品自身的性质产生的形状，为获得技术效果而需有的商品形状及使商品具有实质性价值的形状；④其他缺乏显著特征的商品名称、包装、装潢。上述第①、②、④项规定的情形经过使用取得显著特征的，可以认定为特有的名称、包装、装潢。知名商品特有的名称、包装、装潢中含有本商品的通用名称、图形、型号，或者直接表示商品的质量、主要原料、功能、用途、重量、数量及其他特点，或者含有地名，他人因客观叙述商品而正当使用的，不构成不正当竞争行为。

(3) 擅自使用他人的企业名称或姓名，引人误认为是他人的商品。企业名称或姓名是经营者的营业标志，是区别商品或服务来源的标志。根据《最高人民法院关于审理不正当竞争民事案件应用法律若干问题的解释》的规定，企业登记主管机关依法登记注册的企业名称，以及在中国境内进行商业使用的外国(地区)企业名称应当认定为上述所称的"企业名称"。具有一定的市场知名度、为相关公众所知悉的企业名称中的字号，可以认定为上述所称的"企业名称"。在商品经营中使用的自然人的姓名，应当认定为上述所称的"姓名"。

(4) 在商品上伪造或冒用认证标志、名优标志等质量标志，伪造产地，对商品质量作引入误解的虚假表示。认证标志是指质量认证机构准许经其认证产品质量合格的企业在产品或其包装上使用的质量标志。名优标志是指经国际或国内有关机构或社会组织评定为名优产品而发给经营者的一种质量荣誉标志。伪造产地是指经营者为提高其商品信誉，隐匿其商品真实的产地，而在商品上标注为信誉、技术较好的产地。

这类不正当竞争行为并不侵犯某个特定经营者的知识产权，它或虚构事实，或隐瞒事实真相，是对商品的质量、信誉作引入误解的虚假表示的欺诈性交易行为。

【案例6-1】甲化工厂生产的"雀牌"乙醇，曾获国家劳动部"优质产品"奖和国家质量监督局"银质奖章"，在国内外享有较高信誉，产品销路一直很好。乙化工厂也是一家以生产乙醇为主的化工厂，因质量问题一直经营困难。2017年2月，乙化工厂将本厂生产而采用甲化工厂包装的乙醇销往外地，以牟取利益。甲厂却因这些质量不合格的乙醇受到用户的指责，销售量急剧下降。试分析乙化工厂的行为属于哪种不正当竞争行为？应如何认定和处理？

【解析】乙化工厂擅自使用甲化工厂的知名商品的包装，使用户误认为是该知名商品，对给甲化工厂造成的损失应负担赔偿责任。同时，由行政机关对其处以没收违法所得和罚款。

(二)商业贿赂行为

商业贿赂行为是指经营者在市场交易中为了争得不低于竞争对手的市场优势，通过给付财物等方式贿赂影响交易的客户或政府机关及其公职人员的行为。商业贿赂主要包括以下两类。

1. 经营者采用财物或其他手段进行贿赂以销售或购买商品

商业贿赂的行为主要表现形式是回扣。所谓回扣是指经营者为了不正当地获得利益、优惠条件而直接向缔约方或有关方面及其工作人员暗中提供的金钱或有价证券。收受回扣的特点在于是正常交易之外，暗中进行的。这类行为属于不正当竞争行为。

2. 经营者在销售或购买商品时，在账外给予对方折扣，或者给予非合法的中间人佣金

佣金是商业活动中的一种劳务报酬，合法的中间人通过合法的服务获得的合法的佣金是法律允许的，但佣金必须如实入账。国家公务员、企业的雇员、企业的业务代理人，以及其他不是处于独立的中间人地位的人员不能收受佣金。经营者给对方折扣、给中间人佣金的，必须如实入账；接受折扣、佣金的经营者必须如实入账，否则属于不正当竞争行为。

【案例6-2】某市钢材加工厂厂长王某，为争取与本省较大的钢材经销公司甲公司建立贸易关系，销售该厂的产品，私下请甲公司计划科科长赵某到外地免费旅游度假数周，并暗示如果甲公司向钢材加工厂订货，则可按比例给赵某回扣。在这种情况下，赵某代表甲公司与钢材加工厂订立了买卖合同，并从中私下得到回扣若干，此回扣并未入账。试分析王某的行为是否属于不正当竞争行为。该如何认定和处理。

【解析】王某以请赵某免费旅游度假、提供账外暗中的回扣为手段，实现其销售钢材的目的，显然属于商业贿赂的不正当竞争行为，应对钢材加工厂处以罚款并追究李某的刑事责任。

(三)虚假宣传行为

虚假宣传行为是指经营者利用广告或其他方法，对其经营的商品或服务进行夸大事实或引人误解的宣传。经营者不得利用广告或其他方法，对商品的质量、制作成分、性能、用途、生产者、有效期限、产地等做引人误解的虚假宣传。广告是指经营者用来宣传自己

的商品或服务，扩大自己的商品或服务知名度的一种手段。虚假宣传是指商品宣传的内容与商品的客观事实不符。引人误解的宣传是指可能使宣传对象或受宣传影响的人对商品的真实情况产生错误的联想，从而影响其购买决策的商品宣传。《中华人民共和国广告法》(以下简称《广告法》)第三条规定，广告应当真实、合法，符合社会主义精神文明建设的要求。该法第四条规定，广告不得含有虚假的内容，不得欺骗和误导消费者。经营者利用广告等方法对商品进行虚假宣传，均构成不正当竞争行为。此外，《反不正当竞争法》对广告的经营者也规定了相关的义务，即广告的经营者不得在明知或应知的情况下，代理、设计、制作、发布虚假广告。《广告法》第二十七条规定，广告经营者、广告发布者应依据法律、行政法规查验有关证明文件，核实广告内容。对内容不实或证明文件不实或证明文件不全的广告，广告经营者不得提供设计、制作、代理业务，广告发布者不得发布。广告的经营者主要是各类媒体或者广告公司，如果它们从事了虚假广告活动，也要承担法律责任。

根据《最高人民法院关于审理不正当竞争民事案件应用法律若干问题的解释》的规定，经营者具有下列行为之一，足以造成相关公众误解的，可以认定为上述所称的引人误解的虚假宣传行为。

(1) 对商品作片面的宣传或对比的。

(2) 将科学上未定论的观点、现象等当作定论的事实用于商品宣传的。

(3) 以歧义性语言或其他引人误解的方式进行商品宣传的。

以明显的夸张方式宣传商品，不足以造成相关公众误解的，不属于引人误解的虚假宣传行为。

(四)侵犯商业秘密行为

所谓商业秘密是指不为公众所知悉，能为权利人带来经济利益、具有实用性并经权利人采取保密措施的技术信息和经营信息。

侵犯商业秘密是指经营者不正当获取披露或使用权利人商业秘密的行为。经营者不得采用下列手段侵犯商业秘密。

(1) 以盗窃、利诱、胁迫和其他不正当手段获取权利人的商业秘密。

(2) 披露、使用或允许他人使用以前项手段获取的权利人的商业秘密。

(3) 根据法律和合同，有义务保守商业秘密的人(包括与权利人有业务关系的单位、个人，在权利人单位就职的职工)披露、使用和允许他人使用其所掌握的商业秘密。第三人明知或应知前款所列违法行为，获取使用或披露他人的商业秘密，视为侵犯商业秘密。

侵犯商业秘密的经营者可以是内部知情者，也可以是外部知情者或其他人员；可以是个人，也可以是组织。

根据《最高人民法院关于审理不正当竞争民事案件应用法律若干问题的解释》的规定，"不为公众所知悉"是指有关信息不为其所属领域的相关人员普遍知悉和容易获得。"保密措施"是指权利人为防止信息泄露所采取的与其商业价值等具体情况相适应的合理保护措施。具有下列情形之一，在正常情况下足以防止涉密信息泄露的，应当认定权利人采取了保密措施。

(1) 限定涉密信息的知悉范围，只对必须知悉的相关人员告知其内容。

(2) 对于涉密信息载体采取加锁等防范措施。

(3) 在涉密信息的载体上标有保密标志。

(4) 对于涉密信息采用密码或代码等。

(5) 签订保密协议。

(6) 对于涉密的机器、厂房、车间等场所限制来访者或提出保密要求。

(7) 确保信息秘密的其他合理措施。

(五)低价倾销行为

低价倾销是指经营者以排挤竞争对手为目的，以低于成本的价格销售商品的行为。这类行为在客观上侵犯了同业竞争对手的公平交易权利和社会的正常竞争秩序，属于不正当竞争行为。

低价倾销的行为要点如下。

(1) 行为的主体是经营者，而且在绝大多数情况下，是大型企业或在特定市场上具有经营优势地位的企业。

(2) 经营者在客观上实施了低价倾销行为。

(3) 经营者低价倾销行为的目的是排挤竞争对手，以便独占市场。

但经营者有下列情形之一的，即使以低于成本的价格销售商品，也不属于不正当竞争行为。

(1) 销售鲜活商品。

(2) 处理有效期限即将到期的商品或其他积压的商品。

(3) 季节性降价。

(4) 因清偿债务、转产、歇业降价销售商品。

(六)不正当有奖销售行为

不正当有奖销售是指经营者在销售商品或提供服务时，以欺骗或其他不正当手段，附带提供给用户和消费者金钱、实物或其他好处，作为对交易的奖励。

其方式大致可分为两种：一种是奖励给所有购买者的附赠式有奖销售；另一种是奖励部分购买者的抽奖式有奖销售。

《反不正当竞争法》第十三条以列举方式禁止经营者从事3类有奖销售行为。《关于禁止有奖销售活动中不正当竞争行为的若干规定》对第十三条加以细化，禁止以下列方式进行有奖销售。

(1) 谎称有奖销售或对所设奖的种类、中奖概率、最高奖金额、总金额，奖品种类，数量、质量、提供方法等作虚假不实的表示。

(2) 采取不正当手段故意让内定人员中奖。

(3) 故意将设有中奖标志的商品、奖券不投放市场或不与商品、奖券同时投放，或者故意将带有不同奖金金额或奖品标志的商品、奖券按不同时间投放市场。

(4) 抽奖式的有奖销售，最高奖的金额超过5 000元(以非现金的物品或其他经济利益作为奖励的，按照同期市场同类商品或服务的正常价格折算其金额)。

(5) 利用有奖销售手段推销质次价高的商品。

(6) 其他欺骗性有奖销售行为。

面向「十三五」高职高专项目导向式教改教材 · 财经系列

上述有奖销售行为是超过一定范围或采取不正当手段进行的有奖销售，其结果是造成对竞争秩序的破坏，损害消费者的利益，属于不正当竞争行为。

【案例 6-3】某商厦为招揽顾客，在报纸上刊登广告，称凡于 2011 年 2 月至 6 月在该商厦购物满 200 元者可获得奖券一张，凭该奖券可在购物当日参加抽奖。一等奖为香港 7 日游(如果放弃游览可领取 6 000 元人民币)；二等奖为电冰箱一台；三等奖为 VCD 一台；鼓励奖为自行车一辆。此外还有纪念奖若干。此广告登出后引来众多顾客，但顾客所得奖项大多为鼓励奖和纪念奖。后经人举报，一、二、三等奖为商厦内部工作人员所得。试分析该商厦的做法是否违反了《反不正当竞争法》的规定。如果违反，应如何处理？

【解析】商厦为招揽顾客，倾销商品，设巨奖促销。其最高奖金额已经超过了法定最高额，且商厦采取隐匿手段，让其内部工作人员取得一、二、三等奖，而广大消费者仅仅得到了鼓励奖和纪念奖，严重损害了消费者的权益，同时其行为也损害了其他经营者的利益。该商厦的行为违反了《反不正当竞争法》的规定，属于不当有奖销售行为。依据《反不正当竞争法》的规定，应责令该商厦立即停止违法行为，并处以 1 万元以上 10 万元以下罚款。

(七)诋毁商誉行为

诋毁商誉行为是指经营者捏造事实、散布虚假陈述，损害竞争对手的商业信誉和商品声誉的行为。这类行为的结果是对竞争对手合法权益的直接侵犯，并给正常的市场竞争秩序带来破坏，应属于严重违反商业道德的不正当竞争行为。

(八)串通招标、投标行为

串通招标、投标行为是指在发包工程、购销成套设备、承包租赁等经营活动中，招标、投标的当事人事先对招标、投标事项串通，以排挤竞争对手或损害招标者利益的行为。

经营者的下列行为属于《反不正当竞争法》所禁止的串通招标、投标行为：投标者串通投标，抬高标价或压低标价；投标者和招标者相互勾结，以排挤竞争对手的公平竞争。

三、不正当竞争行为的监督检查

(一)监督检查部门

《反不正当竞争法》第三条第二款规定："县级以上人民政府工商行政管理部门对不正当竞争行为进行监督检查；法律、行政法规规定由其他部门监督检查的，依照其规定。"可见，我国不正当竞争行为的监督检查机构包括：①县级以上人民政府工商行政管理部门，这是对不正当竞争行为进行监督检查的主要机构，对不正当竞争行为监督检查负有主要责任；②法律、行政法规规定的其他部门，如产品质量监督检验部门、物价部门等。

(二)监督检查部门的职权

根据《反不正当竞争法》第十七条的规定，监督检查部门在监督检查不正当竞争行为时，有权行使下列职权。

(1) 按照规定程序询问被检查的经营者、利害关系人、证明人，并要求提供证明材料或与不正当竞争行为有关的其他资料。

(2) 查询、复制与不正当竞争行为有关的协议、账册、单据、文件、记录、业务函电和其他资料。

(3) 检查与《反不正当竞争法》第五条规定的不正当竞争行为有关的财物，必要时可以责令被检查的经营者说明该商品的来源和数量，要求其暂停销售，听候检查，不得转移、隐匿、销毁该财物。

同时，《反不正当竞争法》第十八条还规定："监督检查部门工作人员监督检查不正当竞争行为时，应当出示检查证件。"

四、《反不正当竞争法》中的法律责任

(一)监督检查部门工作人员的法律责任

(1) 监督检查部门工作人员滥用职权、玩忽职守，构成犯罪的，依法追究刑事责任；不构成犯罪的，给予行政处分。

(2) 监督检查部门工作人员徇私舞弊，对明知有违反《反不正当竞争法》规定构成犯罪的经营者故意包庇不使其受追诉的，依法追究刑事责任。

(二)经营者的法律责任

由于不正当竞争行为损害了其他经营者或消费者的合法权益，扰乱了社会经济秩序，所以《反不正当竞争法》对经营者的法律责任规定了三种类型，即民事责任、行政责任和刑事责任。

1. 民事责任

《反不正当竞争法》第二十条规定："经营者违反规定，给被侵害的经营者造成损害的，应当承担损害赔偿责任，被侵害的经营者的损失难以计算的，赔偿额为侵权人在侵权期间因侵权所获得的利润；并应当承担被侵害的经营者因调查该经营者侵害其合法权益的不正当竞争行为所支付的合理费用。"同时规定，被侵害的经营者的合法权益受到不正当竞争行为损害的，可以向人民法院提起诉讼。

2. 行政责任

(1) 经营者假冒他人的注册商标，擅自使用他人的企业名称或姓名，伪造或冒用认证标志、名优标志等质量标志，伪造产地，对商品质量作引入误解的虚假表示的，依照《中华人民共和国商标法》、《中华人民共和国产品质量法》的规定处罚。

经营者擅自使用知名商品特有的名称、包装、装潢，或者使用与知名商品近似的名称、包装、装潢，造成和他人的知名商品相混淆，使购买者误认为是该知名商品的，监督检查部门应当责令停止违法行为，没收违法所得，可以根据情节处以违法所得 1 倍以上 3 倍以下的罚款；情节严重的，可以吊销营业执照。

(2) 经营者采用财物或其他手段进行贿赂以销售或购买商品，构成犯罪的，依法追究刑事责任；不构成犯罪的，监督检查部门可以根据情节处以 1 万元以上 20 万元以下的罚款，

面向『十三五』高职高专项目导向式教改教材 · 财经系列

有违法所得的，予以没收。

(3) 公用企业或其他依法具有独占地位的经营者，限定他人购买其指定的经营者的商品，以排挤其他经营者的公平竞争的，省级或设区的市的监督检查部门应当责令停止违法行为，可以根据情节处以 5 万元以上 20 万元以下的罚款。被指定的经营者借此销售质次价高商品或滥收费用的，监督检查部门应当没收违法所得，可以根据情节处以违法所得，可以根据情节处以 1 倍以上 3 倍以下的罚款。

(4) 经营者利用广告或其他方法，对商品作引人误解的虚假宣传的，监督检查部应当责令停止违法行为，消除影响，可以根据情节处以 1 万元以上 20 万元以下的罚款。

广告的经营者，在明知或应知的情况下，代理、设计、制作、发布虚假广告的，监查部门应当责令停止违法行为，没收违法所得，并依法处以罚款。

(5) 侵犯商业秘密的经营者，监督检查部门应当责令其停止违法行为，可以根据情节处以 1 万元以上 20 万元以下的罚款。

(6) 经营者违法进行不正当有奖销售的，监督检查部门应当责令停止违法行为，可根据情节处以 1 万元以上 10 万元以下的罚款。

(7) 投标者串通投标，抬高标价或压低标价；投标者和招标者相互勾结，以排挤竞争对手的公平竞争的，其中标无效。监督检查部门可以根据情节处以 1 万元以上 20 万元下的罚款。

(8) 政府及其所属部门违反《反不正当竞争法》第七条规定，限定他人购买其指定经营者的商品、限制其他经营者正当的经营活动，或限制商品在地区之间正常流通的，由上级机关责令其改正；情节严重的，由同级或上级机关对直接责任人员给予行政处分。被指定的经营者借此销售质次价高商品或者滥收费用的，监督检查部门应当没收违法所得，可以根据情节处以违法所得 1 倍以上 3 倍以下的罚款。

《反不正当竞争法》第二十八条规定："经营者有违反被责令暂停销售，不得转移、隐匿、销毁与不正当竞争行为有关的财物的行为的，监督检查部门可以根据情节处以被销售、转移、隐匿、销毁财物的价款的 1 倍以上 3 倍以下的罚款。"

为了保护当事人的合法权益，《反不正当竞争法》第二十九条同时规定："当事人对监督检查部门作出的处罚决定不服的，可以自收到处罚决定之日起 15 日内向上一级主管机关申请复议；对复议决定不服的，可以自收到复议决定书之日起 15 日内向人民法院提起诉讼，也可以直接向人民法院提起诉讼。"

3. 刑事责任

经营者销售伪劣商品，构成犯罪的，依法追究刑事责任；经营者以财物或者其他手段进行贿赂以销售或购买商品，构成犯罪的，依法追究刑事责任。

◎ 任务解析

本任务案例中涉及《反不正当竞争法》中的两个问题：①不正当竞争行为的主体；②侵犯商业秘密。如果朱某能成为不正当竞争行为的主体，王某的请求即有了"法律根据"。

本任务案例中，朱某以公民个人身份，承包了镀银厂的一个车间，以营利为目的从事为零件镀银的加工业务，并截取了王某的商业秘密，违反了《反不正当竞争法》中的相关规定。因此，朱某是不正当竞争行为的主体。王某作为被朱某的不正当竞争行为侵害的经营者，有权根据我国《反不正当竞争法》第二十条有关损害赔偿的规定，要求朱某赔偿其经济损失，王某的请求是有法律根据的。

项 目 小 结

　　运用法律手段维护公平的市场竞争秩序是市场经济发展的内在要求，也是广大生产经营者和消费者的强烈愿望。本项目以项目操作的方式贯穿竞争法理论认知的运用，重点在于理解和掌握不正当竞争的特征、类型及法律责任，掌握运用竞争法理论解决实践问题的技能。

实 训 练 习

　　【实训项目】热点问题讨论。
　　【实训操作及要求】分组讨论，要求能应用所学的竞争法理论分析具体社会现象，并得出基本的结论：案例中的竞争行为是否构成不正当竞争？
　　【热点案例】2014年1月天上掉下了"馅饼"。嘀嘀打车和微信支付挑头，在全国32个城市以"乘客立减10元、司机立奖10元"的返现方式推广手机支付。10天后，快的打车与支付宝几乎套用了前两者的推广模式，在全国40个城市推出"乘客返现10元，司机奖励15元"。乘客通过支付宝/微信支付向司机付打车款，实际上是一笔结算合同，乘客是委托方，支付宝/微信支付是受托方，而司机更类似于促销员，因为可支付车费的方式很多，司机向乘客推荐用支付宝、微信支付，并获得奖励，相当于拉了一笔业务。有人认为，支付宝/微信支付提供了结算服务，不向乘客收钱，还要倒贴10元返现，显然是以低于成本的价格销售，是一种不正当竞争，最终的结果是，支付宝/微信支付通过低价倾销独占市场，扰乱市场竞争秩序。也有人认为，倒贴钱打车，好处还是给了消费者，何乐而不为。

理 论 复 习

一、单项选择题

　　1. 某啤酒厂在某产品的瓶颈上贴一标签，标签上印有"获1990年柏林国际啤酒博览会金奖"字样和一个带外文的徽章。此奖项和徽章均属子虚乌有。这一行为应当被认定为（　　）。
　　A. 根据《反不正当竞争法》，该行为构成虚假宣传行为
　　B. 根据《反不正当竞争法》，该行为构成虚假表示行为
　　C. 根据《民法通则》，该行为构成欺诈的民事行为

D. 该行为违反商业道德，但不违反法律

2. 某商厦开展有奖销售活动，其公告中称：本次活动分两次抽奖；第一次一等奖8名，各奖彩电一台(价值4 500元)；第二次一等奖3名，各奖录像机一台(价值2 300元)；第一次获奖者还可参加第二次抽奖。以下判断中正确的是(　　)。

A. 开奖不允许两次进行，该商厦构成不正当有奖销售

B. 可以两次开奖，但最高奖的总值不得超过5 000元，该商厦构成不正当有奖销售

C. 可以两次开奖，因每次的最高奖额未超过5 000元，属正当的有奖销售

D. 是不是正当有奖销售，应取决于最后抽奖结果是否出现一人连续两次中一等奖

3. 甲电器销售公司与乙电视机厂因货款纠纷而产生隔阂，甲不再经销乙的产品。当客户询问甲的营业人员是否有乙厂的电视机时，营业人员故意说道："乙厂的电视机质量不好，价格又贵，因此我们不再卖它的产品了。"下列表述正确的是(　　)。

A. 甲侵犯了乙的名誉权

B. 甲的行为属于诋毁乙的商业信誉的不正当竞争行为

C. 甲的行为因未通过宣传媒介诋毁乙的商业信誉，因此不构成诋毁商业信誉

D. 甲侵犯了乙的荣誉权

4. 下列选项中，不属于不正当竞争行为的是(　　)。

A. 第三人明知或应知法律所禁止的行为，获取、使用或披露他人商业秘密的行为

B. 经营者以低于成本的价格销售商品用于清偿债务的行为

C. 擅自使用他人的企业名称或姓名，引人误认为是他人商品的行为

D. 假冒他人注册商标的行为

5. 下列选项中，属于不正当竞争行为的是(　　)。

A. 以低于成本价格销售鲜活商品　　　　B. 以低于成本价格处理积压商品

C. 抽奖式有奖销售最高奖为4 500元　　　D. 发布虚假广告

6. 美国通过的联邦第一部反托拉斯法是(　　)。

A. 《克莱顿法》　　B. 《英里尔法》　　　C. 《谢尔曼法》　　D.《联邦委员会法》

7. 经营者的不正当竞争行为给被侵害的经营者造成的损失难以计算的，赔偿额为(　　)。

A. 侵权人在侵权期间所获得的利润

B. 侵权人在侵权期间因侵权所获得的利润

C. 受害人在被侵权期间因侵权所受到的损失

D. 侵权人在侵权期间因侵权所获得的利润的2倍

8. 经营者不得采用财物或其他手段进行贿赂以销售或购买商品。单位或个人在账外暗中收受回扣的，以(　　)论处。

A. 贪污　　　　　　B. 受贿　　　　　　C. 行贿　　　　　　D. 侵占

9. 我国《反不正当竞争法》的立法宗旨是保障社会主义市场经济的健康发展，鼓励和保护(　　)，制止不正当竞争行为，保护经营者和消费者的合法权益。

A. 公平竞争　　　　B. 自由竞争　　　　C. 公平交易　　　　D. 合同自由

10. 某家具商店广告标示展销"意大利聚酯漆家具"，消费者以为是意大利进口家具，而实际上是用意大利聚酯漆涂的家具。此广告属于(　　)的广告。

A. 真实　　　　　B. 虚假　　　　　C. 引人误解　　　　D. 错误

二、多项选择题

1. 经营者的行为构成不正当竞争，必须具备的特征是(　　)。
　　A. 违法性　　　　B. 利己性　　　　C. 侵权性　　　　D. 社会危害性

2. 下列选项中，属于假冒他人商标的不正当竞争行为有(　　)。
　　A. 假冒他人的注册商标
　　B. 擅自使用与知名商标近似的名称、包装、装潢
　　C. 擅自使用他人的企业名称或者姓名，引人误认为是他人的商品
　　D. 在商品上伪造或冒用认证标志、名优标志等质量标志

3. 用不正当的手段侵犯他人的商业秘密也是一种法律禁止的不正当竞争行为。这种行为主要表现为(　　)。
　　A. 以盗窃、利诱、胁迫或其他不正当手段获取权利人的商业秘密
　　B. 披露、使用或允许他人使用上述各项手段获取权利人的商业秘密
　　C. 披露、使用或者允许他人使用其所掌握的商业秘密
　　D. 第三人明知是侵犯他人商业秘密仍接受使用或披露了他人的商业秘密

4. 下列选项中，以低于成本的价格销售商品却不属于不正当竞争行为的有(　　)。
　　A. 销售鲜活商品
　　B. 处理有效期限即将到期的商品或其他积压的商品
　　C. 季节性降价
　　D. 因清偿债务、转产、歇业降价销售商品

5. 下列选项中属于有奖销售的不正当竞争行为的有(　　)。
　　A. 经营者采用谎称有奖或故意让内定人员中奖的欺骗方式进行有奖销售
　　B. 利用有奖销售的手段推销质次价高的商品
　　C. 抽奖式的有奖销售，最高奖的金额超过 5 000 元
　　D. 进行二次抽奖的

6. 下列选项中属于法律规定的不正当竞争行为的有(　　)。
　　A. 某市政府发文规定，由于最近本市连续发生多起煤气中毒事件，因此各单位必须统一使用本市煤气公司生产的煤气安全阀
　　B. 某商场为促销张贴海报，宣传在年底举办有奖销售，最高奖品为价值 4 000 元的彩电一台
　　C. 某市果品公司购进一大批水果，由于不便保存，决定降价销售，致使本市水果价格大幅度下降
　　D. 甲公司为提高本公司产品的市场占有率，通过座谈会的形式，向顾客宣传乙公司的产品不如甲公司

7. 甲经销商销售乙厂生产的名牌针织衫，租赁了在当地很有影响的丙商场的柜台。甲出于商业目的，为推销商品、占领市场，在销售时采取了一些措施。下列措施中不被允许的是(　　)。
　　A. 以乙厂厂家销售的名义推销其名牌针织衫

面向「十三五」高职高专项目导向式教改教材 · 财经系列

B. 所雇用的销售人员均身着丙商场的工作服、佩戴丙商场的标志

C. 以明示方式给购买者价格折扣，但不入账

D. 标明甲自己的企业名称和标记，进行让利销售

8. 下列选项中构成不正当竞争行为的有(　　)。

A. 甲厂产品发生质量事故，舆论误指为乙厂产品，乙厂公开说明事实真相

B. 甲汽车厂不满乙钢铁厂起诉其拖欠货款，散布乙厂产品质量低劣的虚假事实

C. 甲冰箱厂散布乙冰箱厂售后服务差的虚假事实，虽未指名但一般人可以推知

D. 甲灯具厂捏造乙灯具厂偷工减料的事实，但只告诉了乙厂的几家客户

9. 政府及其所属部门，不得滥用行政权力实施(　　)行为。

A. 限定他人购买其指定的经营者的商品

B. 限制其他经营者正当的经营活动

C. 限制外地商品进入本地市场

D. 限制本地商品流向外地市场

10. 2013 年冬季，前卫商场销售皮衣，谎称自己销售价是"跳楼价"。下列表述正确的是(　　)。

A. 前卫商场违反了《反不正当竞争法》关于垄断经营的规定

B. 前卫商场违反了《消费者权益保护法》关于禁止欺诈经营的规定

C. 前卫商场违反了《反不正当竞争法》关于禁止做引人误解虚假宣传的规定

D. 前卫商场违反了《民法通则》和《合同法》规定的诚实信用原则

三、案例分析题

1. 某市文教用品厂主要生产粉笔、纸张、本册、各类绘图工具等。该市生产纸张本册的厂家不止一家，而生产粉笔的厂家只此一家。因此该市中小学校都在该文教用品厂购买粉笔。根据此种情况，该文教用品厂作出决定：购买一盒粉笔需要同时购买 20×20 稿纸一叠。如果不在该市文教用品厂购买粉笔，就只能到较远的邻市购买，因此该市中小学校只得在此购买粉笔。试分析该文教用品厂的做法是否属于不正当竞争行为？应如何处理？

2. 某市燃气公司开设了一家专门经销热水器的门市部。为了保证门市部的收入及为煤气公司创造经济效益，煤气公司规定，凡是搬入新楼房需要安装煤气设施的住户，每户必须购买一台煤气公司门市部的热水器，并凭购买热水器的发票给予登记安装煤气设置。凡没有购买的用户，概不予安装煤气设施。试分析煤气公司的这种做法属于什么行为？应如何处理？

3. 2014 年 4 月，某市百货公司为增加营业额，提高企业收入，推出"春季购物万元有奖销售"系列活动。其中一次活动中设一台价值近万元的彩电为奖品，引起群众抢购货物热潮。在有奖销售活动正式开始之前，该百货公司经理赵某暗中告知其亲戚马某有关能中奖的具体事项，使得马某轻易地获得了彩电。试分析赵某的行为是否属于不正当竞争行为？应如何认定和处理？

项目七 产品质量法

【技能目标】

- 识别产品瑕疵与产品缺陷。
- 阐述产品质量的法律责任及规则原则。
- 区别生产者与销售者的义务。

【知识目标】

- 了解产品质量的概念与特征。
- 掌握认定产品质量责任的主要条件。
- 掌握生产者与销售者的责任与义务。
- 理解并掌握产品质量监督管理制度的有关产品质量检验、认证及产品质量监督检查等法律规定。
- 掌握产品质量的法律责任及归责原则。

任务一　产品质量法概述

任务案例

2017年2月，A市技术监督局根据群众举报，对该市某土产品采购供应站的100吨蜂蜜进行监督抽查。结果查明，该批蜂蜜中含有一定量的硫酸铵，被认定为劣质品。2014年7月，市技术监督局发出2号处罚决定书，按照《中华人民共和国产品质量法》的有关规定，对土产品采购供应站作出"没收全部蜂蜜，直接责任者罚款2 000元"的处罚。行政相对人不服。同年9月，市技术监督局又发出6号处罚决定书，撤销2号处罚决定书中对直接责任者进行罚款的决定，没收全部蜂蜜的处罚仍予保留。相对人接到6号处罚决定书后，即向当地市人民法院提起行政诉讼，要求市技术监督局撤销6号处罚决定书，解除已扣压多月的100吨蜂蜜，并要求市技术监督局赔偿所造成的经济损失。法院受理该案后，在案件审理期间产生了两种意见。第一种意见认为，虽然蜂蜜在产品分类中为农副产品，但如果食用，就是食品；如果作药用，又成为药品；进入到市场它就成为商品，所以市技术监督局适用《中华人民共和国产品质量法》进行处罚，并无不当。第二种意见则认为，根据GB 7635—87《全国工农业产品(商品物资)分类与代码》划分标准，蜂蜜为农副产品，不是《产品质量法》所指的产品，当然也就不应该适用《中华人民共和国产品质量法》，因此市技术监督局的处罚决定没有法律依据，应支持土产品采购供应站的请求，至于该蜂蜜含有硫酸铵的问题，技术监督局可以依照其他规定进行处罚。

具体任务

试分析在本任务案例中究竟该以何种意见处理？为什么？

理论认知

一、产品质量法的概念

(一)产品与产品质量

产品是指人们运用劳动手段对劳动对象进行加工而成，用于满足人们生产和生活需要的物品。产品的概念最初出现于经济学领域，现在在法学中也使用。《中华人民共和国产品质量法》(以下简称《产品质量法》)第二条规定："产品是经过加工、制作，用于销售的产品。"同时规定"建筑工程不适用本法规定。"可见，我国《产品质量法》所认定的"产品"是指经过加工、制作，用于销售的动产，不包括不动产。

产品质量是指产品在正常的使用条件下，为满足合理的使用要求所必须具备的物质、技术、心理和社会特征的总和。《产品质量法》中的产品质量，还应与法律联系起来，即指由国家的法律、法规、质量标准所确定的或由当事人的合同所约定的有关产品适用、安全、外观等诸多特性的综合。

产品质量的一般特性包括：①功能性，即产品在一定的条件下实现预定目的或规定功能的能力；②安全性，即产品在使用过程中不致危害人身、财产和环境的能力；③可靠性，即产品在规定条件下和规定时间内完成规定功能的能力；④经济性，即最经济地提供使消费者满意的产品质量；⑤可维修性。产品质量的内容，会随着经济、科技的发展及人们需要的变化而不断变化发展。

产品质量的最基本的要求包括：具备产品应当具备的使用性能；不存在危及人身、财产安全的不合理危险；有保障人体健康和人身、财产安全的国家标准、行业标准的，应当符合该标准；符合产品或在包装上注明采用的产品标准或说明情况。

产品的质量问题一般可以分为两大类：①产品不适用，这一类大多由于产品瑕疵而形成；②产品不安全，该类大多由产品缺陷所导致。

(二)产品质量法的概念和调整对象

产品质量法是调整在生产、流通和消费过程中因产品质量而发生的经济关系的法律规范的总称。它主要包括关于产品质量监督管理、产品质量责任、产品质量损害赔偿和处理产品质量争议等方面的法律规定。我国在 1993 年 2 月 22 日第七届全国人大常委会第三十次会议通过了《中华人民共和国产品质量法》，该法于 1993 年 9 月 1 日开始实施。2000 年 7 月 8 日，第九届全国人民代表大会常务委员会第十六次会议通过了《关于修改<中华人民共和国产品质量法>的决定》，该决定自 2000 年 9 月 1 日起开始生效。

产品质量法的调整对象主要包括以下两类关系：①在国家对企业的产品质量进行监督管理过程中产生的产品质量管理关系；②产品的生产者、销售者与产品的用户和消费者之间因产品缺陷而产生的产品质量责任关系。

二、产品质量法的适用范围

《产品质量法》第二条规定："产品是经过加工、制作，用于销售的产品。"根据这一规定，我国在产品质量法的范畴内，产品的范围包括以下几个方面。

(1) 以销售为目的，通过工业加工、手工制作等生产方式获得的具有特定使用性能的物品。所谓加工、制作是指改变原材料、毛坯或半成品的形状、性质或表面状态，使之达到规定要求的各种工作的统称。

(2) 初级农产品(指种植业、畜牧业、渔业产品等，如小麦、鱼等)及未经加工的天然形成的产品(如石油、原煤、天然气等)不适用该法的规定，但不包括经过加工的这类产品。

(3) 虽然经过加工、制作，但不用于销售的产品，纯为科学研究或为自己使用而加工、制作的产品，不属于该法调整的范围。

(4) 建设工程不适用该法规定；但建设工程使用的建筑材料、建筑构配件和设备，适用该法的规定。

(5) 军工产品不适用该法的规定。

三、产品质量法的原则

我国产品质量法的原则主要有以下四个。

1. 贯彻质量第一的原则

发展社会主义市场经济，不断提高产品质量，满足最广大人民群众日益增长的高水平的需要，是我国的一项基本政策，因而"质量第一"应当是我国产品质量立法必须长期坚持的战略方针。

2. 贯彻维护消费者合法权益的原则

产品质量法实质上就是产品质量责任法，而在产品质量中集聚的是对消费者的责任。

3. 实行统一立法、区别管理的原则

国家对可能危及人身、财产安全的产品，制定并实行强制性标准；对其他产品，主要采取国际通行的企业质量体系认证、产品质量认证等引导方法，加强对市场商品的监督。

4. 实行奖优罚劣的原则

国家一方面要奖励优质产品和质量管理先进的企业和个人；另一方面要严厉制裁制假、售假的生产者和销售者，以维护社会主义市场经济的秩序。

任务解析

本任务案例争论的焦点是，蜂蜜是否属于《产品质量法》所调整的产品范围。第一种意见是对《产品质量法》适用范围的认识模糊所导致的。《产品质量法》第二条规定："在中华人民共和国境内从事产品生产、销售活动，必须遵守本法。本法所称产品是指经过加工、制作，用于销售的。"所谓"经过加工、制作，用于销售的产品"是指以销售为目的，经过工业加工、手工制作等生产方式获得的、具有特定使用性能的物品。本法的实施细则进一步指出，原矿、原煤、石油、天然气等是未经加工的天然形成的产品。初级农产品，如家畜、林、牧、渔等，不适用本法规定。蜂蜜在《全国工农业产品分类与代码》划分中，属于初级农产品，所以它不在《产品质量法》的调整范围。

任务二　产品质量的监督管理

任务案例

2013 年 9 月，济南市某质量监督管理部门在对一家商场的商品进行检查时，怀疑该商场经销的黄晶宝石戒指含有杂质。该商场经理称，这种宝石戒指共有 18 枚，是济南 A 公司从湖南 B 厂购进的，A 公司告诉商场，购货时商品附有产品检验合格证书，只是在中途运输时丢失了。商场相信并以每枚 800 元价格销售，目前已卖出 5 枚，还剩下 13 枚戒指。于是，技术监督管理部门将剩下的 13 枚戒指送国家地矿部宝石监测中心进行技术鉴定。鉴定结果证明该宝石的折射率不合格，中间掺杂有玻璃物质，属不合格产品。于是，质量监督管理部门重新对进货方 A 公司和 B 厂办事处进行调查。在调查过程中，B 厂承认该批戒指中的黄晶是用碎黄晶和碎玻璃合成加工而成，用回扣的方式进货给 A 公司。A 公司则向商

场谎报产品属检验合格的产品，只是在运输中将检验合格证书丢失。质量监督管理部门最后作出了如下处理：责令商场对剩下的 13 枚不合格戒指按次等品出售，并没收销售所得；对 A 公司处以罚款；对 B 厂作出了相应的行政处罚。

具体任务

试评析本任务案例中对产品质量的监督及处理。

理论认知

一、产品质量监督的含义

产品质量监督，广义上是指国家、社会、用户、消费者及企业自身等，对产品质量和产品质量认证体系所作出的检验、检查、评价、措施等一系列活动的总称；狭义上是指各级人民政府质量监督部门依据法定权限对产品质量进行监督管理的活动。产品质量法意义上的产品质量监督为狭义上的含义。

从广义上看，产品质量监督可以分为以下三种基本的形式和途径。

(1) 企业监督，是指企业自身的内部自检和互检，包括劳动者自检、生产过程互检和专职检验。

(2) 社会监督，主要包括用户、消费者自检、社会组织监督、新闻媒介监督等。

(3) 国家监督。

二、国家产品质量监督体制

国家产品质量监督体制分为中央和地方两级。

(一)中央产品质量监督

中央产品质量监督包括国家产品质量监督主管部门对产品质量的监督和国务院其他有关部门对产品质量的监督。

国家产品质量监督主管部门即国家质量技术监督局，主管全国产品质量监督工作。其主要职责如下。

(1) 拟定并贯彻执行国家有关质量技术监督工作的方针、政策和法律、法规，制定和发布规章、制度；组织实施相关法律、法规，指导监督行政执法工作；管理与质量技术监督有关的技术法规备案。

(2) 管理质量监督工作；管理和指导质量监督检查；管理产品质量仲裁的检验、鉴定；组织协调依法查处生产和经营假冒伪劣商品活动中的质量违法行为。

(3) 宏观管理和指导全国质量工作；组织实施《质量振兴纲要》，研究拟定提高我国质量水平的发展战略；推广先进的质量管理经验和方法；协调建立重大工程设备质量监理制度；负责组织重大产品质量事故的调查；管理工业产品生产许可证工作。

(4) 统一管理国家标准的计划、审批、编号、发布；组织制定国家标准(含标准样品)，协调和指导行业标准、地方标准的制定，管理行业标准、地方标准备案；监督标准的贯彻执行；管理全国组织机构代码和商品条码工作。

(5) 统一管理计量工作，推行法定计量单位和国家计量制度；组织建立、审批和管理国家计量基准和标准物质；制定计量器具的国家鉴定系统标准、鉴定规程和计量技术规范，组织量值传递；规范和监督商品量的计量行为。

(6) 统一管理和监督认证认可工作；研究制定认证认可工作的规章、制度，审批、指导认可机构和认证人员注册机构；协调与监督强制性管理的安全认证；依法对质量检验机构授权和监督管理，对于质量技术监督相关的社会中介组织实行认可和监督管理。

(7) 综合管理锅炉、压力容器、电梯、防爆电器等特种设备的安全检查监督工作，制定规章、制度并组织实施；对锅炉、压力容器实施进出口检查。

(8) 组织制定质量技术监督事业发展规划；组织协调行业和专业的质量技术监督工作；管理和指导质量技术监督科技工作；组织管理质量技术监督的宣传、教育、培训、信息工作。

国务院其他有关部门对产品质量的监督，是指包括工商行政管理部门、药物质量监督管理部门等在各自的职责范围内对产品质量的监督。

(二)地方产品质量监督

省级以下质量技术监督系统实行垂直领导。县级以上地方产品质量监督部门主管本行政区域内的产品质量监督工作。县级以上地方政府有关部门在各自职责范围内负责产品质量监督工作。

三、产品质量监督管理制度

产品质量不仅关系到生产企业的经营效益，更关系到消费者权益，还影响到我国社会经济秩序的稳定和社会资源配置是否有效、国家经济实力强弱等关键问题。因此，国家通过立法加强对质量问题的规范具有历史的必然性。

(一)产品质量检验制度

在社会实践中，产品是否合格，能否满足人们的基本需求，往往需要借助产品质量检验来予以确认。

产品质量检验制度是指按照特定的标准、方法和程序，对产品质量进行检测，以判明产品是否符合国家产品质量标准的法律制度。我国《产品质量法》第十二条规定："产品质量应当检验合格，不得以不合格产品冒充合格产品。"

产品质量检验的主体是企业，检验的标准有国家标准、行业标准、地方标准、企业标准；检验形式由企业自己检验和委托他人检验两种。

(二)标准化管理制度

1. 标准与标准化

标准是对重复性事务和概念所作出的技术统一规定和衡量标准，在不同的领域存有不同的标准。标准化是指从指定标准到事实标准的全部活动过程形成一套切实可行的制度，并予以贯彻实施的要求。

标准化法是指调整国家对现代化生产进行科学管理的有关标准化关系的法律规范总称，1988 年 12 月 29 日，第七届全国人民代表大会常务委员会第五次会议通过了《中华人民共和国标准化法》(以下简称《标准化法》)，该法自 1989 年 4 月 1 日开始实施。

《知识链接》

标准制定的范围

我国《标准化法》第二条规定，对下列需要统一的技术要求，应当制定标准。

(1) 工业产品的品种、规格、质量、等级或安全、卫生要求。

(2) 工业产品的设计、生产、检验、包装、储存、运输、使用的方法或生产、储存、运输过程中的安全、卫生要求。

(3) 有关环境保护的各项技术要求和检验方法。

(4) 建设工程的设计、施工方法和安全要求。

(5) 有关工业生产、工程建设和环境保护的技术术语、符号、代号和制图方法。

重要农产品和其他需要制定标准的项目，由国务院规定。

2. 产品标准化

产品标准化是指产品按照一定的标准进行生产的制度。根据我国《产品质量法》的规定，我国实行产品质量标准制度。其主要内容如下。

(1) 产品质量应符合一定的标准。

(2) 产品均应检验合格，不得以不合格产品冒充合格产品。

(3) 可能危及人体健康和人身、财产安全的工业产品，必须符合保障人体健康和人身财产安全的国家标准、行业标准。未制定国家标准或行业标准的，必须符合保障人体健康和人身、财产安全的要求。

《知识链接》

标准体系

我国《标准化法》规定了标准体系，我国的产品质量标准体系包括国家标准、行业标准和企业标准 3 个层次。对需要在全国范围内统一的技术要求，应当制定国家标准。国家标准由国务院标准化行政主管部门制定。对没有国家标准而又需要在全国某个行业范围内统一的技术要求，可以制定行业标准。行业标准由国务院有关行政主管部门制定，并报国务院标准化行政主管部门备案，在公布国家标准之后，该项行业标准即行废止。对没有国家标准和行业标准而又需要在省、自治区、直辖市范围内统一的工业产品的安全、卫生要求，可以制定地方标准。地方标准由省、自治区、直辖市标准化行政主管部门制定，并报国务院标准化行政主管部门和国务院有关行政主管部门备案，在公布国家标准或行业标准之后，该项地方标准即行废止。

企业生产的产品没有国家标准和行业标准的，应当制定企业标准，以作为组织生产的依据。企业的产品标准须报当地政府标准化行政主管部门和有关行政主管部门备案。已有国家标准或行业标准的，国家鼓励企业制定严于国家标准或行业标准的企业标准，在企业内部适用。

国家标准、行业标准分为强制性标准和推荐性标准。保障人体健康，人身、财产安全的标准和法律、行政法规规定强制执行的标准是强制性标准，其他标准是推荐性标准。省、自治区、直辖市标准化行政主管部门制定的工业产品的安全、卫生要求的地方标准，在本行政区域内是强制性标准。

(三)企业质量体系认证制度

1. 企业质量体系认证制度的概念

企业质量体系认证制度是指国务院产品质量监督管理部门或由它授权的部门认可的认证机构，依据国际通用的"质量管理和质量保证"系列标准，对企业的质量体系和质量保证能力进行审核合格，颁发企业质量体系认证证书，证明企业的质量体系和质量保证能力符合相应要求的制度。

2. 企业质量体系认证的法律依据和程序

企业质量体系认证的法律依据是《产品质量法》。该法规定：国家根据国际通用的质量管理标准，推行企业质量体系认证制度。认证程序如下。

(1) 企业根据自愿原则申请质量体系认证。

(2) 认证机构接受企业申请。

(3) 经认证合格的，由认证机构颁发企业质量体系认证证书。

3. 企业质量体系认证的目的

(1) 在合同的条件下，是为了提高供方的质量信誉，向需方提供质量担保，增强企业在市场上的竞争能力。

(2) 在非合同的条件下，是为了加强企业内部的质量管理，实现质量目标。

4. 企业质量体系认证的标准

国家质量技术监督局颁布的 GB/TI 9000—ISO 9000 系列国家标准，等同于国际标准化组织(ISO)推荐采用的 ISO 9000 "质量管理和质量保证"系列国际标准。

推行企业质量体系认证制度的意义主要在于，通过开展质量体系认证工作，有利于促进企业在管理和技术等方面采取有效措施，在企业内部建立起可靠的质量保证体系，以保证产品质量；而对企业自身来讲，通过质量体系认证机构的认证，即意味着企业的质量保证能力获得了有关权威机构的认可，从而可以提高企业的质量信誉、扩大企业的知名度、增强企业的竞争优势。在我国，企业质量体系认证遵循自愿原则，任何单位或个人都不得强制要求企业申请质量体系认证。企业申请质量体系认证的，可以向国务院产品质量监督部门认可的或国务院产品质量监督部门授权的部门认可的认证机构提出申请。需要注意的是，企业质量体系认证与产品质量认证是两个不同的概念，仅获得质量体系认证的企业不得在其产品上使用产品质量认证标志。

(四)产品质量认证制度

产品质量认证是指依据具有国际水平的产品标准和技术要求，经过认证机构确认并通过颁发认证证书和产品质量认证标志的形式，证明产品符合相应标准和技术要求的活动。

产品质量认证一般实行自愿原则，企业根据该原则，可以向国务院产品质量监督部门认可的或国务院产品质量监督部门授权的部门认可的认证机构申请产品质量认证。经认证合格的，由认证机构颁发产品质量认证证书，准许该企业在产品或包装上使用质量认证标志。但是，对于国家有强制性标准的产品必须进行安全认证。

(五)产品质量监督检查制度

国家对产品质量实行以抽查为主要方式的监督检查制度，对可能危及人体健康和人身、财产安全的产品，影响国计民生的重要工业产品及消费品、有关组织反映有质量问题的产品进行抽查。抽查的样品应当在市场上或企业成品仓库内的待销产品中随机抽取。监督抽查工作由国务院产品质量监督部门规划和组织。县级以上地方产品质量监督部门在本行政区域内也可以组织监督抽查。法律对产品质量的监督检查另有规定的，依照有关法律的规定执行。

国家监督抽查的产品，地方不得另行重复抽查；上级监督抽查的产品，下级不得另行重复抽查。

根据监督抽查的需要，可以对产品进行检验。检验抽取样品的数量不得超过检验的合理需要，并不得向被检查人收取检验费用。监督抽查所需检验费用按照国务院规定列支。

生产者、销售者对抽查检验的结果有异议的，可以自收到检验结果之日起 15 日内向实施监督抽查的产品质量监督部门或其上级产品质量监督部门申请复检，由受理复检的产品质量监督部门作出复检结论。

◎ 任务解析

我国《产品质量法》第十二条规定："产品质量应当检验合格，不得以不合格产品冒充合格产品。"该法第三十三条也规定："销售者应当建立并执行进货检查验收制度，验明产品合格证明和其他标识。"产品是否合格主要看它是不是符合产品标准，即对产品结构、规格、质量和检验方法所作的技术规定。本案中商家以次充好、以假充真的做法违反了上述规定，应该得到质量监督管理部门的查处。

任务三 生产者、销售者的产品质量责任和义务

◎ 任务案例

2016 年 12 月，成都武侯区一位老人过 60 大寿时，儿孙们给他买了一条湖南省株洲某家电厂生产的电热毯，送给老人祝寿。正巧当晚大雪纷飞，气温骤然降至零下。晚 10 时，

其儿子为老人铺好电热毯，安顿老人安然入梦。第二天，儿子起床后闻到老人屋里传出刺鼻的焦味，他急忙叫醒众人，撞开门，只见满屋浓烟滚滚，老人躺在床上已死去，全身烧焦，屋内物品均化为灰烬。案发后，武侯区技术监督部门对电热毯进行了质量监督检验。检验发现电热毯有 7 项技术指标不符合国家有关标准的要求，属劣质品。老人的后辈多次找家电厂协商未果，一纸诉状把家电厂告上法院。

◉ 具体任务

试分析本任务案例中的事件应如何处理？如何认定生产者、销售者的产品质量责任和义务？

◉ 理论认知

产品质量问题直接关系到生产者和销售者的利益，更关乎消费者的切身安全与利益。自有产品以来，产品质量所引起的人身伤害、财产损失问题就一直引起人们的重视。

一、生产者的产品质量责任与义务

(一)产品内在质量符合法定要求

(1) 不存在危及人身、财产安全的不合理的危险，有保障人体健康和人身、财产安全的国家标准、行业标准的，应当符合该标准。

该条款要求生产者在生产产品时不得生产"缺陷"产品。所谓缺陷，是指在产品存在危害人身、他人财产安全的不合理危险；不符合保障安全的国家标准、行业标准的产品。

(2) 具备产品应当具备的使用性能，但是，对产品存在使用性能的瑕疵作出说明的除外。

该条款要求生产者所生产的产品具有使用性能，这是生产者应具备最一般和最基本的义务，是生产者应尽的合同义务、担保义务。

(3) 符合在产品或其包装上注明采用的产品标准，符合以产品说明、实物样品等方式表明的质量状况。

以上三项义务是法律对生产者产品质量的法定要求，三项义务必须同时履行，不可或缺。

(二)产品包装标志符合法定要求

(1) 有产品质量检验合格证明。

(2) 有中文标明的产品名称、生产厂厂名和厂址。

(3) 根据产品的特点和使用要求，需要标明产品规格、等级、所含主要成分的名称和含量的，用中文相应予以标明；需要事先让消费者知晓的，应当在外包装上标明，或者预先向消费者提供有关资料。

(4) 限期使用的产品，应当在显著位置清晰地标明生产日期和安全使用期或失效日期。

(5) 使用不当，容易造成产品本身损坏或可能危及人身、财产安全的产品，应当有警示标志或中文警示说明。

裸装的食品和其他根据产品的特点难以附加标志的裸装产品，可以不附加产品标志。

(三)特殊产品包装符合要求

特殊产品是指易碎、易燃、易爆、有毒、有腐蚀性、有放射性等危险物品及储运中不能倒置和其他有特殊要求的产品。这些产品的包装质量必须符合相应要求，依照国家有关规定作出警示标志或中文警示说明，标明储运注意事项。

(四)禁止性规定

(1) 生产者不得生产国家明令淘汰的产品。国家明令淘汰的产品，即有的是危害社会整体利益的，有的是威胁或危及社会个体人身健康和财产安全的产品。国家对其进行明令规定就表明了具有普遍的约束力，作为生产者应当严格遵守，不得违反，违者将被依法追究责任。

(2) 生产者不得伪造产地，不得伪造或冒用他人的厂名、厂址。

(3) 生产者不得伪造或冒用认证标志等质量标志。

(4) 生产者生产产品，不得掺杂、掺假，不得以假充真、以次充好，不得以不合格产品冒充合格产品。

生产者如果违反以上禁止性规定，不仅要对用户、消费者承担违约责任、产品责任，而且要向国家承担行政责任。

二、销售者的产品质量责任与义务

(一)销售者应当建立并执行进货检查验收制度，验明产品合格证明和其他标志

这一义务是由我国《产品质量法》第三十三条规定的，是销售者对国家的义务和对用户、消费者的义务。产品由生产环节进入流通环节，销售者基于自身的利益必须进行检查、验收货物，同时，也是销售者对消费者应尽的"注意义务"，可减少纠纷，明确责任。

(二)销售者应当采取措施，保证销售产品的质量

这一义务是由我国的《产品质量法》第三十四条所规定的。销售者作为生产者和消费者之间的桥梁，这一阶段，是生产者的产品通过销售者到达用户、消费者的重要时间段。在此期间，产品可能会由于销售者未采取应有的保质措施而导致产品发生瑕疵或缺陷，故在《产品质量法》中作出规定，是为了加重销售者的注意义务和行为义务，减少纠纷。

(三)销售者销售的产品的标志符合法定要求

《产品质量法》第三十六条要求销售产品的标志应当符合该法第二十七条的规定，即销售者与生产者有同样的义务(共 5 项)，除此之外，销售者还有自己应当注意的问题。

【案例 7-1】2017 年某日，毛某和儿子到本区的百货商场电器柜台买收放机。毛某想买一个功能全质量好的收放机，但又不太懂这方面的知识，于是就请售货员帮助推荐一下。售货员立即热情地拿出某牌收放机，说这种收放机功能全音质好，价钱还不算太高，买的人很多。毛某信以为真，没有认真检查便付款买了这台收放机。回到家后，毛某的儿子便根据说明书的介绍开始用该收放机学习英语。在使用中发现，该收放机缺少自动倒带功能，

而且有个按钮刚用一天就已不太灵敏。看来，这台收放机的功能和质量同售货员所介绍的不太一样。于是，毛某急匆匆赶到百货商场，找到那位售货员要求退货。售货员往墙上一指说："你看，我们商场墙上贴着告示，上面写着'商品售出，概不退换'。我没法给你退货！"一气之下，毛某便向法院提起诉讼，要讨个说法。

【解析】法院审理认为，百货商场所贴的店堂告示损害了消费者的利益，因此百货商场作出的"商品售出，概不退换"的规定无效，责令撤销这一店堂告示；支持毛某的合理要求，判令商场予以退货。

《《知识链接》》

"店堂告示"的效力

上述是一起经营者以"店堂告示"的方式损害消费者利益、减轻自己应承担的民事责任的案例。

1. 法律不允许经营者在经营场所设立损害消费者权益的告示、声明、通知等

《消费者权益保护法》第二十四条规定："经营者不得以格式合同、通知、声明、店堂告示等方式作出对消费者不公平、不合理的规定，或者减轻、免除其消费者合法权益应当承担的民事责任。格式合同、通知、声明、店堂告示等含有前款所列内容的，其内容无效。"从这一法律规定可以看出，法律不允许经营者在经营场所设立损害消费者权益的告示、声明、通知，即使设立了，其内容也是无效的，并不能免除经营者应承担的责任和义务。

2. 购买商品中事实合同关系的形成

经营者提供商品或服务，消费者购买商品或接受服务，经营者和消费者之间就建立起一种合同关系。这种店堂告示的目的，是将该告示内容自动作为将要订立的合同的当然条款，消费者要订立合同就必须接受该条款；如果不接受该条款，经营者就不与你订立合同。这对消费者是不公平、不合理的，损害了消费者的合法权益，因而《消费者权益保护法》明文规定这类告示、声明、通知是无效的，不能免除经营者应承担的责任和义务。

在生活中，经营者自行设立的这类格式合同、通知、声明、店堂告示还是很多的，但并不是全部无效。判断其是否有效，需要依据《民法通则》和相关的法律规定加以分析。一般说来，这类声明、通知、店堂告示的内容大体可以分为两类：一类是关于经营情况的一般性告示，如"本店盘点暂不营业"，这类告示一般不涉及消费者的权利和利益，也没有不公平、不合理之处，因而是有效的。另一类告示涉及交易的内容，如"商品售出，概不退换"等。这类告示涉及消费者与经营者之间的权利义务关系，如果该店堂告示的内容对消费者不公平、不合理，或者免除、减轻经营者损害消费者合法权益而应当承担的民事责任，这样的内容则无效。

(四)禁止性规定

(1) 销售者不得销售国家明令淘汰并停止销售的产品和失效、变质的产品。失效是指超过产品质量保证期和安全使用期。失效可能导致产品变质，也有可能只是使产品价值下降。变质是指产品不能再使用。变质的产生有可能是因为失效，也有可能在产品的质量保证期和安全期内发生。

(2) 销售者不得伪造产地，不得伪造或冒用他人的厂名、厂址；销售者不得伪造或冒用认证标志等质量标志；销售者销售产品，不得掺杂、掺假，不得以假充真、以次充好，不得以不合格产品冒充合格产品。

◎ 任务解析

电热毯属于可能危及人身、财产安全的产品，我国对其有专门的国家标准。在本案中，湖南株洲某家电厂生产的电热毯有 7 项技术指标不符合有关国家标准的要求，违反了强制性产品标准，属于有缺陷的劣质品。本案家电厂和商场应该赔偿受害人家属丧葬费、死亡赔偿金和财产损失等。

任务四　产品质量责任

◎ 任务案例

某年除夕晚上，桂某打算用一下刚从单位拿回的卡式炉，谁知刚一点燃，就听"轰"的一声，卡式炉爆炸了，桂某及女儿被炸伤。事后经有关部门调查，该炉是 A 公司的新产品，出事前几天送到桂某所在单位(电子产品检验所)请求测试。桂某认为 A 公司产品质量一直不错，就顺手拿了一台回家用，不想发生了此事。

◎ 具体任务

试分析如果桂某起诉 A 公司，能否胜诉？为什么？

◎ 理论认知

一、产品质量责任的概念

产品质量责任是生产者、销售者及对产品负有直接责任的责任者，因违反《产品质量法》所规定的产品质量义务所应承担的法律责任。产品质量责任发生的原因众多，有违反产品质量监督、管理法规的，有违反合同的，也有违反《产品质量法》造成人身、财产损害的。产品质量责任是一种综合责任，包括产品质量瑕疵担保责任和产品缺陷责任，产品缺陷责任又称产品责任。

《 知识链接 》

产品质量责任与产品责任

"产品质量责任"与"产品责任"是两个既有联系又不等同的概念。"产品责任"包含在广义的"产品质量责任"概念之中，但其仅限于因产品缺陷导致受害人人身、财产损害而发生的特殊侵权责任，同时，两者在以下几个方面具有区别。

(1) 从性质上看，产品质量责任是一种综合责任，包括民事责任、行政责任、刑事责任，而产品责任是其中民事责任中的一种特殊侵权责任。

(2) 从责任原则上看，产品质量责任发生的原因众多，产品责任仅由于产品缺陷致使人身、财产损害时才发生。

(3) 责任主体不同，产品质量责任的主体包括生产、经营过程中所有对产品质量问题负责的组织或个人；但产品责任的主体只限于生产者、销售者。

(4) 从责任发生的时间上看，产品质量责任可以发生于产品生产运营过程中的任何环节上，而产品责任只发生于产品销售后的消费、使用过程。

产品瑕疵是指存在微小的确定或不足，一般情况下，瑕疵并不会影响产品的正常使用，也不会危及人身安全或带来其他的财产性损失，只会影响到其商业价值。

产品缺陷是指产品存在较大的质量问题，我国的《产品质量法》第四十六条规定："本法所称缺陷，是指产品存在危及人身、他人财产安全的不合理的危险；产品有保障人体健康和人身、财产安全的国家标准、行业标准的，是指不符合该标准。"

产品的缺陷可能发生在产品设计、原材料选用、制造装配等方面，但无论发生于哪一个阶段，都为产品缺陷。

《知识链接》

何为警示缺陷

警示缺陷是指生产者疏于以适当方式向消费者说明产品在使用方法及危险防范方面应予以注意的事项，因而导致产品发生危险。警示的内容应包含避免与产品有关的危险性及安全使用的方法的指示和说明等(即产品存在何种危险及应如何避免危险的发生，同时应区分使用说明和警示说明)。例如，电吹风："勿在浴室使用"；果冻："勿一口吞食"；饮料："小心热饮，勿用吸管"。警示的方式必须适当、合理，即应与产品的潜在的危险性成正比。危险性越大，则产品的警示方式(字体、字号、颜色等)和警示位置越要突出和明显。警示强度也应和产品的危险性相称，警示所传递的信息应能足够保证消费者安全使用产品，以防止消费者低估潜在的风险。

二、产品质量瑕疵担保责任

产品质量瑕疵担保责任又称产品瑕疵责任，是指因生产或销售的产品存在瑕疵，即产品质量不符合明示或默示的质量要求，生产者或销售者承担的责任。

产品瑕疵责任的情形包括以下内容。

(1) 不具备产品应当具备的使用性能而事先未作说明。

(2) 不符合以产品说明、实物样品等方式表明的质量状况。

(3) 不符合在产品或在其包装上注明采用的产品标准。

产品存在瑕疵，销售者应当负责修理、更换、退货，即三包责任，给购买产品的消费者造成损失的，销售者应当赔偿损失。

产品瑕疵责任实质上是一种违约责任，是买卖合同的卖方违反产品质量担保责任所应承担的民事责任。违约责任承担只能是合同一方当事人，通常是销售者。根据《产品质量法》的规定，销售者承担责任后，如果产品瑕疵属于产品生产者、产品运输者、仓储者的责任，销售者可以向真正责任人进行追偿。

三、产品责任

产品责任又称产品缺陷责任，是指产品存在缺陷，造成消费者人身或除缺陷产品以外的其他财产损失后，缺陷产品的生产者、销售者应当承担的法律责任。产品责任是一种特殊的侵权责任。

(一)产品责任的构成要件

(1) 产品存在缺陷。根据我国《产品质量法》的规定，产品存在缺陷是产品缺陷责任的构成要件的必要条件。产品存在缺陷是指产品存在危及人身、他人财产安全的不合理危险；产品有保障人体健康、人身、财产安全的国家标准、行业标准的，是指不符合该标准。

(2) 损害事实的存在。如果产品有缺陷但未造成损害后果，就不发生产品缺陷责任问题。换句话说，产品缺陷责任的发生依损害事实的存在为根据。这种损害既包括对财产的损害，也包括对人身的损害。受害人既可以是产品的购买人，也可能是产品的使用人，或者是既非购买人又非使用人的第三人。

(3) 损害后果与产品缺陷之间有因果关系。即损害后果是由于产品的缺陷所致，而不是由于他人把产品作为实施侵权的工具造成的。产品缺陷责任中的因果关系表现为产品缺陷与损害后果之间的相互联系，而不是表现为某种具体行为与损害后果之间的因果联系，因此只要受害人能够证明其所受损害是产品缺陷在事实上的结果，法律上的因果关系即告成立，而不必证明该缺陷是其损害发生的唯一原因或直接原因。

(二)产品责任的承担

产品责任主体为产品的生产者或销售者。《产品质量法》第四十三条规定，因产品存在缺陷造成人身、他人财产损害的，受害人可以向产品的生产者要求赔偿，也可以向产品的销售者要求赔偿；属于产品的生产者的责任，产品的销售者赔偿的，产品的销售者有权向产品的生产者追偿。属于产品的销售者的责任，产品的生产者赔偿的，产品的生产者有权向产品的销售者追偿。

(三)损害赔偿范围

因产品存在缺陷造成受害人人身伤害的，侵害人应当赔偿医疗费、护理费、因误工减少的收入、残废者生活补助费等费用；造成受害人死亡的，还应当支付丧葬费、死亡赔偿金、死者生前抚养的人所必需的生活费等。因产品存在缺陷造成受害人财产损害的，缺陷产品的生产者和销售者应依法承担损害赔偿责任。

(四)产品责任的免责

《产品质量法》规定生产者能够证明有下列情形之一的，不承担赔偿责任：①未将产品投入流通的；②产品投入流通时，引起损害的缺陷尚不存在的；③将产品投入流通时的科学技术水平尚不能发现缺陷的存在的。

(五)产品责任的诉讼时效

诉讼时效是指民事权利受到侵害的权利人在法定的时效期间内不行使权利，当时效期间届满时，即丧失胜诉权，人民法院对权利人的权利不再进行保护的制度。

《产品质量法》规定，因产品存在缺陷造成损害要求赔偿的诉讼时效期间为 2 年，自当事人知道或应当知道其权益受到损害时起计算。因产品存在缺陷造成损害要求赔偿的请求权，在造成损害的缺陷产品交付最初消费者满 10 年丧失；但是，尚未超过明示的安全使用期的除外。

◉ 任务解析

本任务案例中，桂某起诉 A 公司很难得到法院的支持，不能胜诉，因为，A 公司并未将其生产的卡式炉投入流通，是桂某擅自使用才造成自己及女儿的损害。依据《产品质量法》的规定，生产者能够证明有下列情形之一的，不承担赔偿责任：①未将产品投入流通的；②产品投入流通时，引起损害的缺陷尚不存在的；③将产品投入流通时的科学技术水平尚不能发现缺陷的存在的。因此，A 公司承担的法律责任应当免除。

项 目 小 结

质量是经济活动主体的生命线，也是国家经济的生命线。质量问题是关乎老百姓权益的关键问题。质量有问题的产品，不仅不能满足用户、消费者的需求，会对消费者造成损害，而且还会影响和损害生产者与销售者的利益，更会直接影响社会资源配置的有效性。产品质量法律制度是由相应的法律制度所共同构成的。产品质量责任也随着经济社会的不断发展而不断变化发展。

实 训 练 习

【实训项目】案例分析。

【实训操作及要求】将班级学生分为 4 人一组，组织学生进行案例搜集。根据《产品质量法》的规定和本项目的学习，对挑选出来的案例做案例分析，制作案例分析材料。

理 论 复 习

一、单项选择题

1. 产品质量监督部门查处涉嫌违反《产品质量法》规定的行为时，可以行使(　　)。

A. 拘留权　　　　　B. 留置权　　　　　C. 调查权　　　　　D. 冻结银行存款

2. 根据《产品质量法》规定，生产者、销售者应当建立健全(　　)。

    A. 内部财务制度　　　　　　　　　　B. 内部人事管理制度

    C. 内部管理制度　　　　　　　　　　D. 内部产品质量管理制度

3. 任何单位和个人有权对违反《产品质量法》规定的行为，向产品质量监督部门或其他有关部门(　　)。

    A. 抗诉　　　　　　B. 检举　　　　　　C. 控告　　　　　　D. 申诉

4. 以低等级、低档次的产品冒充高等级、高档次产品的行为，即为(　　)。

    A. 以假充真　　　　　　　　　　　　B. 以次充好

    C. 以不合格产品冒充合格品　　　　　D. 伪造冒用名优标志

5. 承担产品质量责任的主体是(　　)。

    A. 生产者和销售者　　　　　　　　　B. 生产者和使用者

    C. 生产者、销售者和使用者　　　　　D. 使用者

6. 由于销售者的(　　)使产品存在缺陷，造成他人人身、财产损害的，销售者应当承担赔偿责任。

    A. 故意　　　　　　B. 过失　　　　　　C. 过错　　　　　　D. 破坏

7. 《产品质量法》规定，产品缺陷损害赔偿的诉讼时效为(　　)。

    A. 20 年　　　　　　B. 10 年　　　　　　C. 2 年　　　　　　D. 1 年

8. 国家对产品质量实行监督检查的主要方式是(　　)。

    A. 抽查　　　　　　B. 自查　　　　　　C. 抽样　　　　　　D. 互查

9. 违反《产品质量法》规定应承担民事赔偿责任或缴纳罚款、罚金，其财产不足以同时支付的，先承担(　　)。

    A. 民事责任　　　　B. 罚款　　　　　　C. 罚金　　　　　　D. 平均支付各种费用

10. 《产品质量法》规定，对于拒绝接受依法进行的产品质量监督检查的行为，应给予警告，(　　)。

    A. 吊销营业执照　　　　　　　　　　B. 责令停止生产、销售

    C. 责令停止整顿　　　　　　　　　　D. 责令改正

二、多项选择题

1. 《产品质量法》规定合格产品应具备的条件包括(　　)。

    A. 不存在危及人身、财产安全的不合理危险

    B. 具备产品应当具备的使用性能

    C. 符合产品或其包装上注明采用的标准

    D. 有保障人体健康、人身财产安全的国家标准、行业标准的，应该符合该标准

2. 下面关于产品标识标注规定的表述，正确的有(　　)。

    A. 限期使用的产品，应当在显著位置清晰标明生产日期和安全使用期或失效日期

    B. 应有中文标明产品名称

    C. 应有中文标明生产厂厂名、厂址

    D. 使用不当，容易造成产品本身损坏或危及人身财产安全的，应有警示标志或中

文警示说明

3. 生产者不得生产(　　)。

    A. 国家明令淘汰的产品   B. 以假充真的产品

    C. 伪造产地的产品   D. 不合格产品

4. 因产品存在缺陷造成受害人人身伤害的，侵害人应当赔偿(　　)。

    A. 生活费   B. 医疗费

    C. 治疗期间的护理费   D. 因误工减少的收入

5. 售出的产品如果不符合以产品说明方式表明的质量状况的，销售者应当负责(　　)。

    A. 更换   B. 修理   C. 退货   D. 赔偿损失

三、案例分析题

    关某是位退休人员，于 2017 年 3 月 10 日到自由市场花费 330 元购买了一把秋千椅。2017 年 5 月 19 日中饭后，关某带着孙女坐在秋千椅上自然摇动，突然其中一根支撑的木料断裂，关某被摔在地上，致使右手骨折，经医院治疗共花去医药费 2 100 元。关某治愈后立即去自由市场寻找销售人，但发现销售人已不在原处，一时无法找到。后关某发现秋千椅上刻着"鸿运木竹制品厂生产"的字样，通过打听在城郊找到了该厂，关某便要求该厂承担其一切损失。而厂方则认为关某应先向销售者索赔。在协商无果的情况下，关某便向法院提起诉讼，对被告鸿运木竹制品厂提出以下诉讼请求：①要求被告赔偿购买秋千椅的损失 330 元；②要求被告赔偿医药费 2 100 元。

    试分析鸿运木竹制品厂对关某购买秋千椅的损失和所花的医药费是否应承担赔偿责任？为什么？

项目八　消费者权益保护法

【技能目标】

- 识别消费者及经营者的主体范围。
- 阐述消费者9项权利的内容及含义。
- 识别侵犯消费者权益的赔偿主体及赔偿范围。
- 解释消费者权益争议的解决途径。

【知识目标】

- 掌握消费者的权益。
- 掌握经营者的义务。
- 掌握国家及社会对消费者合法权益的保护。
- 熟悉消费者权益争议的解决和法律责任。
- 了解发达国家消费者权益保护法运动概况。
- 了解消费者的概念及《消费者权益保护法》的适用范围和原则。

任务一　消费者的概念及消费者权益保护法认知

◉ 任务案例

1995 年春天，山东某厂的年轻业务员王海来北京出差。他偶然买到一本介绍消费者权益保护法的书。他为《消费者保护法》第四十九条所吸引(1994 年实施的《消费者权益保护法》第四十九条规定了经营者欺诈性销售将向消费者承担惩罚性赔偿责任)。为了验证这一规定的可行性，他来到隆福大厦，见到一种标明"日本制造"、单价 85 元的索尼耳机。他怀疑这是假货，便买了一副，找到索尼公司驻京办事处。经证实为假货后，他返回隆福大厦，又买了 10 副相同的耳机，然后要求商场依照《消费者保护法》第四十九条的规定予以加倍赔偿。商场同意退回第一副耳机并赔偿 200 元，但拒绝对后 10 副给予任何赔偿。理由是，他是"知假买假"，"钻法律的空子"。王海感到愤怒，他相信自己的目的不是赚钱而是维护消费者的利益，因而决心继续战斗。同年秋天，王海再度来京。他光顾了多家商店，购买了他认为是假货的商品，经证实后便向商家要求加倍赔偿。多数商店满足了他的要求，但也有少数加以拒绝。王海的举动被新闻媒介披露后，在全国范围内引起反响。他被多数普通百姓甚至被许多经营者当作英雄加以赞誉，同时也使制假售假者感到震惊。1996 年年初，王海转战到中国南方，在许多大商场买假索赔。但是，商家白眼相向，地方政府漠然处之，使他不得不无功而返。其中的教训正如一些法律工作者总结的，在于没有运用法律诉讼的武器，仅仅借助于新闻媒体和舆论的压力是不够的。1996 年 11 月，王海在天津的一家法院成了胜利者。他紧随何山诉乐万达商行案之后，状告伊势丹有限公司销售电话有欺诈行为。结果，他依据《消费者保护法》第四十九条获得了加倍赔偿。但王海的诉讼行为并不是每次都能取得胜利的，有些地方支持了他的诉讼请求，有些地方则驳回他的诉讼请求。

◉ 具体任务

试分析王海同样的打假行为却得到不同对待的原因。

◉ 理论认知

一、消费者的概念

《中华人民共和国消费者权益保护法》(以下简称《消费者权益保护法》)第二条规定："消费者为生活消费需要购买、使用商品或者接受服务，其权益受本法保护；本法未作规定的，受其他法律、法规保护。"消费者是指为生活消费需要购买、使用商品或接受服务的个体。消费者具有以下特征。

(1) 消费者是购买、使用商品或接受服务的人。从主体上来讲，任何个人(应该是自然人，团体、组织、公司等法律拟制人除外)都可以成为消费者。

【案例 8-1】 某公司为了提高本公司的工作效率，决定为每位员工配备一台笔记本电脑。此时，恰逢网上有团购活动，该商家声称其笔记本电脑价格优惠且性能优良。于是，该公司参加团购活动并认购了 50 台。但是，等团购商品到手以后才发现，该笔记本与其承诺的有天壤之别。该公司能否以消费者的身份要求适用《消费者权益保护法》的条款？为什么？

【解析】 不能。该公司属于法律中拟制人而非真正的自然人居民。根据《消费者权益保护法》的法律精神，该购买行为不属于为了生活需要而是为了公司的工作生产，因此，当出现纠纷时，不能适用《消费者权益保护法》，而只能适用《民法》及其他相关的法律法规。

(2) 消费者消费的客体包括商品和服务。

(3) 消费者的消费方式包括购买、使用(商品)和接受(服务)。

(4) 消费者的消费是生活性消费。任何人只有在其进行消费活动时才是消费者，而且其目的是为了满足个人或家庭生活需要，不是为了生产经营的需要。

(5) 与生产者、经营者相比，消费者处于弱者地位。市场经济条件下，生产者、经营者常常以实体形式出现，而消费者则以个体形式出现，在经济实力和信息储备上都处于弱势。对于经营者来说，在交易完成的那一刻，其交易风险即告结束；而消费者的消费风险却是刚刚开始。消费者在做消费决策时，仅依靠自己的常识、经验等往往不够，还需要经营者提供信息进行比较、鉴别、判断。而经营者在其逐利性的驱动下往往提供的信息具有片面性、虚假性，使消费者利益受到损害。

《知识链接》

国外有关消费者范围的定义

美国权威的《布莱克法律词典》对消费者的定义是：“消费者是与制造者、批发商和零售商相区别的人，他是指购买、使用、保存和处分商品和服务的个人或最终产品的使用者。”《牛津法律辞典》也认为，消费者是指“那些购买、获得、使用各种商品和服务(包括住房)的人”。消费者首先是与制造者相区别的；而在商品交易领域，消费者则是与商人相区别的概念。消费者购买或接受某种商品或服务不是为了交易，而是为了自己使用。例如，英国1977 年的《货物买卖法》第十二条规定，作为消费者的交易是指一方当事人在与另一方从事交易时不是专门从事商业，也不能使人认为其是专门从事商业的人。澳大利亚 1923 年的《货物买卖法》第六十二条在有关消费者交易的定义中也作出了同样的规定。

二、消费者权益保护法

消费者权益保护法是指调整在保护消费者权益过程中发生的经济关系的法律规范的总称。一般而言，我们所说的消费者权益保护法是指 1994 年 1 月 1 日起施行的《消费者权益保护法》。该法的颁布实施，是我国第一次以立法的形式全面确认消费者的权利。此举对保护消费者的权益，规范经营者的行为，维护社会经济秩序，促进社会主义市场经济健康发展具有十分重要的意义。

2013 年 10 月 25 日，第十二届全国人大常委会第五次会议对消费者权益保护法进行了第二次修正。这是消费者权益保护法在中国施行近 20 年来的首次大修。该法修正后于 2014 年 3 月 15 日正式实施。新消费者权益保护法对保护个人信息做了明确的规定。引进了"后悔权"制度，进一步完善了"三包"制度、规范格式条款、规定缺陷产品召回、公益诉讼和举证责任倒置等制度。对于消费者遭遇网购陷阱、维权举证难、个人信息被泄露等诸多问题将有望从法律层面得以解决，为从根本上扭转消费者维权难提供了法律支撑，加大了保护消费者权益的力度，并进一步强化经营者的义务，大大降低消费者的购物风险。

根据《消费者权益保护法》第二、三、五十四条的规定，该法的适用对象可以分为 3 类：①生活消费需要而购买、使用商品或接受服务的消费者；②农民在购买、使用直接用于农业生产的生产资料时参照《消费者权益保护法》执行；③经营者为消费者提供其生产、销售的商品或服务，也适用消费者权益保护法。

《《知识链接》》

消费者权益保护法的历史沿革

消费者权益保护法随着消费者维权运动的兴起而诞生。在消费者权益保护思想萌发较早的地方，消费者权益保护法律也较为完备，最有代表性的是美国和欧洲。

1906 年，针对美国肉类加工混乱无序的局面，总统罗斯福颁布《纯净食品和药品法》，开启了政府管理食品安全的时代。20 世纪五六十年代，西方国家爆发消费者权利运动，对消费者权益保护法律制度的发展起到了巨大的推动作用。各国开始制定针对不同行业的消费者权益保护专门法。美国出台的专门法有《食肉检查法》《正确包装与标志法》《禽产品检查法》《蛋类产品检查法》《交通与机动车安全法》和《膳食补充剂法》等。英国则制定了《甜品规定》《食品标签规定》《肉类制品规定》《饲料卫生规定》和《食品添加剂规定》等专门法。

到 20 世纪 80 年代，各国对消费者权益保护相关法律的规定更加细化严格。加拿大在 1996 年对《竞争法》进行修改，将虚假广告的民事责任改为刑事责任；日本在 2004 年颁布修改后的《消费者基本法》，特别提到对消费者的定位由被保护转为自立的消费者。中国于 1993 年颁布《消费者权益保护法》，此后又出台涉及消费者权益保护的《产品质量法》《反不正当竞争法》《广告法》和《食品卫生法》；2009 年 2 月全国人大通过《食品安全法》。

◉ 任务解析

王海在"知假买假"后再以《消费者权益保护法》进行维权的行为是否适用《消费者权益保护法》，一直存在争议。在《消费者权益保护法》中，消费者的定义是狭义的，是指必须为生活需要而购买商品或服务。王海在买第一副耳机时，是明确的消费者，可以适用《消费者权益保护法》来保护自己的权益，但知道是假货后购买的 10 副耳机，法院没有支持双倍赔偿。其主要原因是法院认为，第二次购买耳机的王海不是消费者，不是因生活需要而购买商品，所以不能以《消费者权益保护法》来保护王海的利益，而只能以一般的合同法律关系来保护王海的利益。王海之后的多次打假行为都出现了上述同样的过程和结果，但总的来说，在当时没有公益诉讼制度的情况下，"打假英雄"王海凭借个人力量进行的公益性维权，应该值得肯定，他为那个时代的消费维权做出了很好的榜样，也以具体行动为《消费者权益保护法》的实施做了宣传。

任务二　消费者的权利

◉ 任务案例

某高校毕业班学生向工商局投诉其报名的驾校，"2012年6月底，我刚刚考过科目一，但驾校说想练车必须先补交1200元学费。""报名在前，涨价在后，为何还要让我将差价补齐呢，这样的做法不妥。"该学生认为，驾校的这种行为侵犯了自己的合法权利，但又说不出具体是哪些权利。

◉ 具体任务

试分析该学生应享有哪些作为消费者的权利？本任务案例驾校具体侵犯了该学生的哪些权利？

◉ 理论认知

一、消费者权利的概述

消费者权利是指由国家法律所确认的，消费者能够作出或不作一定行为，以及其要求相对方即经营者相应作出或不作一定行为的许可和保障。

消费者权利不同于民法上规定的权利，民法上的权利是平等主体之间基于法律的规定或约定而产生的，在法律上不存在弱者与强者之分；而《消费者权益保护法》中的消费者权利则具有以下特点。

1. 以消费者特定的身份为基础

消费者权利是与消费者的人身密切联系的。一方面，只有在以消费者的身份购买、使用商品或接受服务时，才能享有这些权利，即消费者权利是以消费者资格的存在为前提条件的；另一方面，凡消费者，他们在购买、使用商品或接受服务时，都享有这种权利。

2. 具有法律规定性

消费者权利是法律直接规定的权利，具有强制性，任何人不得剥夺，经营者以任何方式剥夺消费者权利的行为都无效。

面向『十三五』高职高专项目导向式教改教材·财经系列

3. 是特别赋予居于弱者地位的消费者的权利

从历史发展的角度看，《消费者权益保护法》中规定的消费者的各项权利在传统上大多属于交易当事人的自治范围。基于消费者的弱势地位，现代国家将这些权利法定化，充分体现了法律对消费者特殊保护的立场。

《知识链接》

消费者权利的起源和发展

消费者权利的概念，源于消费者运动和消费者权益保护法律对消费者的保护，是随着消费者运动的发展而逐步得到确认和发展的。

19世纪末20世纪初，资本主义由自由竞争发展到垄断，消费者的地位日益恶化，消费者运动兴起，在消费者运动中，逐步提出对消费者进行特殊保护的"消费者主义""消费权利"等思想。一般认为，对"消费者权利"的概念首次加以明确概括的，是美国总统肯尼迪。1962年3月15日，肯尼迪向国会提出了"关于保护消费者利益的总统特别国情咨文"，将消费者的权利概括为安全保障权、知悉真情权、自主选择权、提出建议权。这些权利为各国所接受并得到发展。也正因为其重要意义，1983年国际消费者组织联盟作出决定，将3月15日定为"国际消费者权益日"。

1993年我国颁布了《消费者权益保护法》，根据消费法律关系的客观要求，广泛借鉴了各国及国家消费者保护立法的经验与教训，规定了消费者的9项权利及经营者的相应义务，并以专章的形式规定了消费者权益的国家保护和社会保护。

二、消费者权利的类型

(一)安全保障权

安全保障权是消费者最基本的权利。它是消费者在购买、使用商品和接受服务时所享有的保障其人身、财产安全不受损害的权利。由于消费者购买商品和服务是为了生活消费，因此，商品和服务必须绝对可靠，必须保证商品和服务的质量不会损害消费者的生命和健康。消费者依法有权要求经营者提供的商品和服务符合保障人身、财产安全的条件。

消费者的安全保障权包括人身安全权和财产安全权。其主要表现如下。

(1) 经营者提供的商品应具有合理的安全性，不得向消费者提供具有安全隐患的不合格产品。

(2) 经营者提供的服务必须具有可靠的安全保障。

(3) 经营者提供的消费场所应当具有必要的安全保障措施。

消费者安全保障权的实现主要是通过国家制定卫生、安全等标准，并加强监督检查来实现的。

(二)知悉真情权

知悉真情权又叫知情权，是消费者享有的知悉其购买、使用的商品或接受的服务的真实情况的权利。知情权是法律赋予消费者的一种基本权利，应当得到经营者的尊重。根据我国《消费者权益保护法》的规定，消费者知情权的内容主要包括以下方面：①关于商品或服务的基本情况，如商品的名称、产地、生产者名称、生产日期、厂址及服务的内容、规格、费用等；②关于商品的技术状况，主要包括商品的用途、性能、规格、等级、所含成分、有效期限、使用说明书、检验合格证等；③关于商品或服务的价格及商品的售后服务情况。

【案例8-2】某日，李先生以1 200元的价格购买了南航当天20时10分飞往广州的七折机票。办理登机手续时，李先生被告知其所持机票为超售机票，目前该航班已满员。肖先生认为，南航隐瞒机票超售的事实，造成自己在机场长时间滞留，侵害了自己的合法权益，起诉要求南航双倍赔偿机票款2 400元。试分析南航航空公司是否侵犯了李先生的合法权益。

【解析】机票超售引入我国时间较短，没有在公众中形成广泛认知。而超售将使所有不特定的购票旅客均面临不能登机的风险，导致合同履行障碍，因此，航空公司应当向旅客进行全面而充分的告知，而不能看作是航空公司内部的管理手段，不予公示。航空公司的不予告知的情形属于侵犯了消费者的知情权，理应赔偿。

(三)自主选择权

选择权即消费者享有的自主选择商品或服务的权利，是《民法》中平等自愿原则在消费中的具体表现，包括以下几个方面：①有权选择提供商品或服务的经营者；②有权选择商品品种或服务方式；③有权自主决定购买或不购买任何一种商品或服务；④有权对商品或服务进行比较、鉴别和挑选。经营者不得以任何借口加以阻挠和干涉。

此外，《反不正当竞争法》第七条、第三十条同样规定：经营者销售商品，不得进行欺骗性的有奖销售或以有奖销售为手段推销质次价高的商品；政府及其部门不得滥用权力限定他人购买其指定的经营者的商品等。

在消费者行使其自主选择权时，有两个问题应予注意：①必须合法行使，不得滥用自主选择权；②消费者的自主选择权并不排除经营者向其进行商品、服务的介绍和推荐。

(四)公平交易权

消费者的公平交易权，是指消费者与经营者之间在平等的基础上进行交易才能达到公平的目的。根据《消费者权益保护法》第十条的规定，公平交易权包括以下内容。

(1) 获得符合质量标准的商品或服务的权利。这是公平交易的前提，消费者有权要求经营者提供符合国家质量标准的商品或服务。

(2) 要求合理价格的权利。这是指经营者提供的商品或服务的价格必须合理，不能过分超出其价值。

(3) 要求计量正确的权利。计量正确是指：①计量器具的使用要符合国家法律、法规的规定；②计量数据准确、数量充足。

(4) 拒绝强制交易的权利。强制交易是指经营者违背消费者的意愿，采取各种手段强行推销商品的行为。其表现在：利用威胁、利诱的方式使消费者购买其商品或接受其服务；

采取死缠烂打的方法使消费者接受其商品或服务；采取先斩后奏的方法迫使消费者购物付款。

(五)获取求偿权

根据《消费者权益保护法》第十一条的规定，消费者因购买、使用商品或接受服务受到人身、财产损害时，依法享有获得赔偿的权利。

依法享有求偿权的主体包括：①商品的购买者及使用者；②服务的接受者；③第三人，是指消费者之外的在事故现场因该商品而受到损害的人。

求偿的内容包括：①人身损害的赔偿，包括生命健康和精神两方面；②财产损害的赔偿，包括直接损失和可得利益的损失。

【案例8-3】2017年6月某日中午，马女士在某超市购买某品牌啤酒一箱，在家中招待客人，就在开启啤酒时，啤酒瓶突然发生爆炸，当即在马女士的脸颊上送出了一条口子，家人马上将其送往当地医院缝合，并住院治疗。事后马女士及其家属多次找到该超市说明情况，并要求赔偿相应损失，但超市负责人以"啤酒不是自己生产的，应找生产厂家"为由，拒绝赔付。试分析马女士能否要求超市进行赔偿。

【解析】依据《消费者权益保护法》第四十条的规定"消费者在购买、使用商品时，其合法权益受到损害的，可以向销售者要求赔偿。销售者赔偿后，属于生产者的责任或者属于向销售者提供商品的其他销售者的责任的，销售者有权向生产者或者其他销售者追偿。"该超市应该对马女士进行先行赔付，而不能以"不是自己生产的"为由加以拒绝。先行赔偿后，属于生产者的责任的，超市可以向生产者进行追偿。

(六)依法结社权

消费者的依法结社权是指消费者享有的依法成立维护自身合法权益的社会组织的权利。依法结社权是随着消费者维权运动的兴起而在法律上的必然表现。消费者是孤立的、分散的个体社会成员，当面对强大经济实力的企业经营者时，实力差距巨大，因此不可能实现实质上的平等。同时，有些经营者还会在某些领域实行垄断，就使消费者更加立于不利之地。因此消费者有必要组织起来，实现自我救济。

消费者结社权包括两方面内容：①有权要求国家或政府建立保障消费者合法权益的职能部门；②有权自己建立维护消费者合法权益的组织。

目前，我国已经建立中国消费者协会及地方各级消费者协会。该组织沟通政府与消费者的联系，解决经营者与消费者之间的矛盾，充分保护消费者的权益等方面起到了积极作用。

(七)获得相关知识权

获得相关知识权也称获取知识权，是消费者所享有的获取有关消费和消费者权益保护方面的知识的权利。《消费者权益保护法》第十三条规定："消费者应当享有获得有关消费和消费者权益保护方面的知识的权利。消费者应当努力掌握所需商品或服务的知识和使用技能，正确使用商品，提高自我保护意识。"这种法律表述说明，消费者的接受教育权兼具权利与义务的双重属性。

(八)受尊重权

受尊重权是指消费者在购买、使用商品和接受服务时所享有的其人格尊严、民族风俗习惯得到尊重的权利，享有姓名权、肖像权、隐私权等个人信息得到保护的权利。

消费者的受尊重权分为两部分：消费者的人格尊严受尊重和民族风俗习惯受尊重。前者是指消费者在购买、使用商品和接受服务时所享有的姓名、名誉、荣誉、肖像等人格尊严不受侵犯的权利。后者是指在消费时消费者的民族风俗习惯不受歧视、不受侵犯。经营者应当对其民族风俗习惯予以充分的尊重和理解，在有条件的情况下，尽可能地满足其带有民族意蕴的特殊要求。消费者在消费过程中，经营者可以接触到消费者个人信息包括姓名、肖像及其他个人隐私，经营者不能非法利用，并且积极保护接触到的消费者这类个人信息。

(九)监督批评权

消费者的监督批评权是指消费者享有对商品和服务及消费者保护工作进行监督的权利。监督权是上述各项权利的必然延伸，对消费者权利的实现具有现实意义。

监督批评权包括以下三个方面：①有权对经营者的商品和服务进行监督，当权利受到侵害时，有权提出检举和控告；②有权对国家机关及工作人员进行监督，对其在保护消费者权益的工作中的失职行为进行检举和控告；③对消费者权益工作的批评权、建议权。

◉ 任务解析

消费者的权利是指在消费活动中，消费者依法享有的各项权利的总和，包括为一定行为和不为一定行为的权利及要求经营者相应地做出一定行为或不做一定行为的权利。其权利主要分为以下几个部分：①安全保障权；②知悉真情权；③自主选择权；④公平交易权；⑤获取求偿权；⑥依法结社权；⑦获得相关知识权；⑧受尊重权；⑨监督批评权。本案中，该学生在报名时，驾校并没有说练车需要另外交 1 200 元钱，这侵害了消费者的知悉真情权。

任务三　经营者的义务

◉ 任务案例

某超市商业连锁店定于 2017 年 3 月 8 日开业，开业前该超市已做了广泛的开业宣传。65 岁的老太太李某于当日在超市门口排队等候进入该超市购物，因超市购物的人很多，拥挤中还未进入超市的李某被挤倒摔伤在地，住院治疗 42 天后出院诊断为：右股骨颈骨折。李某用去医疗费等 21 212.6 元。出院后，经法医学鉴定为七级伤残。李某家属找超市协商赔偿问题，但超市认为李某当时未在超市内进行消费，不属于超市应该负责安保义务的范围。

◎ 具体任务

试分析李某能否向超市主张权利。

◎ 理论认知

一、经营者的概念

经营者与消费者相对应，在法律关系中，消费者的权利就是经营者的义务。具体说来，就是指向消费者提供其生产、销售的商品或提供服务的公民、法人或其他经济组织，是以营利为目的的另一方当事人。

经营者提供商品或服务是以营利为目的，包括生产者、销售者和服务者。经营者是与消费者相对应的另一方当事人，包括依法登记注册和未登记注册而从事生产经营活动的单位和个人。

二、经营者的义务

经营者的义务是指按照法律规定或消费者与经营者的约定，由经营者对消费者作出一定行为或者不作出一定行为的约束。

根据《消费者权益保护法》第十六条规定："经营者向消费者提供商品或服务，应当依照本法和其他有关法律、法规的规定履行义务。经营者与消费者有约定的，应当按照约定履行义务，但双方的约定不得违背法律、法规的规定。"可将经营者的义务划分为法律规定的义务和当事人双方约定的义务两类。

1. 履行法定义务和约定义务

法定义务是指经营者向消费者提供商品和服务，必须按照法律、法规的规定履行义务。约定义务是指经营者与消费者在进行具体消费交易时，依照民法意思自治的原则，对双方的义务进行约定。

双方的义务约定不得违法，否则就会因违法而无效。法定义务是对经营者最基本的要求，是经营者应当履行的最低标准，具有不可更改性。因此，经营者与消费者的约定义务，不得减轻或免除经营者的法定义务。约定义务一旦依法确立，就对经营者具有法律约束力，经营者必须依法履行。

2. 接受监督的义务

《消费者权益保护法》第十七条规定："经营者应当听取消费者对其提供的商品或服务的意见，接受消费者的监督。"

经营者听取消费者意见，接受监督的义务，是与消费者的监督批评权相对应的。听取消费者意见，接受消费者监督是经营者的法定义务，经营者必须履行。法律规定经营者的此项义务，有利于改善消费者的地位。

3. 保障人身和财产安全的义务

消费者的人身财产安全是其最根本的利益所在，安全权是每位消费者最基本的利益诉求。要保证消费者该项权利不受侵犯，必须做到以下几方面。

(1) 保证商品或服务符合国家的安全要求，即经营者提供的商品和服务应具有人们合理期待的安全性。

(2) 对可能危及人身、财产安全的商品和服务，应当向消费者作出说明和警示，并交代防止危害的方法。

(3) 宾馆、商场、车站等经营场所的经营者，未尽到安全保障义务，造成消费者或者其他受害人损害的，应当承担侵权责任。

(4) 经营者发现其提供的商品或者服务存在缺陷，可能对人身、财产安全造成危害的，应当立即向有关行政部门报告和告知消费者，并及时采取停止生产、停止销售、警示、召回等消除危险的措施。采取召回措施的，经营者应当承担消费者因商品被召回支出的必要费用。

4. 提供真实信息的义务

根据《消费者权益保护法》第二十条规定，包括以下内容。

(1) 经营者应当向消费者提供有关商品或服务的真实信息，不得作引人误解的虚假宣传。

(2) 经营者对消费者就其提供的商品或服务的质量和使用方法等问题提出的询问，应当作出真实、明确的答复。

(3) 商店提供商品或者服务应当明码标价。

经营者的此项义务与消费者的知悉真情权相对应。引起消费者问题的主要原因就是商品经济中的信息失真。消费者的消费决断取决于经营者提供的商品信息，而利益驱动使得不法经营者往往会刻意隐瞒真实信息而导致损害消费者权益的发生。因此，此项义务有助于改善信息失真的现象，提高消费者的地位。

另《消费者权益保护法》第二十七条规定："采用网络、电视、电话、邮购等方式提供商品或者服务的经营者，以及从事证券、保险、银行业务的经营者，应当向消费者提供经营地址、联系方式、商品或者服务的数量和质量、价款或者费用、履行期限和方式、风险警示、售后服务、民事责任等真实、必要的信息。"

5. 标明真实名称和标记的义务

经营者的名称体现了其法律人格，承载着经营者的名誉，是经营者的无形财产。《消费者权益保护法》第二十条规定了经营者的此项义务，即经营者应当标明其真实名称和标记；租赁他人柜台或场地的经营者，应当标明其真实名称和标记。此规定意义重大，如果名称和标记不实，就会使消费者误认，无法正确选择自己喜欢和信赖的经营者。发生纠纷时，就无法辨别真正的侵权者，从而导致求偿不利。

6. 出具凭证或单据的义务

购货凭证和服务单据是经营者与消费者之间签订的合同凭证，通常以发票、收据和保修单等形式来表现，是消费者在其合法利益受到损害时向经营者索赔的依据。

面向「十三五」高职高专项目导向式教改教材 · 财经系列

《消费者权益保护法》第二十二条规定了经营者负有出具发票等购货凭证或服务单据义务的三种情况。

(1) 依照国家有关规定应当出具的。

(2) 依照商业惯例应当出具的。

(3) 消费者索要购货凭证或服务单据的。

7. 保证商品和服务质量的义务

质量是一切商品和服务的灵魂，也是决定消费者是否进行交易的关键，因此，保证商品或服务的质量，是经营者的应尽义务。根据《消费者权益保护法》第二十三条的规定，经营者保证商品和服务质量的义务包含以下三方面。

(1) 经营者应当保证在正常使用商品或接受服务的情况下，其提供的商品或者服务应当具有符合一般国家标准的质量、性能、用途和有效期限；但消费者在消费之前已经知道存在瑕疵的除外。所谓瑕疵，是指商品或服务存在非根本性的缺点，仅在质量、性能、用途上不能完全达到商品或服务应有的质量要求。

(2) 经营者以广告、产品说明、实物样品或其他方式表明商品或服务的质量状况的，应当保证其提供的商品或服务的实际质量与表明的质量状况相符。

(3) 经营者提供的机动车、微型计算机、电视机、电冰箱等耐用商品或者装饰装修等服务，自消费者接受商品或者服务之日起六个月内出现瑕疵，发生纠纷的，由经营者承担相关举证责任。

8. 不得单方作出不利于消费者规定的义务

《消费者权益保护法》第二十四条规定："经营者使用格式条款，应当以明显方式提请消费者注意商品或者服务的数量和质量、价款或者费用、履行期限和方式、风险警示、售后服务、民事责任等与消费者有重大利害关系的内容，并按照消费者的要求予以说明。""经营者不得以格式合同、通知、声明、店堂告示等方式作出对消费者不公平、不合理的规定，或者减轻、免除其损害消费者合法权益应当承担的民事责任。""格式合同、通知、声明、店堂告示等含有前款所列内容的，其内容无效。"

格式合同是指经营者事先制定好的有关调整经营者与消费者之间权利与义务关系的规定。此种合同通常由经营者事先单方面制定，往往具有霸王条款的特征，不利于消费者。店堂告示是指经营者在其经营场所内悬挂、张贴的带有警示性的标语、标牌，其内容主要是告诫消费者在购买商品或接受服务时应注意的事项。

以上两种行为都是经营者的单方行为，因此，是否有效要根据以下两个标准：①所规定的内容对消费者是否公平合理；②是否单方面减轻或免除了经营者应当承担的责任和义务。

【案例8-4】消费者王先生于某日在当地某饭店消费200元，在要求使用该饭店代金券抵扣现金时，遭到对方拒绝。王先生持有的代金券上并未注明具体使用期限，店家却表示该代金券已作废，最终解释权归店家所有。双方长时间沟通无果。试分析王先生能否主张保护自己的合法权益。

【解析】 现在很多行业为了扩大经营规模都推出了代金券抵扣现金活动。该代金券就相当于一个格式合同，而券面的隐秘位置上往往会注明"最终解释权归商家"，此行为完全符合霸王条款的特征。因此，如果作出的解释不利于消费者，消法会倾向于保护消费者的合法利益。本案中，在没有标明截止日期的代金券中，饭店单方面认为该代金券已经过期，就属于上述霸王条款情况，理应受到消法的调整。

9. 不得侵犯消费者人格权的义务

消费者的人格尊严和人身自由理应依法获得保障。经营者不得对消费者进行侮辱、诽谤，不得随意搜查消费者的身体及其携带的物品，不得限制消费者的人身自由。

10. 合法收集和使用消费者个人信息的义务

经营者收集、使用消费者个人信息，应当遵循合法、正当、必要的原则，明示收集、使用信息的目的、方式和范围，并经被收集者同意。经营者收集、使用消费者个人信息，应当公开其收集、使用规则，不得违反法律、法规的规定和双方的约定收集、使用信息。

经营者及其工作人员对收集的消费者个人信息必须严格保密，不得泄露、篡改、毁损，不得出售或者非法向他人提供。经营者应当采取技术措施和其他必要措施，确保信息安全，防止消费者个人信息泄露、毁损、丢失。在发生或者可能发生信息泄露、毁损、丢失的情况时，应当立即采取补救措施。

经营者未经消费者同意或者请求，或者消费者明确表示拒绝的，不得向其发送商业性电子信息。

《知识链接》

网络交易信息披露制度

在网络交易中，经营者具有优势，交易信息不对称使消费者经常陷入不知情状态，使其处于交易劣势。为此我国立法中应该将网络交易也纳入规范之内，使网络经营者披露相关信息以维护消费者的合法权益。具体包括以下内容。

1. 经营者身份信息

经营者身份包括法定名称和交易名称；经营场所，在C2C交易模式中为住所地；经营者的有效注册地和许可证号，在C2C交易模式中为有效证件号；经营者的法定代表人姓名，在C2C交易模式中为个人姓名；有效的联系方式；网络交易平台提供商的审查义务。

2. 商品或服务信息

披露的商品或服务信息内容包括：生产者、产地；生产日期、有效期；价格、用途、性能、规格、等级、主要成分；检验合格证明、质量证明；使用说明书、售后服务；可能危及人身或财产安全的商品或服务，应特别加以说明；对于经常出现在C2C交易模式中的二手商品，经营者应当告知购买新品的时间、已经使用的时间、外观完好程度、性能完好程度等。

3. 交易条件信息

交易条件信息包括：向消费者收取的或由消费者承担的成本项目、服务条款、交付和支付条款、购买的限制或限度条件(监护人许可、地域和时间限制、购买额的限度等)、有效的售后服务信息、保证和担保条款等。

任务解析

李某可以要求超市承担人身损害的侵权责任。依照《消费者权益保护法》的规定，经营者有保障消费者人身和财产安全的责任，对可能危及人身、财产安全的商品和服务，应当向消费者作出说明和警示，并交代防止危害的方法。本案中李某在超市的经营场所内因消费过程中产生的伤害，虽未来得及购买任何商品，但是在消费过程中产生的伤害，超市应该承担未尽安全保障的责任。

任务四　消费争议的解决

任务案例

刘女士在某百货商店购买一件纯羊毛大衣，售价1 280元，商店标明"换季商品，概不退换"。穿了3天后衣服起满毛球，于是刘女士到市质量监督检验部门进行检测，鉴定结果证明：羊毛大衣所用原料为100%腈纶。张女士到购买衣服的百货商店要求退货并赔偿因此而造成的损失。商店营业员回答："当时标明'换季商品，概不退换'，再说店内该柜是出租给个体户的，现在他已破产，租借柜台的费用尚未付清，人也找不到，你只好自认倒霉。"

具体任务

试分析张女士的主张是否合法？她应该如何维权？

理论认知

一、消费者权益争议解决的途径

根据《消费者权益保护法》的规定，在消费者与经营者发生消费争议时，可以通过下列途径解决。

1. 与经营者协商和解

当消费者和经营者因商品或服务发生争议时，首先应该采取协商和调节的方式来解决，特别是当因为误解而产生的纠纷，通过解释、谦让及其他补救措施往往能够化解矛盾，平息争议。但该调节必须是在平等自愿的基础上进行，当双方立场严重对立，要求相去甚远时，可选用其他解决方式。

2. 请求消费者协会调解

消费者协会是依法成立的对商品和服务进行社会监督的保护消费者合法权益的社会团体。根据《消费者权益保护法》的规定，消费者协会具有七项职能，其中之一就是对消费者的投诉进行调查、调解。作为保护消费者合法权益的社会团体，消费者协会在调节争议时，应该依照法律、行政法规及公认的商业道德从事，并由双方自愿接受和执行。

《知识链接》

消费者组织

《消费者权益保护法》第十三条规定，消费者组织是指依法成立的，对商品和服务进行社会监督，保护消费者合法权益的社会组织。消费者组织是消费者维权运动的产物，是保护消费者合法权益体系中的一个重要组成部分，其主要特征就是以保护消费者利益为宗旨的社会团体。我国于1984年建立了全国性的消费者组织——中国消费者协会，不久，在全国各地陆续建立了各级消费者协会(有的成立消费者委员会或消费者监督联合会等)。每年3月15日，各级消费者协会都要组织大规模的与消费者权益保护有关的宣传活动。

我国的消费者组织属于社会组织的范畴，对此，《消费者权益保护法》已做明确规定。不过，与其他社会组织相比，我国的消费者协会半官方性比较突出，是由工商行政管理、技术监督、进出口检验、物价等行政部门及工会、妇联、共青团等组织共同发起，经同级人民政府批准建立的，挂靠在同级工商行政管理局。

根据《消费者权益保护法》第三十七条的规定，消费者协会的职能包括：向消费者提供消费信息和咨询服务；参与制定有关消费者权益的法律、法规、规章和强制性标准；与有关行政部门对商品和服务监督、检查；向有关行政部门反映消费者合法权益问题，并提出建议；受理消费者投诉，并对投诉事项进行调查、调解；投诉事项涉及商品和服务质量问题的，可以委托具备资格的鉴定人鉴定，鉴定人应当告知鉴定意见；就损害消费者合法权益的行为，支持受损害的消费者提起诉讼或者依照本法提起诉讼；对损害消费者合法权益的行为，通过大众传播媒介予以揭露、批评。

3. 向有关行政部门申诉

政府有关行政部门依法具有规范经营者的经营行为，维护消费者合法权益和市场经济秩序的职能。当消费者合法权益受到侵犯时，可以向相关行政部门进行申诉，求得行政救济，如物价部门、工商行政管理部门、技术质量监督部门等。

4. 提请仲裁

在国际国内商贸活动中发生纠纷时，常常采用仲裁的方式加以解决。消费者权益争议也同样可以采用此方式解决。不过，在一般的商业活动中，没有条件也没有必要签订仲裁协议。因此，在消费领域，很少有以仲裁方式解决争议的。

5. 向人民法院提起诉讼

《消费者权益保护法》及相关法律都规定，当消费者权益受到侵害时可以径直向法院提起诉讼，也可因不服行政处罚而向法院起诉。司法审判具有权威性、强制性，是解决各种争端的最后手段，消费者当然可以采用此方式以寻求公正、解决争议。

二、损害赔偿责任的承担

当消费者权益受到侵害时，消费者可以依照如下规则向相关责任人要求承担损害赔偿责任。

(1) 销售者的先行赔付义务。当消费者在购买、使用商品时因该商品的缺陷而导致人身、财产遭到损害的，可以向销售者要求赔偿。销售者赔偿之后，属于生产者或其他销售者的责任的，销售者有权向生产者或向其提供该商品的其他销售者进行追偿。

(2) 生产者与销售者的连带责任。消费者或其他受害人因商品缺陷而造成人身、财产损害的，可以向销售者要求赔偿，也可以向生产者要求赔偿。属于生产者责任的，销售者赔偿后，有权向生产者追偿。属于销售者责任的，生产者赔偿后，有权向销售者追偿。此时，生产者与销售者被视为一个整体，对消费者承担连带责任。

(3) 消费者在接受服务时，其合法权益受到损害的，可以向服务者要求赔偿。

(4) 当消费者在展览会、租赁柜台购买商品或接受服务，其合法权益受到损害时，可以向销售者或服务者要求赔偿。当展览会结束或柜台租赁期满后，则可以向展览会的举办者、柜台的出租者要求赔偿。展览会的举办者、柜台的出租者赔偿后，有权向销售者或服务者追偿。

(5) 变更后的企业仍应承担赔偿责任。企业的变更是市场经济活动中常见的现象。消费者在购买、使用商品或接受服务时，其合法权益受到损害，因原企业分立、合并的，可以向变更后承受其权利义务的企业要求赔偿。

(6) 使用他人营业执照的违法经营者提供商品或服务，损害消费者合法权益的，消费者可以向其要求赔偿，也可以向营业执照的持有人要求赔偿。

(7) 当消费者因虚假广告而购买、使用商品或接受服务时，其合法权益受到损害的，可以向经营者要求赔偿。广告的经营者发布虚假广告的，消费者可以请求行政主管部门予以惩处。广告的经营者不能提供经营者的真实名称、地址的，应当承担赔偿责任。

广告经营者、发布者设计、制作、发布食品药品等关系消费者生命健康的商品或者服务的虚假广告，造成消费者损害的，广告经营者、发布者与提供该商品或者服务的经营者承担连带责任。

三、经营者欺诈行为的惩罚性赔偿

《消费者权益保护法》第五十四条规定，经营者提供商品或服务有欺诈行为的，按照消费者的要求增加赔偿其受到的损失，增加赔偿的金额为消费者购买商品的价款或接受服务的费用两倍；增加赔偿的金额不足五百元的，为五百元。法律另有规定的，依照其规定。本条第二款规定，经营者有明知商品或者服务存在缺陷，仍然向消费者提供的欺诈行为，造成消费者或者其他受害人死亡或者健康严重损害的，依法追究刑事责任；受害人有权要求所受损失两倍以下的民事赔偿。

《消费者权益保护法》第五十四条规定的惩罚性赔偿，属于特别法上的责任原则。

国家工商行政管理局《欺诈消费者行为处罚办法》列举了部分典型的欺诈行为。例如，销售掺杂、掺假，以假充真、以次充好的商品；以虚假的"清仓价""甩卖价""最低价""优惠价"或其他欺骗性价格表示销售商品；以虚假的商品说明、商品标准、实物样品等方式销售商品；不以自己的真实名称和标记销售商品；采取雇用他人等方式进行欺骗性的销售诱导等。

◉ 任务解析

刘女士发现购买的是假货，依法可以要求退货并赔偿因此而造成的损失。根据《消费者权益保护法》、《产品质量法》及《合同法》的规定，刘女士购买的大衣不符合产品所标示的质量，属于瑕疵产品，依法可以要求退货、更换，并要求赔偿由此造成的其他损失。《消费者权益保护法》第四十九条规定，商店出售假羊毛大衣，属于欺诈性销售，可以要求商店双倍赔偿，即要求增加赔偿，增加赔偿的金额为消费者购买商品的价款或接受服务的费用的1倍。商店标示的"换季商品，概不退换"，属于单方的格式条款，是无效的。并且，出售商品的柜台承租方找不到，依法可以要求柜台出租方即商店承担相关法律责任。

项 目 小 结

相对于经营者来说，个体的消费者往往处于弱者地位。因此，保护消费者的合法权益具有积极的意义。本项目以项目操作的方式贯穿消费者权益保护法理论知识，重点在于理解消费者的定义、范围，以及具有的合法权利及经营者应该承担的义务，掌握运用该理论解决实际问题的技能。

实 训 练 习

【实训项目】模拟处理消费纠纷。

【实训操作及要求】

(1) 模拟消费纠纷现场(预设案情)。

(2) 模拟通过双方协商解决纠纷。

(3) 模拟通过向工商局或消费者协会申诉解决纠纷。

(4) 模拟通过诉讼解决纠纷。

理 论 复 习

一、单项选择题

1. 消费者因经营者利用虚假广告提供商品或服务，其合法权益受到损害的，可以向(　　)要求赔偿。

面向「十三五」高职高专项目导向式教改教材 · 财经系列

A. 广告经营者　　　　　　　　　　B. 广告制作人

C. 经营者　　　　　　　　　　　　D. 发布广告的媒体

2. 经营者提供商品或服务有欺诈行为的，应当按照消费者的要求增加赔偿其受到的损失，增加赔偿的金额为消费者购买商品的价款或接受服务的费用的(　　)。

A. 1倍　　　　B. 2倍　　　　C. 3倍　　　　D. 4倍

3. 经营者提供的机动车、计算机、电视机、电冰箱、空调器、洗衣机等耐用商品或者装饰装修等服务，消费者自接受商品或者服务之日起(　　)内发现瑕疵，发生争议的，由经营者承担有关瑕疵的举证责任。

A. 3个月　　　　B. 6个月　　　　C. 1年　　　　D. 2年

4. 经营者采用网络、电视、电话、邮购等方式销售商品，消费者有权自收到商品之日起(　　)内退货，且无须说明理由，但法律规定的特殊情形除外。

A. 3日　　　　B. 5日　　　　C. 7日　　　　D. 15日

5. 经营者应当保证其提供的商品或服务符合保障人身、财产安全的要求，对(　　)的商品，应当向消费者作出真实的说明和明确的警示，并说明和标明正确使用商品的方法，以及防止危害发生的方法。

A. 不合格　　　　　　　　　　　　B. 未经检验

C. 数量不足　　　　　　　　　　　D. 可能危及人身、财产安全

二、多项选择题

1. 消费者在购买、使用商品的时候，享有(　　)的权利。

A. 自主选择　　　　　　　　　　　B. 依法结社

C. 公平交易　　　　　　　　　　　D. 没收经营者的不合格商品

2. 消费者在购买、使用商品和接受服务时，享有其(　　)得到尊重的权利。

A. 人格尊严　　　　　　　　　　　B. 个人性格

C. 民族风俗习惯　　　　　　　　　D. 商业惯例

3. 经营者不得(　　)。

A. 对消费者进行侮辱、诽谤　　　　B. 侵犯消费者的人身自由

C. 搜查消费者的身体及携带的物品　D. 拒绝消费者索要服务单据的要求

4. 国家对消费者权益的保护，主要体现在(　　)。

A. 消费者可以直接参与有关消费者权益的法律、法规的制定工作

B. 各级人民政府应当制止危害消费者人身、财产安全行为的发生

C. 对符合法定起诉条件的消费者权益争议，人民法院必须受理

D. 工商行政管理部门依法保护消费者的合法权益

5. 经营者提供商品或者服务，造成消费者财产损害的，应当依照法律规定或者当事人约定承担(　　)等民事责任。

A. 修理、重作、更换、退货　　　　B. 补足商品数量

C. 退还货款和服务费用　　　　　　D. 赔偿损失

三、案例分析题

1. 2017年5月，女青年张某与刘某至某百货商场化妆品自选柜台选购化妆品。两人在

此挑选、试用化妆品约 20 分钟，终因未选中合适的化妆品而离开商场。二人走到店门口时，化妆品自选柜台的营业员和一位保安人员追了上来，指控二人偷了化妆品柜台陈列的货物，二人坚决否认，双方相持不下。这时，另一位商场保安人员上来对张、刘二人说："请你们到商场保卫科把事情说清楚。"到保卫科后，商场保安人员要求检查张、刘二人随身所带的皮包，遭到二人的拒绝。保安人员对张、刘二人说："如果你们确实没有偷窃商场的货物，就应该接受我们的检查来证明你们的清白。"迫于无奈，张、刘二人交出了自己的皮包。经检查，未发现任何商场的化妆品。此后，保安人员进一步提出要对二人搜身检查，并立即找来两位女营业员对张、刘二人强行进行搜身检查，仍然没有找到任何商场的东西。事后，张、刘二人愤然离开了这家百货商场。

2014 年 6 月，张、刘二人以该百货商场损害了自己的人格尊严为由提出诉讼，要求该商场赔礼道歉，为其恢复名誉并赔偿精神损失费 3 000 元。

请问法院应支持张、刘二人的诉讼请求吗？为什么？

2. 2016 年 5 月，来自保定的陈某在北京某商场购买了一双由天津某皮鞋厂生产的皮鞋，价值人民币 1 000 元。购鞋的同时，陈某还领取了此商场发的"包修、包换、包退"三包质量卡。陈某回到保定后，穿上了这双新购得的皮鞋。仅穿 10 天，此鞋鞋底就断裂了。陈某为此专程前往北京，找到店家要求退货。该商场承认皮鞋确实存在质量问题，同意调换，但同时还表示，目前商场无现货可换，商场将与生产厂家进行联系，请陈某暂回保定等候该商场与生产厂家联系的结果。此后，陈某 3 次电话查询此事，商场方面总以生产厂家没有回音为由要求陈某继续等待。2017 年 3 月，陈某再次赴北京找商场要求解决问题，商场仍给陈某以同样的答复。陈某遂向人民法院提出诉讼，要求该商场退回购鞋款 1 000 元，并要求赔偿交通、误工费等人民币 800 元。

请问陈某的诉讼请求是否能得到法院的支持？

项目九
工业产权法

【技能目标】

- 辨析工业产权、文学产权与知识产权的关系。
- 识别侵犯商标权的具体行为。
- 识别专利权的法律保护。

【知识目标】

- 掌握工业产权的概念、特征和范围。
- 掌握商标权的取得、归属及终止，了解商标的注册、管理以及保护。
- 掌握专利权的内容与限制。
- 掌握专利权获得的主体及实质条件。
- 了解专利权的取得及保护。

任务一　工业产权概述

◉ 任务案例

甲某创作了一件美术作品 A，经许可，乙公司将美术作品 A 作为产品的商标注册使用。在甲某与乙公司签订的许可合同中，许可费采取一次性支付的方式。乙公司注册使用该商标以后，注重广告宣传，产品质量和售后服务较好，产品十分畅销，知名度不断扩大。甲某认为乙公司的商业成功与使用其美术作品 A 作为商标是分不开的，乙公司应按产品销售额适当比例提取许可使用费支付给甲某。

◉ 具体任务

试分析甲某和乙公司分别享有的权利，以及甲某能否要求乙公司按产品销售额适当比例提取许可使用费？

◉ 理论认知

一、工业产权概述

(一)工业产权的概念及特征

知识产权也称智力成果权，是指人们对其在科学技术、文学艺术及生产等领域从事智力活动所创作的成果依法享有的专有权利。知识产权的核心就是通过法律赋予和保护人们对其创造性的智力成果享有的权利。广义的知识产权包括著作权、邻接权、商标权、商号权、商业秘密权、地理标记权、专利权、植物新品种权、集成电路布图设计权等各种权利。狭义的知识产权，即传统意义上的知识产权，应包括著作权(含邻接权)、专利权、商标权 3 个主要组成部分。一般来说，狭义的知识产权可以分为两类：一类是文学产权，包括著作权及与著作权有关的邻接权；另一类是工业产权，主要是专利权和商标权。工业产权则指人们对其在科学技术和生产流通领域内创造的智力成果和某些识别性标记依法所享有的专有权利，具体范围包括工业、商业、农业、林业和其他产业中具有实用经济意义的一种无形财产权，工业产权因此也成为产业产权。

工业产权作为知识产权的重要组成部分，具有如下特征：①客体的非物质性；②权利的专有性；③权利的授权性；④权利的地域性；⑤权利的时间性。

(二)工业产权的范围

工业产权的范围意指受工业产权保护的智力成果和工商业标记的范围。《保护工业产权巴黎公约》(简称《巴称公约》)规定的工业产权的保护对象包括：专利、实用新型、工业品外观设计、商标、服务标记、厂商名称、产地标记或原产地名称、制止不正当竞争。

工业产权的范围有广义和狭义之分，广义的工业产权范围包括《巴黎公约》所界定的上述各项。此外随着科学技术和经济的发展，又有一些智力成果被纳入工业产权的范围，如商业秘密、植物新品种等。按照世界贸易组织《与贸易有关的知识产权协议》划定的知识产权、商业秘密和植物新品种均在受保护范围之内。狭义的工业产权是指传统意义上的工业产权，一般包括专利权、商标权及制止不正当竞争的权利。

《知识链接》

文学产权和工业产权

知识产权以其调整的对象不同，可以分为文学产权和工业产权。文学产权的客体为文学、艺术、科学作品，主要保护作品的创作者和传播者的权利，主要包括著作权与著作权相关的邻接权。工业产权的客体为工、商、农、林和其他产业中能够产生经济价值的智力成果或特殊标记，主要保护所有人或持有者的权利，主要包括专利权和商标权。

两者的区别可以概括为以下四点。

(1) 两者权利产生的程序不同。文学产权自文学、艺术、科学作品完成之时自动产生并获得法律的保护。而工业产权须经申请、公开、批准或注册登记等程序才能产生，从而获得法律的保护。

(2) 两者保护对象不同。文学产权保护的并非作品的思想内容，而是表达思想内容的具体形式。即通过对思想内容的表达形式的保护实现保护作品思想内容的目的，思想、事实、方法等并非文学产权所要保护的直接目标。工业产权则不同，它或者抛开外在的表达形式关注实际的技术方案，或者要求表达形态的区别性特征即可产生相应的法律权利。

(3) 两者权利属性不同。文学产权是一种人身和财产双重属性的权利，其财产权可能会因为法律的保护期限届满而进入公共领域，从而失去权利人对文学产品财产利益获得的法律保护，但并不意味着权利人失去相应的人身权利。工业产权则只是一种财产权，不具有人身属性，它会因为期限的届满而整体消灭，还可因不符合法律规定的实质要件而被撤销。

(4) 两者的保护期限不同。文学产权大多保护期限较长，而工业产权的保护期限相较文学产权较短。

二、工业产权法的概念

工业产权法是调整因科学技术和生产流通领域内创造性智力成果和某些识别性标记所产生的各种社会关系的法律规范的总和。工业产权法以专利法、商标法为主干，反不正当法、合同法等法律中调整工业产权法律关系的规范及有关行政法规、规章，最高人民法院以司法解释形式发布的有关规范性文件等，都是工业产权法的组成部分。我国已相继颁布和实施了《中华人民共和国商标法》(以下简称《商标法》，2013 年)、《中华人民共和国商标法实施条例》(以下简称《商标法实施条例》，2002 年)、《中华人民共和国专利法》(以下简称《专利法》，2009 年)、《中华人民共和国专利法实施细则》(以下简称《专利法实施细则》，2010 年)等法律、法规。同时，我国自从建立工业产权的保护制度以来，积极参与国际上的法律保护合作。在近十多年中已经加入了较为重要的国际组织及国际公约有：1980 年加入

面向「十三五」高职高专项目导向式教改教材·财经系列

《世界知识产权组织》(WIPO)、1985 年加入《保护工业产权巴黎公约》、1989 年加入《商标国际注册马德里协定》、1993 年加入《专利合作条约》(PCT)等，这表明我国的工业产权保护已进入了世界工业产权保护的法律体系。

◉ 任务解析

甲某创作自己的美术作品 A，其对作品 A 享有著作权，具体权利表现为对享有作品的人身权(署名权、发表权、修改权、保护作品完整权)和财产权(复制权、发行权、出租权、展览权、信息网络传播权及应当由著作权人享有的其他权利)。甲某允许乙公司使用其作品 A 并收取使用费就是行使其对著作权的财产权的体现。

乙公司通过使用作品 A 注册的商标，就享有对该注册商标的商标权，即对其注册商标享有充分支配和完全使用的权利。

甲某在转让作品 A 的使用权时已经收取了乙公司的使用费，在没有其他约定的情况下，按照权利用尽原则，就不能再对乙公司收取其他使用费了。

任务二　商　标　法

◉ 任务案例

大磨坊公司于 2011 年 1 月在我国商标局核准注册取得了"大磨坊"注册商标专用权，核定使用的商品为面包。2012 年 10 月大磨坊公司与甲商场签订了为期 3 年的代销协议，约定由甲商场设专柜出售面包，由大磨坊公司提供名、优、特、新的注册商标商品。2013 年 4 月起，大磨坊公司停止向甲商场供货。同年 6 月大磨坊公司发现在甲商场仍设有大磨坊专柜，并且继续销售与其类似的面包，商品价签上注明的产地仍为大磨坊公司。大磨坊公司以侵害其商标专用权为由诉至法院。

◉ 具体任务

试分析甲商场在大磨坊公司不供货时，仍设置大磨坊专柜并销售价签上注明产地为"大磨坊"的面包，是否构成对大磨坊公司商标专用权的侵犯？为什么？

◉ 理论认知

一、商标的概念及分类

(一)商标的概念

商标是指由文字、图形、字母、数字、三维标志、颜色组合和声音等，以及上述要素的组合，使用于一定的商品或服务项目，用以区别商标使用者与同类商品的生产经营者或同类服务业经营者的显著标记。

商标具有如下特征。

(1) 商标主要是由文字、图形、字母、数字、三维标志颜色组合和声音等组成的标记。商标的构成具有多样性，凡能够将一企业的商品或服务与另一企业的商品或服务加以区别的任何标志或标志的组合，均能构成一项商标。

(2) 商标是使用于商品或服务上的显著标记。商标依附于商品或服务而存在，其使用具有商业意义和商业价值。

(3) 商标是代表特定商品生产者、经销者或服务提供者的专用符号。商标具有识别性和表彰性功能。商标的识别性功能，使消费者能够根据各自的需要认牌购货、认牌消费；商标的表彰性功能，代表着特定经营者的商业信誉、市场竞争能力和地位。

(4) 商标是附于商品表面或包装或标识于所提供的服务相关的物品上的具有显著特征的简洁符号。商标是经过人的设计人为地、有意识地置于商品外表或包装上的显著标记；同时商标又是一种具有显著特征的简洁符号，便于识别，能够借以指代某一特定的经营者所经营的商品或服务。

(二)商标的分类

根据不同的划分标准，可以将商标分成不同的种类。

(1) 根据商标的结构，可将商标分为文字商标、图形商标、数字商标、三维商标、字母商标、颜色组合商标及声音商标等。文字商标是以文字为主组成的商标，如"白玉"牙膏等。图形商标是指用图形构成的商标，如上海老城隍庙工艺品商店就是以城隍庙的图形作为商标的。数字商标是以阿拉伯数字组成的商标，如"555"等。三维商标即立体商标，如奔驰车的立体车标等。组合商标是以文字、图形、数字等组合起来的商标，它可以是上述要素的组合，也可以是其中两个或几个要素的组合。区别于其他商标种类，声音商标是通过消费者的听觉来识别商品的。2013年8月，第三次修正的《商标法》经人大常委会通过，正式将声音纳入可注册范围。2016年7月7日，国家工商行政管理总局商标局向中国国际广播电台颁发了"中国国际广播电台开始曲"商标注册证书，成为中国首例成功注册的声音商标。

(2) 根据商标的用途，可将商标分为商品商标和服务商标。商品商标是用于生产销售的商品上的标记。服务商标主要用于服务行业，并不以提供有形商品为目的，只以某种商业性质的服务项目来体现其经济价值，作为服务行业之间区别的标记，如联邦快递(FedEx)，苏宁电器等。

(3) 根据商标的作用和功能，可将商标分为证明商标、集体商标、防御商标和联合商标。证明商标是指由对某种商品或服务具有监督能力的组织所控制，而由该组织以外的单位或个人使用于其商品或者服务，用以证明该商品或服务的原产地、原料、制造方法、质量或其他特定品质的标志，包括原产地证明商标和特定品质证明商标。证明商标与其他商标的区别在于所有权和使用权分离。集体商标是指以团体、协会或其他组织名义注册，供该组织成员在商事活动中使用，以表明使用者在该组织中的成员资格的标志。防御商标是将同一商标注册于不同的商品或服务上，构成一个防御体系，以防止他人在不同商品或服务上使用该商标可能给消费者造成的混淆。联合商标是指将与已注册商标相近似的商标在相同或类似商品或服务上加以注册。

面向「十三五」高职高专项目导向式教改教材·财经系列

(4) 根据商标在相关市场上的知名度,可将商标分为驰名商标、著名商标和知名商标。驰名商标是指由商标局认定的在市场上享有较高声誉并为相关公众所熟知的商标。著名商标是指由省级工商行政管理部门认可的,在该行政区划范围内具有较高声誉和市场知名度的商标。知名商标是指由市一级工商行政管理部门认可的,在该行政区划范围内具有较高声誉和市场知名度的商标。

(三)商标法的概念及其基本原则

商标法是指调整商标的组成、注册、使用、管理和商标专用权的保护等的法律规范的总称。商标法有广义和狭义之分。狭义的商标法仅指全国人大常委会通过的《商标法》。广义的商标法除《商标法》外,还包括国家有关法律、行政法规和规章中关于商标的法律规范,如《商标法实施条例》《驰名商标认定和管理暂行规定》《商标代理管理办法》《商标印制管理办法》等。我国参加缔结的有关商标权国际保护方面的条约、协定,经批准公布具有国内法效力的,也属于广义的商标法的范畴。

商标法遵循以下基本原则:①保护商标专用权与维护消费者利益相结合的原则;②注册取得商标专用权原则;③自愿注册原则。

二、商标权

商标权是指商标所有人对其商标拥有的独占的、排他的权利。由于我国在商标权的取得方面实行的是注册原则,因此商标权实际上是依商标所有人申请,经政府主管部门确认的专有权利,即因商标注册而产生的权利。从权利的性质上看,商标权与所有权一样,属于绝对权的范围,即权利主体对其注册商标享有完全的使用权和排他的权利。

(一)商标权的主体

商标权的主体是指通过法定程序,对自己的商品或服务享有商标专用权的人。根据《商标法》的规定,商标权的主体范围包括:自然人、法人或其他组织。两个以上自然人、法人或其他组织可以共同向商标局申请注册同一商标,共同享有和行使该商标专用权。

(二)商标权的客体

商标权的客体是指经商标局核准注册的商标,即注册商标。根据我国《商标法》的规定,申请注册的商标必须具备下列条件,才能获准注册。

1. 商标的构成要素必须具备以下条件

(1) 商标应当具备显著性。《商标法》规定,申请注册的商标,应当有显著特征便于识别,并不得与他人在先取得的合法权利相冲突。商标具备的这种显著性,可以通过两种方式产生,一是商标本身具有显著性;二是通过长期的使用获得商标的显著性。

(2) 商标应当符合辨识性要求。《商标法》规定,任何能够将自然人、法人或其他组织的商品与他人的商品区别开的标志,包括文字、图形、字母、数字、三维标志、颜色组合和声音,以及上述要素的组合,均可以作为商标申请注册。

2. 申请注册的商标不得使用法律所禁止使用的文字、图形

各国商标法都规定了商标注册的禁用条款，这些规范适用于注册商标与未注册商标，包括禁止使用和禁止注册两种不同情况。

根据《商标法》第十条规定，下列标志不得作为商标使用。

(1) 同中华人民共和国的国家名称、国旗、国徽、国歌、军旗、军徽、军歌、勋章相同或近似的，以及同中央国家机关所在地特定地点的名称或标志性建筑物的名称、图形相同的。

(2) 同外国的国家名称、国旗、国徽、军旗等相同或近似，但该国政府同意的除外。

(3) 同政府间国际组织的名称、旗帜、徽记等相同或近似的，但经该组织同意或不易误导公众的除外。

(4) 与表明实施控制、予以保证的官方标志、检验印记相同或近似的，但经授权的除外。

(5) 同"红十字""红新月"的名称、标志相同或近似的。

(6) 带有民族歧视性的。

(7) 带有欺骗性，容易使公众对产品的质量等特点或者产地产生误认的。

(8) 有害于社会主义道德风尚或有其他不良影响的。

县级以上行政区划的地名或公众知晓的外国地名，不得作为商标。但是，地名具有其他含义或作为集体商标、证明商标组成部分的除外。已经注册的使用地名的商标继续有效。

【案例 9-1】湖北省某乡镇企业，自 2000 年以来，一直使用"武汉"商标生产冰块、雪糕、冰激凌等商品。原来企业生产规模很小，没有申请注册商标。后因企业生产规模扩大，准备在第 30 类冰块、雪糕、冰激凌等商品上申请注册"武汉"或"冰凉"商标。结果未获批准。

【解析】根据《商标法》的规定，县级以上行政区划的地名或公众知晓的外国地名不得作为商标使用。同时规定仅仅直接表示商品其他特点的，因为不具有显著性特征不能成为注册商标，因此"武汉"作为行政区划，"冰凉"作为冰块、雪糕、冰激凌等产品共同的特点，不能显著区分产品，这两者都不能成为注册商标。

《商标法》第十一条还规定了三种不能作为商标注册的标志。

(1) 仅有本商品的通用名称、图形、型号的。

(2) 仅直接表示商品的质量、主要原料、功能、用途、重量、数量及其他特点的。

(3) 其他缺乏显著特征的。上述所列标志经过使用取得显著特征，并便于识别的，可以作为商标注册。

【案例 9-2】第 3140227 号"兰贵人"商标是海南澄迈万昌苦丁茶厂(以下简称万昌茶厂)于 2011 年 4 月申请注册并于 2012 年 5 月确权的注册商标，核定使用商品为商标注册第 30 类的茶及咖啡等。2014 年 7 月起，万昌茶厂相继向包括万福隆公司在内的海南省 10 家经销"兰贵人"茶产品的商家提出商标侵权诉讼，索赔总额达 300 余万元。鉴于 2012 年 7 月，即"兰贵人"注册商标确权两个月后，海南省茶叶协会即向国家工商总局行政管理商标评审委员会(以下简称商评委)针对该商标提出商标争议申请。法院认为应待商评委作出裁定后再作审理。

商评委通过审查认为，在"兰贵人"正式注册之前，以"兰贵人"为名的茶叶在我国南方较大范围生产和销售，被相关公众普遍接受，"兰贵人"已成为约定俗成的茶叶通用名称，在茶商品上已无法起到标识商品来源的作用，故"兰贵人"茶叶注册商标应予撤销。遂于2008年8月裁定撤销"兰贵人"在茶、茶叶代用品、冰茶、茶饮料商品上的商标注册。

【解析】严格来说，通用名称并无确切的法律定义。通常认为，商品的通用名称主要指某一区域内已为某一行业普遍使用，为交易者共同承认的名称，如"棉花"糖、"椰子"汁、"葡萄"酒等。由于上述文字缺乏显著特征，以其作为商标虽能区分商品的品种，但不能区别不同的商品来源，因而不能作为商标申请注册。然而，在现实生活中，也会有很多名称最初是以商标进行注册而使用的，如"优盘"本是朗科科技持有的注册商标，此后经过经济领域的大范围使用而成为领域内广为认同的特定商品的通用名称，因此被判定失去了商标的意义，最终被撤销注册登记。

此外，根据《商标法》的规定，以三维标志申请注册商标的，仅由商品自身的性质产生的形状、为获得技术效果而需有的商品形状或使商品具有实质性价值的形状，不得注册。

3. 不得复制、摹仿或翻译他人的驰名商标

《商标法》第十三条规定，就相同或类似商品申请注册的商标是复制、摹仿或翻译他人未在中国注册的驰名商标，容易导致混淆的，不予注册并禁止使用；就不相同或者不相类似商品申请注册的商标是复制、摹仿或翻译他人已经在中国注册的驰名商标，误导公众，致使该驰名商标注册人的利益可能受到损害的，不予注册并禁止使用。

4. 申请注册的商标不得与他人的注册商标相同或近似

申请注册的商标与他人的注册商标或初步审定的商标构成混同的，不能获准注册。我国《商标法》第三十条规定，申请注册的商标，凡不符合本法有关规定或同他人在同一种商品或类似商品上已经注册的或初步审定的商标相同或近似的，由商标局驳回申请，不予公告。

(三)商标权的内容

商标权包括使用权和禁止权两个方面。使用权即商标权人对其注册商标享有充分支配和完全使用的权利。商标权人可以在核定的商品类别上独自使用该核准注册的商标，并取得合法权益，也可以根据自己的意愿，将注册商标转让给他人或许可他人使用。禁止权是指商标权人禁止他人未经其许可擅自使用其注册商标的权利。商标权具有与财产所有权相同的属性，即不受他人干涉的排他性，具体表现为禁止他人非法使用、印制注册商标及其他侵权行为。

《知识链接》

未注册商标

未注册商标是指未依法律规定的条件，经法律规定的程序进行注册登记的商标。未注册商标同样具有使用权，但是未注册商标的"使用权"是不完整、不充分的。当一种商品

或类似商品上所使用的未注册商标与他人的注册商标构成相同或近似时，依照我国《商标法》的规定，未注册商标将不能继续使用，而注册商标的专用权则得到保护。这说明，在未注册商标中，使用权的权利行使只是一种自然的实施。而相对注册商标来讲，使用是一种基于法律的授权而享有的充分、完全、独立、排他的权利，同时该权利是由国家强制力保障实现的。从两者的法律地位来看，权利优于事实，在注册商标与未注册商标发生冲突时，法律只能保护前者的权利。

(四)商标权的终止

商标权的终止是指由于法定事由的发生，注册商标所有人丧失其商标权，法律不再对该注册商标给予保护。根据我国《商标法》的规定，注册商标可以因注销或撤销而导致专用权终止。

注销是指注册商标所有人自动放弃注册商标权或商标局依法取消注册商标的程序。凡有下列情形之一的，商标主管机关可将注册商标从《商标注册簿》中注销：自动申请注销、期限届满注销、无人继承注销。

撤销是指商标主管机关或商标仲裁机关对违反《商标法》有关规定的行为予以处罚，使原注册商标专用权归于消灭的程序。依照我国《商标法》的规定，撤销的事由主要有以下两种：违法撤销和不当注册撤销。

三、商标注册的申请和审查核准

(一)商标注册的申请

1. 商标注册申请的原则

(1) 申请在先原则。两个或两个以上申请人，先后在同一或类似商品或服务上，以相同或类似的商标申请注册的，商标权授予申请在先的人。申请先后的确定以申请日为准。两个或两个以上的申请人，在同一或类似商品或服务上，以相同或类似的商标在同一天申请注册的，商标权授予使用在先的人。对于使用在先的认定，由申请人在接到商标局通知后30 日内提交第一次使用该商标的日期的证明，同日使用或均未使用的，由各申请人进行协商，协商不成的，由商标局裁定。

【案例 9-3】甲厂自 2012 年起在其生产的衬衫上使用"长城"商标；2014 年，乙服装厂也开始使用"长城"商标。2016 年 3 月，乙厂的"长城"商标经国家商标局核准注册，其核定使用的商品为服装等。2017 年 1 月，乙厂发现甲厂在衬衫上使用"长城"商标，很容易引起消费者误认。因此甲、乙双方发生侵权纠纷。

【解析】依据我国《商标法》规定，商标注册申请遵循申请在先原则而并非使用在先原则，因此商标权将授予商标的在先申请者。虽然本案中甲厂对"长城"商标的使用在先，但是根据申请在先原则，乙厂拥有了对"长城"商标的注册商标专用权，从而自然享有对该商标的使用权和禁止权。如果甲厂与乙厂同日提出商标注册的申请，则需要依据先使用原则来确定商标权的归属。

(2) 优先权原则。它是商标权取得程序中一项重要原则。商标注册申请人自其商标在外国第一次提出商标注册申请之日起 6 个月内，又在中国就相同商品以同一商标提出商标注册申请的，依照该外国同中国签订的协议或共同参加的国际条约，或者按照相互承认优先权原则，可以享有优先权。商标在中国政府主办的或承认的国际展览会展出的商品上首次使用的，自该商品展出之日起 6 个月内，该商标的注册申请人可以享有优先权。

2. 商标注册申请的方法

(1) 按规定的商品分类表填报使用商标的商品类别和商品名称。商品分类表是划分商品或服务类别和进行商标注册管理的重要依据。

(2) 商标注册申请人在不同类别的商品上申请注册同一商标的，应当按商品分类表提出注册申请。

(3) 注册商标需要在同一类的其他商品上使用的，应当另行提出注册申请。

(4) 注册商标需要改变其标志的，应当重新提出注册申请。

(5) 注册商标需要变更注册人的名义、地址或其他注册事项的，应当提出变更申请。

(二)商标注册的审查核准

商标注册的审查核准是商标主管机关就申请注册的商标是否符合《商标法》的规定所进行的一系列活动。它主要包括形式审查、实质审查、公告核准阶段。对于有争议的商标，还可能发生复审或裁定。

1. 形式审查

商标局收到商标注册申请文件后，应当首先进行形式审查。形式审查的内容主要包括：申请手续是否齐备；申请人是否具备申请资格；申请文件是否齐全，填写是否正确；是否按规定缴纳了申请注册费等。经过形式审查，凡符合规定的，商标局予以受理。对于申请手续不齐备或未按规定填写申请文件的，予以退回，申请日期不予保留。对于申请手续和申请文件基本符合规定，但需要补正的，通知予以补正。在规定期限内补正的，保留申请日期；未在规定期限内补正的，予以退回，申请日期不予保留。

2. 实质审查

商标局对受理的申请，依照《商标法》的规定进行实质审查。实质审查的内容主要包括：申请注册的商标是否具有显著特征，便于识别；申请注册的商标是否与已注册在相同或类似商品或服务上的商标相同或近似；申请注册的商标是否违背商标法的禁止规定；等等。

3. 公告核准

申请注册的商标，商标局应当自收到商标注册申请文件之日起 9 个月内审查完毕，符合《商标法》规定的，由商标局初步审定，予以初步审定公告。

4. 复审或裁定

复审的情况包括两种：①对驳回申请、不予公告的商标，商标局应当书面通知商标注册申请人。商标注册申请人不服的，可以自收到通知之日起 15 日内向商标评审委员会申请复审，由商标评审委员会作出决定，并书面通知申请人。当事人对商标评审委员会的决定不服的，可以自收到通知之日起 30 日内向人民法院起诉。②对初步审定、予以公告的商标提出异议的，商标局应当听取异议人和被异议人的陈述事实和理由，经调查核实后，作出决定。商标局作出准予注册决定的，发给商标注册证，并予以公告。异议人不服的，可以依照法律规定，向商标评审委员会请求宣告该注册商标无效。商标局作出不予注册决定，被异议人不服的，可以自收到通知之日起 15 日内向商标评审委员会申请复审，由商标评审委员会自收到申请之日起 12 个月内作出复审决定，并书面通知异议人和被异议人。被异议人对商标评审委员会的决定不服的，可以自收到通知之日起 30 日内向人民法院起诉。人民法院应当通知异议人作为第三人参加诉讼。当事人在法定期限内对商标局作出的驳回申请决定、不予注册决定不申请复审或对商标评审委员会作出的复审决定不向人民法院起诉的，驳回申请决定、不予注册决定或者复审决定生效。经审查异议不能成立的，商标注册申请人取得商标专用权的时间自初审公告 3 个月期满之日起计算。

四、注册商标的续展、转让、使用许可和争议裁定

(一)注册商标的续展

注册商标的续展是指注册商标所有人在商标注册有效期届满前后的一定时间内，依法办理一定手续延长其注册商标有效期的制度。

根据《商标法》的规定，注册商标的有效期为 10 年，自核准注册之日起计算。注册商标有效期满，需要继续使用的，应当在期满前 12 个月内申请续展注册；在此期间未能提出申请的，可以给予 6 个月的宽展期。宽展期满仍未提出申请的，注销其注册商标。续展注册可以无限制地重复进行，每次续展注册的有效期为 10 年，自该商标上一次有效期满次日起计算。

申请商标续展注册的，每一个申请应当向商标局交送商标续展注册申请书，商标局应当对续展注册申请进行审查。续展注册符合《商标法》规定的，经核准后发给相应证明，并予以公告。不符合《商标法》规定的，予以驳回。

(二)注册商标的转让

注册商标的转让是指注册商标所有人依法将因注册商标产生的商标权转让给他人的行为。注册商标转让后，原注册商标所有人不再享有该注册商标的专用权，受让人成为该注册商标的所有人，享有商标专用权。

根据《商标法》的规定，转让注册商标的，转让人和受让人应当签订转让协议，并共同向商标局提出申请。受让人应当保证使用该注册商标的商品质量。转让注册商标经商标局核准后，发给受让人相应证明，并予以公告。受让人自公告之日起享有商标专用权。

(三)注册商标的使用许可

注册商标的使用许可是指注册商标所有人通过签订商标使用许可合同，许可他人使用其注册商标，同时收取一定的许可使用费。

注册商标的使用许可应当符合下列条件：①许可人是被许可的注册商标的所有人或有充分处置权人；②被许可人有生产使用许可的商品的资格；③使用许可的商标在法律保护的期限内，且使用许可期限不得超过该注册商标的有效期限；④使用许可的商品在该注册商标核定使用的商品范围内；⑤使用许可的商标与注册商标一致。

根据《商标法》的规定，商标注册人可以通过签订商标使用许可合同，许可他人使用其注册商标。许可人应当监督被许可人使用其注册商标的商品质量。被许可人应当保证使用该注册商标的商品质量。经许可使用他人注册商标的，必须在使用该注册商标的商品上标明被许可人的名称和商品产地。商标使用许可合同应当报商标局备案，由商标局公告。商标使用许可未经备案不得对抗善意第三人。

这里所谓的"商标使用许可"，包括以下三类：①独占使用许可，是指商标注册人在约定的期间、地域和以约定的方式，将该注册商标仅许可一个被许可人使用，商标注册人依约定不得使用该注册商标。②排他使用许可，是指商标注册人在约定的期间、地域和以约定的方式，将该注册商标仅许可一个被许可人使用，商标注册人依约定可以使用该注册商标，但不得另行许可他人使用该注册商标。③普通使用许可，是指商标注册人在约定的期间、地域以约定的方式，许可他人使用其注册商标，并可自行使用该注册商标和许可他人使用其注册商标。

(四)注册商标的争议裁定

注册商标的争议裁定是指商标评审委员会对已经注册的商标发生的争议进行裁定的活动。

根据《商标法》的规定，除以下两种情形外，对已经注册的商标有争议的，可以自该商标经核准注册之日起 5 年内，向商标评审委员会申请裁定。

(1) 已经注册的商标，违反《商标法》不得作为商标使用的标志的规定、不得作为商标注册的标志的规定、不得以三维标志申请注册商标情形的规定的，或者是以欺骗手段或其他不正当手段取得注册的，由商标局撤销该注册商标；其他单位或个人可以请求商标评审委员会裁定撤销该注册商标。

(2) 已经注册的商标，违反《商标法》有关不予注册并禁止使用的规定的，或者违反《商标法》有关申请商标注册不得损害他人现有的在先权利、不得以不正当手段抢先注册他人已经使用并有一定影响的商标的规定的，自商标注册之日起 5 年内，商标所有人或利害关系人可以请求商标评审委员会裁定撤销该注册商标。对恶意注册的，驰名商标所有人不受 5 年的时间限制。

商标评审委员会收到宣告注册商标无效的申请后，应当通知有关当事人，并限期提出答辩。商标评审委员会作出维持或宣告注册商标无效的裁定后，应当书面通知有关当事人。当事人对商标评审委员会的裁定不服的，可以自收到通知之日起 30 日内向人民法院起诉。人民法院应当通知商标裁定程序的对方当事人作为第三人参加诉讼。

五、商标使用的管理

商标使用的管理是指商标局对注册商标、未注册商标的使用进行监督管理，并对违反

《商标法》规定的侵权行为予以制裁的活动。

(一)对注册商标使用的管理

经商标局核准注册的商标为注册商标，商标注册人依法享有商标专用权，受法律保护。根据《商标法》的规定，商标行政管理部门对注册商标的使用依法实行管理。具体管理工作包括以下内容。

(1) 对使用注册商标的管理。使用注册商标，有下列行为之一的，由商标局责令限期改正或撤销其注册商标：①自行改变注册商标的；②自行改变注册商标的注册人名义、地址或其他注册事项的；③自行转让注册商标的；④连续 3 年停止使用的。

(2) 监督使用注册商标的商品质量。使用注册商标，其商品粗制滥造，以次充好，欺骗消费者的，由各级工商行政管理部门分不同情况，责令限期改正，并可以予以通报或处以罚款，或者由商标局撤销其注册商标。

(3) 对被撤销或注销的商标的管理。注册商标被撤销的或期满不再续展的，自撤销或注销之日起 1 年内，商标局对与该商标相同或近似的商标注册申请，不予核准。

(4) 对必须使用注册商标的商品的管理。对按照国家规定必须使用注册商标的商品，未申请注册而在市场销售的，由地方工商行政管理部门责令限期申请注册，可以并处罚款。

(二)对未注册商标使用的管理

未注册的商标不享有商标专用权，但由于我国对商标注册采取自愿原则，除国家规定必须使用注册商标的商品外，允许商品生产者、经营者或服务提供者合法使用未注册商标。未注册商标的使用同样涉及商标专用权的保护、商品或服务质量的保证和消费者利益的保障，因此商标管理工作也包括对未注册商标使用的管理。具体管理如下：①冒充注册商标的；②违反《商标法》中不得作为商标使用的标志的规定的；③粗制滥造、以次充好，欺骗消费者的。

六、注册商标专用权的保护

(一)注册商标专用权的保护范围

根据《商标法》的规定，注册商标的专用权，以核准注册的商标和核定使用的商品为限。根据这一规定，注册商标专用权的保护范围主要限定在三个方面。

1. 核准注册的商标

商标因注册而取得专用权，从而得到法律保护，未注册的商标一般情况下是不受法律保护的。因为未注册商标的使用人不享有该商标的专用权，无法依照法律的保护规定而享有禁止权。

2. 核定使用的商品或服务

在核定使用的商品或服务上使用注册商标是法律保护的基本条件，他人未经许可不得在相同或类似商品或服务上使用相同或近似的商标。

【案例9-4】重庆五斗米饮食文化有限公司(以下简称"公司")是一家以经营中式餐饮为主的专业公司，自成立以来一直使用"五斗米"品牌。该品牌被周朝元于2003年4月21日申请为第42类(餐厅)的注册商标。公司后来与周朝元签订《商标转让合同》并报经国家商标局核准后依法取得了该注册商标专用权。自2005年夏季以来，尹江红在长沙市湘春路擅自开立了一家五斗米酒楼(以下简称"酒楼")进行经营。公司认为酒楼的行为造成了相关公众的混淆和误认，构成严重的注册商标侵权。因此诉请人民法院依法判令：①被告立即停止侵犯原告所拥有的"五斗米"注册商标的行为；②被告赔偿原告经济损失24万元；③被告就其侵权行为在《潇湘晨报》和湖南电视台向原告赔礼道歉；④被告承担本案的全部诉讼费用。

【解析】原告重庆五斗米饮食文化有限公司系第3035412号注册商标的合法持有人，依法享有注册商标专用权。商标是能起到指示商品或服务来源作用的标识，彰显商品或服务的产源。原告持有的第3035412号注册商标系组合商标，该商标图形外框为梯形和三角形组成的多边形，框内有"五斗米"三个字。在组合商标中，文字的表意往往是最为直接和有效的，因此，该商标给相关公众最直接、最显著的印象为"五斗米"三个字，故他人在相同或类似商品或服务上突出使用"五斗米"文字即构成对原告的商标侵权。本案中，被告被诉侵权的行为有：①在发票上使用"五斗米"三个字；②在店招上使用"五斗米"字样；③在餐巾纸包装上使用"五斗米"字样。对此，他人未经许可在相同或类似商品或服务上使用相同或近似的商标的行为构成侵权，依法应当承担停止侵权和赔偿损失的法律责任。

3. 注册商标在有效期限内

注册商标的有效期限为10年，可无限续展。注册商标超过有效期限没有续展的，即不再受到法律的保护。

(二)侵犯注册商标专用权的行为及其法律责任

1. 侵犯注册商标专用权的行为

根据《商标法》的规定，有下列行为之一的，均属侵犯注册商标专用权：①未经商标注册人的许可，在同一种商品或者类似商品上使用与其注册商标相同或者近似的商标的；②销售侵犯注册商标专用权的商品的；③伪造、擅自制造他人注册商标标识或者销售伪造、擅自制造的注册商标标识的；④未经商标注册人同意，更换其注册商标并将该更换商标的商品又投入市场的；⑤给他人的注册商标专用权造成其他损害的。有关第⑤项造成其他损害的具体情形在2002年10月12日最高人民法院审判委员会第1246次会议通过的《最高人民法院关于审理商标民事纠纷案件适用法律若干问题的解释》的规定中列明。

2. 侵犯注册商标专用权的法律责任

侵犯注册商标专用权的法律责任包括：民事责任、行政责任和刑事责任。

民事责任主要包括：停止侵犯；消除影响；赔偿损失等。其中，根据《商标法》的规定，侵犯商标专用权的赔偿数额，为侵权人在侵权期间因侵权所获得的利益，或者被侵权人在被侵权期间因被侵权所受到的损失，包括被侵权人为制止侵权行为所支付的合理的开支。

行政责任主要包括三种类型：①责令立即停止侵权行为；②没收、销毁侵权商品和专门用于制造侵权商品、伪造注册商标标识的工具；③罚款。

侵犯注册商标的有关刑法罪名包括假冒注册商标罪，销售假冒注册商标的商品罪，非法制造、销售非法制造的注册商标标识罪等。

【案例 9-5】2005 年 12 月，蒙牛集团发现河南安阳白雪公主乳业公司(以下简称白雪公主乳业)生产的"酸酸乳"乳酸菌饮料包装与其产品包装相似。蒙牛集团随后通过呼和浩特市新城区公证处对市场中董某经营的白雪公主乳业生产的"酸酸乳"乳酸菌饮料进行了证据保全，并向呼和浩特市中级人民法院(以下简称呼市中院)提起了诉讼。

2006 年 2 月，呼市中院对此案进行公开审理。法院认定原告的"酸酸乳"商标事实上已经达到了为相关公众广为知晓的程度，并享有了较高的声誉，虽然其商标注册申请尚未被国家工商行政管理总局商标局核准，但已符合我国《商标法》第十四条规定的驰名商标认定条件，应被认定为驰名商标，白雪公主乳业的行为构成侵权。

【解析】我国对驰名商标的保护已经不局限于注册商标，非注册商标同样可受驰名商标的保护。参照《巴黎公约》和《知识产权协定》的规定，《商标法》修改后的第十三条规定："就相同或者类似商品申请注册的商标是复制、摹仿或者翻译他人未在中国注册的驰名商标，容易导致混淆的，不予注册并禁止使用。"《最高人民法院关于审理商标民事纠纷案件适用法律若干问题的解释》第二条则规定："复制、摹仿、翻译他人未在中国注册的驰名商标或其主要部分，在相同或者类似商品上作为商标使用，容易导致混淆的，应当承担停止侵害的民事法律责任。"

任务解析

在本任务案例中，甲商场的行为构成侵犯大磨坊公司商标专用权。根据《商标法》的规定，有下列行为之一的，均属侵犯注册商标专用权：①未经商标注册人的许可，在同一种商品或类似商品上使用与其注册商标相同或近似的商标的；②销售侵犯注册商标专用权的商品的；③伪造、擅自制造他人注册商标标识或销售伪造、擅自制造的注册商标标识的；④未经商标注册人同意，更换其注册商标并将该更换商标的商品又投入市场的；⑤给他人的注册商标专用权造成其他损害的。大磨坊公司停止向甲商场供货后，甲商场仍设有大磨坊专柜，并且继续销售与其类似的面包，商品价签上注明的产地仍为大磨坊公司，这种行为可以认定为侵犯注册商标专用权的行为。

任务三　专　利　法

任务案例

甲单位的工作人员乙在业余时间里利用本单位专有的技术资料研制成功一种保健饮料。甲、乙双方因该发明创造的专利申请权发生争议，于 2012 年 7 月 1 日同时向专利局提出发明专利申请。2012 年 9 月 13 日，某外国公民丙也向中国专利局就同样发明创造申请专利，并出示其于 2012 年 8 月 16 日在本国申请专利的证明，要求优先权。经查，该外国与我国订有相互承认优先权的条约。

具体任务

(1) 该发明是否属于职务发明？专利申请权归谁所有？为什么？
(2) 专利局应当将专利权授予哪一方？为什么？

理论认知

一、专利概述

(一)专利含义

专利一词最早的含义为"独占其利"之义，与现代法律上的意义并不相同。现代法律术语中的"专利"源于英文中的 patent，最初含义为将某项技术向社会公开，经国王或政府授权，技术发明人获得一定期限的垄断权。从我国专利理论和司法实践来看，一般情况下，专利是指符合专利条件的发明创造，或者是具有专利性的发明创造。而未经国家依法审查批准为专利的发明创造，即使具有专利性，符合专利条件，也不是专利。换言之，专利是依法认定的符合专利条件的发明创造。

(二)专利权及其特征

专利权是指公民、法人或其他组织在法定期限内对其发明创造成果享有的专有权利。它是国家专利行政部门授予发明人或申请人生产经营其发明创造并禁止他人生产经营其发明创造的某种特权，是对发明创造的独占的排他权。专利权的主体是依法享有专利权的公民、法人或其他组织；客体是被审批为专利的发明创造；内容是由专利权人自己实施或授权他人实施其专利，以及禁止他人未经许可实施其专利的权利。

(三)专利法的概念及其调整对象

1. 专利法的概念

专利法是指调整因发明创造的开发、实施及其保护等发生的各种社会关系的法律规范的总称。狭义的专利法仅指全国人大常委会通过的《中华人民共和国专利法》(以下简称《专利法》)。广义的专利法除《专利法》外，还包括国家有关法律、行政法规和规章中关于专利的法律规范，如《专利法实施细则》《专利代理条例》《专利管理机关查处冒充专利行为规定》和《专利行政执法办法》等。我国参加缔结的有关专利权国际保护方面的条约、协定，经批准公布具有国内法效力的，也属于广义的专利法的范畴。

2. 专利法的调整对象

专利法的调整对象是指因发明创造实际使用及法律保护等而发生的各种社会关系，主要包括以下四个方面：①因确认发明创造的归属而发生的社会关系；②因授予发明创造专利权而发生的社会关系；③因发明创造专利的实施、转让或许可实施而发生的社会关系；④因发明创造专利权的保护而发生的社会关系。

二、专利权的主体

专利权的主体是指具体参加特定的专利权法律关系并享有专利权的人。根据《专利法》的规定，发明人或设计人、职务发明创造的单位、合作发明创造的共同完成人、委托发明创造的完成人、外国人和外国企业或外国其他组织都可以成为专利权的主体。

(一)发明人或设计人

《专利法》中的发明人或设计人，是指对发明创造的实质性特点作出创造性贡献的人。在完成发明创造过程中，只负责组织工作的人、为物质技术条件的利用提供方便的人或从事其他辅助工作的人，不是发明人或设计人。

【案例 9-6】某研究机构拟开发有关生产花粉营养品的技术，由某乡镇企业提供研究所需的花粉作为原料，并派遣 3 名仅具有初中文化程度的人员协助研究开发工作，历经半年时间用化学方法开发出了数种蜂花粉精产品，后该研究机构就蜂花粉精提取分离技术单独向中国专利局提出了专利申请。乡镇企业得知此事后，要求作为共同发明人与该研究机构共同就此项技术申请专利。试问乡镇企业的这种要求能否依法给予支持。

【解析】该乡镇企业的要求无法获得支持。因为法律明确规定发明创造的发明人或申请人必须是对发明创造的实质性特点作出创造性贡献的人。发明人或设计人必须实际参与了发明创造活动，存在现实的智力投入，且其智力投入对发明创造的创造性实质特点具有直接的作用。而在完成发明创造过程中，只负责组织工作的人、为物质技术条件的利用提供方便的人或从事其他辅助工作的人，都不应认定为发明人或设计人。

(二)职务发明创造的单位

职务发明创造是指发明人或设计人执行本单位的任务或主要是利用本单位的物质技术条件完成的发明创造。职务发明创造，申请专利的权利属于该单位；申请被批准后，该单位为专利权人。

除了职务发明外，所有其他的发明创造是非职务发明创造。对于非职务发明创造，发明人和设计人有申请和取得专利的权利，申请被批准后，该发明人和设计人为专利权人。

利用本单位的物质技术条件所完成的发明创造，单位与发明人或设计人之间订立有合同的，对申请专利的权利和专利权的归属作出约定的，从其约定。

客观上存在介于职务发明和非职务发明之间，既不明显属于职务发明，也不明显属于非职务发明的发明创造，如履行既非单位分配的任务，也非本职工作之外的其他任务所作出的发明创造。对这类发明创造的权利归属问题发生纠纷时，一般由双方在尊重事实、全面考虑单位和发明人对发明创造的创造性贡献后协商决定。法律主要依据合同约定原则，一方面对主要依靠本单位的物质条件完成的发明创造的归属将产生很大影响；另一方面，也将有助于解决这类矛盾。

【案例9-7】徐某、王某是"双腔回转式破碎机"实用新型专利的共同专利权人。2011年，徐某、王某以该专利权入股海鹰公司，该公司主要经营"双腔回转式破碎机"系列产品的生产、销售。徐某、王某在海鹰公司主要负责基于该专利技术的系列产品的生产工作。2013年，徐某、王某开始研制"旋摆式破碎机"技术，该技术属于"双腔回转式破碎机"后续改进技术，并于同年完成。徐某、王某在2014年1月就"旋摆式破碎机"技术申请实用新型专利，并于2014年11月获得授权。徐某、王某2014年3月先后离开海鹰公司。海鹰公司认为该项专利技术应属于该公司的职务发明，专利权应归公司所有，遂提起诉讼。

【解析】根据《专利法》的规定，构成职务发明的条件，首先作出发明创造的发明人或设计人是申请专利的单位的职工，其次必须是发明人或设计人是执行本单位的任务或利用了本单位的物质条件。本案中，徐某、王某在海鹰公司主要负责技术工作，为实施专利技术提供技术服务和保障，并研发新产品，"旋摆式破碎机"是在海鹰公司工作期间研制完成的，因此，它是在本职工作中完成的发明创造。由于双方对在工作期间完成的创造没有约定权利归属，因此，按照《专利法》的有关规定，应当属于职务发明，即"旋摆式破碎机"专利技术属于公司所有。

(三)合作发明创造的共同完成人

两个以上单位或个人合作完成发明创造应当签订书面合同。这种合同根据《合同法》称为合作开发合同。关于该专利的申请权和归属，有约定依约定，没有约定的，申请专利的权利属于完成或共同完成的单位。如果两个或两个以上的单位合作，只有一个单位的发明人对完成的发明创造作出了创造性贡献，在没有协议的情况下，就只有发明人所在的那个单位享有申请专利的权利和专利权。但是，合同也可以约定参加合作的其他单位作为该项发明创造的共同专利申请人，或者规定享有申请专利的权利和专利权的单位应当给予参加合作的其他单位以适当的经济补偿。

(四)委托发明创造的完成人

一个单位或个人委托其他单位或个人进行发明创造时，应当签订委托合同。受委托所完成的发明创造，除另有协议的以外，申请专利的权利属于完成发明创造的单位或个人，申请被批准后，申请的单位或个人为专利权人。

【案例9-8】公司甲与业余发明人乙订立了一份技术开发协议，约定由乙为甲开发完成一项电冰箱温控装置技术，由甲为乙提供开发资金、设备、资料等，并支付报酬。在约定的时间内乙完成了合同约定的任务，并按约定将全部技术资料和权利都交给了甲公司。此外，乙在完成开发任务的过程中，还开发出了一项附属技术T，并以自己的名义就技术T申请专利。甲公司知道此事后，认为技术T的专利申请权应归甲公司所有，因此，甲、乙双方就技术T的专利申请权归属发生争议。试分析:

(1) 该技术T的专利申请权应归谁所有？请说明理由。

(2) 该纠纷可通过哪些渠道解决？

【解析】

(1) 该项附属技术T的专利申请权应当归业余发明人乙所有。其理由为：首先，就本案例所提供的资料可知，甲与乙签订的技术开发协议为委托开发合同，根据该合同的约定，乙完成并向甲交付了委托开发出来的技术，全部权利归甲公司所有。其次，技术 T 不属于合同约定的开发任务，因此根据《专利法》的有关规定可知，该项技术 T 的专利申请权应归业余发明人乙所有。

(2) 该纠纷可以通过以下方式解决：①由甲、乙双方协商解决，以确定专利申请权的归属；②由地方专利管理机关进行调解；③在双方约定有仲裁条款或事后达成了仲裁协议的前提下，可由仲裁机构仲裁；④可以向有管辖权的中级人民法院起诉，以审判方式解决。

(五)外国人、外国企业或外国其他组织

在中国有经常居所或营业所的外国人、外国企业或外国其他组织在中国申请专利的，根据《巴黎公约》的规定和国际惯例，享有与我国国民同等的待遇。在中国没有经常居所或营业所的外国人、外国企业或外国其他组织在中国申请专利的，依照其所属国同中国签订的协议或共同参加的国际条约，或者依照互惠原则，根据《专利法》的规定处理。在中国没有经常居所或营业所的外国人、外国企业或外国其他组织在中国申请专利和办理其他专利事务的，应当委托国务院专利管理机关指定的专利代理机构办理。

三、专利权的客体

专利权的客体也称专利法保护的对象，是指可以获得专利法保护的发明创造。我国《专利法》规定的发明创造是指发明、实用新型和外观设计。

(一)发明

发明是指对产品、方法或其改进所提出的新的技术方案。发明一般分为产品发明和方法发明两类。产品发明是指人们通过研究开发出来的关于各种新产品、新材料、新物质等的技术方案，如电子计算机、超导材料等。方法发明是指人们为制造产品或解决某个技术课题而研究开发出来的操作方法、制造方法及工艺流程等技术方案，如汉字输入方法、无铅汽油的提炼方法等。

(二)实用新型

实用新型是指对产品的形状、构造或其结合所提出的适于实用的新的技术方案。实用新型是一种新的技术方案，仅限于产品，不包括方法。实用新型要求产品必须是具有固定的形状、构造的产品。气态、液态、凝胶状或颗粒粉末状的物质或材料，不属于实用新型的产品范围。

《知识链接》

实用新型与发明的区别

实用新型与发明虽然同属于专利法保护的发明创造，两者又都是一种新的技术方案，但两者也存在许多区别。①两者保护的范围不同。发明专利保护的范围宽于实用新型专利。发明既可以是产品，也可以是方法；而实用新型仅限于产品，不包括方法。发明的产品没

有任何特殊要求；而实用新型的产品要求具有固定的形状或构造。②两者对创造性要求不同。发明专利要求的创造性高于实用新型专利。《专利法》规定，发明专利的创造性是指与现有技术相比，具有突出的实质性特点和显著的进步；实用新型专利的创造性是指与现有技术相比，具有实质性特点和进步。③两者的审查程序不同。发明专利既要对发明专利申请进行形式审查，还要对发明专利的内容进行实质审查；而实用新型专利采用形式审查制度，即只审查形式内容而不审查实质内容。④两者的保护期限不同。《专利法》规定，发明专利权的保护期限为 20 年；而实用新型专利的保护期限为 10 年。

(三)外观设计

外观设计是指对产品的形状、图案或其结合及色彩与形状、图案的结合所作出的富有美感并适于工业应用的新设计。外观设计必须与产品相结合，以产品的外表为依托，构成产品与设计的组合。

【案例 9-9】美国鸿利公司来华投资后，在其经营的餐厅中一直使用在北京消费者中有相当知名度的"美国加州牛肉面大王"名称，在北京设立 20 余家连锁店。该公司的"红蓝白"装饰牌幅于 1993 年获得中国外观设计专利，公司于 1993 年向商标局申请"美国加州牛肉面大王"服务商标，至 1995 年 5 月仍未获准。某快餐店于 1993 年 4 月 10 开业，自业以来在其横幅牌匾上打上了"美国加州牛肉面大王"名称，其横幅牌匾的颜色依次为红白蓝，其霓虹灯招牌上亦标有"美国加州牛肉面大王"字样。1993 年，经鸿利公司请求，北京市某工商所责令快餐厅就其横幅牌匾上的"美国加州牛肉面大王"及霓虹灯上的"国""州"两字去掉。快餐店则仅将其横幅牌匾及霓虹灯上的"国""州"两字去掉，将字样改为"美加牛肉面大王"，"国""州"两字在横幅牌匾及霓虹灯上的空缺处仍能模糊辨认。于是，鸿利公司向法院提起诉讼，控告该快餐店侵权。

【解析】被告之横幅牌匾与原告的"红蓝白"外观设计专利在色彩的排列顺序上有所不同，但足以使消费者在视觉上与原告"红蓝白"外观设计专利产生混淆，被告行为已侵犯了原告在中国获得的专利权，因此，法院判决被告停止侵害原告"红蓝白"外观设计专利的行为。专利法所称外观设计，是指对产品的形状、图案或其结合及色彩与形状、图案的结合所作出的富有美感并适于工业应用的新设计。外观设计的客体特征为：①必须是对产品的外表所做的设计，以产品的外表为依托，构成产品与设计的结合；②必须是产品的形状、图案或其结合及色彩与形状、图案的结合；③必须是适于工业应用的新设计，能应用于产品上的批量生产，在申请日或优先日之前与现有外观设计不统一，没有相同的申请向专利局提出并在中国专利公告上公布或公开，也没有相同的外观设计产品被公开销售；④外观设计必须富有美感，产品的形状、图案或其结合及色彩与形状、图案或结合所做的设计，突出体现引起人们对商品的视觉、感官的吸引，以满足消费需要。

四、授予专利权的条件

(一)授予专利权的发明和实用新型应当符合的条件

《专利法》规定，授予专利权的发明和实用新型，应当具备新颖性、创造性和实用性。

1. 新颖性

新颖性是指该发明或实用新型不属于现有技术，也没有任何单位或个人就同样的发明或实用新型在申请日以前向国务院专利行政部门提出过申请，并记载在申请日以后公布的专利申请文件或公告的专利文件中。

在某些特殊情况下，尽管申请专利的发明或实用新型在申请日或优先权日前公开，但在一定期限内提出专利申请的，则不丧失新颖性。《专利法》规定，申请专利的发明创造在申请日以前 6 个月内，有下列情形之一的，不丧失新颖性：①在中国政府主办或承认的国际展览会上首次展出的；②在规定的学术会议或技术会议上首次发表的；③他人未经申请人同意泄露其内容的。

【案例 9-10】李某研究开发了一种无级变速的设备，并于 2004 年 9 月 5 日向中国专利局提出了发明专利申请。王某也独立开发了与之大致相同的无级变速的设备，于 2004 年 3 月 6 日在机械工业部举办的技术会议上首次展出了该设备，并于 2004 年 9 月 6 日向中国专利局提出了发明专利申请。法国人伊万，将其在法国研制的与李某、王某相同的设备于 2004 年 9 月 4 日向法国专利管理机关提出发明专利申请，后又于 2005 年 9 月 4 日向中国专利局提出发明专利申请，并提出优先权要求。李某的专利申请于 2006 年 3 月 5 日被专利局公开。试分析李某、王某、伊万三人的专利申请哪个具有新颖性？并说明理由。

【解析】本案例涉及专利申请中丧失新颖性的例外情况，专利的抵触申请及外国优先权等方面的法律问题，目的在于考察对优惠期，抵触申请的构成，以及优先权日，优先权期法律规定的理解。王某的发明创造虽然在国务院有关主管部门的技术会议上首次展出，在其后 6 个月内申请专利属于丧失新颖性的法定例外情况，其专利申请应当不丧失新颖性。但由于李某的申请先于王某，且李某的申请在王某的申请后公开，构成抵触申请，因此王某的申请损失新颖性。法国人伊万在中国的专利申请虽然比李某的申请迟，但由于中法两国均属于《巴黎公约》的成员国，伊万在法国的专利申请日 2004 年 9 月 4 日，在中国申请后又要求优先权，由于未过 12 个月的优先权期，所以其在中国的专利申请视为在 2004 年 9 月 4 日提出，较之李某的专利申请早一天。与李某的专利申请比较，伊万的专利申请有新颖性，但是由于该发明创造已由王某于 2004 年 3 月 6 日的展出而进入已有技术领域，因此伊万的专利申请也不具有新颖性。

2. 创造性

创造性是指同申请日以前已有的技术相比，该发明有突出的实质性特点和显著的进步，该实用新型有实质性特点和进步。创造性的衡量标准可以从该发明或实用新型是否存在"实质性特点"和"进步"来判断。

3. 实用性

实用性是指该发明或实用新型能够制造或使用，并且能够产生积极效果。实用性一般具备三个条件：①具有可实施性，即发明创造必须能够解决技术问题，并且能够在产业中应用，能够制造或使用；②具有再现性，即所属技术领域的技术人员根据公开的技术内容，能够重复实施专利申请中为解决技术问题所采用的技术方案；③具有有益性，即发明创造

面向「十三五」高职高专项目导向式教改教材　·　财经系列

能够在经济、技术和社会等领域产生积极和有益的效果。

(二)授予专利权的外观设计应当符合的条件

根据《专利法》规定，授予专利权的外观设计，应当同申请日以前在国内外出版物上公开发表过或国内公开使用过的外观设计不相同和不相近似，并不得与他人在先取得的合法权利相冲突。

由于外观设计是产品的一种新设计，是产品外在的东西，其本身并不涉及技术上的创造，因此，对于外观设计授予专利权的条件更多地体现在与同类产品的比较上是否具有新颖性。根据我国法律规定，外观设计的新颖性在判断标准上与发明、实用新型的新颖性基本相同。

(三)不授予专利权的项目

《专利法》第二十五条规定，对下列各项，不授予专利权：①科学发现；②智力活动的规则和方法；③疾病的诊断和治疗方法；④动物和植物品种，不包括动物和植物品种的生产方法；⑤用原子核变换方法获得的物质；⑥对平面印刷品的图案、色彩或二者的结合作出的主要起标识作用的设计。此外，我国《专利法》还规定，对违反国家法律、社会公德或妨害公共利益的发明创造，不授予专利权。

五、专利权的取得、终止和无效

(一)专利权的取得

1. 专利的申请

(1) 专利申请的原则。

① 先申请原则。先申请原则是指两个以上的申请人分别就同样的发明创造申请专利时，对先提出申请的申请人授予专利权。先申请的判断标准是专利申请日。如果两个以上申请人在同一日分别就同样的发明创造申请专利的，应当在收到专利行政管理部门的通知后自行协商确定申请人。国务院专利行政部门收到专利申请文件之日为申请日。如果申请文件是邮寄的，以寄出的邮戳日为申请日。

【案例9-11】王某通过邮寄的方式将其一项发明创造于1996年2月的一天向中国专利局提出实用新型专利申请，邮戳上的日期无法辨认，专利局收到申请文件的日期为1996年2月29日，后该实用新型专利申请被授权。假定在2006年3月1日，该专利权人发现他人未经其许可制造该专利产品，专利权人能否依法追究其侵权责任？

【解析】专利权人不能追究制造该产品者的侵权责任，原因是该产品虽然原来是专利产品，但因其已超过专利保护期限，原专利权人已不再对其享有垄断权。本问题意在考察专利权的有效期限从何时开始计算，以及实用新型专利权的终止时间。按我国《专利法》的规定，一般专利权的有效期限从申请日起计算。该专利申请虽是通过邮寄的方式提出的专利申请，但因为邮戳上的日期无法辨认，所以其专利申请应当按专利局实际收到的日期计算，即该专利申请的日期为1996年2月29日，后该申请被批准为实用新型专利，专利权即从 1996 年 2 月 29 日起计算,按实用新型专利权 10 年的保护期限,其终止期限应为 2006 年 2 月 29 日,即 2006 年 2 月底,可是 1996 年为闰年,2 月有 29 日,但 2006 年并非闰年,2 月只有 28 日,所以该专利权的终止期限只能是 2006 年 2 月 28 日,他人制造该产品的时间是 2006 年 3 月 1 日,已超过了该专利权的保护期限,虽然未经许可,但此种行为依法并不侵权。

② 单一性原则。单一性原则是指一份专利申请文件只能就一项发明创造提出专利申请,即"一申请一发明"原则。

③ 优先权原则。优先权原则是指将专利申请人首次提出专利申请的日期,视为后来一定期限内专利申请人就相同主题在他国或本国提出专利申请的日期。专利申请人依法享有的这种权利称为优先权,享有优先权的首次申请日称为优先权日。

优先权包括外国优先权和本国优先权。外国优先权是指申请人自发明或实用新型在外国第一次提出专利申请之日起 12 个月内,或者自外观设计在外国第一次提出专利申请之日起 6 个月内,又在中国就相同主题提出专利申请的,依照该外国同中国签订的协议或共同参加的国际条约,或者依照相互承认优先权的原则,可以享有优先权。本国优先权是指申请人自发明或实用新型在中国第一次提出专利申请之日起 12 个月内,又向国务院专利行政部门就相同主题提出专利申请的,可以享有优先权。申请人要求优先权的,应当在申请的时候提出书面声明,并且在 3 个月内提交第一次提出的专利申请文件的副本;未提出书面声明或逾期未提交专利申请文件副本的,视为未要求优先权。

【案例 9-12】日本某公司于 1988 年 5 月 7 日向日本专利机构提出"防眼疲劳镜片"发明专利申请。之后,该公司于 1988 年 10 月 3 日以相同的主题内容向中国专利局提出了发明专利申请,同时提出了优先权书面声明,并于 1988 年 12 月 25 日向中国专利局提交了第一次在日本提出专利申请的文件副本。中国某大学光学研究所于 1988 年 7 月也成功地研制出一种用于减轻因荧屏所造成眼疲劳的镜片,这种镜片和日本某公司的镜片相比,无论在具体结构、技术处理,还是在技术效果上都是相同的。中国某大学光学研究所于 1988 年 9 月 10 日向中国专利局提交"保健镜片"的发明专利申请。(注:中国、日本同是 1883 年《巴黎公约》的加入国)试分析中国专利局应将专利权授予给谁?为什么?

【解析】中国专利局应将专利权授予日本某公司。中、日两国共同参加了《巴黎公约》,因此,本案中专利权授予谁的争议应以《巴黎公约》为依据进行断定。《巴黎公约》规定了优先权原则,发明专利申请的优先权为 12 个月。我国法律规定外国人在我国申请专利,只要按我国的法律规定提交了必要的文件,就享有公约规定的优先权。中国某大学光学研究所虽然先于日本某公司在中国专利局申请专利,但这种申请行为不足以对抗公约规定的优先权,所以,该项专利权应授予日本某公司。

(2) 专利申请的提出、修改和撤回。

① 专利申请的提出。专利权不能自动取得,申请人必须履行《专利法》规定的专利申请手续,向国务院专利行政部门提交必要的申请文件。

② 专利申请的修改。专利申请的修改,可以由申请人自己主动提出修改,也可以根据国务院专利行政部门的要求进行修改。

③ 专利申请的撤回。申请人可以在被授予专利权之前随时撤回其专利申请。专利申请被撤回后，该申请视为自始即不存在。如果专利申请的撤回是在专利公开以前提出的，在撤回之后，申请人可以重新提出申请，其他人也可以就相同的发明创造提出专利申请。如果撤回是在专利公开以后提出的，则该发明创造已丧失新颖性，任何人就此发明创造提出申请都会被驳回。

2. 专利申请的审查批准

(1) 发明专利申请的审查批准。发明专利申请的审查批准，一般要经过如下程序。

① 初步审查。国务院专利行政部门收到发明专利申请后，应当进行初步审查，初步审查多为形式审查。

② 申请公开。国务院专利行政部门对发明专利申请经初步审查认为符合《专利法》规定要求的，自申请日起满 18 个月，即行公布。国务院专利行政部门还可以根据申请人的请求早日公布其申请。

③ 实质审查。实质审查是国务院专利行政部门根据申请人的请求，对发明的新颖性、创造性、实用性等实质性条件进行的审查。

④ 授权决定。国务院专利行政部门对发明专利申请进行实质审查后，认为不符合《专利法》规定的，应当通知申请人，要求其在指定的期限内陈述意见，或者对其申请进行修改；无正当理由逾期不答复的，该申请即被视为撤回。发明专利申请经申请人陈述意见或者进行修改后，国务院专利行政部门仍然认为不符合《专利法》规定的，应当予以驳回。发明专利申请经实质审查没有发现驳回理由的，由国务院专利行政部门作出授予发明专利权的决定，发给发明专利证书，同时予以登记和公告。发明专利权自公告之日起生效。

(2) 实用新型和外观设计专利申请的审查批准。国务院专利行政部门受理实用新型和外观设计专利申请后，只进行初步审查，不进行申请公开和实质审查程序。

实用新型和外观设计专利申请经初步审查没有发现驳回理由的，由国务院专利行政部门作出授予实用新型专利权或外观设计专利权的决定，发给相应的专利证书，同时予以登记和公告。实用新型专利权和外观设计专利权自公告之日起生效。

(3) 专利的复审。国务院专利行政部门设立专利复审委员会。专利申请人对国务院专利行政部门驳回申请的决定不服的，可以自收到通知之日起 3 个月内，向专利复审委员会请求复审。专利复审委员会复审后，作出复审决定，并通知专利申请人。专利申请人对专利复审委员会的复审决定不服的，可以自收到通知之日起 3 个月内向人民法院起诉。

(二)专利权的终止

专利权的终止是指专利权因期限届满或其他原因在期限届满前失去法律效力。专利权终止后，被授予专利权的发明创造技术方法进入公共领域，任何单位和个人都可以无偿使用。

根据《专利法》的规定，有下列情形之一的，专利权终止：①专利权的期限届满；②没有按照规定缴纳年费的；③专利权人以书面声明放弃其专利的；④专利权人死亡，无继承人或受遗赠人的。

专利权在期限届满前终止的，由国务院专利行政部门登记和公告。

(三)专利权的无效

专利权的无效是指已经取得的专利权因不符合《专利法》的规定,根据有关单位或个人的请求,经专利复审委员会审核后被宣告无效。请求宣告专利权无效的单位或个人,应当向专利复审委员会提出请求书,并说明理由。专利复审委员会收到请求宣告专利权无效的请求书后,应当及时审查和作出决定,并通知请求人和专利权人。宣告专利权无效的决定,由国务院专利行政部门登记和公告。对专利复审委员会宣告专利权无效或维持专利权的决定不服的,可以自收到通知之日起 3 个月内向人民法院起诉。人民法院应当通知无效宣告请求程序的对方当事人作为第三人参加诉讼。

宣告无效的专利权视为自始即不存在。宣告专利权无效的决定,对在宣告专利权无效前人民法院作出并已执行的专利侵权的判决、调解书,已经履行或强制执行的专利侵权纠纷处理决定,以及已经履行的专利实施许可合同和专利权转让合同,不具有追溯力。但是因专利权人的恶意给他人造成的损失,应当给予赔偿。

六、专利实施的强制许可

专利实施的强制许可是指国务院专利行政部门依照法定条件和程序颁布的实施专利的一种强制性许可方式。申请人获得这种许可后,不必经专利权人的同意,就可以实施专利。

根据《专利法》的规定,可以给予专利实施强制许可的情况有以下几种。

(1) 专利权人自专利权被授予之日起满 3 年,且自提出专利申请之日起满 4 年,无正当理由未实施或者未充分实施其专利的,国务院专利行政部门根据有条件实施者的申请,给予实施该发明专利或实用新型专利的强制许可。

(2) 专利权人行使专利权的行为被依法认定为垄断行为,为消除或减少该行为对竞争产生的不利影响的,国家专利行政部门可以根据请求给予实施专利的强制许可。

(3) 在国家出现紧急状态或非常情况时,或者为了公共利益的目的,国务院专利行政部门可以给予实施发明专利或实用新型专利的强制许可。

(4) 为了公共健康目的,对取得专利权的药品,国务院专利行政部门可以给予制造并将其出口到符合中华人民共和国参加的有关国际条约规定的国家或地区的强制许可。

(5) 一项取得专利权的发明或实用新型比前已经取得专利权的发明或实用新型具有显著经济意义的重大技术进步,其实施又有赖于前一发明或实用新型的实施的,国务院专利行政部门根据后一专利权人的申请,可以给予实施前一发明或者实用新型的强制许可。在依照上述规定给予实施强制许可的情况下,国务院专利行政部门根据前一专利权人的申请,也可以给予实施后一发明或实用新型的强制许可。

国务院专利行政部门作出的给予实施强制许可的决定,应当及时通知专利权人,并予以登记和公告。给予实施强制许可的决定,应当根据强制许可的理由规定实施的范围和时间。强制许可的理由消除并不再发生时,国务院专利行政部门应当根据专利权人的请求,经审查后作出终止实施强制许可的决定。

取得实施强制许可的单位或个人不享有独占的实施权,并且无权允许他人实施。取得实施强制许可的单位或个人应当付给专利权人合理的使用费,其数额由双方协商;双方不能达成协议的，由国务院专利行政部门裁决。

专利权人对国务院专利行政部门关于实施强制许可的决定不服的，专利权人和取得实施强制许可的单位或个人对国务院专利行政部门关于实施强制许可的使用费的裁决不服的，可以自收到通知之日起 3 个月内向人民法院起诉。

七、专利权的保护

(一)专利权的期限

专利权的期限又称专利保护期。根据《专利法》的规定，发明专利权的期限为 20 年，实用新型专利权和外观设计专利权的期限为 10 年，均自申请日起计算。

(二)专利权的保护范围

专利权的保护范围是指专利权效力所及的发明创造的技术特征和技术幅度。因此，专利权的范围即是专利权的保护范围。

根据《专利法》的规定，发明或实用新型专利权的保护范围以其权利要求的内容为准，说明书及附图可以用于解释权利要求。外观设计专利权的保护范围以表示在图片或照片中的该外观设计专利产品为准，简要说明可以用于解释图片或照片所表示的该产品的外观设计。

(三)侵害专利权的行为

根据《专利法》的规定，侵害专利权的行为主要包括以下几种。

1. 未经专利权人许可，实施其专利的行为

其包括：①未经专利权人许可，为生产经营目的制造、使用、许诺销售、销售、进口其专利产品，或者使用其专利方法及使用、许诺销售、销售、进口依照该专利方法直接获得的产品；②未经专利权人许可，为生产经营目的的制造、销售、进口其外观设计专利产品；等等。

2. 假冒他人专利的行为

其包括：①未经许可，在其制造或销售的产品、产品的包装上标注他人的专利号；②未经许可，在广告或其他宣传材料中使用他人的专利号，使人将所涉及的技术误认为是他人的专利技术；③未经许可，在合同中使用他人的专利号，使人将合同涉及的技术误认为是他人的专利技术；④伪造或变造他人的专利证书、专利文件或专利申请文件；等等。

3. 以非专利产品冒充专利产品、以非专利方法冒充专利方法的行为

其包括：①制造或销售标有专利标志的非专利产品；②专利权被宣告无效后，继续在制造或者销售的产品上标注专利标记；③在广告或其他宣传材料中将非专利技术称为专利技术；④在合同中将非专利技术称为专利技术；⑤伪造或变造专利证书、专利文件或专利申请文件；等等。

4. 侵夺发明人或设计人的非职务发明创造专利申请权及其他权益的行为

根据《专利法》第六十九条的规定，有下列情形之一的，不视为侵犯专利权。

(1) 专利产品或依照专利方法直接获得的产品，由专利权人或经其许可的单位、个人售出后，使用、许诺销售、销售、进口该产品的。

(2) 在专利申请日前已经制造相同产品、使用相同方法或已经作好制造、使用的必要准备，并且仅在原有范围内继续制造、使用的。

(3) 临时通过中国领陆、领水、领空的外国运输工具，依照其所属国同中国签订的协议或共同参加的国际条约，或者依照互惠原则，为运输工具自身需要而在其装置和设备中使用有关专利的。

(4) 专为科学研究和实验而使用有关专利的。

(5) 为提供行政审批所需的信息，制造、使用、进口专利药品或专利医疗器械的，以及专门为其制造、进口专利药品或专利医疗器械的。

(四)侵害专利权行为的法律责任

侵害专利权行为的法律责任包括：民事责任、行政责任和刑事责任。

1. 民事责任

民事责任主要包括：停止侵害；赔偿损失；消除影响；恢复名誉等。其中，根据《专利法》的规定，侵犯专利权的赔偿数额，按照权利人因被侵权所受到的损失或侵权人因侵权所获得的利益确定；被侵权人的损失或侵权人获得的利益难以确定的，参照该专利许可使用费的倍数合理确定。

2. 行政责任

行政责任主要包括：①对未经专利权人许可实施其专利的行为，管理专利工作的部门认定侵权行为成立的，可以责令侵权人立即停止侵权行为；②对假冒他人专利的行为，除依法承担民事责任外，由管理专利工作的部门责令改正并予以公告，没收违法所得，可以并处违法所得 3 倍以下的罚款，没有违法所得的，可以处 5 万元以下的罚款；③对以非专利产品冒充专利产品、以非专利方法冒充专利方法的行为，由管理专利工作的部门责令改正并予以公告，可以处 5 万元以下的罚款；④对侵夺发明人或设计人的非职务发明创造专利申请权及其他权益的行为，由所在单位或上级主管机关给予行政处分；等等。

3. 刑事责任

刑事责任只限于假冒他人专利且情节严重的情形。《刑法》第二百一十六条规定，假冒他人专利，情节严重的，处 3 年以下有期徒刑或拘役，并处或单处罚金。《刑法》第二百一十六条规定"假冒他人专利"的行为包括：①未经许可，在其制造或销售的产品、产品的包装上标注他人专利号的；②未经许可，在广告或者其他宣传材料中使用他人的专利号，使人将所涉及的技术误认为是他人专利技术的；③未经许可，在合同中使用他人的专利号，使人将合同涉及的技术误认为是他人专利技术的；④伪造或变造他人的专利证书、专利文件或专利申请文件的。

(五)诉前救济措施及诉讼时效

1. 诉前救济措施

根据《专利法》的规定，专利权人或利害关系人有证据证明他人正在实施或即将实施侵犯其专利权的行为，如不及时制止将会使其合法权益受到难以弥补的损害的，可以在起诉前向人民法院申请采取责令停止有关行为和财产保全的措施。

2. 专利侵权诉讼时效

根据《专利法》的规定，侵犯专利权的诉讼时效为 2 年，自专利权人或利害关系人得知或应当得知侵权行为之日起计算。发明专利申请公布后至专利权授予前使用该发明未支付适当使用费的，专利权人要求支付使用费的诉讼时效为 2 年，自专利权人得知或应当得知他人使用其发明之日起计算，但是，专利权人于专利权授予之日前即已得知或应当得知的，自专利权授予之日起计算。

◉ 任务解析

(1) 该发明属于职务发明。职务发明是指执行本单位的任务或主要是利用本单位的物质技术条件所完成的发明创造。本单位的物质技术条件是指本单位的资金、设备、零部件、原材料或不对外公开的技术资料等。本案中，乙的发明主要是利用本单位专有的技术资料完成的，因此该发明属于职务发明。该发明创造申请专利的权利归属依据单位与发明人或设计人订立的合同，对申请专利的权利和专利权的归属作出约定的，从其约定，未作出约定的属于该单位；申请被批准后，该单位为专利权人。

(2) 该专利的专利权应该授予甲单位。因为乙所完成的该发明属于职务发明，如果甲单位和乙之间没有订立合同对此进行约定，对该专利的申请权应该由甲单位行使。依据我国《专利法》相关规定，专利申请遵循先申请原则，甲单位的申请日为 2002 年 7 月 1 日，而某外国公民丙申请同样的专利的申请日可以依照优先权原则适用，即专利申请日为 2002 年 8 月 16 日，因此，甲单位的申请日早于丙，所以该发明创造的专利权应该授予甲单位。

项 目 小 结

工业产权是知识产权保护制度中的重要内容，在现代经济社会中具有非常重要的意义。本项目着重对工业产权中的《商标法》和《专利法》进行详细的解读，旨在帮助大家了解商标权利制度和专利权的保护范围，建立和加强工业产权法律保护的意识。

实 训 练 习

【实训项目】模拟商标注册和专利申请。

【实训操作及要求】将班级学生分组，分别要求各组学生完成某一商品分类的商标注

册或某一发明创造的专利申请。要求:

(1) 商标注册及专利申请的相关文件准备;

(2) 商标注册及专利申请的程序使用;

(3) 商标注册及专利申请中不同情况的处置;

(4) 商标注册及专利申请中不同管理部门的职责。

理 论 复 习

一、单项选择题

1. 下列要素中,不能作为商标在我国申请注册的是( )。

    A. 字母和数字   B. 声音   C. 颜色组成   D. 汉字

2. 根据《商标法》的规定,不能作为商标专用权主体的是( )。

    A. 个体工商户   B. 行政机关   C. 个人合伙   D. 合伙企业

3. 依据《商标法》的规定,注册商标连续( )停止使用的,商标局可以撤销其注册商标。

    A. 5 年   B. 1 年   C. 3 年   D. 7 年

4. 对初步审定的商标,自公告之日起( )个月内,任何人均可以提出异议。

    A. 1   B. 2   C. 3   D. 4

5. 下列标志中,可以作为商标注册和使用的是( )。

    A. 五星红旗   B. 中国   C. 黄河   D. 人民大会堂

6. 下列情形中可以授予专利权的是( )。

    A. 科学发现   B. 智力活动的规则和方法

    C. 动物和植物品种   D. 疾病的诊断和治疗机械

7. 某单位的技术人员在不影响本职工作的条件下,在其他单位兼职并利用该单位的物质技术条件研制出一项发明创造,对该发明创造申请专利的权利属于( )。

    A. 原单位   B. 兼职单位

    C. 双方共有   D. 该技术人员

8. 两个以上的申请人分别就同样的发明创造申请专利的,专利权授权( )。

    A. 最先发明的人   B. 最先申请的人

    C. 所有申请的人   D. 协商后的申请人

9. 申请发明(或实用新型)专利必须具有( )。

    A. 新颖性、创造性   B. 新颖性、实用性

    C. 新颖性   D. 新颖性、创造性、实用性

10. 根据《专利法》的规定,下列选项中( )发明创造不能授予专利权。

    A. 电话机   B. 中成药

    C. 杂交水稻生产方法   D. 吸毒器具

面向「十三五」高职高专项目导向式教改教材 · 财经系列

二、多项选择题

1. 根据《专利法》及其实施细则的规定，下列各项中，属于职务发明创造的有( )。
    A. 在本职工作中作出的发明创造
    B. 履行本单位交付的本职工作之外的任务所作出的发明创造
    C. 退休、退职或调动工作后1年内作出的与其在原单位承担的本职工作有关的发明创造
    D. 主要利用本单位的物质技术条件完成的发明创造

2. 根据《专利法》的规定，申请专利的发明创造在申请日起6个月内，下列各项中，不丧失新颖性的有( )。
    A. 在中国政府主办的国际展览会上首次展出的
    B. 在中国政府承认的国际展览会上首次展出的
    C. 在规定的学术会议上首次发表的
    D. 他人未经申请人同意泄漏其内容的

3. 根据《专利法》的规定，下列各项中，不授予专利权的有( )。
    A. 科学发现
    B. 智力活动的规则和方法
    C. 疾病的诊断和治疗方法
    D. 动植物品种的生产方法

4. 根据《专利法》的规定，下列各项中，属于侵害专利权的行为的有( )。
    A. 专为科学研究和实验而使用有关专利的
    B. 制造或销售标有专利标志的非专利产品
    C. 未经许可在其制造或销售的产品上标注他人的专利号
    D. 侵夺发明人的非职务发明创造专利申请权

5. 甲是乙公司的研发人员，经长期研究，完成单位交付的研发任务，开发出了一种抗癌新药，现欲申请专利。以下关于该成果权利归属的说法中正确的是( )。
    A. 专利申请权及专利权均归乙公司
    B. 专利申请权归乙公司，专利权归甲
    C. 专利申请权归甲，专利权归乙公司
    D. 乙公司转让专利权时，甲在同等条件下有优先受让权

三、案例分析题

1. 2002年12月31日，重庆市长寿县某按摩器生产厂商向商标局申请将使用在该按摩器上的"长寿"标志注册为商标。2003年1月15日，商标局审查后认为"长寿"系县级以上行政区划名称，根据《商标法》第十条第3款"县级以上行政区划的地名不得作为商标"之规定，驳回该申请。该厂商于2003年1月20日收到该驳回申请的决定。另外，该县另有一厂商在某保健器材上使用"长寿"商标。

试分析：

(1) 如果该按摩器生产厂商不服商标局驳回申请的决定，应于何时向谁提出申请复议？

(2) 你认为复议结果应是什么？理由是什么？

(3) 如果复审结果维持初审决定，该按摩器生产厂商能否向法院提起诉讼？为什么？

(4) 如果复审结果改变初审决定，最后核准注册并发给商标注册证，那么另一保健器材

生产厂商能否继续使用"长寿"作为商标？为什么？

2. 张某在 A 研究所从事医疗器械研发工作。2010 年 1 月，张某从 A 研究所退职，并与 B 公司签订了一份合作开发合同。该合同约定：B 公司提供研发经费、设施等必要的研究条件，张某主持从事一种治疗骨质增生的医疗器械的研发工作，该医疗器械被称之为"骨质增生治疗仪"；该产品研发成功之后，B 公司付给张某 30 万元报酬；该产品的发明人为张某。2011 年 6 月，张某主持研发的"骨质增生治疗仪"获得成功，B 公司依约付给张某 30 万元报酬。2011 年 7 月，B 公司将"骨质增生治疗仪"的专利申请权以 300 万元的价格转让给 C 公司，C 公司支付了全部价款。2011 年 8 月 12 日，C 公司就"骨质增生治疗仪"向国务院专利行政部门提出发明专利申请，国务院专利行政部门于同日收到该申请文件，在经初步审查后受理了 C 公司的发明专利申请。同年 9 月 1 日，A 研究所就与"骨质增生治疗仪"相同的发明创造向国务院专利行政部门提出专利申请，该发明创造被称之为"骨质增生治疗器"，国务院专利行政部门在初步审查后，以 C 公司已经就相同的发明创造在 A 研究所申请日之前申请专利为由，驳回了 A 研究所的该发明专利申请。A 研究所经过调查后认为，C 公司无权就"骨质增生治疗仪"向国务院专利行政部门提出发明专利申请，理由为：①张某作为"骨质增生治疗仪"的发明人，在 A 研究所从事的工作与该发明创造有关，其退职后与 B 公司合作开发的该产品应当属于 A 研究所的职务发明，A 研究所之外的任何人无权就此发明创造申请专利；②A 研究所实际于 2010 年 5 月就已经完成"骨质增生治疗器"的发明，而"骨质增生治疗仪"的发明创造的完成时间是 2011 年 6 月，因此，"骨质增生治疗仪"不具有新颖性。为此，A 研究所就被驳回申请向专利复审委员会请求复审。张某在获悉 B 公司将"骨质增生治疗仪"的专利申请权转让给 C 公司之后，以 B 公司将该专利申请权转让给 C 公司未经其同意为由，于 2011 年 10 月 8 日向人民法院提起诉讼，请求人民法院确认该转让行为无效。经查：张某与 B 公司签订的合作开发合同未就合作开发完成的发明创造的归属作出明确规定；C 公司不知道张某与 B 公司的合作开发关系。

试分析：

(1) 张某和 B 公司在合作开发合同中约定张某为"骨质增生治疗仪"的发明人是否妥当？为什么？可否将 B 公司列为发明人和专利权人？并说明理由。

(2) 张某退职后与 B 公司合作开发的"骨质增生治疗仪"是否属于 A 研究所的职务发明？为什么？

(3) A 研究所以其完成的"骨质增生治疗器"的时间早于"骨质增生治疗仪"的完成时间为由，认为"骨质增生治疗仪"不具有新颖性是否正确？并说明理由。

(4) 张某请求人民法院确认 B 公司将该专利申请权转让给 C 公司的行为无效是否成立？为什么？

项目十 金融法

【技能目标】

- 识别汇票、本票与支票的异同，正确使用票据。
- 能模拟支付结算的实际操作。
- 具有运用所学金融法律知识解决实际问题的能力。

【知识目标】

- 了解金融及金融法的概念。
- 掌握中央银行的法律地位及组织机构，掌握中央银行制定和执行货币政策的职能。
- 掌握商业银行的概念及组织机构、经营原则。
- 了解票据的概念，掌握汇票、本票、支票的相关内容和票据法律责任。
- 了解证券的概念、分类，掌握证券的发行与交易规则，以及证券机构和证券法律责任。

任务一　银　行　法

◉ 任务案例

2016 年 3 月某商业银行与某房地产公司共同开发某经济开发区的房地产项目，并成立项目公司，因该行副行长兼任房地产公司副董事长，商业银行向该房地产公司投资 1 亿元人民币。同年 6 月房地产公司以该公司的房地产作抵押，向商业银行提出贷款申请，商业银行审查后向其发放了 2 亿元抵押贷款。该行当月资本余额为 17.9 亿元人民币。2017 年 7 月房地产公司因经营亏损濒临破产，商业银行贷款无法收回。2017 年年底该商业银行被银监会决定接管。

◉ 具体任务

(1) 请指出商业银行的违法之处。
(2) 银监会对该商业银行的接管决定是否正确？

◉ 理论认知

一、金融与金融法律制度

(一)金融的概念

金融是指货币资金的融通，即以银行为中心的各种信用活动及在信用基础上组织起来的货币流通。一般来讲，金融的范围主要包括：货币的发行与回笼，存款的吸收与发出，贷款的发放与回收，现金流通与转账结算，金银、外汇和有价证券的买卖，国内、国际货币支付结算，票据贴现，银行同业拆借，信托投资，各种财产和人身保险，融资租赁，等等。

(二)金融法律制度

金融法律制度是指国家权力机关和行政机关制定的各种金融规范性文件的总称，是调整金融关系的法律规范。金融关系是银行或其他金融机构在从事金融管理和金融经营活动中与其他政府机构、市场主体和社会个人之间发生的经济关系。

(三)我国金融法律制度构成

我国金融法律制度具体包括《中华人民共和国中国人民银行法》(以下简称《中国人民银行法》)《中华人民共和国商业银行法》《现金管理暂行条例》《中华人民共和国外汇管理条例》《中华人民共和国票据法》《中华人民共和国证券法》等。

二、中央银行法

(一)中央银行及中央银行法概述

中央银行是代表国家制定和实施货币政策，对金融业实施监督管理并从事金融业务活动的特殊金融机构。中央银行是一个国家金融体系的核心机构，是政府的银行、银行的银行、发行的银行。我国的中央银行是中国人民银行。

中央银行法是调整中央银行因制定和实施货币政策，行使对金融业实施监督管理职能而产生的银行管理关系的法律规范的总称。

(二)中国人民银行的法律地位

《中国人民银行法》第二条规定："中国人民银行是中华人民共和国的中央银行。中国人民银行在国务院领导下，制定和执行货币政策，防范和化解金融风险，维护金融稳定。"由此可见，中国人民银行的性质和法律地位是：①中华人民共和国的中央银行；②国务院下属的中国国家行政机关；③依法享有相对独立权的国家宏观调控部门。

《《知识链接》》

中国人民银行的发展概况

1948 年 12 月 1 日中国人民银行成立，是华北银行、北海银行和西北农民银行合并组成的。1983 年 9 月，国务院决定中国人民银行专门行使国家中央银行职能。1995 年 3 月 18 日，第八届全国人民代表大会常务委员会第三次会议通过了《中国人民银行法》，至此，中国人民银行作为中央银行的法律地位以法律的形式被确定下来。根据第十届全国人民代表大会审议通过的国务院机构改革方案的规定，将中国人民银行从银行、金融资产管理公司、信托投资公司及其他存款类金融机构的监管职能分离出来，并和中央金融工委的相关职能进行整合，成立了中国银行业监督管理委员会。同时，第十届全国人民代表大会常务委员会第六次会议对《中国人民银行法》也做了修正。中国人民银行下设办公厅、条法司、货币政策司、金融市场司、征信管理局、反洗钱局等 13 个职能司(厅)。

(三)中国人民银行的组织机构和职责

中国人民银行的组织机构与世界各国中央银行的组织机构大体相同，有权力决策机构、执行机构、咨询机构、内部职能机构和分支机构，只在表现形式和权限上有所差异。

1. 行长

中国人民银行实行行长负责制。

2. 货币政策委员会

货币政策委员会是中国人民银行制定货币政策的咨询议事机构，而不是中国人民银行内设的一般职能机构，它通过全体会议来履行职责。

3. 分支机构

《中国人民银行法》第十三条明确规定："中国人民银行根据履行职责的需要设立分支机构，作为中国人民银行的派出机构。中国人民银行对分支机构实行统一领导和管理。"根据此规定，中国人民银行的分支机构是总行的派出机构，不是独立的法人，也不是地方政府的组成部分，在行政隶属、业务经营活动与决策上与地方政府不发生直接联系。

4. 中国人民银行的内部职能机构

中国人民银行根据履行职责的需要，按照业务分工原则和国家机构编制委员会的要求，在内部设立若干司(局)机构。中国人民银行的主要业务活动和业务管理都由相应的职能部门办理。

中国人民银行的职责是其性质与职能的具体化。《中国人民银行法》第四条对中国人民银行的职责做了明确的规定，包括以下内容。

(1) 发布与履行其职责有关的命令和规章。

(2) 依法制定和执行货币政策。

(3) 发行人民币，管理人民币流通。

(4) 监督管理银行间同业拆借市场和银行间债券市场。

(5) 实施外汇管理，监督管理银行间外汇市场。

(6) 监督管理黄金市场。

(7) 持有、管理、经营国家外汇储备、黄金储备。

(8) 经理国库。

(9) 维护支付、清算系统的正常运行。

(10) 指导、部署金融业反洗钱工作，负责反洗钱的资金监测。

(11) 负责金融业的统计、调查、分析和预测。

(12) 作为国家的中央银行，从事有关的国际金融活动。

(13) 国务院规定的其他职责。

(四)中国人民银行的货币发行和信用调控

1. 中国人民银行的货币发行

人民币是我国的法定货币，其发行管理必须依法进行。维护人民币信誉，加强反假币工作，保护人民币的法律地位是一项重要的工作。为此，根据《中国人民银行法》规定，《中华人民共和国人民币管理条例》于2000年2月颁布，并于同年5月1日起施行。

我国的货币发行权属于国家，国家授权中国人民银行具体掌管全国货币发行工作，并集中管理货币发行基金。中国人民银行是我国的货币发行机关，而且是唯一的货币发行机关。《中国人民银行法》第十八条规定："人民币由中国人民银行统一印制、发行。 中国人民银行发行新版人民币，应当将发行时间、面额、图案、式样、规格予以公告。"这就从法律上确立了中国人民银行作为国家货币发行机关的地位，除中国人民银行外，任何地方、任何部门、任何单位和个人包括财政部、普通金融机构，都不得发行或变相发行人民币；未经国家批准，任何地方、单位或个人都无权动用国家的货币发行基金。

【案例 10-1】某县某乡政府因财政困难发不出工资，便想出一个办法，印制代币券，作为工资发给乡政府工作人员。该代币券与人民币有同等的购买力，在当地可以作为现金流通。该代币券在当地成为与人民币并行不悖的无限清偿货币，到后来该代币券在临近的几个乡都开始自由流通。试分析发行代币券的性质是什么？是否违法？

【解析】本案中，某乡政府发行的代币券即是变相的货币，其行为严重地冲击了中国人民银行的货币发行制度和计划，扰乱了国家对市场货币供应量的宏观调控。如果代币券大量发行，情节严重的，会直接导致通货膨胀的严峻后果，破坏币值的稳定，加大金融风险，直至引发金融危机。因此，对于擅自印制代币票券的行为应坚决制止、严厉打击，同时加大法制宣传力度，使人民币是唯一具有无限清偿能力的观念深入人心。

2. 中央银行的信用调控

货币不仅包括通货，而且包括存款货币。商业银行的存款货币是客户将通货存入商业银行的结果，但商业银行所能形成的存款货币数量，并非仅等于原始存款，而是原始存款的若干倍。商业银行具有创造存款再生货币的功能。决定商业银行创造派生存款货币能力的有两个变量：①基础货币，即商业银行的准备金和流通中通货的总和，具体包括商业银行在中央银行的存款、库存现金、向中央银行的借款及社会公众持有的现金；②货币创造乘数，即货币供应量与基础货币之间的比值，货币供应量是基础货币加银行派生存款货币。

中央银行信用调控的核心内容是通过货币政策工具的运用，控制商业银行的存款货币创造活动，调节货币供应量，维护币值稳定，以此促进经济的发展。中央银行的信用调控模式分为直接控制和间接控制。直接控制是指中央银行通过综合信贷计划，分配信贷指标等方式，直接制约货币供应的贷款扩张和收缩。间接控制是指中央银行通过调控货币供应机制中的两个变量，即基础货币和货币创造乘数，来间接调控货币供应量。中国人民银行对货币信贷总量的控制，要由信贷规模管理为主的直接控制，逐步转向运用社会信用规划、再贷款、再贴现、公开市场操作、准备金利率、基准利率和比例管理等手段的间接控制。

三、银行业监督管理法概述

(一)银行业监督管理法的概念

2003 年 4 月 28 日中国银行业监督管理委员会(以下简称银监会)成立后，我国的金融宏观调控和金融监管工作步入了一个新的历史时期。通过货币政策发挥对国民经济的宏观调控作用，防范和化解金融风险，维护金融稳定成为中国人民银行的首要职责，而以前由中国人民银行行使的对金融机构的审批监管权则交给了银监会。

银行业监管法是调整在国家金融监管机构对银行业金融机构的组织及其业务活动进行监督管理过程中发生的经济关系的法律规范的总称。

我国是世界上少有的制定专门性的银行业监管法的国家。2003 年 12 月 27 日，第十届全国人大常委会第六次会议表决通过了《银行业监督管理法》，共 6 章 50 条，分为总则、监督管理机构、监督管理职责、监督管理措施、法律责任和附则，自 2004 年 2 月 1 日起施行。

面向『十三五』高职高专项目导向式教改教材·财经系列

(二)监管主体

银监会根据授权，统一监督管理银行、金融资产管理公司、信托投资公司及其他存款类金融机构，维护银行业的合法、稳健运行。

(三)监管对象

根据《银行业监督管理法》第二条的规定，银行业金融机构是指在中华人民共和国境内设立的商业银行、城市信用合作社、农村信用合作社等吸收公众存款的金融机构及政策性银行，银监会负责对全国性金融机构及其业务活动的监督管理工作。中华人民共和国境内设立的金融资产管理公司、信托投资公司、财务公司、金融租赁公司及经银监会批准设立的其他金融机构的监督管理，同样适用《银行业监督管理法》对银行业金融机构监督管理的规定。银监会还负责对经其批准在境外设立的金融机构及前述金融机构在境外的业务活动实施监督管理。

(四)银监会监督管理的主要职责

《银行业监督管理法》第十五条至第三十二条，较为详细地规定了银监会对银行业金融机构的监督管理职责：制定有关银行业的金融机构监管的规章制度和办法，起草有关的法律和行政法规，提出制定和修改的建议；审批银行业的金融机构及分支机构的设立、变更、终止及其业务的范围；对银行业金融机构实行现场和非现场监管，依法对违法违规行为进行查处；审查银行业金融机构高级管理人员任职资格；负责统一编制全国银行数据、报表，并且按照国家有关规定予以公布；会同有关部门提出存款类金融机构紧急风险处置的意见和建议；负责国有重点银行业金融机构监事会的日常管理工作；承办国务院交办的其他事项。

四、商业银行法

(一)商业银行概述

商业银行是以金融资产和负债为经营对象，吸收公众存款、发放贷款、办理结算等业务的企业法人。它以效益性、安全性、流动性为经营原则，自主经营、自担风险、自负盈亏、自我约束。

商业银行依法开展业务，不受任何单位和个人干涉。它以全部法人财产独立承担民事责任，依法接受银行业监督管理机构的监督。

商业银行具有的显著特征为：以追逐利润为目标，经营范围广泛；接受公众存款(包括活期存款、定期存款和储蓄存款)；业务日益向着国际化的方向发展。另外，商业银行主要还具有信用中介、支付中介和金融服务等职能。

商业银行在组织机构的设置上包括股东会、监事会、董事会和经理。

(二)商业银行的设立

商业银行的设立是指银行的创办人依照法律规定程序，通过人力、物力和财力的投资、筹建，使银行取得法律关系主体资格的行为。

在我国，设立商业银行必须具备以下条件。

(1) 符合《商业银行法》和《公司法》规定的章程。章程是规定公司对外经营和对内管理各项权利能力的根本准则，是公司对外展开其权利能力、对内实行管理的依据。公司章程经审批部门审批后，也就成为管理部门判断该公司行为合法与否的标准之一，因此，公司章程对公司具有极其重要的作用。

(2) 有符合《商业银行法》规定的注册资本最低限额。注册资本是法人设立时必须登记并实际缴纳的法定资本数额，是法人营运的资金基础。我国规定商业银行实缴注册资本的最低限额为 10 亿元人民币；城市合作商业银行为 1 亿元人民币；农村合作商业银行为 5000 万元人民币。同时还授权银行监管部门根据经济发展可以调整注册资本最低限额，但不得少于前面规定的限额。对于外资银行、中外合资银行、外国银行的最低注册资本金，按照《商业银行法》第九十二条与《外资金融机构管理条例》第五条的规定，独资银行、合资银行的注册资本最低限额为 3 亿元人民币等值的自由兑换货币；独资财务公司、合资财务公司的注册资本最低限额为 2 亿元人民币等值的自由兑换货币；外国银行分行应当由其总行无偿拨给不少于 1 亿元人民币等值的自由兑换货币的营运资金。

【案例 10-2】2017 年，某市拟新设立一家城市商业银行的方案报请中国人民银行批准。该方案部分内容如下：该商业银行筹资 1 亿元人民币作为注册资本，成立时筹措 5 000 万元人民币，待批准成立后 3 个月内筹足剩余的 5 000 万元人民币。试分析该部分方案是否符合《商业银行法》的规定。

【解析】注册资本是法人设立时必须登记并实际缴纳的法定资本数额，是法人营运的资金基础。根据《商业银行法》规定，我国城市合作商业银行注册资本的最低限额为 1 亿元人民币。该方案中表示成立时筹措 5 000 万元人民币，不符合规定。

(3) 应有具备任职专业知识和业务工作经验的董事长(行长)、总经理和其他高级管理人员。《金融机构管理规定》和《金融机构高级管理人员任职资格管理办法》对商业银行高级管理人员的任职资格做了明确的规定。

(4) 应有健全的组织机构和管理制度。

(5) 有符合要求的营业场所、安全防范措施和与业务有关的其他设施。

【案例 10-3】某股份制商业银行，资本金总额为 20 亿元，总资产已经达到 100 多亿元。因业务开展需要，现欲在江苏无锡、苏州，广东惠州等 5 个城市同时设立分支机构。拨付资本金 13 亿元，向中国人民银行申请批准时，拨付资本金违反法律规定，被中国人民银行纠正后，取得经营许可证，并领取了营业执照。2016 年，该行设在无锡的分支机构在办理结算业务中，甲公司委托无锡分支机构将一笔款项划转到乙公司，但该分支机构错误地划到丙公司账户。由于乙公司没有及时收到预付款，甲、乙之间的买卖合同解除，为此，甲公司的损失达 20 万元。甲公司将无锡分支机构告上法院，要求赔偿损失。试分析该股份制商业银行设立分支机构时，有无违法行为。

【解析】按照《商业银行法》第十九条的规定，商业银行在中华人民共和国境内设立分支机构，应当按照规定拨付与其经营规模相适应的营运资金，拨付各分支机构营运资金额的总和，超过总行资本金总额的 60%。上述案例中的行为不符合本条款的规定。

面向『十三五』高职高专项目导向式教改教材·财经系列

(三)商业银行的业务范围

按资金的来源和用途，商业银行的业务范围包括资产业务、负债业务和中间业务3类。

1. 资产业务

资产业务是商业银行对资金的具体运用，主要方式是银行贷款、证券投资、现金资产投资、买卖外汇和固定资产投资等。

【案例 10-4】某银行于 2013 年 11 月设立，为区域性综合银行。设立之时，该银行确立了"灵活高效"的经营方针，在国内设立了信托投资公司，信托投资公司又设立了证券部经营证券业务。试分析该商业银行是否可以投资于证券，设立信托投资公司。

【解析】根据《商业银行法》第四十三条规定，商业银行在中华人民共和国境内不得从事信托投资和股票业务，不得投资非自用不动产，不得向非银行金融机构和企业投资。由此可见，该商业银行设立信托投资公司的行为是违法的。

2. 负债业务

负债业务是商业银行资金来源的重要渠道之一，主要方式是接受存款、同业借款、应付款、发行金融(资本)债券等。

3. 中间业务

中间业务是指商业银行不运用自己的资金，而只代替客户承办支付和其他委托事项并收取手续费的业务。它主要包括办理国内外结算、提供信用证服务及担保、代理收付款、代理保险业务等。

(四)商业银行的资产负债比例和风险管理

《商业银行法》第三十九条明确规定："商业银行贷款，应当遵守下列资产负债比例管理的规定。"所谓资产负债比例管理是指以商业银行的资本及其负债制约其资产总量及结构。它是以一定的指标来监测的，目前，我国《商业银行法》及相关规定中确定的指标主要有资本充足率指标、资产流动性比例指标、单个贷款比例指标、中长期贷款比例指标、存款准备金比例指标、拆借资金比例指标、对股东贷款比例指标 7 个。具体规定如下。

1. 资本充足率指标

资本总额与加权风险资产总额的比例不得低于 8%，其中核心资本不得低于 4%，附属资本不能超过核心资本的 100%。

2. 资产流动性比例指标

流动性资产余额(指在一个月内可以变现的资产)与各项流动性负债余额(指在一个月内到期的存款和同业净拆入款)的比例不得低于 25%。

3. 单个贷款比例指标

对同一客户的贷款余额与银行资本余额的比例不得超过 10%，对最大 10 家客户发放的贷款总额不得超过银行资本总额的 50%。

4. 中长期贷款比例指标

一年期以上(含一年期)的中长期贷款与一年期以上的存款之比不得超过 120%。

5. 存款准备金比例指标

在中国人民银行的存款准备金与各项存款之比不得低于 8%。

6. 拆借资金比例指标

拆入资金余额与各项存款余额之比不得超过 4%,拆出资金余额与各项存款(扣除存款准备金和联行占款)余额之比不得超过 8%。

7. 对股东贷款比例指标

商业银行向股东提供贷款余额不得超过该股东已缴纳股金的 100%。商业银行对自己股东的贷款条件不得优于对其他客户的同类贷款的条件。

(五)商业银行的接管

1. 商业银行接管的条件和目的

接管是国务院银行业监督管理机构对商业银行进行监督和管理的一种手段,是指国务院银行业监督管理机构在商业银行已经或可能发生信用危机,严重影响存款人利益时,对该银行采取的整顿和改组等措施。

接管的主要目的是对被接管的商业银行采取必要措施,以保护存款人的利益,恢复商业银行的正常经营能力。

2. 商业银行的接管程序

《商业银行法》第六十五条规定:"对商业银行的接管由国务院银行业监督管理机构决定,并组织实施。"其程序如下。

(1) 作出接管决定。当商业银行已经或可能发生信用危机,严重影响到存款人的利益时,可以作出接管决定。这种接管决定不是简单的口头宣布,必须以书面形式通知被接管的银行,并予以公告,且接管决定应载明法定内容。

(2) 接管的实施。接管的实施是指接管组织正式对被接管人的业务经营实行全面管理和控制。接管是自接管决定实施之日起开始,而非自接管决定作出之日起开始。只有从这一天开始,接管组织才行使接管权力,接管原来由被接管人的股东、董事会、高级经营管理人员行使的经营管理权。

(3) 接管终止。《商业银行法》规定了接管终止的 3 种情形:接管决定规定的期限届满或银监会决定的接管延期届满;接管期限届满前,该商业银行已恢复正常经营能力;接管期限届满前,该商业银行被合并或被依法宣告破产。

《知识链接》

银监会成立前我国发生的一例接管案例

发生在我国商业银行界的接管案例,有中银信托投资公司被接管一案。1995 年 10 月 6

日中国人民银行发出公告，鉴于中银信托投资公司存在违法经营、经营管理混乱、资产质量差等问题，严重影响存款人利益，根据有关法律法规，决定自 1995 年 10 月 6 日起对该公司实行接管，接管期限 1 年(至 1996 年 10 月 6 日)。中国人民银行上海分行成立了中银信托投资公司上海地区分支机构接管组；中银信托投资公司设在各省、市的分支机构，由中国人民银行当地省、市分行成立接管小组同时实行接管。1996 年 10 月 5 日中银信托投资公司被广东发展银行收购，结束接管。

◉ 任务解析

(1) 违法违规之处：本案违反了《商业银行法》中商业银行不得向企业投资的规定；《商业银行法》禁止向关系人发放信用贷款，但并不禁止向关系人发放担保贷款，只是发放担保贷款的条件不得优于其他借款人同类贷款的条件。按照《商业银行法》关于资产负债比例管理的规定，对同一借款人的贷款额度与商业银行资本余额的比例不得超过 10%。该商业银行向房地产公司发放 2 亿元人民币的贷款已超过其资本余额的 10%。

(2) 该商业银行巨额贷款无法收回，可能发生信用危机，在此情况下银监会可以对该银行实行接管。

任务二 票 据 法

◉ 任务案例

2017 年 1 月 20 日，A 国有独资公司为扩大企业的再生产能力，从 B 股份有限公司购买价值 100 万元的机器一台。A 国有独资公司与 B 股份有限公司约定，由 A 国有独资公司签发票据一张支付购买机器的款项，票据面额为人民币 100 万元，于出票后 2 个月的某一特定日为付款日期。

◉ 具体任务

试分析国有独资公司可以签发哪种票据。

◉ 理论认知

一、票据及票据法概述

(一)票据的概念

票据是出票人依照法律规定签发的，约定自己或委托他人于见票时或指定日期无条件支付确定的金额给收款人或持票人的有价证券。广义上的票据是指商业活动中的一切凭证，包括各种有价证券和凭证，如股票、国库券、企业债券、发票、提单、仓单等；狭义上的票据则是指票据法上的票据，只限于以支付一定金额为目的的票据。

有关票据法上的票据，因各国立法不同，其理解也不尽一致。例如，有的国家所称的"票据"仅包括汇票和本票，不包括支票，如德国、法国、瑞士等；有的国家则没有"票据"这样一个总的概念，而以《汇票法》的形式在规定汇票的同时，也规定本票和支票，如英国；美国则将汇票、本票和支票及存款单统称为"商业证券"，等等。

在新中国成立之前，票据法上的票据是指汇票、本票和支票。新中国成立之后，这一用法一直被学术界、立法及习惯所沿用。因此，1995 年 5 月 10 日第八届全国人大常务委员会通过的《票据法》第二条第二款规定："本法所称的票据，是指汇票、本票和支票。"有鉴于此，我国票据法上的票据就是指出票人依法签发的，约定自己或委托付款人在见票时或指定的日期向收款人或持票人无条件支付一定金额并可转让的有价证券。

我国票据法上的票据具有以下特点。

(1) 票据是出票人依法签发的有价证券。法律依据不同的票据种类，规定了不同的形式，出票人必须依照法律规定的要求签发相关票据，否则不受法律保护。

(2) 票据以支付一定金额为目的。票据的签发和转让以支付票据上的金额为最终目的，等金额得到全部支付，票据上的权利义务即为消灭。

(3) 票据所表示的权利与票据不可分离。票据权利的发生，必须作为票据；票据权利的转让，必须交付票据；票据权利的行使，必须提示票据，权利与票据融为一体。

(4) 票据所记载的金额由出票人自行支付或委托他人支付。由出票人自行支付的是本票，由出票人委托他人支付的是汇票和支票。

(5) 票据的持票人只要向付款人提示票据，付款人即应无条件向持票人、收款人支付票据金额。票据是一种无因证券，持票人只要向票据债务人提示票据就可行使票据权利，而不问票据取得的原因是否无效或有瑕疵。

(6) 票据是一种可转让的证券。根据国际上通行的做法，凡记名票据，必须经背书才能交付转让；凡无记名票据，则可直接交付转让。我国《票据法》规定的票据均为记名票据，因此其必须通过背书的方式进行转让。

(二)票据法的概念和特征

1. 票据法的概念

票据法是指规定票据的种类、形式、内容及各当事人之间权利义务关系的法律规范的总称。广义上的票据法是指各种法律中有关票据规定的总称，除《票据法》外，还包括其他法律规范中与票据有关的内容，如《民法》中有关法律行为、行为能力、债、代理、票据设置的规定等；《刑法》中有关票据诈骗犯罪的规定；《民事诉讼法》中有关票据诉讼、公示催告、除权制的规定及《破产法》中有关出票人、背书人被宣告破产的规定，等等。狭义上的票据法则仅是指票据的专门立法，即《票据法》本身，它是专门规定票据关系及与票据行为有密切关系的非票据关系的法律规范。

中华人民共和国成立之初，废除了国民党政府时期的《票据法》，加之在新中国成立初期，我们国家一直实行计划经济，票据的使用非常有限，当时只有作为支付手段的支票的使用，没有本票和汇票，因此在当时的情况下，没有制定专门的票据法。

改革开放以后，随着我国商品经济的快速发展，特别是国际贸易的不断发展，票据的使用越来越广泛。1988 年中国人民银行指定了新中国的第一部对票据做系统规定的法律《银行结算办法》，对使用汇票、本票和支票作为支付结算手段做了规定，建立了以汇票、本票、支票和信用卡为核心的银行结算制度。同时，为了全面规范票据行为，对票据活动有关当事人进行更好的保护，充分发挥票据在我国经济发展中的作用，在 1995 年 5 月颁布了《中华人民共和国票据法》(以下简称《票据法》，2004 年修订)，该法共 7 章 110 条，全面规定了包括国内票据和涉外票据的有关票据行为。

2. 票据法的特征

(1) 票据法具有强制性。由于票据法关系的复杂性，它涉及多方面的当事人，其利益关系复杂，所以票据法要求票据关系的设立、变更、消灭均以法律的规定为准，不承认当事人之间的约定的优先适用。

(2) 票据法具有很强的技术性。票据是作为金钱支付和运用手段而创造出来的，由于涉及银行等金融机构的操作，所以必须设计出严密的制度才能保证票据关系的安全。例如，票据的无因性规定，背书连续性要求，抗辩切断等。

(3) 票据法具有国际性。票据产生于国际贸易，而国际贸易的不断扩大使得各国票据法的统一成为一种客观需要。

(三)票据行为

票据行为是指票据关系的当事人之间以发生、变更或终止票据关系为目的而进行的法律行为。①票据行为是在票据关系当事人之间进行的行为。②票据行为是以设立、变更或终止票据关系为目的的行为。这表明，票据行为是一种意思表示行为，即票据关系之当事人进行票据行为时都是有目的地设定、变更或终止某项票据权利或义务，并将该种意思表示于外。事实行为不具备意思表示的因素，因而其不属票据行为。③票据行为是一种合法行为。票据行为是一种民事法律行为。根据《民法通则》第五十四条的规定，民事法律行为是一种合法行为，票据行为就是一种合法行为。换言之，凡是行为主体不合格、意思表示不真实、行为内容违法等的违法行为就不是票据行为，不受法律的保护。

票据行为是一种民事法律行为，故其必须符合民事法律行为成立的一般条件：①行为人必须具有从事票据行为的能力；②行为人的意思表示必须真实或无缺陷；③票据行为的内容必须符合法律、法规的规定；④票据行为必须符合法定形式。

【案例 10-5】某机械厂与三帝材料厂签订了一份材料买卖合同。合同约定，三帝厂向机械厂提供一批价款为 200 万元的金属材料，材料运到后，机械厂用银行承兑汇票支付货款，付款人为 W 银行某分行，付款期为 2 个月。三帝厂按约定供货，机械厂签发了一张付款人为 W 银行某分行，金额为 200 万元的汇票。机械厂在汇票的出票人栏仅盖了本单位的财务专用章而无法定代表人的签名，出票地、收款人栏均未填写，说由三帝厂自己填写。三帝厂在承兑前，在收款人栏填写了经理的笔名并加盖了单位公章，然后到付款银行要求承兑汇票，付款银行以该汇票未记载出票地、票据无效为由拒绝承兑。试分析出票人的出票行为是否符合《票据法》的规定。

【解析】出票人机械厂的出票行为不符合《票据法》的规定，主要表现在：①签章不符合规定。法人和其他单位在票据上的签章，必须有该法人或单位的盖章和法定代表人或者其授权的代理人的签章，缺少任何一项记载，即不符合票据签章的要求。②未记载收款人的姓名。《票据法》规定了汇票出票的 7 项绝对必要记载事项，缺少其中的任何一项将导致票据无效。出票人机械厂在出票时未记载收款人名称，因此该汇票依法应属无效。

(四)票据权利

票据权利是指持票人向票据债务人请求支付票据金额的权利。根据我国《票据法》第四条第四款的规定，票据权利包括付款请求权和追索权。

票据权利是票据关系中票据债权人享有的权利，是一种证券权利，产生于票据债务人的票据行为，因此在学理上，该权利也叫票据上的权利。这与票据法上的权利不是同一概念。票据法上的权利是根据《票据法》的规定所产生的权利，从广义上讲，票据权利也属票据法上的权利范畴，但一般认为，票据法上的权利在性质上属于非票据关系。例如，《票据法》第五条规定的票据当事人可以委托其代理人在票据上签章的委托权；第九条规定票据的原记载人可以更改票据上一些非主要记载事项，等等，该等权利就是票据法上的权利，而非票据权利。

二、汇票

(一)汇票概述

汇票是出票人签发的、委托付款人在见票时或在指定日期无条件支付确定的金额给收款人或持票人的票据。由此可见，汇票是这样一种票据：①汇票有三个基本当事人，即出票人、付款人和收款人，由于这三个当事人在汇票发行时既已存在，故属基本当事人，缺一不可。但是随着汇票的背书转让，汇票上设立保证等，被背书人、保证人等也成为汇票上的当事人。②汇票是由出票人委托他人支付的票据，是一种委托证券，而非自付证券。③汇票是在指定到期日付款的票据。指定到期日有见票即付、定日付款、出票后定期付款、见票后定期付款 4 种形式。④汇票是付款人无条件支付票据金额给持票人的票据。此处的持票人包括收款人、被背书人或受让人。

根据不同的标准，可以将汇票分为不同的种类。

1. 根据汇票当事人的身份不同，可以将汇票划为银行汇票和商业汇票

银行汇票是以银行为出票人，同时以银行为付款人的汇票，即是一家银行向另一家银行签发的书面支付命令。由于银行汇票的出票人和付款人都是银行，因此它的信用基础是银行信用，相对于商业汇票而言付款更有保障。商业汇票是以银行以外的其他公司、企业或个人为出票人，以银行或其他公司、企业等为付款人的汇票。商业银行的信用基础是商业信用，收款人或持票人的风险比较大。在商业汇票中，根据汇票的承兑人不同，还可以进一步分为银行承兑汇票和商业承兑汇票。

2. 根据汇票付款时间的不同，可以将汇票划分为即期汇票和远期汇票

即期汇票是指见票即行付款的汇票，包括：标明见票即付的汇票、到期日与出票日相同的汇票及未记载到期日的汇票(以提示日为到期日)。远期汇票是指约定一定的到期日付款的汇票,包括定期付款汇票、出票日后定期付款汇票(也叫计期汇票)和见票后定期付款汇票。我国《票据法》规定汇票既可以是即期汇票,也可以是远期汇票。在实际的票据使用过程中,银行汇票多为即期汇票,商业汇票则有远期汇票也有即期汇票。将汇票分为银行汇票和商业汇票,前者是指银行签发的汇票,后者则是银行之外的企事业单位、机关、团体等签发的汇票。

3. 根据汇票是否附有其他单据,汇票可以分为跟单汇票和光票汇票

跟单汇票是指附带有单据的汇票。在国际贸易中,汇票付款或提示时经常会要求随附提单、保险单、装箱单、商业发票等商业单据,这种汇票就叫跟单汇票。它的流通转让及资金融通,除票面文义外,还要看附随单据的状况。光票汇票是在进行付款时无须随附其他单据的汇票,凭借票面信用即可流通,而无须其他单据做保证。银行汇票一般是光票汇票。

(二)汇票行为

1. 出票

出票也称发票。《票据法》第二十条规定:"出票是指出票人签发票据并将其交付给收款人的票据行为。"

汇票的记载事项包括绝对应记载事项和相对应记载事项。

汇票的绝对应记载事项是指《票据法》规定必须在票据上记载的事项,如果欠缺记载,票据便为无效。根据《票据法》第二十二条的规定,汇票的绝对应记载事项包括 7 个方面的内容,如果汇票上未记载该七个方面事项之一的,汇票无效。具体内容如下:①表明"汇票"的字样;②无条件支付的委托;③确定的金额;④付款人名称;⑤收款人名称;⑥出票日期;⑦出票人签章。汇票上未记载前款规定事项之一的,汇票无效。汇票上记载付款日期、付款地、出票地等事项的,应当清楚、明确。汇票上未记载付款日期的,为见票即付。汇票上未记载付款地的,付款人的营业场所、住所或经常居住地为付款地。汇票上未记载出票地的,出票人的营业场所、住所或经常居住地为出票地。

付款日期可以按照下列形式之一记载:见票即付;定日付款;出票后定期付款;见票后定期付款。

汇票签发后即代表一定的资金金额收款人收取汇票后即享有票据权,付款人依法按时付款或为付款做准备。

汇票出票行为完成后,出票人一般不直接付款,而是委托他人付款,因而汇票的出票人无直接的付款义务,只承担保证该汇票的承兑和付款责任。但是,出票人在汇票得不到承兑和付款时,应当向持票人清偿金额及有关损失和费用。对付款人而言,付款人只是取得付款人的资格,并未产生付款人的绝对付款义务,付款是否承担付款义务,需要由付款人依照自己意思决定。对收款人而言,取得出票人的汇票后,就取得了票据权利,一方面就票据金额享有付款请求权;另一方面在该请求权不能满足的情况下享有追索权。

2. 汇票转让

汇票转让是收款人的单方面法律行为,在任何情况下都无须通知债务人,接受转让者

的身份无限制，即使汇票再转让到收款人手或前背书人手中也有效。汇票转让后，背书人对债务人负有担保承兑与担保付款之责，直至付款人清偿完毕为止。汇票转让是要式行为，不但要遵循一定的格式，而且其处分权也受到一定的限制。汇票转让后，付款人不得以对抗背书人的事由对抗持票人。但本法规定出票人在汇票上记载"不得转让"字样的，汇票不得转让。

(1) 背书转让。所谓背书是指在票据背面记载相关事项，以转让票据权利或授予票据权利予他人的票据行为。汇票以背书的形式转让，或以背书将一定的权利授予他人行使的，必须记载被背书人的姓名或名称，只有在继承、企业合并、破产受偿等情况下可以无记名背书。《票据法》第二十八条规定，票据凭证不能满足背书人记载事项的需要，可以加附粘单，粘附于票据凭证上。粘单上的第一记载人，应当在汇票和粘单的粘接处签章。第三十一条规定，以背书转让的汇票，背书应当连续。持票人以背书的连续，证明其汇票权利；非经背书转让，而以其他合法方式取得汇票的，依法举证，证明其汇票权利。

通常票据的背面都是事先做好若干背书栏的位置，载明将票据权利转让给被背书人的文句，留出背书人和被背书人的位置供填写。填满时可以粘单。《票据法》第二十九条规定，背书由背书人签章并记载背书日期。背书未记载日期的，视为在汇票到期日前背书。

【案例10-6】背书人甲将一张100万元的汇票分别背书转让给乙和丙各50万元，请问该汇票背书是否有效？

【解析】票据法规定，部分背书无效，因此甲的背书无效。

(2) 背书转让的法律效力。汇票背书后产生权利转移的效力。《票据法》第二十七条规定，持票人可以将汇票权利转让给他人或者将一定的汇票权利授予他人行使。

责任担保效力。《票据法》第三十七条规定，背书人以背书转让汇票后，即承担保证其后手所持汇票承兑和付款的责任。背书人在汇票得不到承兑或者付款时，应当向持票人清偿《票据法》第七十条、第七十一条规定的金额和费用。

权利证明效力。《票据法》第三十一条第一款规定，以背书转让的汇票，背书应当连续。持票人以背书的连续，证明其汇票权利。

抗辩切断的效力。《票据法》第十三条规定，票据债务人不得以自己与出票人或者与持票人的前手之间的抗辩事由，对抗持票人。但是，持票人明知存在抗辩事由而取得票据的除外。票据债务人可以不履行约定义务的与自己有直接债权债务关系的持票人，进行抗辩。

【案例10-7】1998年12月14日，新华实业公司与新时代高科公司签订了一份专利实施许可合同，合同约定，新时代高科公司许可新华实业公司实施其专利，专利实施许可费用为80万元人民币。同年12月15日，新华实业公司签发了一张远期汇票，票载金额为80万元人民币，付款人为某商业银行支行，收款人为新时代高科公司。1999年1月8日，新时代高科公司为购买试验材料将该票据转让给恒通公司，但票据上没有作任何背书记载。1999年2月20日，恒通公司持该票据请求付款银行对该汇票承兑付款，付款银行认为持票人不是票据的被背书人，不享有任何票据权利，以票据背书不连续为由予以退票。恒通公司遂向其前手新时代高科公司追索，新时代高科公司认为票据已经转让给恒通公司，自己并没有收到任何额外利益，不应承担票据责任。

1999 年 2 月 25 日，恒通公司将汇票付款银行、出票人新华实业公司以及新时代高科公司告上法庭，要求他们承担连带票据责任。

【解析】新时代高科公司作为汇票的收款人，享有完整的票据权利，并可以依法转让其票据权利。但是，新时代高科公司所持票据属记名票据，而记名票据依法应当以背书方式转让。本案中，新时代高科公司却将票据交付转让于恒通公司，没有在票据上背书记载，该汇票转让的方式不合法律规定。依据《票据法》的规定，持票人所持票据背书不连续，是一切票据债务人依法可以对其抗辩的事由。所以本案中恒通公司的诉讼请求于法无据。

(3) 转让限制。出票人在和汇票上记载不得转让的字样的其后手再背书转让的，原背书人对后手的被背书人不承担保证责任。

汇票必须完整转让。《票据法》第三十三条规定，将汇票金额的一部分转让的背书或者将汇票金额分别转让给两人以上的背书无效。

背书不得附条件。《票据法》第三十三条第一款规定，将汇票金额的一部分转让的背书或者将汇票金额分别转让给两人以上的背书无效。

背书记载"委托收款"字样的，被背书人有权代背书人行使被委托的汇票权利。但是，被背书人不得再以背书转让汇票权利。

另外，《票据法》第三十六条规定，汇票被拒绝承兑、被拒绝付款或者超过付款提示期限的，不得背书转让；背书转让的，背书人应当承担汇票责任。

3. 汇票担保

(1) 汇票保证。汇票保证是指票据债务人以外的第三人担保票据债务履行的票据行为。保证的作用在于加强持票人票据权利的实现，促进票据流通。

保证的当事人为保证人与被保证人。保证人是票据债务人以外的为票据债务提供担保而参与票据关系的第三人。被保证人是指票据关系中已有的债务人，包括出票人、背书人、承兑人。根据我国《票据法》的规定，保证人必须在汇票或粘单上记载下列事项：标明"保证"的字样；保证人名称和住所；被保证人的名称；保证日期；保证人签章。保证不得附有条件；附有条件的，不影响对汇票的保证责任。

【案例 10-8】乙公司与丙公司交易时以汇票支付。丙公司见汇票出票人为甲公司，遂要求乙公司提供担保，乙公司请丁公司为该汇票做保证，丁公司在汇票背书栏签注"若甲公司出票真实，本公司愿意保证"。后经了解甲公司实际并不存在。试分析丁公司对该汇票承担什么责任。

【解析】根据《票据法》的规定，保证不得附条件，附有条件的，不影响对汇票的保证责任。因此丁公司应当承担票据保证责任。

(2) 贴现。贴现是指商业汇票的持票人在汇票到期日前，为了取得资金贴付一定利息，将票据权利转让给金融机构的行为。贴现是一种银行资产业务，汇票的支付人对银行负责，实际上银行与付款人有一种贷款关系。

再贴现是指贴现银行向中央银行再转让汇票的票据行为。

转贴现是指贴现银行向其他银行转让汇票的票据行为。

(3) 汇票的承兑。承兑是指汇票付款人承诺在汇票到期日支付汇票金额的票据行为。承兑是汇票特有的制度，它是一种附属票据行为，需先有出票，然后才有承兑，并且要以汇票原件为行为对象，持票人需凭汇票提示承兑，付款人需在该汇票正面签章准予承兑。提示承兑是指持票人向付款人出示票据，并要求付款人承诺付款的行为。

定日付款或出票后定期付款的汇票，持票人应当在汇票到期日前向付款人提示承兑；见票后定期付款的汇票，持票人应当自出票日起 1 个月内向付款人提示承兑；见票即付的汇票无须提示承兑。付款人对向其提示承兑的汇票，应当自收到提示承兑的汇票之日起 3 日内承兑或拒绝承兑。付款人收到持票人提示承兑的汇票时，应当向持票人签发收到汇票的回单，回单上应当记明汇票提示承兑日期并签章。付款人承兑汇票的，应当在汇票正面记载"承兑"字样和承兑日期并签章；见票后定期付款的汇票，应当在承兑时记载付款日期。

汇票未按照规定期限提示承兑的，持票人丧失对其前手的追索权。付款人承兑汇票，不得附加条件，承兑附有条件的，视为拒绝承兑。

【案例 10-9】2014 年 2 月 17 日，某电子公司从某商务公司购进电子元器件一批，价值 20 万元。同年 2 月 20 日，电子公司签发了一张银行承兑汇票，付款人为某商业银行 A 支行，收款人为商务公司，票据金额 20 万元，汇票到期日 2014 年 6 月 20 日。电子公司将该汇票申请付款银行承兑之后交付给商务公司。商务公司收到汇票后，于 2014 年 3 月 25 日，背书转让给某工贸公司。2014 年 6 月 20 日工贸公司委托开户银行向承兑行提示付款，承兑银行表示：电子公司账户上现存资金不足 20 万元，所以该汇票不能付款。试分析该银行的做法是否合法。

【解析】依据《票据法》的规定，承兑人负有到期无条件付款的义务，且不得以出票人未付资金为由对抗持票人，即使承兑人确没有从出票人处获得利益，也应当承担对汇票付款的责任。因此，本案承兑银行以出票人电子公司账户上现存资金不足 20 万元为抗辩事由，依法不能成立，应承担付款责任。

4. 汇票付款

(1) 付款的概念。付款是指付款人依据票据文义支付票据金额，以消灭票据关系的行为。付款是付款人的行为，这与出票人、背书人等偿还义务的行为不同。前者是支付票据金额的行为，以消灭票据关系为目的；后者则并不以票据金额为依据而支付，不能引起票据关系的消灭。

(2) 付款的期限。见票即付的汇票，自出票日起 1 个月内向付款人提示付款。

定日付款、出票后定期付款或见票后定期付款的汇票，自到期日起 10 日内向承兑人提示付款。

持票人未按照规定期限提示付款的，在作出说明后，承兑人或付款人仍应当继续对持票人承担付款责任。

通过委托收款银行或通过票据交换系统向付款人提示付款的，视同持票人提示付款。

(3) 付款的效力。根据《票据法》第六十条的规定，付款人依法足额付款后，全体汇票债务人的责任解除。付款人依照票据文义支付票据金额之后，票据关系随之消灭，汇票上的全体债务人的责任便予以解除。但是，如果付款人付款存在瑕疵，即未尽审查义务而对不符合法定形式的票据付款，或者其存在恶意或重大过失而付款的，则不发生上述法律效力，付款人的义务不能免除，其他债务人也不能免除责任。

5. 汇票的追索权

追索权是指持票人在票据到期不获付款或期前不获承兑或有其他法定原因，并在实施行使或保全票据上权利的行为后，可以向其前手请求偿还票据金额、利息及其他法定款项的一种票据权利。追索权是在票据权利人的付款请求权得不到满足之后，法律赋予持票人对票据债务人进行追偿的权利，它是用来弥补付款请求权对保护持票人票据权利的实现所带来的局限的一种制度。因此，追索权与付款请求权在权利行使对象上有一定的区别：后者的行使对象是票据上的付款人；前者的行使对象可以是票据上的主债务人，但主要还是票据上的次债务人，如票据上的出票人、背书人、保证人等。

《票据法》第六十一条规定，追索权发生的实质条件包括以下内容：汇票到期被拒绝付款的；汇票被拒绝承兑的；承兑人或付款人死亡、逃匿的；承兑人或付款人被依法宣告破产的或者因违法被责令终止业务活动的。

【案例 10-10】甲签发一张汇票给乙，汇票上记载有收款人乙、保证人丙等事项。乙依法承兑后将该汇票背书转让给丁，丁又将该汇票背书转让给戊。戊在法定期限内向付款人请求付款，不获付款。试分析谁应当承担该汇票的债务责任。

【解析】甲、乙、丙、丁都应承担责任。持票人在票据到期不获付款，或者期前不获承兑，或者有其他法定原因的，可以向其前手请求偿还票据金额、利息及其他法定款项。偿还义务人包括出票人、背书人和保证人。

三、本票

(一)本票概述

《票据法》第七十三条规定，本票是出票人签发的，承诺自己在见票时无条件支付确定的金额给收款人或持票人的票据。本法所称本票是指银行本票。因此，我国《票据法》上的本票仅指银行本票，不包括商业本票和个人。

本票具有以下特点。

(1) 本票有两个基本当事人，即出票人和收款人，在出票人之外不存在独立的付款人。

(2) 本票是一种自付凭证，即本票的出票人即是付款人。

(3) 本票是一种自付凭证，而非支付凭证。

(4) 本票无须承兑，在出票人完成出票行为之后，即承担了到期日无条件支付票据金额的责任，不需要在到期日前进行承兑。

(二)出票

本票的出票与汇票一样，包括做成票据和交付票据。本票的出票行为是以自己负担支付本票金额的债务为目的的票据行为。因此，《票据法》第七十四条规定："本票的出票人必须具有支付本票金额的可靠资金来源，并保证支付。"由此可见，本票出票人是票据金额的直接支付人，与汇票的承兑人相同，这与汇票的出票人只承担担保责任是不同的。

在实践中，本票的出票人在出票时，除自身具有良好的资信状况外，还应该在按照规定收妥款项后，方可签发本票。根据第十届全国人大常委会第十一次会议对《票据法》的修改决定，删去了《票据法》第七十五条的规定，即"本票出票人的资格由中国人民银行审定"。这一修改取消了对本票出票人的资格审查限制，扩大了本票出票人的范围。

本票出票人出票，必须按一定的格式记载相关内容。与汇票一样，本票的记载事项也包括绝对应记载事项和相对应记载事项。

1. 本票的绝对应记载事项

根据《票据法》第七十五条和《支付结算办法》第一百零一条的规定，本票的绝对应记载事项包括以下六个方面的内容：①表明"本票"字样。这是本票文句记载事项，无此记载，本票即为无效；②无条件支付的承诺。这是有关支付文句，表明出票人无条件支付票据金额，而不附加任何条件，否则，票据即为无效；③确定的金额；④收款人名称；⑤出票日期；⑥出票人签章。在上述绝对应记载事项中，除第①、②项以及未规定付款人名称外，其余四项与汇票的规定完全相同。

2. 本票的相对应记载事项

根据《票据法》第七十六条的规定，本票的相对应记载事项包括两项内容：①付款地。本票上未记载付款地的，出票人的营业场所为付款地；②出票地。本票上未记载出票地的，出票人的营业场所为出票地。此外，根据《票据法》第八十条第二款的规定，本票的出票行为，可适用《票据法》第二十四条关于汇票的规定。根据该条规定，本票上可以记载《票据法》规定事项以外的其他出票事项，但是这些事项并不发生本票上的效力。

(三)付款

根据《票据法》的规定，银行本票是见票付款的票据，收款人或持票人在取得银行本票后，随时可以向出票人请求付款。根据《支付结算办法》第一百零八条的规定，跨系统银行本票的兑付，持票人开户银行可根据中国人民银行规定的金融机构同业往来利率向出票银行收取利息。

为了防止收款人或持票人久不提示票据而给出票人造成不利。《票据法》第七十八条规定了本票的付款提示期限，即"本票自出票日起，付款期限最长不得超过两个月。"持票人依照前述规定的期限提示本票的，出票人必须承担付款的责任(《票据法》第七十条)。如果持票人超过提示付款期限不获付款的，在票据权利时效内向出票银行作出说明，并提供本人身份证或单位证明，可持银行本票向出票银行请求付款。从以上可见，本票的出票人是票据上的主债务人，负有向持票人绝对付款的责任。

如果本票的持票人未按照规定期限提示本票的，则丧失对出票人以外的前手的追索权。这里所指的出票人以外的前手是指背书人及其保证人。由于本票的出票人是票据上的主债务人，对持票人负有绝对付款责任，除票据时效届满而使票据权利消灭或要式欠缺而使票据无效外，并不因持票人未在规定期限内向其行使付款请求权而使其责任得以解除。因此，持票人仍对出票人享有付款请求权和追索权，只是丧失对背书人及其保证人的追索权。

四、支票

(一)支票概述

支票是指出票人签发的，委托办理支票存款业务的银行或其他金融机构在见票时无条件支付确定的金额给收款人或者持票人的票据。支票的基本当事人有三个：出票人、付款人和收款人。支票是一种委付证券，与汇票相同，与本票不同。

支票与汇票和本票相比，有两个显著的特点：①以银行或其他金融机构作为付款人；②见票即付。

依不同的分类标准，可以对支票做不同的分类。例如，记名支票、无记名支票、指示支票；对己支票、指己支票、受付支票、普通支票、特殊支票等。我国《票据法》按照支付票款方式，将支票分为普通支票、现金支票和转账支票。

1. 普通支票

该种支票未印有"现金"或"转账"字样，其既可以用来支取现金，也可用来转账。根据《票据法》第八十三条第一款的规定，普通支票用于转账时，应当在支票正面注明，即在普通支票左上角画两条平行线。有该画线标志的支票，也称为画线支票，画线支票只能用于转账，不得支取现金。

2. 现金支票

《票据法》第八十三条第二款规定，支票中专门用于支取现金的，可以另行制作现金支票，现金支票只能用于支取现金。

3. 转账支票

《票据法》第八十三条第三款规定，支票中专门用于转账的，可以另行制作转账支票，转账支票只能用于转账，不得支取现金。

在实践中，我国一直采用的是现金支票和转账支票，没有普通支票，但为了方便当事人，并借鉴国外的方法经验，《票据法》便规定了普通支票的形式。

(二)出票

1. 出票的概念

出票人签发支票并交付的行为即为出票。但是，出票人签发支票必须具备一定的条件，即为在经中国人民银行当地分支行批准办理支票业务的银行机构开立可以使用支票的存款账户的单位和个人。根据《票据法》第八十二条的规定，"开立支票存款账户，申请人必须使用其本名，并提交证明其身份的合法证件。""开立支票存款账户和领用支票，应当有可靠的资金，并存入一定的资金。""开立支票存款账户，申请人应当预留其本名的签名式样和印鉴。"这些规定主要在于保证支付支票票款的安全，保护支票权利义务各方当事人的合法权益。

2. 支票的格式

与汇票一样，支票出票人作成有效的支票，必须按法定要求记载有关事项。该等事项也可分为绝对应记载事项和相对应记载事项。

(1) 绝对应记载事项。根据《票据法》第八十四条的规定，支票的绝对应记载事项共有6项内容：表明"支票"字样，这是支票文句的记载事项，无此内容即为无效；无条件支付的委托，这是支票有关支付文句的记载事项，我国现行使用的支票记载支付的文句，一般是支票上已印好 "上列款项请从我账户内支付"的字样；确定的金额；付款人名称；出票日期；出票人签章。

为了发挥支票灵活便利的特点，我国《票据法》规定了两项绝对应记载事项可以通过授权补记的方式记载：①关于支票金额的授权补记。支票的金额本是绝对应记载事项，但在使用中，往往发生难以确定支票金额的情况，如果事先就确定一个固定金额，就会发生所载金额与所用金额不一致的情况，给支票使用人造成极大不便。因此，《票据法》第八十五条规定："支票上的金额可以由出票人授权补记，未补记前的支票，不得使用。"这就是说，出票人可以授权收款人就支票金额补记，收款人以外的其他人不得补记；在支票金额未补记之前，收款人不得背书转让，提示付款。②关于收款人名称的授权补记。我国《票据法》规定的票据都是记名式票据，故无收款人名称记载，票据即为无效。但是，在实际中，出票人往往不能事先确定收款人，无法在出票时记载收款人名称。为了方便人们的日常生活，《票据法》第八十六条第一款便规定："支票上未记载收款人名称的，经出票人授权，可以补记。"如前所述，未补记这一内容的，支票不得背书转让、提示付款。此外，由于实践中存在出票人兼任收款人的情况，如单位签发支票向其开户银行领取现金，故《票据法》第八十六条第四款规定："出票人可以在支票上记载自己为收款人。"这是一种例外性规定。

根据《支付结算方法》第一百一十九条的规定，签发支票应使用碳素墨水或墨汁填写，中国人民银行另有规定的除外。

(2) 相对应记载事项。《票据法》第八十六条第二款、第三款规定了相对应记载事项。该相对应记载事项包括两项内容：①付款地。根据《票据法》第八十六条第二款的规定，支票上未记载付款地的，付款人的营业场所为付款地。②出票地。根据《票据法》第八十六条第三款的规定，支票上未记载出票地的，出票人的营业场所、住所或经常居住地为出票地。此外，根据《票据法》第九十三条第二款的规定，支票上可以记载非法定记载事项，但这些事项并不发生支票上的效力。

3. 出票的其他法定条件

支票的出票行为取得法律上的效力，必须依法进行，除须按法定格式签发票据外，还须符合其他法定条件。根据《票据法》第八十七条和第八十八条的规定及有关规定，这些法定条件有：①支票的出票人所签发的支票金额不得超过其付款时在付款人处实有的存款金额。如果出票人签发的支票金额超过其付款时在付款人处实有的存款金额，在法律上，该支票称为空头支票。签发空头支票是一种违法行为，对其责任人要给予严厉的处罚和制裁，构成犯罪的，要依法追究其刑事责任。②支票的出票人不得签发与其预留本名的签名式样或印鉴不符的支票，使用支付密码的，出票人不得签发支付密码错误的支票。支票的出票人委托付款人支付票款给收款人或持票人，作为支票付款人的银行并不是支票上的债务人，只是受出票人的委托从其账户支付票款。由于出票人开立支票存款账户时必须预留其本名的签名式样和印鉴或使用了支付密码，为了保障银行支付的票款确是出票人签发支票的票款，因此在出票人签发支票时，必须使用与其本名的签名式样和印鉴相一致的签章或使用相应的支付密码，否则，该支票即为无效。

4. 出票的效力

出票人做成支票并交付之后，对出票人产生相应的法律效力。依照《票据法》第八十九条第一款的规定，出票人必须按照签发的支票金额承担保证向该持票人付款的责任。这一责任包括两项：①出票人必须在付款人处存有足够可处分的资金，以保证支票票款的支付；②当付款人对支票拒绝付款或超过支票付款提示期限的，出票人应向持票人承担付款责任。

(三)付款

支票属见票即付的票据，因而没有到期日的规定。支票的出票日实质上就是到期日。我国《票据法》第九十条规定："支票限于见票即付，不得另行记载付款日期。另行记载付款日期的，该记载无效。"因此，出票人在付款人处的存款足以支付支票金额时，付款人应当在见票当日足额付款。以下对付款的有关问题加以说明。

1. 提示期间

支票为见票即付的票据，但是，为了防止持票人久不提示支票，给出票人在管理上造成不便，以及防止空头支票的出现，《票据法》规定了持票人的提示期间。《票据法》第九十一条第一款规定："支票的持票人应当自出票日起 10 日内提示付款；异地使用的支票，其提示付款的期限由中国人民银行另行规定。"目前，我国支票主要在城市票据交换范围内使用和流通，因此在同城范围内，支票的提示期间为 10 天。随着支票使用和流通范围的扩大，在异地使用时，则须延长提示期间，而这一提示期间最终由中国人民银行另行规定。

超过提示付款期限的，依照《票据法》第九十一条第二款的规定，付款人可以不予付款，但是付款人不予付款的，出票人仍应当对持票人承担票据责任。因为支票不同于汇票、本票，没有主债务人，出票人处于相当于主债务人的地位，所以必须加重出票人的责任。持票人超过提示付款期限的，并不丧失对出票人的追索权，出票人仍应当对持票人承担支付票款的责任。

2. 向持票人付款

持票人在提示期间内向付款人提示票据，付款人在对支票进行审查之后，如未发现有不符规定之处，即应向持票人付款。《票据法》第八十九条第二款规定："出票人在付款人处的存款足以支付支票金额时，付款人应当在当日足额付款。"

3. 付款责任的解除

《票据法》第九十二条规定："付款人依法支付支票金额的，对出票人不再承担受委托付款的责任，对持票人不再承担付款的责任。但是，付款人以恶意或有重大过失付款的除外。"这是有关付款人付款责任解除的规定。

这里所指的恶意或有重大过失付款是指付款人在收到持票人提示的支票时，明知持票人不是真正的票据权利人，支票的背书及其他签章系属伪造，或者付款人不按照正常的操作程序审查票据等情形。在此情况下，付款人不能解除付款责任。由此造成损失的，由付款人承担赔偿责任。

五、违反《票据法》的法律责任

我国《票据法》第六章专门规定了法律责任问题。该章中的法律责任是指票据责任之外的刑事法律责任、行政法律责任和民事法律责任。以下分别予以说明。

(一)票据欺诈行为的法律责任

《票据法》第一百零二条规定了七种票据欺诈行为的刑事法律责任问题。该七种票据欺诈行为是：①伪造、变造票据；②故意使用伪造、变造的票据；③签发空头支票或故意签发与其预留的本名签名式样或印鉴不符的支票，骗取财物；④签发无可靠资金来源的汇票、本票，骗取资金；⑤汇票、本票的出票人在出票时作虚假记载，骗取财物；⑥冒用他人的票据，或者故意使用过期或作废的票据，骗取财物；⑦付款人同出票人、持票人恶意串通，实施前六项所列行为之一的，即构成犯罪，应依法承担刑事法律责任。行为人实施前述票据欺诈行为之一的，情节轻微，不构成犯罪的，依照国家有关规定给予行政处罚。所谓行政处罚是指国家行政机关对违反法律、国家行政管理法规的人所作的处罚。该处罚主要有警告、罚金、罚款、没收非法所得、停止办理某项业务、停业整顿、吊销营业执照或经营许可证、拘留等。行为人实施前述票据欺诈行为，给他人造成损失的，还应当承担民事赔偿责任；但被伪造签章者不承担票据责任。

(二)金融机构工作人员的法律责任

金融机构工作人员在票据业务中玩忽职守，对违反《票据法》规定的票据予以承兑、付款或保证的，给予处分；造成重大损失，构成犯罪的，依法追究刑事责任。因上述行为给当事人造成损失的，由该金融机构和直接责任人员依法承担连带赔偿责任。此处所指的"处分"是指由单位给予该人员警告、记过、撤职、开除公职等行政处分；此处所指的刑事责任，即是依照《刑法》第三百九十七条的规定，处 3 年以下有期徒刑或者拘役；情节特别严重的，处 3 年以上 7 年以下有期徒刑。

(三)付款人故意压票，拖延支付的法律责任

该责任包括行政责任和民事责任。依照《票据法》第一百零五条第一款的规定，票据的付款人对见票即付或者到期的票据，故意压票，拖延支付的，由金融行政管理部门处以罚款，对直接责任人员给予处分。这是有关行政责任的规定，这里所指的金融行政管理部门是指中国人民银行。根据中国人民银行颁布的有关规定，该等行政处罚主要有罚款、警告、通报批评、停止使用或办理有关票据结算以及对责任人给予行政处罚。

关于民事责任，依照《票据法》第一百零五条第二款的规定，票据的付款人故意压票、

面向『十三五』高职高专项目导向式教改教材 · 财经系列

拖延支付，给持票人造成损失的，依法承担赔偿责任。该等赔偿责任参照支付结算制度的有关规定执行。

任务解析

根据我国《票据法》第二条的规定，通常所称票据，是指汇票、本票和支票 3 种。

(1) 汇票是出票人签发的，委托付款人在见票时或在指定日期无条件支付确定的金额给收款人或持票人的票据。在我国现行票据业务中，汇票包括银行汇票和商业汇票两种。银行汇票是以银行为出票人，同时以银行为付款人的汇票，即一家银行向另一家银行签发的书面支付命令。由于银行汇票的出票人和付款人都是银行，因此它的信用基础是银行信用，相对于商业汇票而言付款更有保障。商业汇票是以银行以外的其他公司、企业或个人为出票人，以银行或其他公司、企业等为付款人的汇票。商业银行的信用基础是商业信用，收款人或持票人的风险比较大。任务案例中 A 国有独资公司作为独立的商事主体，依法可以向 B 股份有限公司签发商业汇票，但因其不是金融机构，所以依法不能作为银行汇票的出票人，即不能签发银行汇票。但其可以向开户银行申请签发银行汇票。

(2) 本票是出票人签发的，承诺自己在见票时无条件支付确定的金额给收款人或持票人的票据。我国《票据法》上的本票仅指银行本票，不包括商业本票和个人。任务案例中的 A 国有独资公司不是金融机构，不能签发银行本票，但可以向开户银行申请签发使用银行本票。

(3) 支票是指出票人签发的，委托办理支票存款业务的银行或其他金融机构在见票时无条件支付确定的金额给收款人或持票人的票据。支票的基本当事人有三个：出票人、付款人和收款人。支票是一种委付证券，与汇票相同，与本票不同。任务案例中的 A 国有独资公司作为独立的商事主体，依法可以签发支票。

任务三　证　券　法

任务案例

三国公司于 2002 年成立，主营电子数码产品的制造和销售业务，凭借新世纪电子的蓬勃发展，该公司的业务量每年成倍增长。为了谋求更高的平台和更快的发展，2009 年 5 月，三国公司决定向社会公开发行新股 3 000 股(票面金额总值 6 000 万元)，并申请上市交易。

具体任务

试分析三国公司公开发行新股时，应如何进行承销？三国公司发行新股的条件是什么？

◉ 理论认知

一、证券及证券法概述

(一)证券的概念和范围

证券一般又称有价证券，是证明特定经济权利的凭证。证券必须依法设置，依照法律或行政法规规定的形式、内容、格式与程序制作、签发。

证券有广义和狭义之分。广义的证券一般指财物证券(如货运单、提单等)、货币证券(如支票、汇票、本票等)和资本证券(如股票、公司债券、投资基金份额等)。狭义的证券仅指资本证券。我国证券法规定的证券为股票、公司债券和国务院依法认定的其他证券。其他证券主要指投资基金份额、非公司企业债券、国家政府债券等。

(二)证券法的概念及我国证券立法概况

证券法是调整证券发行、交易和证券监督过程中发生的经济关系的法律规范的总称。证券法的概念有狭义和广义之分。狭义的证券法指《中华人民共和国证券法》(以下称《证券法》)。广义的证券法除《证券法》外，还包括其他法律中有关证券管理的规定、国务院颁发的有关证券管理的行政法规、证券管理部门发布的部门规章、地方立法部门颁布的有关证券管理的地方性法规和规章等。证券交易所等有关证券自律性组织依法制定的业务规则和行业活动准则等对我国证券市场的规范运作也起到了重要调整作用。

1998 年 12 月 29 日，第九届全国人民代表大会常务委员会第六次会议通过了《证券法》，自 1999 年 7 月 1 日起施行。2004 年 8 月 28 日，根据第十届全国人民代表大会常务委员会第十一次会议《关于修改〈中华人民共和国证券法〉的决定》，对《证券法》做了个别条款的修正。2005 年 10 月 27 日，第十届全国人民代表大会常务委员会第十八次会议对《证券法》做了大幅修订后重新颁布，自 2006 年 1 月 1 日起施行。2013 年 6 月 29 日第十二届全国人民代表大会常务委员会第三次会议及 2014 年 8 月 31 日第十二届全国人民代表大会常务委员会第十次会议分别对《证券法》进行了第二次、第三次修正。现行《证券法》共 12 章 240 条，对我国证券的发行、交易及证券交易、中介机构和监督管理等内容作出了详细的规定。《证券法》及其他法律中有关证券管理的规定、国务院和政府有关部门发布的有关证券方面的法规、规章及规范性文件，构成了我国的证券法律体系。

《证券法》的调整范围是在中华人民共和国境内股票、公司债券和国务院依法认定的其他证券的发行和交易。《证券法》未规定的，适用《公司法》和其他法律、行政法规的规定。政府债券、证券投资基金份额的上市交易适用《证券法》，其他法律、行政法规有特别规定的，适用其规定。证券衍生品种发行、交易的管理办法，由国务院依照《证券法》的原则规定。

二、证券的发行

证券发行是指向社会公众或特定的人销售证券(股票与公司债券)的活动。相对于证券交易市场而言，发行市场也称为一级市场。公开发行证券，发行人必须符合法律、行政法规规定的条件。公开发行证券必须依法报经国务院证券监督管理机构或国务院授权的部门核准或审批；未经依法核准或审批，任何单位和个人不得向社会公开发行证券。

(一)股票发行的申请与公告

《公司法》规定了发行股票必须具备的法定条件。公开发行股票，必须依照《公司法》规定的条件，报经国务院证券监督管理机构核准。公司向国务院证券监督管理机构申请核准时，应提交《公司法》规定的申请文件和国务院证券监督管理机构规定的有关文件。

文件内容必须真实、准确、完整。为证券发行出具有关文件的专业机构和人员，必须严格履行法定职责，保证其所出具文件的真实性、准确性和完整性。

公开发行股票的核准，由国务院证券监督管理机构设立的发行审核委员会依法进行。国务院证券监督管理机构应自受理股票发行申请文件之日起 3 个月内作出核准决定；不予核准的，应当作出说明。

股票发行经核准后，公司应当在公开发行前，公告公开发行募集文件，并将其置备于指定场所供公众查阅。

(二)公司债券的发行与公告

《公司法》规定了发行公司债券必须具备的法定条件。公开发行公司债券必须依照《公司法》规定的文件，报国务院授权的部门审批。公司向国务院授权的部门申请审批时，应提交《公司法》规定的申请文件和国务院证券监督管理机构规定的文件。

文件内容必须真实、准确、完整。为证券发行出具有关文件的专业机构和人员，必须严格履行法定职责，保证其所出具文件的真实性、准确性和完整性。

国务院授权的部门在受理公司债券发行申请文件之日起 3 个月内作出审批决定，不予审批的，应当作出说明。

(三)证券的承销

证券承销是指具有证券承销业务资格的证券公司接受证券发行人的委托，在法律规定或约定的时间范围内，利用自己的良好信誉和销售渠道，将拟发行的证券发售出去，并因此收取一定比例承销费用的一系列活动。证券公司应当依照法律、行政法规的规定承销发行人向社会公开发行的证券。证券承销业务采取代销或包销方式。

证券代销是指证券公司代发行人发售证券，在承销期结束时，将未售出的证券全部退还给发行人的承销方式。证券包销是指证券公司将发行人的证券按照协议全部购入或在承销期结束时将售后剩余证券全部自行购入的承销方式。证券包销分两种情况：①证券公司将发行人的证券按照协议全部购入，然后再向投资者销售，当卖出价高于购入价时，其差价归证券公司所有；当卖出价低于购入价时，其损失由证券公司承担。②证券公司在承销期结束后，将售后剩余证券全部自行购入。在这种承销方式下，证券公司要与发行人签订合同，在承销期内，是一种代销行为；在承销期满后，是一种包销行为。

证券公司承销证券，应当对公开发行募集文件的真实性、准确性、完整性进行核查；发现有虚假记载、误导性陈述或重大遗漏的，不得进行销售活动；已经销售的，必须立即停止销售活动，并采取纠正措施。

向不特定对象公开发行的证券票面总值超过人民币 5 000 万元的，应当由承销团承销。承销团应当由主承销和参与承销的证券公司组成。

证券的代销、包销期限最长不得超过 90 日。证券公司在代销、包销期内，对所代销、包销的证券应当保证先行出售给认购人，证券公司不得为本公司预留所代销的证券和预先购入并留存所包销的证券。

公开发行股票，代销、包销期限届满，发行人应当在规定的期限内将股票发行情况报国务院证券监督管理机构备案。

三、证券交易

(一)一般规定

证券交易就是证券持有人在证券市场上出让证券，由其他投资者买受证券的活动。证券的交易与证券的发行是紧密联系的，证券的发行是证券交易的"源"，而证券交易则是证券发行的"流"。通俗地讲，证券的发行是买卖新证券，是第一手买卖，证券发行市场也因此成为一级市场；而证券交易则是发行以后的第二次乃至无数次的买卖，证券交易市场也因此成为二级市场。

1. 证券交易的一般要求

(1) 证券交易的范围。按照《证券法》的规定，证券交易当事人依法买卖的证券，必须是依法发行并交付的证券。非依法发行的证券，不得进行买卖；依法发行的证券，法律对其转让期限有限制性规定的，在规定期限内，不得买卖。

(2) 证券交易的形式。经依法核准的上市交易的股票、公司债券及其他证券，应当在上海或深圳两个证券交易所挂牌交易，并以现货进行交易。证券在证券交易所挂牌交易，应当采用公开的集中竞价交易方式，证券交易的集中竞价应当实行价格优先、时间优先的原则。

证券交易当事人买卖的证券可以采用纸面形式或国务院证券监督管理机构规定的其他形式。

2. 对证券从业机构、人员的一般要求

(1) 对证券业从业机构的要求。《证券法》规定，证券公司不得从事向客户融资或融券的证券交易活动。

证券交易所、证券公司、证券登记结算机构还必须依法为客户所开立的账户保密。证券交易的收费必须合理，并按照国务院有关管理部门的统一规定公开收费项目、收费标准和收费办法。

(2) 对证券从业人员的要求。《证券法》规定，证券交易所、证券公司和证券登记结算机构的从业人员、证券监督管理机构的工作人员及法律、行政法规禁止参与股票交易的其他人员，在任期或法定限期内，不得直接或以化名、借他人名义持有、买卖股票，也不得收受他人赠送的股票。任何人在成为前款所列人为股票发行出具审计报告、资产评估报告或法律意见书等文件的证券服务机构和人员，在该股票承销期内和期满后 6 个月内，不得

买卖该种股票。

为上市公司出具审计报告、资产评估报告或法律意见书等文件的证券服务机构和人员，自接受上市公司委托之日起至上述文件公开后 5 日内，不得买卖该种股票。

3. 对股东的一般要求

股东在证券交易活动中必须遵守持股报告制度，即股东持股比例达到法定比例时应当进行报告。《证券法》规定，持有一个股份有限公司已发行的股份 5% 的股东，应当在其持股数额达到该比例之日起 3 日内向国务院证券监督管理机构报告；属于上市公司的，应当同时向证券交易所报告。该股东将其持有的该公司的股票在买入后 6 个月内卖出，或者在卖出后 6 个月内又买入，由此所得收益归该公司所有，公司董事会应当收回其所得收益。

(二)证券上市

1. 股票的上市

股份有限公司申请其股票上市交易，必须报经国务院证券监督管理机构核准，即股票上市交易实行核准制度。国务院证券监督管理机构也可以授权证券交易所依照法定条件和法定程序核准股票上市。

股份有限公司申请股票上市，应当符合下列条件。

(1) 股票经国务院证券监督管理机构核准已公开发行。

(2) 公司股本总额不少于人民币 3 000 万元。

(3) 公开发行的股份达到公司股份总数的 25% 以上；公司股本总额超过人民币 4 亿元的，公开发行股份的比例为 10% 以上。

(4) 公司最近三年无重大违法行为，财务会计报告无虚假记载。

股票上市交易申请经国务院证券监督管理机构核准后，其发行人应当向证券交易所提交核准文件和有关文件。证券交易所应当自接到该股票发行人提交的前款规定的文件之日起 6 个月内安排该股票上市交易。

2. 公司债券的上市

公司申请其发行的公司债券上市交易，必须报经国务院债券监督管理机构核准，即公司债券上市交易实行核准制度。国务院债券监督管理机构也可授权债券交易所依照法定程序核准公司债券上市。

公司申请公司债券上市交易，应当符合下列条件：公司债券的期限为 1 年以上；公司债券实际发行额不少于人民币 5 000 万元；公司申请债券上市时仍符合法定的公司债券发行条件。

公司债券上市交易申请经国务院证券监督管理机构核准后，其发行人应当向证券交易所提交核准文件和有关文件。证券交易所应当自接到该债券发行人提交的前款规定的文件之日起 3 个月内安排该债券上市交易。

(三)信息公开

信息公开是指证券发行的上市公司按照法定要求将自身财务、经营等情况向债券监督管理部门报告，并向投资者公告的活动。

1. 应公告的信息内容

信息公开应当依照中国证监会发布的有关公开发行证券的公司信息披露内容与格式准则进行。发行人、上市公司依法披露的信息，必须真实、准确、完整，不得有虚假记载、误导性陈述或重大遗漏。

上市公司和公司债券上市交易的公司，应当在每一会计年度的上半年结束之日起 2 个月内，向国务院证券监督管理机构和证券交易所报送中期报告，并予公告。

上市公司和公司债券上市交易的公司，应当在每一会计年度结束之日起 4 个月内，向国务院证券监督管理机构和证券交易所提交年度报告，并予公告。

2. 重大事件报告

重大事件是指上市公司发生的、可能对上市公司股票交易价格产生较大影响、而投资者尚未得知的事件。

下列情况为重大事件：①公司的经营方针和经营范围的重大变化；②公司的重大投资行为和重大的购置财产的决定；③公司订立重要合同，可能对公司的资产、负债、权益和经营成果产生重要影响；④公司发生重大债务和未能清偿到期重大债务的违约情况；⑤公司发生重大亏损或者重大损失；⑥公司生产经营的外部条件发生的重大变化；⑦公司的董事、1/3 以上监事或者经理发生变动；⑧持有公司 5%以上股份的股东或者实际控制人，其持有股份或者控制公司的情况发生较大变化；⑨公司减资、合并、分立、解散及申请破产的决定；⑩涉及公司的重大诉讼，股东大会、董事会决议被依法撤销或者宣告无效；⑪公司涉嫌犯罪被司法机关立案调查，公司董事、监事、高级管理人员涉嫌犯罪被司法机关采取强制措施；⑫国务院证券监督管理机构规定的其他事项。

【案例 10-11】某上市公司董事长授意有关员工采用签订虚假销售合同、转移费用支出和违规进行资产评估等手段，虚增当年营业利润和资本公积金等指标以误导投资者，造成投资者的重大损失。案发后，该上市公司的董事长以自己并未直接参与财务造假过程为由拒绝承担连带赔偿责任。试分析该董事长是否应当承担连带赔偿责任。

【解析】根据《证券法》的规定，上市公司的年度报告中存在虚假记载、误导性陈述或重大遗漏，致使投资者在证券交易中遭受损失的，上市公司的董事应当承担连带赔偿责任，但是能够证明自己没有过错的除外。因此，该上市公司的董事长显然有过错，并涉嫌犯罪，因此应当承担连带赔偿责任。

(四)禁止的交易行为

1. 内幕交易行为

内幕交易是指证券交易内幕信息的知情人员利用内幕信息进行证券交易的行为。内幕交易的主体是内幕信息知情人员，行为特征是利用其掌握的内幕信息买卖证券，或者是建议他人买卖证券。内幕信息知情人员自己未买卖证券，也未建议他人买卖证券，但将内幕信息泄露给他人，接受内幕信息者依此买卖证券的，也属内幕交易行为。内幕交易行为是一种违法行为。它不仅侵犯了广大投资者的利益，违反了证券发行与交易中的公开、公平、公正原则，而且还会扰乱证券市场，因此，各国的证券立法都将其列为禁止的证券交易行为之一。

《证券法》禁止证券交易内幕信息的知情人和非法获取内幕信息的人利用内幕信息从事证券交易活动。证券交易内幕信息的知情人包括：发行人的董事、监事、高级管理人员；持有公司 5%以上股份的股东及其董事、监事、高级管理人员，公司的实际控制人及其董事、监事、高级管理人员；发行人控股的公司及其董事、监事、高级管理人员；由于所任公司职务可以获取公司有关内幕信息的人员；证券监督管理机构工作人员及由于法定职责对证券的发行、交易进行管理的其他人员；保荐人、承销的证券公司、证券交易所、证券登记结算机构、证券服务机构的有关人员；国务院证券监督管理机构规定的其他人。

在证券交易活动中，涉及公司的经营、财务或对该公司证券的市场价格有重大影响的尚未公开的信息，为内幕信息。下列信息皆属内幕信息：《证券法》第六十七条第二款所列应报送临时报告的重大事件；公司分配股利或增资的计划；公司股权结构的重大变化；公司债务担保的重大变更；公司营业用主要资产的抵押、出售或报废一次超过该资产的 30%；公司的董事、监事、高级管理人员的行为可能依法承担重大损害赔偿责任；上市公司收购的有关方案；国务院证券监督管理机构认定的对证券交易价格有显著影响的其他重要信息。

证券交易内幕信息的知情人和非法获取内幕信息的人，在内幕信息公开前，不得买卖该公司的证券，或者泄露该信息，或者建议他人买卖该证券。

持有或通过协议、其他安排与他人共同持有公司 5%以上股份的自然人、法人、其他组织收购上市公司的股份，《证券法》另有规定的，适用其规定。

内幕交易行为给投资者造成损失的，行为人应当依法承担赔偿责任。

【案例 10-12】戴某在担任甲上市公司董事期间，利用甲公司与乙上市公司进行资产重组、乙公司主营业务将要发生重大变化这一信息，于某年 11 月 18 日至 20 日期间，以平均 6 元的价格买入乙公司股票 80 万股，信息公开后以每股 7 元的价格全部卖出，获利 80 万元。试分析戴某的行为是否合法。

【解析】不合法。戴某的行为属于利用内部信息进行证券交易、非法获利的行为。根据《证券法》的规定，证券交易内幕信息的知情人，在内幕信息公开前，不得买入和卖出该公司的证券。

2. 操纵市场行为

操纵市场是指单位或个人以获取利益或减少损失为目的，利用其资金、信息等优势或滥用职权影响证券市场价格，制造证券市场假象，诱导或致使投资者在不了解事实真相的情况下作出买卖证券的决定，扰乱证券市场秩序的行为。

《证券法》规定，禁止任何人以下列手段操纵证券市场：单独或通过合谋，集中资金优势、持股优势或利用信息优势联合或连续买卖，操纵证券交易价格或证券交易量；与他人串通，以事先约定的时间、价格和方式相互进行证券交易，影响证券交易价格或证券交易量；在自己实际控制的账户之间进行证券交易，影响证券交易价格或证券交易量；以其他手段操纵证券市场。

操纵证券市场行为给投资者造成损失的，行为人应当依法承担赔偿责任。

【案例 10-13】某证券公司利用资金优势，在 3 个交易日内对某一上市公司的股票进行连续买卖，使该股票从每股 20 元迅速上升至每股 26 元，然后在此价位大量卖出获利。试分析该证券公司的行为是否违法。

【解析】根据《证券法》的规定，该证券公司的行为属于操纵市场的违法行为。

3. 制造虚假信息行为

制造虚假信息包括编造、传播虚假信息和进行虚假陈述或信息误导两种情况。《证券法》规定，禁止国家工作人员、传播媒介从业人员和有关人员编造、传播虚假信息，扰乱证券市场；禁止证券交易所、证券公司、证券登记结算机构、证券服务机构及其从业人员，证券业协会、证券监督管理机构及其工作人员，在证券交易活动中作出虚假陈述或信息误导。各种传播媒介传播证券市场信息必须真实、客观，禁止误导。

4. 欺诈客户行为

欺诈客户是指证券公司及其从业人员在证券交易中违背客户的真实意愿，侵害客户利益的行为。根据《证券法》规定，禁止证券公司及其从业人员从事下列损害客户利益的欺诈行为：违背客户的委托为其买卖证券；不在规定时间内向客户提供交易的书面确认文件；挪用客户所委托买卖的证券或客户账户上的资金；未经客户的委托，擅自为客户买卖证券，或者假借客户的名义买卖证券；为牟取佣金收入，诱使客户进行不必要的证券买卖；利用传播媒介或通过其他方式提供、传播虚假或误导投资者的信息；其他违背客户真实意思表示，损害客户利益的行为。

欺诈客户行为给客户造成损失的，行为人应当依法承担赔偿责任。

【案例 10-14】某证券公司挪用客户账户上的资金用于股票买卖，但在获利后及时、足额地归还到客户账户中。试分析该证券公司的行为是否合法。

【解析】不合法。根据《证券法》的规定，该证券公司的行为属于欺诈客户的行为。

5. 其他禁止的交易行为

在证券交易中，严禁法人以个人名义开立账户，买卖证券；禁止挪用公款买卖证券；国有企业和国有资产控股的企业，不得炒作上市交易的股票；等等。

四、上市公司收购

(一)上市公司的收购方式

上市公司收购是指投资者公开收购股份有限公司已经依法发行上市的股份以达到对该股份有限公司控股或兼并目的的行为。根据我国《证券法》的规定，上市公司收购可以采取要约收购或协议收购的方式。要约收购是指收购方通过向被收购公司的管理层和股东发出购买其所持该公司股份的书面意思表示，并按照其依法公告的收购要约中所规定的收购条件、收购价格、收购期限及其他规定事项，收购目标股份的收购方式。它不必事先征得目标公司管理层的同意。协议收购是指收购人通过与目标公司的管理层或目标公司的股东反复磋商，达成书面转让股权的协议，并按照协议所规定的收购条件、收购价格、收购期限及其他规定事项，收购目标公司股份的收购方式。

(二)收购信息披露

任何投资者直接或间接持有一个上市公司发行在外的股份达到一定比例时，或者达到该比例后持股数量变化又达到法定比例时，必须依法在规定的期限内，向国家证券监督机构、证券交易所、被收购公司及社会公众予以披露。具体规定如下。

(1) 投资者持有或通过协议、其他安排与他人共同持有一个上市公司已发行的股份达到5%时，应当在该事实发生之日起 3 日内，向国务院证券监督管理机构、证券交易所作出书面报告，通知该上市公司，并予公告；在上述期限内，不得再行买卖该上市公司的股票。

(2) 投资者持有或通过协议、其他安排与他人共同持有一个上市公司已发行的股份达到5%后，其所持该上市公司已发行的股份比例每增加或减少 5%，应当依照前款规定进行报告和公告。在报告期限内和作出报告、公告后 2 日内，不得再行买卖该上市公司的股票。

(3) 当投资者持有一个上市公司已发行达到股份的 30%时，投资者继续进行收购的，应当依法向该上市公司所有股东发出收购要约，但经国务院证券监督管理机构免除发出要约的除外。发出收购要约时，收购人必须先向国务院证券监督管理机构报送上市公司收购报告书。

(4) 收购人在依照前条规定报送上市公司收购报告书之日起 15 日后，公告其收购要约。收购要约的期限不得少于 30 日，并不得超过 60 日。在此期限内，收购人不得撤回其收购要约。收购要约的期限届满，收购人持有的被收购公司的股份数达到该公司已发行的股份总数的 75%以上的，该上市公司的股票应当在证券交易所终止上市交易。收购要约的期限届满，收购人持有的被收购公司的股份数达到该公司已发行的股份总数的 90%以上的，其余仍持有被收购公司股票的股东，有权向收购人以收购要约的同等条件出售其股票，收购人应当收购。

收购要约期满，收购要约人持有的普通股未达到该公司发行在外的普通股总数的 50%时，为收购失败。收购要约人除发出新的收购要约外，其以后每年购买的该公司发行在外的普通股，不得超过该公司发行在外的普通股总数的 5%。

五、证券机构

(一)证券交易所

证券交易所是为证券集中交易提供场所和设施，组织和监督证券交易，实行自律管理的法人。证券交易所有会员制证券交易所和公司制证券交易所两种形式。会员制证券交易所是以会员协会形式成立的不以营利为目的的法人组织，其会员主要为证券商，只有会员及有特许权的经纪人，才有资格在交易所中交易。会员制证券交易所实行会员自治、自律、自我管理。目前，多数国家的证券交易所都实行会员制。公司制证券交易所是以营利为目的的公司法人。公司制证券交易所对在本所内的证券交易负有担保责任。公司制证券交易所的证券商及其股东不得担任证券交易所的董事、监事或经理。我国的证券交易所是会员制证券交易所，是不以营利为目的的法人。

证券交易所的设立和解散由国务院决定。申请设立证券交易所应提交申请书、章程和主要业务规则草案、拟加入会员名单、理事会候选人名单、场地、设备及资金情况说明和拟任用管理人员的情况说明等文件。设立证券交易所必须制定章程，章程的制定和修改，必须经国务院证券监督管理机构批准。

会员大会是证券交易所的最高权力机构，理事会是证券交易所的决策机构，每届任期 3 年。证券交易所设立总经理 1 人，由国务院证券监督管理机构任免，总经理是证券交易所的法定代表人。

(二)证券中介结构

1. 证券公司

证券公司是指依照《公司法》和《证券法》规定设立的经营证券业务的有限责任公司或股份有限公司。证券公司依法享有自主经营的权利，其合法经营不受干涉。

设立证券公司，必须经国务院证券监督管理机构审查批准。未经国务院证券监督管理机构批准，任何单位和个人不得经营证券业务。

设立证券公司，应当具备下列条件。

(1) 有符合法律、行政法规规定的公司章程。

(2) 主要股东具有持续盈利能力，信誉良好，最近三年无重大违法违规记录，净资产不低于人民币 2 亿元。

(3) 有符合《证券法》规定的注册资本。

(4) 董事、监事、高级管理人员具备任职资格，从业人员具有证券从业资格。

(5) 有完善的风险管理与内部控制制度。

(6) 有合格的经营场所和业务设施。

(7) 法律、行政法规规定的和经国务院批准的国务院证券监督管理机构规定的其他条件。

证券公司必须在其名称中标明"证券有限责任公司"或"证券股份有限公司"字样。

2. 证券登记结算机构

证券登记结算机构是为证券交易提供集中登记、存管与结算服务，不以营利为目的的法人。

3. 证券服务机构

证券服务机构是指为证券交易提供证券投资咨询和资信评估的机构，包括专业的证券服务机构和其他证券服务机构。专业的证券服务机构包括证券投资咨询机构、资信评估机构。其他证券服务机构主要是指经批准可以兼营证券投资咨询服务的资产评估机构、会计师事务所及律师事务所。

(三)证券监督管理机构

《证券法》中所称国务院证券监督管理机构是指中国证券监督管理委员会(以下简称证

监会)。中国证券监督管理委员会是国务院直属事业单位,是全国证券期货市场的主管部门。《证券法》规定:"国务院证券监督管理机构依法对证券市场实行监督管理,维护证券市场秩序,保障其合法运行。"

证监会的主要职责有:①依法制定有关证券市场监督管理的规章、规则,并依法行使审批或核准权;②依法对证券的发行、上市、交易、登记、存管、结算进行监督管理;③依法对证券发行人、上市公司、证券交易所、证券公司、证券登记结算机构、证券投资基金管理公司、证券服务机构的证券业务活动,进行监督管理;④依法制定从事证券业务人员的资格标准和行为准则,并监督实施;⑤依法监督检查证券发行、上市和交易的信息公开情况;⑥依法对证券业协会的活动进行指导和监督;⑦依法对违反证券市场监督管理法律、行政法规的行为进行查处;⑧法律、行政法规规定的其他职责。

(四)证券业协会

证券业协会是证券业的自律性组织,是社会团体法人。协会的宗旨是根据发展社会主义市场经济的要求,贯彻执行国家有关方针、政策和法规,发挥政府与证券经营机构之间的桥梁和纽带作用,促进证券业的开拓发展。加强证券业的自律管理,维护会员的合法权益,建立和完善具有中国特色的证券市场体系。中国证券业协会于1991年8月28日成立,总部设在北京。

中国证券业协会的会员分为团体会员和个人会员,团体会员为证券公司。《证券法》规定,证券公司应当加入证券业协会。个人会员只限于证券市场管理部门有关领导及从事证券研究及业务工作的专家,由协会根据需要吸收。

六、证券法律责任

新《证券法》对违反证券法行为的法律责任进行了全面的修订,使之更加系统化,更具有可操作性。

(一)法律责任的主体

《证券法》规定的法律责任涉及的主体主要有:证券发行人;发行人的控股股东、实际控制人;保荐人;信息披露义务人;证券登记结算机构及其从业人员;内幕知情人员;禁止参与股票交易的人员;有证券从业资格的会计师事务所、资产评估机构;律师事务所;证券交易所、证券公司、证券登记结算机构、证券服务机构及其从业人员;证券监督管理机构的工作人员;证券业协会的工作人员;其他国家工作人员;等等。

(二)法律责任的形式与追究程序

《证券法》规定,承担法律责任的形式主要有:责令停止;责令改正;责令依法处理;责令关闭;退还资金;依法赔偿;取缔;撤销证券任职或从业资格;暂停或撤销相关业务许可;暂停或撤销自营业务许可;撤销证券业务许可;吊销公司营业执照;警告;罚款;依治安处罚条例处罚;没收;行政处分;刑事处分;等等。其中,罚款有的是在一定标准内按一定比例罚款,最高达20%;有的按一定标准的倍数罚款,最高达5倍;有的按金额罚款，最高达人民币 60 万元；有的则是按其非法买卖的证券等值以下罚款，等等。

违反法律、行政法规或国务院证券监督管理机构的有关规定，情节严重的，国务院证券监督管理机构可以对有关责任人员采取证券市场禁入的措施。所谓证券市场禁入，是指在一定期限内直至终身不得从事证券业务或者不得担任上市公司董事、监事、高级管理人员的制度。

违反《证券法》的规定，应承担民事赔偿责任和缴纳罚款、罚金，其财产不足以同时支付时，先承担民事赔偿责任。依法收缴的罚款和没收的违法所得应全部上缴国库。

当事人对证券监督管理机构或国务院授权部门的处罚决定不服的，可以依法申请行政复议，或者依法直接向人民法院提起诉讼。

(三)证券犯罪

违反《证券法》规定，构成犯罪的，依法追究刑事责任。我国《刑法》规定为伪造、变造股票、公司、企业债券罪，擅自发行股票、公司、企业债券罪，内幕交易、泄露内幕信息罪，编造并传播证券交易虚假信息罪，诱骗投资者买卖证券罪，操纵证券交易价格罪，中介组织人员提供虚假证明文件罪，中介组织人员出具证明文件重大失实罪等。

◎ 任务解析

(1) 应实行承销团承销。《证券法》第三十二条规定，向不特定对象发行的证券票面总值超过人民币 5 000 万元的，应当由承销团承销。承销团应当由主承销和参与承销的证券公司组成。

(2) 《证券法》第十三条规定，公司公开发行新股，应当符合下列条件：①具备健全且运行良好的组织机构；②具有持续盈利能力，财务状况良好；③最近 3 年财务会计文件无虚假记载，无其他重大违法行为；④经国务院批准的国务院证券监督管理机构规定的其他条件。

项 目 小 结

本项目主要介绍了《银行法》《票据法》《证券法》等金融法的一般规定，重点阐述了我国中央银行的法律地位及职能、商业银行的经营规则、票据种类、票据行为规则、票据法律责任、证券发行和交易规则等内容，通过案例分析和实训练习掌握基本金融理论和处理票据的操作技能。

实 训 练 习

【实训项目 1】模拟新设立一家商业银行。

【实训操作及要求】要求拟定设立商业银行的方案，要求符合《商业银行法》的相关规定。

面向「十三五」高职高专项目导向式教改教材 · 财经系列

【实训项目 2】模拟填写支票、汇票，进行票据行为的操作。

【实训操作及要求】要求应用支票、汇票的规范样票进行填写，并进行模拟转让、承兑等票据行为操作实训。

理 论 复 习

一、单项选择题

1. 中国人民银行可以从事的业务有( )。
   A. 向银行业金融机构办理再贴现　　　　B. 向商业银行发放两年期的再贷款
   C. 向政府财政透支　　　　　　　　　　D. 向商业银行提供担保

2. 商业银行在业务经营中应遵循的经营原则是( )。
   A. 平等原则　　　　　　　　　　　　　B. 自愿原则
   C. 诚实信用原则　　　　　　　　　　　D. 安全性、流动性、效益性原则

3. 商业银行在被接管中符合法律规定情形的是( )。
   A. 商业银行已经或可能发生信用危机，严重影响存款人的利益时，有关机构可以对其实施接管
   B. 接管的期限最长不得超过 3 年
   C. 接管由中国人民银行组织实施
   D. 被接管后的商业银行在经营中发生的债权债务应由接管机构承担

4. 根据《票据法》的规定，背书人在汇票上记载"不得转让"字样，其后手再背书转让的，将产生的法律后果是( )。
   A. 该汇票无效
   B. 该背书转让无效
   C. 原背书人对后手的被背书人不承担保证责任
   D. 原背书人对后手的被背书人承担保证责任

5. 本票自出票日起，付款期限最长不得超过( )个月。
   A. 1　　　　　　　B. 2　　　　　　　C. 3　　　　　　　D. 4

6. ( )是指证券公司代发行人发售证券，在承销期结束时，将未售出的证券全部退还给发行人的承销方式。
   A. 证券包销　　　B. 证券代销　　　　C. 证券销售　　　　D. 承销团承销

二、多项选择题

1. 下列关系中属于金融法调整的关系有( )。
   A. 李某向银行存款形成的储蓄关系
   B. 企业向职工借款形成的借贷关系
   C. 张某向保险公司投保形成的保险关系
   D. 企业向金融租赁公司租赁设备形成的金融租赁关系

2. 下列属于中国人民银行职责的有( )。

A. 监督管理银行业间同业拆借市场

B. 监督管理黄金市场

C. 审查银行业金融机构董事和高级管理人员的任职资格

D. 审批银行业金融机构的设立

3. 下列各种票据中，属于《票据法》调整范围的有(　　)。

A. 汇票　　　　　　B. 本票　　　　　　C. 发票　　　　　　D. 支票

4. 根据《票据法》的有关规定，下列选项中，票据债务人可以拒绝履行义务，行使票据抗辩权的有(　　)。

A. 背书不连续

B. 持票人向票据债务人交付的货物有严重的质量问题

C. 票据金额的中文大写与数码记载的内容不一致

D. 票据上没有记载付款地

5. 下列股票交易行为中，属于国家有关证券法律、法规禁止的有(　　)。

A. 甲上市公司的董事乙，在任职期间，买卖丙上市公司的股票，甲上市公司、董事乙与丙上市公司无任何关联关系

B. W证券公司的从业人员Y，在任职期间，买卖Z上市公司的股票，W证券公司、从业人员Y与Z上市公司无任何关联关系

C. 某上市公司的收购人，在收购行为完成后的第4个月转让其所收购股票的1/3

D. 为M股份有限公司首次发行股票出具审计报告的N会计师事务所的H注册会计师，在该公司股票承销期满后的第11个月买卖该公司的股票

三、案例分析题

某会计师事务所注册会计师王某在为某上市公司审计年度财务报告时，得知该上市公司每股收益颇丰，公司具有送配股计划。一日，王某在与朋友张某私下交谈中，谈及该上市公司具有投资价值。张某遂于次日大量买入该公司股票。上市公司年报公布其分配方案后，张某获得该公司送股，获利数十万元。试分析张某的行为是否违法。

项目十一 财税及政府采购法

【技能目标】

● 能够解释实践中的征税种类。

● 能够处理实例中税收征管过程中存在的问题。

● 能够处理政府采购中存在的实践问题。

【知识目标】

● 了解预算法的管理体制、税收的概念及税法的主要内容、政府采购的概念。

● 理解预算的编制及决算。

● 理解税法的主要体系。

● 了解政府采购的方式。

● 掌握主要税种的概念及税收征管法的主要内容，政府采购的程序。

任务一　预算法认知

任务案例

受国务院委托，财政部2013年3月5日提交的十二届全国人大一次会议审议的《关于2012年中央和地方预算执行情况与2013年中央和地方预算草案的报告》有一大"亮点"，即2013年报告在反映公共财政预算、政府性基金预算、国有资本经营预算三大类预算的同时，首次编报了2013年全国社会保险基金预算。因此，"国家账本"更加受到"两会"代表委员的关注和热议。

具体任务

了解什么是国家预算。

理论认知

一、预算概述

(一)预算及预算法的概念

预算又称国家预算，是国家财政发展到一定阶段适应加强财政管理和监督的需要而产生的。所谓国家预算是指经法定程序审核批准的一个国家各级政府预算的总和。它是实现财政职能的基本手段，反映了国家的施政方针和社会经济政策，规定着政府活动的范围和方向。

预算法律制度是指规范国家预算编制、审批、执行、监督等活动的法律制度的总称。预算法律制度包括：《中华人民共和国预算法》《中华人民共和国预算法实施条例》及其他关于预算管理的法律法规。

(二)国家预算体系

中国国家预算体系根据国家政权结构而建立。我国实行一级政府一级预算，从中央到基层政府共分五级预算：中央；省、自治区、直辖市；设区的市、自治州；县、自治县、不设区的市、市辖区；乡、民族乡、镇。因此，我国国家预算体系由中央政府预算(或中央预算)和地方预算组成：中央预算由中央各部门(包括直属单位)的预算组成；地方预算由各省、自治区、直辖市总预算组成。地方各级总预算由本级各部门(包括直属单位)的预算和汇总的下一级总预算组成：下一级只有本级预算的，下一级总预算即指下一级的本级预算；没有下一级预算的，总预算即指本级预算。各部门预算由本部门所属各单位预算组成，单位预算是指列入部门预算的国家机关、社会团体和其他单位的收支预算。

我国完整的政府预算体系包括：一般公共预算、政府性基金预算、国有资本经营预算、社会保险基金预算。一般公共预算、政府性基金预算、国有资本经营预算、社会保险基金预算应当保持完整、独立。政府性基金预算、国有资本经营预算、社会保险基金预算应当与一般公共预算相衔接。

1. 一般公共预算

一般公共预算是对以税收为主体的财政收入，安排用于保障和改善民生、推动经济社会发展、维护国家安全、维持国家机构正常运转等方面的收支预算。

中央一般公共预算包括中央各部门(含直属单位)的预算和中央对地方的税收返还、转移支付预算。包括：中央本级收入和地方向中央的上解收入。中央一般公共预算支出包括中央本级支出、中央对地方的税收返还和转移支付。

地方各级一般公共预算包括本级各部门(含直属单位)的预算和税收返还、转移支付预算。地方各级一般公共预算收入包括地方本级收入、上级政府对本级的税收返还和转移支付、下级政府的上解收入。地方一般公共预算支出包括地方本级支出、对上级政府的上解支出、对下级政府的税收返还和转移支付。

各部门预算由本部门及其所属各单位预算组成。

2. 政府性基金预算

政府性基金预算是对依照法律、行政法规的规定在一定期限内向特定对象征收、收取或者以其他方式筹集资金，专项用于特定公共事业发展的收支预算，应当根据基金项目收入情况和实际支出需要，按基金项目编制，做到以收定支。

3. 国有资本经营预算

国有资本经营预算是对国有资本收益作出支出安排的收支预算，应当按照收支平衡的原则编制，不列赤字，并安排资金调入一般公共预算。

4. 社会保险基金预算

社会保险基金预算是对社会保险缴款、一般公共预算安排和其他方式筹集的资金，专项用于社会保险的收支预算，应当按照统筹层次和社会保险项目分别编制，做到收支平衡。

(三)预算管理体制

预算管理体制是确定中央政府与地方政府及地方各级政府之间各级预算管理的职责权限和预算收支范围的一项根本制度，它是财政管理体制的重要组成部分。财政管理体制有广义和狭义两种含义，广义的财政管理体制包括预算管理体制、税收管理体制和财务管理体制等；狭义的财政管理体制仅指预算管理体制。在实际工作中，财政体制一般是指预算管理体制。预算管理体制的核心问题是各级政府之间的收支划分。我国预算管理体制进行过多次改革，总体上是根据"统一领导、分级管理"原则，由高度集中管理体制，到逐步实行多种形式的分级管理体制。我国现行的预算管理体制是 1994 年起实行的分税制财政体制。

二、预算收支范围

《预算法》第四条规定，预算由预算收入和预算支出组成。政府的全部收入和支出都应当纳入预算。

(一)预算收入

预算收入是指在预算年度内通过一定的形式和程序，有计划地筹措到的归国家支配的资金。

1. 按来源划分

预算收入是实现国家职能的财力保证，按照来源不同可以分为税收收入、行政事业性收费收入、国有资源(资产)有偿使用收入、转移性收入和其他收入。

税收收入是国家财政收入的主要来源。数据显示，2016 年我国税收收入为 130 354 亿元，占当年财政收入的 81.7%。

行政事业性收费收入是指国家机关、司法机关和法律、法规授权的机构，依据国家法律、法规和省以上财政部门的规定行使其管理职能，向公民、法人和其他组织收取的费用收入。

国有资源(资产)有偿使用收入是指各部门和各单位占有、使用和依法处分境内外国有资产产生的收益，按照国家有关规定应当上缴预算的部分。

转移性收入是指国家、单位、社会团体对居民家庭的各种转移支付和居民家庭间的收入转移，包括政府对个人收入转移的离退休金、失业救济金、赔偿等；单位对个人收入转移的辞退金、保险索赔、住房公积金、家庭间的赠送和赡养等。

其他收入是指不属于上述各项的收入，包括各种罚没收入、公产收入及杂项收入等。

2. 按归属划分

预算收入按其归属可以分为中央预算收入、地方预算收入、中央和地方预算共享收入。

中央预算收入是指按照分税制财政管理体制，纳入中央预算、地方不参与分享的收入，包括中央本级收入和地方按照规定向中央上缴的收入。

地方预算收入是指按照分税制财政管理体制，纳入地方预算、中央不参与分享的收入，包括地方本级收入和中央按照规定返还或补助地方的收入。

中央和地方预算共享收入是指按照分税制财政管理体制，中央预算和地方预算对同一税种的收入，按照一定划分标准或比例分享的收入。

(二)预算支出

预算支出是指国家对集中的预算收入有计划地分配和使用而安排的支出。与预算收入类似，预算支出也可按照不同的划分标准进行如下分类。

1. 按功能划分

按照功能划分，一般公共预算支出包括一般公共服务支出，外交、公共安全、国防支出，农业、环境保护支出，教育、科技、卫生、体育支出，社会保障及就业支出。

2. 按经济性质划分

预算支出按经济性质分类可以包括：工资福利支出、商品和服务支出、资本性支出和其他支出。

三、预算的组织程序

(一)预算的编制

1. 预算年度

我国国家预算年度自公历 1 月 1 日起至 12 月 31 日止。各级政府、各部门、各单位应按照国务院规定的时间编制预算草案。

2. 预算草案的编制依据

(1) 各级政府编制预算草案的依据。中央预算和地方各级政府预算，应当根据年度经济社会发展目标、国家宏观调控总体要求和跨年度预算平衡的需要，参考上一年预算执行情况、有关支出绩效评价结果和本年度收支预测，按照规定程序征求各方意见后，进行编制。各级政府编制年度预算草案的依据如下：①法律、法规；②国民经济和社会发展计划、财政中长期计划及有关的财政经济政策；③本级政府的预算管理职权和财政管理体制确定的预算收支范围；④上一年度预算执行情况和本年度预算收支变化因素；⑤上级政府对编制本年度预算草案的指示和要求。各级政府依据法定权限作出决定或者制定行政措施，凡涉及增加或者减少财政收入或者支出的，应当在预算批准前提出并在预算草案中作出相应安排。

(2) 各部门、各单位编制年度预算草案的依据：①法律、法规；②本级政府的指示和要求及本级政府财政部门的部署；③本部门、本单位的职责、任务和事业发展计划；④本部门、本单位的定员定额标准；⑤本部门、本单位上一年度预算执行情况和本年度预算收支变化因素。各部门、各单位应当按照国务院财政部门制定的政府收支分类项目、预算支出标准和要求，以及绩效目标管理等预算编制规定，根据其依法履行职能和事业发展的需要以及存量资产情况，编制本部门、本单位预算草案。

3. 预算草案的编制内容

中央预算和地方各级政府预算，应当参考上一年度预算执行情况和本年度收支预测，按照复式预算编制。

中央预算草案的编制内容：本级预算收入和支出；上一年度结余用于本年度安排的支出；上级返还或补助的收入；返还或补助下级的支出；上解上级的支出；下级上解的收入。

(二)预算的审批

预算的审批是指国家各级权力机关对同级政府所提出的预算草案进行审查和批准的活动。经过人民代表大会批准的预算属于法律文件，具有严肃的法律效力，非经法定程序，则不得调整，各级政府、各部门、各单位的支出必须以经批准的预算为依据，未列入预算的不得支出。

1. 人民代表大会审批

中央预算由全国人民代表大会审查和批准，地方各级政府预算由本级人民代表大会审查和批准。

2. 政府部门及各部门的批复

各级政府预算经本级人民代表大会批准后，本级政府财政部门应当及时向本级各部门批复预算，各部门应当及时向所属各单位批复预算。

3. 预算备案

各级政府在预算批准后，还必须依法向相应的国家机关备案，以加强预算的监督。

经本级人民代表大会或者本级人民代表大会常务委员会批准的预算、预算调整、决算、预算执行情况的报告及报表，应当在批准后 20 日内由本级政府财政部门向社会公开，并对本级政府财政转移支付安排、执行的情况以及举借债务的情况等重要事项作出说明。

经本级政府财政部门批复的部门预算、决算及报表，应当在批复后 20 日内由各部门向社会公开，并对部门预算、决算中机关运行经费的安排、使用情况等重要事项作出说明。

各级政府、各部门、各单位应当将政府采购的情况及时向社会公开。

(三)预算的执行

预算执行是指各级财政部门和其他预算主体组织收入和划拨预算支出的活动。它是将经法定程序批准的预算付诸实施的重要阶段。我国预算执行主体包括各级政府及其财政部门、预算收入征收部门、国家金库(简称国库)、各有关部门和各有关单位。《预算法》规定，各级预算由本级政府组织执行，具体工作由本级财政部门负责。

在预算征收方面，各级财政、税务、海关等预算收入征收部门和单位必须依照有关法律、行政法规的有关规定，及时、足额征收应征的预算收入，不得违反法律、行政法规规定，多征、提前征收或者减征、免征、缓征应征的预算收入，不得截留、占用或者挪用预算收入。各级政府不得向预算收入征收部门和单位下达收入指标。政府的全部收入应当上缴国家金库，任何部门、单位和个人不得截留、占用、挪用或拖欠。

在预算支出方面，各级政府财政部门必须按照有关规定及时、足额地拨付预算支出资金，加强对预算支出的管理和监督。各级政府、各部门、各单位的支出必须按照预算执行，加强对预算支出的管理，不得擅自扩大支出范围、提高开支标准，虚假列支；严格按照预算规定的支出用途使用资金；建立健全财务制度和会计核算体系，按照标准考核、监督，以提高资金使用效益。各级政府、各部门、各单位应当对预算支出情况开展绩效评价。

国家实行国库集中收缴和集中支付制度，对政府全部收入和支出实行国库集中收付管理。各级国库应当按照国家有关规定，及时准确地办理预算收入的收纳、划分、留解、退付和预算支出的拨付。

同时，为推进地区间基本公共服务均等目标的实现，国家实行财政转移支付制度，遵循规范、公平、公开原则。财政转移支付包括中央对地方的转移支付和地方上级政府对下级政府的转移支付，以为均衡地区间基本财力，由下级政府统筹安排使用的一般性转移支付为主体。按照法律、行政法规和国务院的规定可以设立专项转移支付，用于办理特定事项。建立健全专项转移支付定期评估和退出机制。对于市场竞争机制能够有效调解的事项，法律规定不得设立专项转移支付。除国务院规定需要由上下级政府共同承担的事项外，上级政府在安排专项转移支付时，不得要求下级政府承担配套资金。

(四)预算的调整

预算调整是指经全国人民代表大会批准的中央预算和经地方各级人民代表大会批准的本级预算，在执行中因特殊情况需要增加支出或减少收入，使原批准的收支平衡的预算的总支出超过总收入，或者使原批准的预算中举借债务的数额增加的部分变更。主要包括以下 4 种情况：①需要增加或者减少预算总支出额的；②需要调入预算稳定调节基金的；③需要调减预算安排的重点支出数额的；④需要增加举借债务数额的。

在预算执行中，各级政府一般不指定新的增加财政收入或者支出的政策和措施，也不制定减少财政收入的政策和措施。各级政府对于必须进行的预算调整，应当在预算调整方案中作出安排，由政府财政部门负责编制预算调整方案，列明调整的原因、项目、数额，经本级政府审定后，提请本级人民代表大会常务委员会审查和批准。地方各级政府预算的调整方案经批准后，由本级政府报上一级政府备案。未经批准，不得调整预算。未经批准调整预算，各级政府不得作出任何使原批准的收支平衡的预算的总支出超过总收入或使原批准的预算中举借债务的数额增加的决定。对违反前款规定作出的决定，本级人民代表大会、本级人民代表大会常务委员会或上级政府应当责令其改变或撤销。

在预算执行中，因上级政府增加不需要本级政府提供配套资金的专项转移支出而引起的预算支出变化，不属于预算调整。接受增加专项转移支付的县级以上地方各级政府应当向本级人民代表大会常务委员会报告有关情况，按照上级政府规定的用途使用款项，不得擅自改变用途；接受增加专项转移支付的乡、民族乡、镇政府应当向本级人民代表大会报告有关情况。政府有关部门以本级预算安排的资金拨付给下级政府有关部门的专款，必须经本级政府财政部门同意并办理预算划转手续。各部门、各单位的预算支出，应当按照预算科目执行，严格控制不同预算科目、预算级次或者项目间的预算资金的调剂，确需调剂使用的，按照国务院财政部门的规定办理。

(五)决算

决算是指各级政府、各部门、各单位编制的未经法定程序审查和批准的预算收支的年度执行结果。决算草案由各级政府、其他各部门、各单位，在每一预算年度终了后按照国务院规定的时间编制。编制决算草案，必须符合法律、行政法规，做到收支真实、数额准确、内容完整、报送及时。决算草案应当与预算相对应，按预算数、调整预算数、决算数分别列出。一般公共预算支出应当按其功能分类编列到项，按其经济性质分类编列到款。

国务院财政部门编制中央决算草案，经国务院审计部门审计后，报国务院审定，由国务院提请全国人民代表大会常务委员会审查和批准。县级以上地方各级政府财政部门编制本级决算草案，经本级政府审计部门审计后，报本级政府审定，由本级政府提请本级人民代表大会常务委员会审查和批准。乡、民族乡、镇政府编制本级决算草案，提请本级人民代表大会审查和批准。

县级以上各级人民代表大会常务委员会和乡、民族乡、镇人民代表大会对本级决算草案，重点审查下列内容：①预算收入情况；②支出政策实施情况和重点支出、重大投资项目资金的使用及绩效情况；③结转资金的使用情况；④资金结余情况；⑤本级预算调整及执行情况；⑥财政转移支付安排执行情况；⑦经批准举借债务的规模、结构、使用、偿还等情况；⑧本级预算周转金规模和使用情况；⑨本级经费使用情况；⑩超收收入安排情况，预算稳定调节基金的规模的使用情况；⑪本级人民代表大会批准的预算决议落实情况；⑫其他与决算有关的重要情况。

(六)预算的监督

预算监督是指包括立法机关、各级政府、各级财政部门、各级审计部门在内的各监督主体对中央和地方的预算和决算所进行的监督。

1. 立法机关的监督

全国人民代表大会及常务委员会对中央和地方预算、决算进行监督。县级以上地方各级人民代表大会及其常务委员会对本级和下级政府预算、决算进行监督。乡、民族乡、镇人民代表大会对本级预算、决算进行监督。各级人民代表大会和县级以上各级人民代表大会常务委员会有权就预算、决算中的重大事项或特定问题组织调查，有关的政府、部门、单位和个人应当如实反映情况和提供必要的材料。各级人民代表大会和县级以上各级人民代表大会常务委员会举行会议时，人民代表大会代表或常务委员会组成人员，依照法律规定程序就预算、决算中的有关问题提出询问或质询，受询问或受质询的有关政府或财政部门必须及时给予答复。

2. 各级政府的监督

县级以上各级政府接受本级人民代表大会及其常务委员会对预算执行情况和决算的监督，乡级人民政府接受本级人民代表大会对预算执行情况和决算的监督；按照本级人民代表大会或其常务委员会的要求，报告预算执行情况；认真研究处理本级人民代表大会代表或常务委员会组成人员有关改进预算管理的建议、批评和意见并及时答复。各级政府应当加强对下级政府预算执行的监督，对下级政府在预算执行中违反法律、行政法规和国家方针政策的行为，依法予以制止和纠正；对本级预算执行中出现的问题，及时采取处理措施。各级政府监督下级政府的预算执行；下级政府接受上级政府对预算执行的监督，严格执行上级政府作出的有关规定，根据上级政府的要求，及时提供资料，如实反映情况，并将执行结果及时上报。

3. 各级财政部门的监督

各级财政部门负责监督检查本级各部门及其所属各单位预算的执行；并向本级政府和上一级政府财政部门报告预算执行情况。各部门及其所属各单位接受本级财政部门有关预算的检查；按照本级财政部门的要求，如实提供有关的预算资料；执行本级财政部门提出的检查意见。

4. 各级审计部门的监督

各级审计部门依照《审计法》及有关法律、行政法规的规定，对本级预算执行情况，对本级各部门和下级政府预算的执行情况和决算进行审计监督。

◉ 任务解析

国家预算是国家财政发展到一定阶段适应加强财政管理和监督的需要而产生的。所谓国家预算，是指经法定程序审核批准的一个国家各级政府预算的总和。它是实现财政职能的基本手段，反映了国家的施政方针和社会经济政策，规定着政府活动的范围和方向。

任务二　税　法　认　知

◉ 任务案例

某公司开业并办理了税务登记，三个月后的一天，税务机关发来一份税务处理通知书，称该公司未按规定的期限办理纳税申报，并处罚款。公司经理对此很不理解，跑到税务机关问：公司虽开业三个月，但尚未做成一笔生意，没有收入又如何办理纳税申报？

◉ 具体任务

请依照《税收征管法》的规定分析并回答该公司的做法有无错误？如有错，应如何处理？

◉ 理论认知

一、税收、税法的概念

税收是国家为了实现其职能，凭借其政治权力，由代表国家行使征税权的机关向负有纳税义务的社会组织和个人依法强制、无偿地征收货币或实物的活动。税收不仅是国家取得财政收入的主要手段，而且也是国家实行宏观调控的重要经济杠杆。税收具有强制性、无偿性和固定性的特点。

税法是调整在税收活动中发生的社会关系，即税收关系的法律规范的总称。税收关系包括税收体制关系和税收征纳关系。

二、税法的主要内容

(一)税法的构成要素

1. 税法主体

税法主体是在税收法律关系中享有权利和承担义务的当事人，包括征税主体和纳税主体。

《《知识链接》》

征税主体

在我国，主要的征税主体包括税务机关、海关和财政机关，这三个机关是相互独立的。其中，税务机关是最主要的、专门的征税机关，负责最大量的、最广泛的工商税收的征管；海关负责关税、船舶吨税的征收，代征进口环节的增值税、消费税；财政机关主要负责农业税收(包括农业税、农业特产税、耕地占用税和契税)的征管，但随着财税体制改革的深入，其具体负责的税种和范围将逐步转由税务机关征管。

纳税主体又称纳税人或纳税义务人，是指按照税法规定直接负有纳税义务的组织和个人。在税法中有将其细化规定为一般纳税人和小规模纳税人。另外，还要注意扣缴义务人。

2. 征税客体

征税客体又称征税对象，是税法规定的征税标的，解决对什么征税的问题。它是各税种间相互区别的最主要标志，也是确定征税范围、进行税收和税法分类的重要依据。据此，可分为流转税、所得税、资源税、财产税和行为税5类。

3. 税率

税率是指纳税额占征税对象数额的比例。税率是税收制度的核心，其高低直接关系到国家财政收入的多少和纳税人负担水平的轻重，反映征税的深度，体现国家的税收政策。我国现行税法采用三种税率。

(1) 比例税率。即对同一征税对象，不分数额大小，均按同一比例计算应纳税额。

(2) 累进税率。即对同一征税对象，随着数量的增加，其征收比例也随之升高。累进税率具体又分为全额累进税率、超额累进税率和超率累进税率。在实践中，各国较为常用的是超额累进税率，即对征税对象按数额划分为若干等级，对每个等级分别规定相应的税率并依此征纳。

(3) 定额税率。即按单位征税对象直接规定固定的征税税额，不采用百分比形式，通常根据征税对象的面积、重量、体积或容积等计量单位加以确定。例如，我国2006年已经废止的屠宰税：宰牛的，6元/头；杀猪的，4元/头；宰羊的，1元/只。

4. 纳税环节

纳税环节是指应税商品在其从生产到消费的整个流转过程中，税法规定应当缴纳税款的环节。

5. 纳税期限和地点

纳税期限是指纳税人按照税法规定缴纳税款的期限。纳税期限分为两种情形：实行按期纳税和实行按次纳税。纳税地点是指税法规定的纳税人缴纳税款的地点。我国采用属地和属人原则确定纳税地点。

6. 税收特别措施(即减免税)

税收特别措施，除了减免税之外，还可能有加重税负的措施，如税收附加和加成征收等。

7. 违法处理

本处纳税违法处理是指对有违反税法行为的纳税人采取的惩罚措施。违法处理是税收强制性在税收制度中的体现，纳税人必须按期足额的缴纳税款，凡有拖欠税款、逾期不缴税、偷税逃税等违反税法行为的，都应受到制裁。

(二)现行税制的主要内容

1. 税种分类

根据征税客体的不同，税种分为流转税、所得税、资源税、财产税和行为税五类，具体有 18 个主要税种。

(1) 流转税，是以商品流转额和非商品流转额为征税对象的一系列具体税种的总称，包括增值税、消费税、营业税和关税四个税种。

(2) 所得税，是对经济组织和个人的所得额征收的各个具体税种的总称，包括企业所得税和个人所得税。特别提示：外商投资企业和外国企业所得税已经被 2007 年 3 月 16 日修订通过的《企业所得税法》所取消。

(3) 资源税，是以资源为征税对象而征收的各个税种的总称。具体包括(各种)资源税、城镇土地使用税、土地增值税和烟叶税。农业税已经被取消。

(4) 财产税，是以法人和自然人所拥有或支配的财产为征税对象而征收的各个税种的总称，具体包括房产税、车船税和契税。特别提示：我国未征收遗产税。

(5) 行为(目的)税，是国家为达到某种目的，以法人和自然人的某些特定行为为征税对象而征收的各个税种的总称，具体包括城市房地产税、耕地占用税、印花税、车辆购置税和城市维护建设税。

2. 几个主要的税种

(1) 增值税，是以应税商品或劳务的增值额为计税依据而征收的一种流转税。凡在境内销售货物、提供加工、修理修配劳务及进口货物的单位和个人均应依法缴纳增值税。增值税的税率有三种：基本税率为 17%、优惠税率为 13%、零税率。

(2) 消费税，是以特定的消费品和消费行为的流转额为征税对象所征收的一种流转税。应税消费品共 11 个。税率采用比例税率和定额税率。比例税率共分 10 个档次，最高为 45%，适用于甲类卷烟；最低为 3%，适用于小排量汽车。定额税率有 4 个档次，即对啤酒、黄酒、汽油、柴油等分别适用。

(3) 营业税，是以纳税人从事经营活动的营业额或销售额为征税对象的一种流转税。税目有 9 个，税率为比例税率。具体是：交通运输业、建筑业、邮电通信业、文化体育业税率为 3%；服务业、转让无形资产、销售不动产税率为 5%；金融保险业的税率为 8%；娱乐业税率为 5%～20%，具体由各省政府规定。

(4) 企业所得税，是以企业纳税人的所得或收益额为征税对象的一种税。税率由原来的

33%修改调整为现在的 25%。

(5) 个人所得税,是对个人的工资、薪金和其他所得征收的一种税。凡在境内有住所,或者无住所而在境内居住满 1 年的个人(称为居民纳税人),均应就其从境内和境外所得依法纳税;凡在境内无住所,又不居住或无住所而在境内居住不满 1 年的个人(称为非居民纳税人),应就其境内所得依法纳税。

三、税收征收管理的法律规定

(一)税务管理

1. 税收登记管理

纳税人应自领取营业执照之日起 30 日内,持有关证件,向税务机关申报办理税务登记,领取税务登记证件。

税务登记事项发生变更的,应自工商机关办理变更登记之日起 30 日内,持有关证件,向税务机关申报办理税务变更登记,换领税务登记证件。

税务登记证件不得转借、涂改、损毁、买卖或伪造。

2. 账簿、凭证管理

纳税人、扣缴义务人应按照财政、税务部分的规定设置账簿,根据合法、有效凭证记账、进行核算;按照财政、税务、会计等相关法律法规的规定领取、使用、保管账簿、凭证等。

3. 纳税申报管理

纳税人应在法律法规规定或税务机关依法确定的申报期限内主动办理纳税申报,报送有关纳税材料。

(二)税款征收

税款征收是指税务机关依照法律、行政法规的规定将纳税人应纳税款及扣缴义务人代扣代缴、代收代缴税款组织入库的一系列活动的总称,它是税收征收管理工作的中心环节。

1. 税款征收方式

根据《中华人民共和国税收征收管理法》(以下简称《税收征管法》)及其实施细则的规定,税款征收方式主要有以下几种。

(1) 查账征收,指税务机关按照纳税人提供的账表所反映的经营情况,依照适用税率计算缴纳税款的征收方式。它适用于账簿、凭证、会计等核算制度比较健全,能够据以如实核算生产经营情况,正确计算应纳税款的纳税人。

(2) 查定征收,指由税务机关根据纳税人的从业人员、生产设备、原材料消耗等因素,在正常生产经营条件下,对其生产的应税产品,查实核定产量、销售额并据以征收税款的征收方式。它适用于生产规模较小、账册不健全、产品零星、税源分散的小型厂矿和作坊。

(3) 查验征收,指税务机关对纳税人的应税商品,通过查验数量,按市场一般销售单价计算其销售收入并据以征税的征收方式。它适用于对城乡集贸市场中的临时经营者和机场、码头等场所的经销商的课税。

(4) 定期定额征收，指对一些营业额、所得额不能准确计算的小型工商户，经过自报评议，由税务机关核定一定时期的营业额和所得税附征率，实行多税种合并的征收方式。

2. 税款征收措施

为了保证税款征收顺利进行，《税收征管法》赋予了税务机关在税款征收中可以根据不同的情况采取必要措施和手段的权利。

(1) 延期纳税。纳税人因有特殊困难，不能按期缴纳税款，经县级以上税务局(分局)批准，可以延期缴纳税款，但最长不得超过 3 个月。

(2) 加收滞纳金。纳税人未按照规定期限缴纳税款的，扣缴义务人未按照规定期限解缴税款的，税务机关除责令限期缴纳外，从滞纳税款之日起，按日加收滞纳税款 5‰的滞纳金。

(3) 核定应纳税额。根据《税收征管法》的规定，有下列情形之一的纳税人，税务机关有权核定其应纳税额：依照法律、行政法规的规定可以不设置账簿的；依照法律、行政法规的规定应当设置但未设置账簿的；擅自销毁账簿或拒不提供纳税资料的；虽设置账簿，但账目混乱或成本资料、收入凭证、费用凭证残缺不全，难以查账的；发生纳税义务，未按照规定的期限办理纳税申报，经税务机关责令限期申报，逾期仍不申报的；纳税人申报的计税依据明显偏低，又无正当理由的；未按照规定办理税务登记的从事生产、经营的纳税人及临时经营的纳税人。

(4) 税收保全措施。税收保全措施是指为确保国家税款不受侵犯而由税务机关采取的行政保护手段。税收保全措施通常是在纳税人法定的缴款期限之前税务机关所作出的行政行为。实际上就是税款征收的保全，以保护国家税款及时足额入库。

根据《税收征管法》的规定，税务机关有根据认为从事生产、经营的纳税人有逃避纳税义务行为的，可以在规定的纳税期之前，责令限期缴纳应纳税款；在限期内发现纳税人有明显的转移、隐匿其应纳税的商品、货物及其他财产或应纳税的收入的迹象的，税务机关可以责成纳税人提供纳税担保。

如果纳税人不能提供纳税担保，经县以上税务局(分局)局长批准，税务机关可以采取下列税收保全措施：书面通知纳税人开户银行或其他金融机构冻结纳税人的金额相当于应纳税款的存款；扣押、查封纳税人的价值相当于应纳税款的商品、货物或其他财产。

(5) 强制执行措施。《税收征管法》规定，从事生产、经营的纳税人、扣缴义务人未按照规定的期限缴纳或解缴税款，纳税担保人未按照规定的期限缴纳所担保的税款，由税务机关责令限期缴纳。逾期仍未缴纳的，经县以上税务局(分局)局长批准，税务机关可以采取下列强制执行措施：书面通知其开户银行或其他金融机构从其存款中扣缴税款；扣押、查封、依法拍卖或变卖其价值相当于应纳税款的商品、货物或其他财产，以拍卖或变卖所得抵缴税款。

(6) 其他行政措施。例如，阻止出境、税款优先执行。

(三)税务检查

税务检查是税收征收管理的一个重要环节。它是指税务机关依法对纳税人履行缴纳税款义务和扣缴义务人履行代扣、代收税款义务的状况所进行的监督检查。纳税人、扣缴义务人必须接受税务机关依法进行的税务检查，如实反映情况，提供有关资料，不得拒绝、隐瞒。税务机关依法进行税务检查时，有关部门和单位应当支持、协助。

税务机关有权检查纳税人的账簿、记账凭证、报表和有关资料，检查扣缴义务人代扣代缴、代收代缴税款账簿、记账凭证和有关资料；有权到纳税人的生产、经营场所和货物存放地检查纳税人应纳税的商品、货物或者其他财产，检查扣缴义务人与代扣代缴、代收代缴税款有关的经营情况；有权责成纳税人、扣缴义务人提供与纳税或者代扣代缴、代收代缴税款有关的文件、证明材料和有关资料；有权询问纳税人、扣缴义务人与纳税者代扣代缴、代收代缴税款有关的问题和情况；有权检查纳税人托运、邮寄应纳税商品、货物或其他财产的有关单据、凭证和有关资料；经县以上税务局(分局)局长批准，凭全国统一格式的检查存款账户许可证明，查询从事生产、经营的纳税人、扣缴义务人在银行或其他金融机构的存款账户。税务机关在调查税收违法案件时，经设区的市、自治州以上税务局(分局)局长批准，可以查询案件涉嫌人员的储蓄存款。

(四)法律责任

税法法律责任是指税收法律关系的主体因违反税收法律规范所应承担的法律后果。税收法律责任依其性质和形式的不同，可分为经济责任、行政责任和刑事责任。依承担法律责任主体的不同，可分为纳税人的责任、扣缴义务人的责任、税务机关及其工作人员的责任。

1. 违反税法的行为

违反税法行为包括纳税主体的违反税法行为和征税主体的违反税法行为。纳税主体的违反税法行为，如欠税行为，偷税行为，抗税行为，纳税人未按照规定期限申报办理税务登记、变更或注销登记，未按照规定设置、保管账簿或保管记账凭证和有关资料等。

2. 对违反税法行为的处理

(1) 行政法律责任。税法中的行政法律责任是行政违法引起的，用以调整和维护行政法律关系。行政法律责任形式主要是行政处罚，其中包括：责令限期改正、罚款、加收滞纳金、没收财产、停业整顿或吊销营业执照等。

(2) 刑事责任。刑事责任是对违反税法行为情节严重，已构成犯罪的当事人或直接责任人所给予的刑事制裁。追究刑事责任以税务违法行为情节严重、构成犯罪为前提。

◉ 任务解析

纳税人应在法律法规规定或税务机关依法确定的申报期限内主动办理纳税申报，报送有关纳税材料，即使未发生任何业务，也应该按照规定依法申报纳税资料。

任务三 政府采购法认知

◉ 任务案例

深圳市《政府采购条例》规定："符合下列条件之一的，应当公开招标：①合同价值 10 万元以上的物资；②合同价值 20 万元的租赁、修缮和绿化项目；③合同价值 10 万元以上的服务项目；④采购目录规定应当集中采购的项目。

◉ 具体任务

了解什么是政府采购。

◉ 理论认知

一、政府采购法律制度的构成

政府采购法律制度由《中华人民共和国政府采购法》、国务院各部门特别是财政部颁布的一系列部门规章及地方性法规和政府规章组成。政府采购法律制度是政府采购管理的制度基础和工作保障，对规范政府采购行为、促进政府采购改革与发展具有重要意义。

(一)政府采购法

为规范政府采购行为，提高政府采购资金的使用效益，维护国家利益和社会公共利益，保护政府采购当事人的合法权益，促进廉政建设，我国于 2002 年制定了《中华人民共和国政府采购法》(以下简称《政府采购法》)，由第九届全国人民代表大会常务委员会第二十八次会议审议通过，自 2003 年 1 月 1 日起施行。2014 年 8 月 31 日，第十二届全国人民代表大会常务委员会第十次会议通过了关于修改《中华人民共和国保险法》等五部法律的决定，其中对《政府采购法》进行了修订，全文共 9 章 88 条，包括总则、政府采购当事人、政府采购方式、政府采购程序、政府采购合同、质疑与投诉、监督检查、法律责任和附则。《政府采购法》的颁布实施，标志着我国政府采购制度改革试点工作结束，进入了全面实施阶段，全国政府采购工作步入新的发展时期。

(二)政府采购部门规章

政府采购部门规章是为贯彻国家有关法律法规和政府政策，由国务院有关部门制定的一些规章制度。财政部作为政府采购监督管理部门，相继制定了《政府采购货物和服务招标投标管理办法》《政府采购信息公告管理办法》《政府采购供应商投诉处理办法》《政府采购代理机构资格认定办法》《集中采购机构监督考核管理办法》《政府采购促进中小企业发展暂行办法》等 30 多个配套规章和规范性制度，初步建立了以《政府采购法》为统领的政府采购法律制度体系，为政府采购工作提供制度保障。

除财务部外，国家发展改革委、工商总局等国务院部门也制定了一些政府采购规章制度，对完善政府采购管理发挥了重要作用，如《关于禁止串通招标投标行为的暂行规定》(国家工商行政管理局令〔1998〕第82号)；《国际金融组织和外国政府贷款投资项目管理暂行办法》(国家发改委令〔2005〕第28号)；《中央投资项目招标代理机构资格认定管理办法》(国家发改委令〔2005〕第36号)等。

(三)政府采购地方性法规和政府规章

在政府采购地方性法规制度建设方面，有的地方通过人民代表大会立法颁布实施了本区域的政府采购条例，不少地方以人民政府法规或规章的形式制定了本地区政府采购管理实施办法。绝大部分地方财政部门都会结合本地实际，根据《政府采购法》的规定制定专项管理办法和具体操作规章，使《政府采购法》及其配套规章制度的实施更具针对性和可操作性，如《北京经济特区政府采购条例》(北京市人民政府第26号令)；《深圳经济特区政府采购条例》(1998年10月27日深圳市第二届人民代表大会常务委员会第二十七次会议通过)；《上海市政府采购管理办法》(自1999年1月1日起施行)等。

二、政府采购的概念

采购是指以合同方式有偿取得货物、工程和服务的行为，包括购买、租赁、委托、雇佣等。所谓政府采购，是指各级国家机关、事业单位和团体组织，使用财政性资金采购依法制定的集中采购目录以内的或采购限额标准以上的货物、工程和服务的行为。

(一)政府采购的主体范围

政府采购的主体是指依法进行政府采购的国家机关、事业单位和团体组织。其中，国家机关包括国家权力机关、政府行政机关、国家审判机关、国家检察机关、军事机关等。事业单位是指政府为实现特定目的而批准设立的事业法人。团体组织是指各党派及政府批准的社会团体。国有企业不是政府采购的主体。

(二)政府采购的资金范围

《政府采购法》规定，国家机关、事业单位和社会团体使用财政性资金购买货物、服务和工程的活动，都应当实行政府采购制度。财政性资金包括财政预算资金和财政预算外资金。政府预算资金是指国家财政以各种形式划拨的资金。财政预算外资金是单位通过各种行政事业收费、政府采购性基金、政府间捐赠资金等获得的收入，不包括单位各种其他事业收入。但既有财政性资金又有部门其他资金的配套采购项目，或者有财政拨款或财政补助收入的事业单位和社会团体，也要实行政府采购制度。

(三)政府集中采购目录和政府采购限额标准

集中采购是我国政府采购执行模式之一。集中采购的范围由省级以上人民政府公布集中采购目录确定；属于中央预算的政府采购项目，其集中采购目录由国务院确定并公布；属于地方预算的政府采购项目，其集中采购目录由省、自治区、直辖市人民政府或其授权的机构确定并公布。

(四)政府采购的对象范围

政府采购的对象包括货物、工程和服务。

所谓货物，是指各种形态和种类的物品，包括有形和无形物品(如专利)，固体、液体或气体物体，动产和不动产。

所谓工程，是指建设工程，专指由财政性资金安排的建设工程，不包括网络工程、信息工程等与土建无关的工程项目。工程的范围很广，涉及采购人因自身工作以及提供社会公共服务需要而采购的各类建设工程，包括适合人类居住的工程项目，即建筑物，以及非人类需要而建筑的公共工程项目，即构筑物。工程的采购行为不仅仅指新建，还包括改建、扩建、装修、撤出、修缮及环境改造等。

所谓服务，是指除货物和工程以外的其他政府采购对象，主要包括专业服务、技术服务、信息服务、课题研究、运输、维修、培训和劳力等。

三、政府采购执行模式

(一)集中采购

集中采购是指由政府采购的集中采购机构依据政府制定的集中采购目录，受有关采购人的委托，按照公开、公平、公正的采购原则，以及必须采取的市场竞争机制和一系列专门操作规程进行的统一采购。

集中采购的实施主体为集中采购机构，一级政府的集中采购机构一般只有一个，也可以是多个。集中采购机构的职能是受采购人委托开展采购活动，实际上是一个代理机构，不具备政府采购的行政管理职能。集中采购机构的采购范围视集中程度而定，一般情况下，主要是跨部门的通用商品。实行集中采购有利有弊。其有利之处是：能形成批量，取得规模效益；减少重复采购，降低采购成本；统一策划、统一采购、统一配置标准，便于维修和管理；有利于培养一支专业化采购队伍，保证采购质量；方便管理和监督；有利于政府采购有关政策取向的贯彻落实。其弊端主要是：容易滋生官僚习气；采购效率不高；难以满足用户多样性的需求；采购周期较长等。

(二)分散采购

分散采购是指由各预算单位自行开展采购活动的一种采购组织实施形式。分散采购的组织主体是各预算单位，其采购范围与分散采购也有利有弊。其有利之处主要是：增强采购人自主权，能够满足采购对及时性和多样性的需求。不利之处主要是失去了规模效益，加大了采购成本，不便于监督管理等。

我国政府采购实行集中采购和分散采购相结合的执行模式。集中采购与分散采购相结合是指一级政府的政府采购组织实施形式既有集中采购，也有分散采购，二者同时并存。

四、政府采购当事人

政府采购当事人是在政府采购活动中享有权利和承担义务的各类主体，包括采购人、供应商和采购代理机构等。需要注意的是，这些当事人都是直接参与政府采购商业活动的各类机构，不包括政府采购的监督管理。

(一)采购人

采购人是指依法进行政府采购的国有机关、事业单位、团体组织，为从事日常的政务活动或为了满足公共服务的目的，利用国家财政性资金和政府借款购买货物、工程和服务。

(二)供应商

供应商是指向采购人提供货物、工程或服务的法人、其他组织或自然人。供应商参加政府采购活动应当具备下列条件：具体独立承担民事责任的能力；具有良好的商业信誉和健全的财务会计制度；具有改造合同所必需的设备和专业技术能力；有依法缴纳税收和社会保障资金的良好记录；参加政府采购活动前三年内，在经营活动中没有重大违法记录；法律、行政法规规定的其他条件。

(三)采购代理机构

集中采购机构为采购代理机构。设区的市、自治州以上人民政府根据本级政府采购项目组织集中采购的需要设立集中采购机构。集中采购机构是非营利事业法人，根据采购人的委托办理采购事宜。

五、政府采购方式

《政府采购法》规定，政府采购方式包括公开招标、邀请招标、竞争性谈判、单一来源采购、询价和国务院政府采购监督管理部门认定的其他采购方式。

(一)公开招标

公开招标是政府采购的主要采购方式，公开招标与其他采购方式不是并行的关系。公开招标的具体数额标准属于中央预算的政府采购项目的，由国务院规定；属于地方预算的政府采购项目的，由省、自治区、直辖市人民政府规定；因特殊情况需要采用公开招标以外的采购方式的，应当在采购活动开始前获得设区的市、自治州以上人民政府采购监督管理部门的批准。采购人不得将应当以公开招标方式采购的货物或服务化整为零或以其他任何方式规避公开招标采购。

(二)邀请招标

邀请招标也称选择性招标，由采购人根据供应商或承包商的资信和业绩，选择一定数目的法人或其他组织(不能少于三家)，向其发出招标邀请书，邀请他们参加投票竞争，从中选定中标的供应商。符合下列情形之一的货物或服务，可以采用邀请招标方式采购：具有特殊性，只能从有限范围的供应商处采购的；采用公开招标方式的费用占采购项目上总价值的比例过大的。

货物或服务项目上采取邀请招标方式采购的，采购人应当从符合相应资格条件的供应商中，通过随机方式选择三家以上的供应商，并向其发出投标邀请书。货物和服务项目实行招标方式采购的，自招标文件开始发出之日起至投标人提交投标文件截止之日止，不得少于 20 日。在招标采购中，出现下列情形之一的，应予废标：符合专业条件的供应商或对招标文件作实质响应的供应商不足三家的；出现影响采购公正的违法、违规行为的；投标人的报价均超过了采购预算，采购人不能支付的；因重大变故，采购任务取消的。废标后，采购人应当将废标理由通知所有投标人，除采购任务取消情形外，应当重新组织招标；需要采取其他方式采购的，应当在采购活动开始前获得设区的市、自治州以上人民政府采购监督管理部门或政府有关部门批准。

(三)竞争性谈判

竞争性谈判是指采购人或代理机构通过与多家供应商(不少于三家)进行谈判，最后从中确定中标供应商。符合下列情形之一的货物或服务，可以采用竞争性谈判方式采购：招标后没有供应商投标或没有合格标的或重新招标未能成立的；技术复杂或性质特殊，不能确定详细规格或具体要求的；采用招标所需时间不能满足用户紧急需要的；不能事先计算出价格总额的。

采用竞争性谈判方式采购的，应当遵循下列程序：①成立谈判小组。谈判小组由采购人的代表和有关专家共三人以上的单数组成，其中，专家的人数不得少于成员总数的 2/3。②制定谈判文件。谈判文件应当明确谈判程序、谈判内容、合同草案的条款及评定成交的标准等事项。③确定邀请参加谈判的供应商名单。谈判小组从符合相应资格条件的供应商名单中确定不少于三家供应商参加谈判，并向其提供谈判文件。④谈判。谈判小组所有成员集中与单一供应商分别进行谈判。在谈判中，谈判的任何一方不得透露与谈判有关的其他供应商的技术资料、价格和其他信息。谈判文件有实质性变动的，谈判小组应当以书面形式通知所有参加谈判的供应商。⑤确定成交供应商。谈判结束后，谈判小组应当要求所有参加谈判的供应商在规定时间内进行最后报价，采购人从谈判小组提出的成交候选人中根据符合采购需求、质量和服务相等且报价最低的原则确定成交供应商，并将结果通知所有参加谈判的未成交的供应商。

(四)单一来源采购

单一来源采购也称直接采购，是指达到了限额标准和公开招标数额标准，但所购商品的来源渠道单一，或属专利、首次制造、合同中追加、原有采购项目的后续扩充和发生了不可预见的紧急情况不能从其他供应商处采购等情况。该采购方式的最主要特点是没有竞争性。符合下列情形之一的货物或服务，可以采用单一来源方式采购：只能从唯一供应商处采购的；发生了不可预见的紧急情况，不能从其他供应商处采购的；必须保证原有采购项目的一致性或服务配套的要求，需要继续从原供应商处添购，且添购资金总额不超过原合同采购金额 10%的。

采取单一来源方式采购的，采购人与供应商应当遵循《政府采购法》规定的原则，在保证采购项目质量和双方商定合理价格的基础上进行采购。

(五)询价

询价是指采购人向有关供应商发出询价单让其报价，在报价基础上进行比较并确定最优供应商的一种采购方式。采购的货物规格、标准统一、现货货源充足且价格变化幅度小的政府采购项目，可以采用询价方式采购。

采取询价方式采购的，应当遵循下列程序：①成立询价小组。询价小组由采购人的代表和有关专家共三人以上的单数组成，其中，专家的人数不得少于成员总数的2/3。询价小组应当对采购项目的价格构成和评定成交的标准等事项作出规定。②确定被询价的供应商名单。询价小组根据采购需求，从符合相应资格条件的供应商名单中确定不少于三家的供应商，并向其发出询价通知书让其报价。③询价。询价小组要求被询价的供应商一次报出不得更改的价格。④确定成交供应商。采购人根据符合采购需求、质量和服务相等且报价最低的原则确定成交供应商，并将结果通知所有被询价的未成交的供应商。

六、政府采购的监督检查

《政府采购法》规定，各级人民政府财政部门是负责政府采购监督管理的部门，依法履行对政府采购活动的监督管理职责。各级人民政府其他有关部门依法履行与政府采购活动有关的监督管理职责。

(一)政府采购监督管理部门的监督

政府采购监督管理部门应当加强对政府采购活动及集中采购机构的监督检查。监督检查的主要内容是：有关政府采购的法律、行政法规和规章的执行情况；采购范围、采购方式和采购程序的执行情况；政府采购人员的职业素质和专业技能。

政府采购监督管理部门不得设置集中采购机构，不得参与政府采购项目的采购活动。集中采购代理机构和行政机构不得存在隶属关系或其他利益关系。

(二)集中采购机构的内部监督

集中采购机构应当建立健全内部监督管理制度。采购活动的决策和执行程序应当明确，并相互监督、相互制约。经办采购的人员与负责采购合同审核、验收人员的职责权限应当明确，并相互分离。

(1) 集中采购机构应当建立健全内部监督管理制度。建立健全内部监督管理制度包括诸多方面的内容，最核心的问题就是在集中采购机构内部形成一种相互制衡的约束机制。这不仅是顺应政府采购活动正常高效进行的需要，也是维护国家利益和社会公共利益的重要措施。

(2) 集中采购机构采购活动的决策和执行程序应当明确，并相互监督、相互制约。集中采购机构必须明确、合理地制定政府采购活动的决策和执行程序，并使决策和执行两套程序相互监督、相互制约，决策程序中不能包含执行程序，更不能以执行程序代替决策程序。

(3) 集中采购机构经办采购的人员与负责采购合同审核、验收人员的职责权限应当明确并相互分离。政府采购活动由多个环节组成，包括拟定和公布招标文件，招标评标或谈判、询价、确定中标、成交供应商，根据中标、成交结果审核、签订采购合同，对供应商履约的验收等，在一项采购活动的全过程中，在什么环节由哪些人员参加，这些人员有哪些职责权限，集中采购机构都应当作出明确的规定。尤其重要的是，经办采购的人员与负责采购合同审核、验收人员必须相互分离，经办采购的人员不能负责采购合同的审核和验收，负责采购合同审核、验收的人员不能经办采购。

(4) 集中采购机构应该按照管理环节和流程设置内部机构，以体现相互制约的关系。

(三)采购人的内部监督

政府采购项目的采购标准应当公开；采购人在采购活动完成后，应当将采购结果予以公布。

(1) 政府采购项目的采购标准应当公开。所谓采购标准，是指采购人按照国家有关规定、国际或国内公认的标准及采购人实际需要确定的采购对象规格、性能等方面的基本要求。采购标准是供应商衡量其参加采购活动能力、风险与利益，确定是否参加及如何参加政府采购的重要依据，是政府采购监督管理部门及其他监督部门对采购活动实施监督的主要内容，也是采购人保证采购质量、完成采购任务的基础。因此，采购人应当准确地确定采购标准并按照规定予以公开。

(2) 采用《政府采购法》规定的采购方式的，采购人在采购活动完成后，应当将采购结果予以公布。采购结果的公布与采购标准的公开具有同样的重要意义。政府采购可以采用公开招标、邀请招标、竞争性谈判、单一来源采购、询价及国务院政府采购监督管理部门认定的其他采购方式。凡是采用规定的采购方式的，其采购结果都应当由采购人予以公布。

(四)政府其他有关部门的监督

1. 审计机关的监督

审计机关应当对政府采购进行审计监督。政府采购监督管理部门、政府采购各当事人有关政府采购活动，应当接受审计机关的审计监督。加强对政府采购的审计监督，是法律赋予审计机关的职责，同时，也是审计机关应当履行的义务。审计机关必须依法履行职责，可以对整个政府采购活动进行审计监督，也可以对政府采购项目实行专项审计。同时，依据审计法的规定，审计机关在履行审计职责的过程中，有权检查被审计单位的会计凭证、会计账簿、会计报表及其他与财政收支或财务收支有关的资料和资产，被审计单位不得拒绝；有权就审计事项的有关问题向有关单位和个人进行调查，并取得有关证明材料。对于审计机关依法进行的审计，有关单位和个人应当予以支持、协助；如实向审计机关反映情况，提供有关证明材料。因此，审计机关对政府采购实施审计监督时，与审计事项有关的政府采购监督管理部门、采购人、采购代理机构及供应商等，都必须依法接受监督，不得拒绝和阻碍，否则，将会被依法追究相应的法律责任。

2. 监察机关的监督

监察机关应当加强对参与政府采购活动的国家机关、国家公务员和国家行政机关任命的其他人员实施监察。对参与政府采购活动的有关公职人员依法实施监察，对于防止和惩治政府采购活动中的腐败行为，促进廉政建设具有非常重要而特殊的意义。在我们社会主义国家，行政机关及其工作人员必须廉洁奉公，全心全意为人民服务，决不允许把人民赋予的权力作为自己谋取不正当利益的工具。但是，由于我国目前还处在社会主义初级阶段，经济体制仍然处在转轨时期，各种法律、法规尚不十分完善和配套，尤其在政府采购领域，权力相对集中，采购金额巨大，权与利的诱惑性很强，少数公职人员经不起考验，出现了行贿受贿、弄权渎职、以权谋私等现象。从近年来各地的政府采购实践看，这种现象并非个别存在。因此，必须大力加强对有关公职人员的行政监察，以促进政府采购工作的健康发展。

3. 其他有关部门的监督

依照法律、行政法规的规定对政府采购负有行政监督职责的政府有关部门，应当按照其职责分工，加强对政府采购活动的监督。

(五)政府采购活动的社会监督

任何单位和个人对政府采购活动中的违法行为，有权控告和检举，有关部门、机关应当依照各自职责及时处理。

(1) 任何单位和个人对政府采购活动中的违法行为，有权控告和检举。对政府采购活动中的违法行为依法进行控告和检举，是任何单位和个人的法定权利，各级国家机关、各企事业单位、社会团体、其他各种组织和公民个人都可以依法行使这一权利。

控告和检举的对象，包括政府采购当事人、政府采购监督管理部门和政府其他有关部门在政府采购活动中的任何违法行为。

(2) 对于任何单位和个人对政府采购活动中的违法行为的控告和检举，有关部门、机关应当依照各自职责及时处理。在处理控告和检举事项时，有关部门、机关应当依法进行调查、核实，及时进行处理，并将处理结果告知控告人和检举人。

◎ 任务解析

政府采购是指各级国家机关、事业单位和团体组织，使用财政性资金采购依法制定的集中采购目录以内的或采购限额标准以上的货物、工程和服务的行为。

项 目 小 结

本项目主要介绍了预算法、税法、政府采购法的一般规定，重点阐述了预算收支范围、预算程序、税法主要内容、税收征管、政府采购方式与程序等内容，重点是通过项目训练掌握税法的内容、纳税计算、政府采购程序等实务操作技能。

实 训 练 习

【实训项目】模拟企业纳税申报。

【实训操作及要求】将班级学生分为每10人一组，模拟设立公司制企业。每组学生应根据公司经营的不同，确定公司应该申报的税种，并进行简单的纳税申报练习。

理 论 复 习

一、多项选择题

1. 预算收入按来源划分，可以分为(   )。

 A. 税收收入　　　 B. 专项收入　　　 C. 罚没收入　　　 D. 公产收入

2. 预算的审批是指国家各级权力机关对同级政府所提出的预算草案进行审查和批准的活动。以下关于预算审批的说法正确的有(   )。

 A. 中央预算由全国人民代表大会审查和批准

 B. 中央预算由全国人民代表大会常委会审查和批准

 C. 地方各级政府预算由本级人民代表大会审查和批准

 D. 地方各级政府预算由本级人民代表大会常委会审查和批准

3. 税率是指纳税额占征税对象数额的比例。我国现行税法采用三种税率，包括(   )。

 A. 比例税率　　　 B. 定额税率　　　 C. 累进税率　　　 D. 超额累进税率

4. 流转税是以商品流转额和非商品流转额为征税对象的一系列具体税种的总称。我国流转税包括(   )。

 A. 增值税　　　 B. 消费税　　　 C. 营业税　　　 D. 关税

5. 我国政府采购法规定的政府采购方式有(   )。

 A. 公开招标　　　 B. 邀请招标　　　 C. 竞争性谈判　　　 D. 单一来源采购

二、简答题

1. 什么是预算及预算法律制度？

2. 什么是预算收入和预算支出？

3. 什么是税率？我国现行税率的种类有哪些？

4. 政府采购的主体包括哪些？

项目十二 会计法、审计法、统计法

【技能目标】

- 能够掌握会计、审计、统计工作的基本准则。
- 能够处理实例中违反相关法规的违法行为。

【知识目标】

- 了解会计法的基本原则及我国会计管理体制、审计法、统计法的基本制度。
- 了解会计核算即监督的主要规则。
- 掌握《会计法》中的有关法律责任。

任务一 会 计 法

◉ **任务案例**

某公司财务处长挪用学校资金 7 000 万元，用于炒股，结果给学校造成了重大损失，对此事，该公司董事长并不知情。

◉ **具体任务**

试分析该公司董事长是否应该承担会计法上的责任。

◉ **理论认知**

一、会计法的概念和基本原则

(一)会计法的概念

会计法是调整因国家管理会计工作及会计机构、会计人员在办理会计事务过程中所产生的会计关系的法律总称。会计关系是指以货币计量为基本形式，按照规定程度和方法，对经济业务活动或财务收支进行真实、准确、全面、系统、连续的记录、核算、分析和监督检查的会计活动中所产生的社会经济关系。

会计基本职能有两个：①会计核算，是会计工作的基础，主要的要求是核算准确；②会计监督，是会计工作的保障，要求监督有力。为了规范会计行为，保证会计资料真实、完整，加强经济管理和财务管理，提高经济效益，维护社会主义市场经济秩序，1985 年 1 月 21 日第六届全国人大常委会第九次会议通过了《中华人民共和国会计法》(以下简称《会计法》)，1993 年 12 月 29 日第八届全国常委会第五次会议对该法进行了部分修正，1999 年 10 月 31 日第九届全国人大常委会第十二次会议进行了全面的修订，并于 2000 年 7 月 1 日起施行。国家机关、社会团体、公司、企业、事业单位和其他组织(以下统称单位)在办理会计事务时，必须遵守该法。个体工商户会计管理的具体办法，由国务院财政部门根据《会计法》的原则另行规定。

《《**知识链接**》》

会计法律制度的构成

我国的会计法律制度包括 4 个层次。

(1) 会计法律。它是指全国人民代表大会及其常委会制定的有关会计工作的法律。《会计法》是会计法律制度中层次最高的法律规范，是制定其他会计法规的依据，也是指导会计工作的最高准则。

(2) 会计行政法规。它是指国务院制定并发布或国务院有关部门拟定并经国务院批准发布，调整经济生活中某些方面会计关系的法律规范，其制定依据是《会计法》。例如，1990

年 12 月 31 日国务院发布了《总会计师条例》，2000 年 6 月 21 日国务院发布了《企业财务会计报告条例》）。

(3) 国家统一会计制度。它是指国务院财政部门根据《会计法》制定的关于会计核算、会计监督、会计机构和会计人员及会计工作管理的制度，包括会计规章和会计规范性文件。会计部门规章是由财政部制定，并由部门首长签署命令予以公布的制度办法，如《财政部门实施会计监督办法》《会计从业资格管理办法》《企业会计准则——基本准则》。会计规范性文件是主管全国会计工作的国务院财政部门以文件形式印发的制度办法，其制定依据是会计法律和会计行政法规，如《企业会计准则第 1 号——存货》等 38 项具体准则、《企业会计准则——应用指南》《企业会计制度》《金融企业会计制度》《小企业会计制度》《会计基础工作规范》《会计档案管理办法》。

(4) 地方性会计法规。它是指省、自治区、直辖市人民代表大会及其常委会在与会计法律、会计行政法规不相抵触的前提下制定的地方性会计法规，也是我国会计法律制度的重要组成部分，如《四川省会计管理条例》。

(二)会计法的基本原则

1. 真实性

确保会计资料真实、完整，是对会计工作的基本要求，是《会计法》各项规定的基本出发点，也是为单位经营管理、业务活动和国家宏观经济管理及投资人、债权人等提供准确、可靠的会计信息的重要保证。各单位必须依法设置会计账簿并保证其真实性；单位负责人的责任，即单位法定代表人或法律、行政法规规定代表单位行使职权的主要负责人，对本单位的会计工作和会计资料的真实性负责。授意、指使、强令会计机构、会计人员伪造、变造会计凭证、会计账簿和其他会计资料，提供虚假财务会计报告，要承担相应的法律责任。

2. 完整性

各单位必须根据实际发生的经济业务事项进行会计核算和记录会计凭证，会计账簿及其他会计资料，不得残缺、丢失、隐匿、损毁或隔页、缺号、跳行等。

3. 合法性

规范会计行为要求会计工作必须依法进行。各单位必须依法设置会计账簿；会计机构、会计人员要依法进行会计核算，实行会计监督；单位负责人应当保证会计机构、会计人员依法履行职责，不得授意、指使、强令会计机构及会计人员违法办理会计事项；任何单位或个人不得对依法履行职责、抵制违法行为的会计人员实行打击报复；《会计法》对违法行为规定了较为明确、严格的法律责任。

二、会计管理体制

(一)会计工作的领导体制

我国的会计管理分为中央、地方、基层单位三个层次。国务院财政部门主管全国的会计工作；县级以上地方各级人民政府财政部门管理本行政区域内的会计工作；单位负责人管理本单位的会计工作，对本单位的会计工作和会计资料的真实性、完整性负责。

《《知识链接》》

关于会计工作的一个实例

天津大学分管财务的副校长杭建民挪用资金炒股票，给天津大学造成巨大损失。时任校长单平在这一重大资金损失案中负有失察责任。根据党的纪律处分的有关规定，经中纪委常委会会议讨论并报中央批准，决定给单平同志留党察看两年处分。

(二)统一的会计制度

会计制度是会计机构、会计人员办理会计事务的基本规范。国家实行统一的会计制度，由国务院财政部门依法制定并公布。国务院有关部门可以依照《会计法》和国家统一的会计制度，制定对会计核算和会计监督有特殊要求的行业实施国家统一的会计制度的具体办法或补充规定，报国务院财政部门审核批准。中国人民解放军总后勤部可以依照《会计法》和国家统一的会计制度制定军队实施的具体办法，报国务院财政部门备案。

(三)会计机构和会计人员

1. 会计机构和会计人员的设置

各单位应当根据会计业务的需要，设置会计机构，或者在相关机构中设置会计人员并指定会计主管人员；不具备设置条件的，应当委托经批准设立从事会计代理记账业务的中介机构代理记账。

国有的和国有资产占控股地位或主导地位的大中型企业必须设置总会计师。总会计师是单位行政领导人员，协助单位主要行政领导人工作，直接对单位主要行政领导人负责。从事会计工作的人员，必须取得会计从业资格证书。担任单位会计机构负责人(会计主管人员)的，除取得会计从业资格证书外，还应当具备会计师以上专业技术职务资格或从事会计工作三年以上经历。会计人员应当遵守职业道德，提高业务素质。国有企业、事业单位的会计机构负责人、会计主管人员的任免应当经过主管单位的同意，不得任意调动或撤换。

2. 会计稽核制度

稽核是稽查和复核的简称。会计稽核是会计机构对会计核算工作进行的一种自我检查及审核工作，以提高会计核算工作的质量，它是做好会计核算工作的重要保证。会计机构内部应当建立稽核制度。出纳人员不得兼任稽核、会计档案保管和收入、支出、费用、债权债务账目的登记工作。

3. 会计人员工作交接

会计人员调动工作或离职，必须与接管人员办清交接手续。一般会计人员办理交接手续，由会计机构负责人(会计主管人员)监交；会计机构负责人(会计主管人员)办理交接手续，由单位负责人监交，必要时主管单位可以派人会同监交。

三、会计核算

会计核算是指以货币为主要计量单位，对企业、事业、机关团体等单位的经济业务进行及时的、连续的、系统的记录、计算、分析，如实反映财务状况的经营成果，并据以编制会计报表等活动。

(一)会计核算的内容

会计核算的主要内容有：①款项和有价证券的收付；②财物的收发、增减和使用；③债权债务的发生和结算；④资本、基金的增减；⑤收入、支出、费用、成本的计算；⑥财务成果的计算和处理；⑦其他需要办理会计手续、进行会计核算的事项。

(二)会计年度和记账本位币

会计年度自公历 1 月 1 日起至 12 月 31 日止。

会计核算以人民币为记账本位币。业务收支以人民币以外的货币为主的单位，可以选定其中一种货币作为记账本位币，但是编报的财务会计报告应当折算为人民币。

(三)会计核算的要求

会计核算总的原则是要求会计凭证、会计账簿、财务会计报告和其他会计资料必须符合国家统一的会计制度的规定，不得伪造、变更会计凭证、会计账簿及其他会计资料，不得提供虚假的财务会计报告。使用电子计算机进行会计核算的，其软件及其生成的会计凭证、会计账簿、财务会计报告和其他会计资料也必须符合国家统一的会计制度的规定。

1. 会计凭证

会计凭证包括原始凭证和记账凭证。发生需要依法进行会计核算的经济业务事项，必须填制或取得原始凭证并及时送交会计机构。会计机构、会计人员必须按照国家统一的会计制度的规定对原始凭证进行审核，对不真实的、不合法的原始凭证有权不予接受，并向单位负责人报告；对记载不正确、不完整的原始凭证予以退回，并要求按规定更正、补充。原始凭证记载的各项内容均不得涂改；原始凭证有错误的，应当由出具单位重开或更正，更正处应该加盖出具单位印章。原始凭证金额有错误的，应当由出具单位重开，然后根据经过审核的原始凭证及有关资料编制记账凭证。

2. 会计账簿

会计账簿登记，必须以已经过审核的会计凭证为依据，并符合有关法律、行政法规和国家统一的会计制度的规定。会计账簿包括总账、明细账、日记账和其他辅助性账簿。会计账簿应当按照连续编号的页码顺序登记。会计账簿记录发生错误或隔页、缺号、跳行的，应按国家统一的会计制度规定的方法更正，并由会计人员和会计机构负责人(会计主管人员)在更正处盖章。

各单位发生的各项经济业务事项应当统一在依法设置的会计账簿上登记、核算，不得违反规定私设会计账簿登记、核算。

3. 财产清查

各单位应当建立财产清查制度，定期将会计账簿记录与实物、款项及有关资料相互核对，保证会计账簿记录与实物及款项的实有数额相符、会计账簿记录与会计凭证的有关内容相符、会计账簿之间相对应的记录相符、会计账簿记录与会计报表的有关内容相符，保证会计资料的真实性。

4. 财务会计报告

财务会计报告应当根据经过审核的会计账簿记录和有关资料编制，并符合《会计法》和国家统一的会计制度关于财务会计报告的编制要求、提供对象和提供期限的规定；其他法律、行政法规另有规定的，从其规定。

财务会计报告由会计报表、会计报表附注和财务情况说明书组成，并应由单位负责人和主管会计工作的负责人、会计机构负责人(会计主管人员)签名并盖章；设置总会计师的单位，还须由总会计师签名并盖章。单位负责人应当保证财务会计报告真实、完整。有关法律、行政法规规定须经注册会计师审计的，注册会计师及其所在会计师事务所出具的审计报告应当随同财务会计报告一并提供。

向不同的会计资料使用者提供的财务会计报告，其编制依据应当一致。各单位采用的会计处理方法，前后各期应当一致，不得随意变更；确有必要变更的，应按制度规定变更并将变更的原因、情况及影响在财务会计报告中说明。单位提供的担保、未决诉讼等有关事项应按规定，在财务会计报表中予以说明。

5. 会计记录的文字与档案

会计记录的文字应当使用中文。民族自治地区可以同时使用当地通用的一种民族文字。我国境内的外商投资企业、外国企业和其他外国组织的会计记录可以同时使用一种外国文字。

各单位对会计凭证、会计账簿、财务会计报告和其他会计资料应当建立档案，妥善保管。

6. 公司、企业的会计核算

公司、企业必须根据实际发生的经济业务事项，按照国家统一的会计制度的规定确认、计量和记录资产、负债、所有者权益、收入、费用、成本和利润。公司、企业进行会计核算不得有下列行为：①随意改变资产、负债、所有者权益的确认标准或计量方法，虚列、多列、不列或少列资产、负债、所有者权益；②虚列或隐瞒收入，推迟或提前确认收入；③随意改变费用、成本的确认标准或计量方法，虚列、多列、不列或少列费用、成本；④随意调整利润的计算、分配方法，编造虚假利润或隐瞒利润；⑤违反国家统一的会计制度规定的其他行为。

四、会计监督

会计监督是会计的基本职能之一，加强会计监督是保证会计信息质量，发挥会计管理作用的必要措施。会计监督分为单位内部监督、国家监督和社会监督。单位内部监督是会计监督的基础。

(一)单位内部监督

1. 单位内部会计监督制度的要求

各单位应当建立健全本单位内部会计监督制度并符合下列要求：①记账人员与经济业务事项和会计事项的审批人员、经办人员、财务保管人员的职责权限应当明确，并相互分离、相互制约；②重大对外投资、资产处置、资金调度和其他重要经济业务事项的决策和执行的相互监督，相互制约程序应当明确；③财产清查的范围、期限和组织程序应当明确；④对会计资料定期进行内部审计的办法和程序应当明确。

2. 单位负责人、会计机构、会计人员的责任

单位负责人应当保证会计机构、会计人员依法履行职责，不得授意、指使、强令会计机构、会计人员违法办理会计事项。会计机构、会计人员对违反《会计法》和国家统一的会计制度规定的会计事项，有权拒绝办理或按照职权予以纠正；发现会计账簿记录与实物、款项及有关资料不相符的，按照国家统一的会计制度的规定有权自行处理的，应及时处理，无权处理的，应当立即向单位负责人报告，请求查明原因，作出处理。

(二)国家监督

财政、审计、税务、人民银行、证券监管、保险监管等部门按照各自的职责分工，按照有关部门法律、行政法规的规定，对有关单位的会计工作、会计资料实施监督检查。各单位必须接受有关监督检查部门依法实施的监督检查，如实提供会计凭证、会计账簿、财务会计报告和其他会计资料及有关情况，不得拒绝、隐匿、谎报。

(三)社会监督

须经注册会计师进行审计的单位，应当向受委托的会计师事务所如实提供会计凭证、会计账簿、财务会计报告和其他会计资料及有关情况。任何单位或个人不得以任何方式要求或示意注册会计师及其所在的会计师事务所出具不实或不当的审计报告。

任何单位和个人对违反《会计法》和国家统一的会计制度规定的行为，有权检举。收到检举的部门有权处理的，应当依法按照职责分工及时处理；无权处理的，应当及时移送有权处理的部门处理。

五、会计法律责任

(1) 违反《会计法》规定，有下列行为之一的，由县级以上人民政府财政部门责令限期改正，可以对单位并处3 000元以上5万元以下的罚款；对其直接负责的主管人员和其他直接负责人员，可以处2 000元以上2万元以下的罚款；属于国家工作人员的，还应当由其所在单位或有关单位依法给予行政处分：①不依法设置会计账簿的；②私设会计账簿的；

面向『十三五』高职高专项目导向式教改教材·财经系列

③未按照规定填制、取得原始凭证或填制、取得的原始凭证不符合规定的；④以未经审核的会计凭证为依据登记会计账簿或登记会计账簿不符合规定的；⑤随意变更会计处理方法的；⑥向不同的会计资料使用者提供的财务会计报告编制依据不一致的；⑦未按照规定使用会计记录文字或记账本位币的；⑧未按照规定保管会计资料，致使会计资料毁损、灭失的；⑨未按照规定建立并实施单位内部会计监督制度或拒绝依法实施的监督或者不如实提供会计资料及有关部门情况的；⑩任用会计人员不符合《会计法》规定的。有以上所列行为之一，构成犯罪的，依法追究刑事责任。会计人员有所列行为之一，情节严重的，由县级以上人民政府财政部门吊销其会计从业资格证书。

(2) 伪造、变造会计凭证、会计账簿，编制虚假财务会计报告，构成犯罪的，依法追究刑事责任。隐匿或故意销毁依法应当保存的会计凭证、会计账簿、财务会计报告，构成犯罪的，依法追究刑事责任。

有以上行为，尚不可构成犯罪的，由县级以上人民政府财政部门予以通报，可以对单位并处 5 000 元以上 10 万元以下的罚款；对其直接负责的主管人员和其他直接责任人员，可以处 3 000 元以上 5 万元以下的罚款；属于国家工作人员的，还应当由其所在单位或有关单位依法给以撤职直至开除的行政处分；对其中的会计人员，由县级以上人民政府财政部门吊销其会计从业证书。

(3) 授意、指使、强令会计机构、会计人员及其他人员伪造、变更会计凭证、会计账簿，编制虚假财务会计报告或隐匿、故意销毁依法应当保存的会计凭证、会计账簿、财务会计报告，构成犯罪的，依法追究刑事责任；尚不可构成犯罪的，可以处 5 000 元以上 5 万元以下的罚款；属于国家工作人员的，还应当由其所在单位或有关单位依法给以降级、撤职、开除的行政处分。

(4) 单位负责人对依法履行职责、抵制违反《会计法》行为的会计人员实行打击报复，构成犯罪行为的，依法追究刑事责任；尚不构成犯罪的，由其所在单位或者有关单位依法给予行政处分。对受打击报复的会计人员，应当恢复其名誉和原有职务、级别。

(5) 财政部门及有关行政部门的工作人员在实施监督管理工作中滥用职权、玩忽职守、徇私舞弊或泄露国家秘密、商业秘密，构成犯罪的，依法追究刑事责任；尚不构成犯罪的，依法给予行政处分。

(6) 将检举人姓名和检举材料转给检举单位和被检举人个人的，由所在单位或有关单位依法给予行政处分。

任务解析

各单位负责人是会计工作的责任人，对本单位会计工作及会计资料的真实性负责。这是一种法定的责任，不以当事人是否从事了具体工作为要件。因此，该实例中校长应该对此承担会计法律责任。

任务二　审　计　法

◉ 任务案例

顺达会计师事务所的注册会计师周某正在对胜利公司 2013 年度的会计报表进行审计，该公司总资产 2 500 万元，应收账款在报表上列示为 1 000 万元，公司的会计账目混乱，控制风险评价为低水平。

◉ 具体任务

请分析周某需要收集胜利公司的哪些审计材料进行审计。

◉ 理论认知

一、审计法的概念

审计法是调查审计关系的法律规范的总称。为了加强管理国家的审计监督，维护国家财政经济秩序，促进廉政建设，保障国民经济健康发展，1994 年 8 月 31 日第八届全国人大常委会第九次会议通过了《中华人民共和国审计法》(以下简称《审计法》)，该法自 1995 年 1 月 1 日起施行。

审计是指审计机关依法独立检查被审计单位的会计凭证、会计账簿、会计报表及其他与财政收支有关的资料和资产，监督财政收支、财务收支真实、合法和效益的行为。审计关系则是指从事审计工作的专职机构和专业人员在审计过程中及国家在管理审计工作中发生的社会关系。

二、审计管理体制

(一)审计机构

我国的审计体系包括国家审计、内部审计和社会审计 3 个组成部分，国家审计是主体，内部审计和社会审计是重要组成部分。

1. 国家审计机关

我国实行审计监督制度。国务院和县级以上地方人民政府设立审计机关。国务院设立审计署，在国务院总理的领导下，主管全国的审计工作。审计长是审计署的行政首长。省、自治区、直辖市，设区的市、自治州，县、自治县、不设区的市、市辖区的人民政府的审计机关，分别在省长、自治区主席、市长、州长、县长、区长和上一级审计机关的领导下，负责本行政区域的行政工作。地方各级审计机关对本级人民政府和上一级审计机关负责并报告工作，审计业务以上级审计机关领导为主。审计机关根据工作需要，可以在其审计管辖范围内派出审计特派员。审计特派员根据审计机关的授权，依法进行审计工作。

审计机关根据被审计单位的财政、财务隶属关系或国有资产监督管理关系，确定审计管辖范围。审计机关之间对审计管辖范围有争议的，由其共同的上级审计机关确定。上级审计机关可以将其审计管辖范围内的审计事项，授权下级审计机关进行审计；上级审计机关对下级审计机关审计管辖范围内的重大审计事项，可以直接进行审计，但是应当防止不必要的重复审计。

2. 内部审计机构

国务院各部门和地方人民政府各部门、国有的金融机构和企事业组织，应当按照国家机关规定建立健全内部审计制度。内部审计机构在本部门、本单位主要负责人的直接领导下，对本部门(行业)、本单位及其所属单位进行内部审计监督。各部门、国有的金融机构和企事业组织的内部审计，应当接受审计机关的业务指导和监督。

3. 社会审计组织

社会审计组织是指依法独立承办审计查证和咨询服务的事业单位，实行有偿服务、自收自支、独立核算、依法纳税。社会审计组织应当接受审计机关的指导、监督、管理。其承办的审计机关委托的审计事项所出具的审计报告，应当报送审计机关审定。

(二)审计人员

审计人员是审计机关或其他审计机构中从事审计工作的专门人员。审计人员应当具备与其从事的审计工作相适应的专业知识和业务能力。审计人员执行职务的原则有以下三项：①回避原则。审计人员在办理审计事项时，与被审计单位或审计事项有利害关系的，应当回避。②保密原则。审计人员对其在执行职务中知悉的国家秘密和被审计单位的商业秘密，负有保密的义务。③受法律保护的原则。审计人员依法执行职务，受法律保护。任何组织和个人不得拒绝、阻碍审计人员依法执行职务，不得打击报复审计人员。

三、审计机关的职责和权限

(一)审计机关的任务和工作原则

审计机关对依照《审计法》规定应当接受审计的财政收支或财务收支的真实、合法和效益，依法进行审计监督。审计机关进行审计监督必须遵循下列原则：①依法审计的原则，即审计机关应当依照法律规定的职权和程序进行审计监督；②独立审计的原则，即审计机关依法独立行使审计监督权，不受其他行政机关、社会团体和个人的干涉；③客观公正、实事求是、廉洁奉公、保守秘密的原则。

《知识链接》

审计机关的职责

根据《审计法》的有关规定，审计机关对下列单位的有关事项进行审计监督：①本级各部门(含直属单位)和下级政府预算的执行情况和决算，以及预算外资金的管理和使用情况。②中央银行的财务收支，国有金融机关的资产、负债、损益。审计署对中央银行的财务收支进行审计监督。③国家实验单位的财务收支，国有企业的资产、负债、损益。审计机关对于与国计民生有重大关系的国有企业、接受财政部补贴较多或亏损数额较大的国有企业，以及国务院和本级地方人民政府制定的其他国有企业，应当有计划地进行定期审计。④国家建设项目预算的执行情况和决算。⑤政府部门管理的和社会团体受政府委托管理的社会保障基金、社会捐赠资金及其他有关基金、资金的财务收支。⑥国际组织和外国政府援助、贷款项目的财务收支。⑦其他法律、行政法规规定应当由审计机关进行审计的事项。

(二)审计机关的权限

根据《审计法》的有关规定，审计机关进行审计时，具有下列权限：①有权要求被审计单位按照规定报送预算或财务收支计划、预算执行情况、决算、财务报告。②有权检查被审计单位的会计凭证、会计账簿、会计报表及其他财政收支或与财政收支有关的资料和资产。③有权就审计事项的有关问题向有关单位和个人进行调查，并取得有关证明材料。④有权制止被审计单位正在进行的违反国家规定的财政收支、财务收支行为；制止无效的，经县级以上审计机关负责人批准，通知财务部门和有关部门主管部门暂停拨付与此有关的款项，已经拨付的，暂停使用。采取该项措施不得影响被审计单位合法的业务活动和生产经营活动。⑤审计机关认为被审计单位所执行的上级主管部门有关财政收支、财务收支的规定与法律、行政法规相抵触的，应当建议有关主管部门纠正；有关主管部门不予纠正的，审计机关应当提请有权处理的机关依法处理。⑥审计机关可以向政府有关部门通报或向社会公布审计结果。

四、审计程序

审计程序是指审计机关和审计人员对审计项目实施审计的工作步骤。为了实现审计工作的制度化、规范化、公开化，保证审计监督活动的顺利进行，《审计法》对审计程序做了如下规定。

1. 审计准备

审计机关根据审计项目计划确定的审计事项，组成审计组，并应当在实施审计3日前，向被审计单位送达审计通知书。

2. 实施审计

审计人员通过审查会计凭证、会计账簿、会计报表，查阅与审计事项有关的文件、资料，检查现金、实物、有价证券，向有关单位和个人调查等方式进行审计，并取得证明材料。

3. 提出审计报告

审计组对审计事项实施审计后，应当向审计机关提出审计报告。审计报告报送审计机关前，应当征求被审计单位的意见。被审计单位应当自接到审计报告之日起10日内，将其书面意见送交审计组或审计机关。

4. 出审计意见书、作出审计决定

审计机关在审定审计报告时，应当对审计事项作出评价，出审计意见书；对违反国家规定的财政收支、财务收支行为，需要依法给予处理、处罚的，在法定职权范围内作出审计决定，或者向有关主管机关提出处理、处罚意见。审计机关应当自收到审计报告之日起30 日内，将审计意见书和审计决定送达被审计单位和有关单位。审计决定自送达被审计单位和有关单位之日起生效。

五、审计法律责任

违反《审计法》的行为可以分为两类：①被审计单位及其有关人员的违法行为，②审计人员的违法行为。

(一)对被审计单位及其有关人员违反《审计法》的处罚

被审计单位拒绝或拖延提供与审计事项有关资料的，或者拒绝、阻碍检查的，审计机关责令改正，可以通报批评，给予警告；拒不改正的，依法追究责任。

被审计单位转移、隐匿、篡改、毁弃会计凭证、会计账簿、会计报表及其他与财政收支或财务收支有关的资料的，审计机关应当向被审计单位或其上级机关、监察机关提出对负有直接责任的主管人员和其他直接负责人员给予行政处分的建议；构成犯罪的，由司法机关依法追究刑事责任。

被审计单位转移、隐匿违法取得的资产的，审计机关认为对负有直接责任的主管人员和其他直接责任人员依法应当给予行政处分的，应当提出建议，被审计单位或其上级领导、监察机关应当依法及时作出决定；构成犯罪的，由司法机关依法追究刑事责任。

被审计单位有违反国家规定的财务收支行为的，审计机关、人民政府或有关主管部门在法定职权范围内，依法责令限期缴纳应当上缴的收入，限期退还违法所得，限期退还被侵占的国有资产，以及采取其他纠正措施，并可依法给予处罚。

审计机关认为对上述行为负有直接责任的主管人员和其他直接责任人员，依法应当给予行政处分的，应当提出建议，被审计单位或其上级机关、监察机关应当依法及时作出决定；构成犯罪的，由司法机关依法追究刑事责任。

报复陷害审计人员，构成犯罪的，依法追究刑事责任；不构成犯罪的，给予行政处分。

(二)对审计人员违反《审计法》的处罚

审计人员滥用职权、徇私舞弊、玩忽职守，构成犯罪的，依法追究刑事责任；不构成犯罪的，给予行政处分。

◎ 任务解析

周某需要收集胜利公司的审计材料包括会计凭证、会计账簿、会计报表，以及其他与审计有关的文件、资料、检查现金、实物、有价证券等。

任务三　统　计　法

任务案例

某乡人民政府统计站统计员郭某私自改动 18 个村民委员会上报的 2013 年农村经济统计年报报表，并根据改过的数据编制 2013 年全乡的年报，经乡政府主要领导签字及加盖乡政府公章后上报到县统计局，但被核查发现，涉嫌统计违法，县统计局对此种违法行为依法作出处理。

具体任务

试分析该统计员和该乡政府涉嫌何种统计违法行为。

理论认知

一、统计法的概念

统计法是调整因国家统计机关行政统计职能而产生的统计关系的法律规范的总称。统计关系是指国家机关、社会团体和公民在有关搜集、整理、分析、提供、颁布和管理统计资料的统计活动中所产生的社会经济关系。统计的基本任务是对国民经济和社会发展情况进行统计调查、统计分析，提供统计资料，实施统计监督。

为了有效、科学地组织统计工作，保障统计资料的准确性和及时性，发挥统计在了解国情国力、指导国民经济和社会发展中的重要作用，促进社会主义现代化建设事业的顺利发展，1983 年 12 月 8 日第六届全国人大常委会第三次会议通过了《中华人民共和国统计法》（以下简称《统计法》），该法自 1984 年 1 月 1 日起施行，并于 1996 年 5 月 15 日第八届全国人大常委会第十九次会议修正。1987 年 2 月 15 日，经国务院批准，国家统计局发布了《中华人民共和国统计法实施细则》。

二、统计管理体制

根据《统计法》的有关规定，国家建立集中统一的统计系统，实行统一领导、分级负责的统计管理体制。

(一)统计管理体制

国务院设立国家统计局。国家统计局是国家最高统计机关，负责组织领导和协调全国统计工作。各级人民政府、各部门和企事业组织，根据统计任务的需要，设置统计机构和统计人员。县级以上地方各级人民政府设立地方统计机构，乡、镇人民政府设置专职或兼职的统计员，负责组织领导和协调本行政区域内的统计工作。

地方各级统计机关接受本级人民政府和上一级统计机关的双重领导，统计业务以上级统计机关的领导为主。

(二)部门和单位统计机构

国务院和地方各级人民政府的各部门，根据统计任务的需要设立统计机构，或者在有关机构中设置统计人员，并指定统计负责人。企事业组织根据统计任务的需要设立统计机构，或者在有关机构中设置统计人员，并指定统计负责人。

统计机构的统计人员执行国家统计调查和地方统计调查任务，接受统计机关的业务指导和监督。

(三)统计人员

统计人员是在统计机关或其他统计机构中从事统计工作的专门人员。统计人员应当具有执行统计任务所需要的专业知识。根据《统计法》的有关规定，统计人员有权要求有关单位和人员依照国家规定提供资料，有权检查统计资料的准确性，有权揭发和检举统计调查工作中的违法行为。

三、统计调查计划和统计制度

(一)统计调查计划

统计调查是指统计机构、统计人员为了特定目的，按照统计调查项目进行专门调查。统计调查项目是指国家通过统计调查所要了解和掌握的事情和问题。《统计法》第九条规定："统计调查必须按照经过批准的计划进行。统计调查计划按照统计调查项目编制。"

按照统计调查级别、统计调查项目拟订权的不同，统计调查分为国家统计调查、部门统计调查和地方统计调查。

国家统计调查是指国家统计调查项目由国家统计局拟订，或者由国家统计局和国务院有关部门共同拟订，报国务院审批的统计调查。

部门统计调查是指部门统计调查项目，调查对象属于本部门管辖系统内的统计调查。部门统计调查项目由该部门拟订，报国家统计局或同级地方人民政府统计机构备案；调查对象超出本部门管辖系统的，由该部门拟订，报国家统计局或同级地方人民政府统计机构审批，其中重要的，报国务院或同级地方人民政府审批。

地方统计调查是指地方统计调查项目由县级以上地方各级人民政府统计机构拟订，或者由县级以上地方各级人民政府统计机构和有关部门共同拟订，报同级地方人民政府审批的统计调查。

为了提高统计工作效率，各级统计调查必须明确分工、互相衔接、不得重复。

(二)统计制度

统计制度是指根据《统计法》确定的各项原则制定的进行统计工作的标准和准则。为了保证统计数据的科学性和准确性，必须建立统计工作的标准和准则。根据《统计法》的规定，国家制定统一的统计标准，以保障统计调查中采用的指标含义、计算方法、分类目录、调查表式和统计编码等方面的标准化。国务院各部门可以在国家统计标准的基础上，制定补充性的部门统计标准，但不得同国家统计标准相抵触。

四、统计资料的管理和公布

统计资料是统计调查的结果，是国家的重要档案资料，具有长期保存的价值，因此，必须加强对统计资料的管理。

(一)统计资料的管理

统计资料实行分级管理。国家统计调查和地方统计调查范围内的统计资料，分别由国家统计局、县级以上地方各级人民政府统计机构或乡、镇统计员统一管理。部门统计调查范围内的统计资料，由主管部门的统计机构或统计负责人统一管理。企事业组织的统计资料，由企事业组织的统计机构或统计负责人统一管理。

(二)统计资料的公布

为了加强统计服务和统计监督作用，各级、各部门的统计机构除应向政府和有关方面及时提供统计资料外，还应当依法定期公布统计资料。国家统计局和省、自治区、直辖市的人民政府统计机构应当依照国家规定，定期公布统计资料。各地方、各部门、各单位根据统计资料统一管理的范围公布统计资料，必须经有关统计机构或统计负责人的核定，并依照国家规定的程序报请审批。公布统计资料，必须建立严格的保密制度。属于国家秘密的统计资料，必须保密。属于私人、家庭的单项调查资料，非经本人同意，不得泄露。

五、统计法律责任

《统计法》规定，有下列违法行为之一，情节较重的，可以对负有直接责任的主管人员和其他直接责任人员给予行政处分：①虚报、隐报统计资料的；②伪造、篡改统计资料的；③拒报或屡次迟报统计资料的；④侵犯统计机构、统计人员行使《统计法》规定职权的；⑤违反《统计法》规定，未经批准，自行编制、发布统计调查表的；⑥违反《统计法》规定，未经核定和批准，自行公布统计资料的；⑦违反《统计法》有关保密规定的。

《统计法》第二十六条规定，对违反《统计法》构成犯罪的人员，由司法机关依法追究刑事责任。

◉ 任务解析

根据《统计法》的相关规定，统计员郭某私自改动经济统计年报报表数据，属于伪造、篡改统计资料的违法行为，乡政府未尽到审查义务而上报，同属上述违法行为。

面向"十三五"高职高专项目导向式教改教材·财经系列

项 目 小 结

本项目主要介绍了会计法律制度、审计法的基本制度、统计法的基本制度等；主要内容是会计法律制度的介绍，包括会计法律制度的概念、跨级工作管理体制、会计核算、会计机构和会计人员及法律责任等。

实 训 练 习

【实训项目】记账凭证基础训练。

【实训操作及要求】按相关会计操作规范填写单位收据、发票，要求填写格式和内容正确无误。

理 论 复 习

一、单项选择题

1. 下列有关会计法律制度的说法中，正确的是(　　)。
   A. 《中华人民共和国会计法》是会计法律
   B. 《总会计师条例》是国家统一会计制度
   C. 《企业会计制度》是会计统一制度
   D. 《会计档案管理办法》是地方性会计法规

2. 下列有关会计监督的理解中，正确的是(　　)。
   A. 会计监督是会计的基本职能之一
   B. 会计监督是保证会计信息质量唯一的方法
   C. 会计监督主要是单位外部的监督
   D. 社会监督是会计监督的基础

3. 关于审计机关的设立，下列说法中正确的是(　　)。
   A. 我国乡级以上地方人民政府设立审计机关
   B. 我国国务院设立审计署，受国务院总理的领导
   C. 我国直辖市的人民政府设立的审计机关，直属该市市长领导
   D. 我国地方人民政府各级部门不设内部的审计机关

4. 我国现行《统计法》规定，统计管理体制(　　)。
   A. 实行统一领导、分级负责
   B. 实行分级领导、统一负责
   C. 实行中央直属管理
   D. 没有统一的统计系统

二、多项选择题

1. 我国的会计法律制度包括(　　)。
   - A. 会计法律
   - B. 会计行政法规
   - C. 国家统一会计制度
   - D. 地方性会计法规
2. 会计账簿包括(　　)。
   - A. 总账
   - B. 明细账
   - C. 日记账
   - D. 其他辅助性账簿
3. 财务会计报告的内容包括(　　)。
   - A. 会计报表
   - B. 会计报表附注
   - C. 财务情况说明书
   - D. 会计主管人员的签章
4. 会计法的基本原则是(　　)。
   - A. 真实性
   - B. 完整性
   - C. 合法性
   - D. 利益性
5. 审计人员在执行职务过程中应该遵守的原则是(　　)。
   - A. 回避原则
   - B. 保密原则
   - C. 受法律保护的原则
   - D. 间接审核原则

三、简答题

1. 简述我国会计的基本管理体制。
2. 会计核算的主要内容有哪些？
3. 简述我国会计监督的分类及含义。
4. 简述我国的审计管理体制。
5. 简述我国的统计管理体制。

项目十三 劳动与社会保障法

【技能目标】

- 明确用人单位和劳动者的基本权利与义务。
- 学会审议和签订劳动合同。
- 了解社会保险的种类。
- 掌握解决劳动纠纷案件的能力。

【知识目标】

- 掌握劳动合同的订立、效力、履行与变更、解除与终止。
- 掌握集体合同和劳务派遣的相关规定。
- 掌握并分析劳动关系。
- 熟悉工作时间与休息休假制度、工资制度。
- 了解社会保险的种类及具体规定。
- 掌握劳动争议的解决方式与程序。

任务一　劳动法概述

任务案例

2013 年 4 月 12 日，叶某通过他人介绍到一家汽车运输公司工作，该汽车运输公司分配叶某驾驶一辆东风汽车进行运输工作。叶某每天要到公司签到，并接受公司的调度安排，但双方一直没有签订劳动合同。2014 年 3 月 18 日，叶某驾驶该货车承运货物途中，发生交通事故受重伤。叶某认为，自己受伤属于工伤，要求享受工伤待遇，但是单位则认为自己仅仅是雇用了叶某，两者之间不是劳动关系。双方发生争议。叶某诉至劳动争议仲裁委员会，请求确认自己与汽车运输公司之间存在劳动关系。

具体任务

试分析叶某与运输公司之间是劳务关系还是事实劳动关系。

理论认知

一、劳动法的概念与调整对象

(一)劳动法的概念

劳动法是调整劳动关系及与劳动关系密切联系的其他社会关系的法律规范的总和。制定劳动法的目的在于保护劳动者的合法权益，构建和谐稳定的劳动关系，维护社会稳定，促进经济发展和社会进步。

劳动法是典型的社会法，因为劳动法在其特殊的调整对象、法律原则、价值观念、制度体系及法律责任等方面与社会法具有一致性。

劳动法有广义和狭义之分。狭义的劳动法是指我国最高立法机关制定并颁布施行的全国性的、综合性的劳动法，即《中华人民共和国劳动法》(以下简称《劳动法》)。《劳动法》由第八届全国人民代表大会常务委员会第八次会议于 1994 年 7 月 5 日通过，1995 年 1 月 1日起施行，2009 年 8 月 27 日，根据第十一届全国人民代表大会常务委员会第十次会议的决定进行修改。广义的劳动法是指调整劳动关系及与劳动关系有密切关系的其他社会关系的法律规范的总称，如《中华人民共和国劳动合同法》就是专门调整劳动合同关系的法律规范。广义的劳动法体系所包括的制度有：促进就业制度、劳动合同制度、集体合同制度、工作时间和休息休假制度、工资制度、劳动安全与卫生制度、特殊劳动保护制度、职业技能培训制度、社会保险制度、劳动争议处理制度、劳动监察制度等。

《**知识链接**》

国际劳动法的产生与发展

　　首倡国际劳动法的思想家，主要是英国空想社会主义者欧文和法国社会活动家大卫·李格兰。瑞士是最先同意制定国际劳动法的国家。1890 年 3 月召开的柏林会议是第一次由各国政府正式派代表讨论国际劳动立法的会议，共有 15 个国家参加。1900 年国际劳动法协会在巴黎正式成立。(其宗旨是：①联合一切相信国际劳动法是必要的人；②组织国际劳动机关；③赞助各国研究劳动法，传播有关劳动法的消息；④提倡制定关于劳动状况的公约；⑤召开国际大会讨论劳动法。)1905 年正式起草并提交由瑞士政府发起召开的伯尔尼国际会议讨论通过了两个公约《关于禁止工厂女工做夜工的公约》和《关于使用白磷的公约》，这是世界上最早的两个国际劳动公约，它们标志着国际劳动立法的正式开始。

(二)劳动法的调整对象

　　从劳动法的概念中可以知道劳动法的调整对象是劳动关系和与劳动关系密切联系的其他社会关系。其中，劳动关系是劳动法最主要、最基本的调整对象。

1. 劳动关系

　　劳动关系是指劳动者与用人单位在实现社会劳动过程中所建立的关系。劳动者让渡劳动力(包括脑力和体力)，用人单位使用劳动力以提供劳动条件、安全卫生保障、社会保障等生产资料，让劳动力和生产资料进行有效结合为用人单位创造经济利益，而用人单位为劳动者支付一定报酬的过程。

　　劳动关系包括以下特征。

　　(1) 特定当事人为主体。劳动者与用人单位，劳动者只能是达到法定的劳动年龄并具有劳动能力的自然人；用人单位是指在我国境内依法成立的企业、民办非企业、个体经济组织。

　　(2) 劳动关系产生于劳动过程中，劳动过程是活劳动与物化劳动的交换过程。

　　(3) 劳动关系兼有人身关系(具有人身属性的社会关系，是与公民的人身密切联系的社会关系)和财产关系(人们在物质资料生产、分配、交换和消费过程中形成的社会关系)的双重性质。

　　(4) 劳动关系具有纵向关系(按命令服从原则建立起来的用人单位与劳动者之间形成的一种职责上的隶属关系)和横向关系(在经济组织内部按平等协商原则建立起来的经济协作的平等关系)相互交错的特征。

2. 与劳动关系密切的其他社会关系

　　与劳动关系密切联系的其他社会关系有：劳动力管理方面的关系、劳动力配置服务方面的关系、社会保险方面的关系、工会活动方面的关系、监督劳动法律执行方面的关系、处理劳动争议方面的关系。

面向「十三五」高职高专项目导向式教改教材·财经系列

(三)劳动法的适用范围

(1) 依据我国劳动法律法规的规定,《劳动法》适用于下列情形:①中华人民共和国境内的企业、个体经济组织、民办非企业单位等组织与劳动者建立劳动关系,订立、履行、变更、解除或终止劳动合同的;②国家机关、事业单位、社会团体和与其建立劳动关系的劳动者,订立、履行、变更、解除或终止劳动合同的;③事业单位与实行聘用制的工作人员订立、履行、变更、解除或者终止劳动合同,法律、行政法规或国务院未作特别规定的。

(2) 依据我国劳动法律法规的规定,《劳动法》不适用下列情形:①公务员、执行公务员制度的劳动者;②现役军人;③从事农业生产的农村劳动者(乡镇企业职工和进城务工、经商的农民除外);④家庭雇用关系的劳动者,如保姆。

二、劳动法律关系

劳动法律关系是指劳动者与用人单位之间,在实现劳动过程中依据劳动法律规范而形成的劳动权利与劳动义务关系,是劳动关系在法律上的表现,是劳动关系为劳动法调整的结果。

(一)劳动法律关系与劳动关系的联系

劳动关系是劳动法律关系产生的基础,劳动法律关系是劳动关系在法律上的表现形式;劳动法律关系不仅仅反映劳动关系,其形成后,便给具体劳动关系以积极的影响,即现实的劳动关系唯有取得劳动法律关系的形式,其运行过程才有法律保障。

劳动法律关系与劳动关系的区别如下。

(1) 劳动关系是生产关系的组成部分,属于经济基础的范畴;劳动法律关系则是思想意志关系的组成部分,属于上层建筑的范畴。

(2) 劳动关系的形成以劳动为前提,发生在现实社会劳动过程之中;劳动法律关系的形成则是以劳动法律规范的存在为前提,发生在劳动法律规范调整劳动关系的范围之内。

(3) 劳动关系的内容是劳动,而劳动法律关系的内容则是法定的权利义务,双方当事人必须依法享有权利并承担义务。

(二)劳动法律关系的法律特征

(1) 劳动法律关系的主体之间具有平等性(劳动法律关系建立时)和隶属性(劳动法律关系确立后)交错共存的特点。

(2) 劳动法律关系的内容体现了国家与当事人的双重意志,因为劳动法律关系是双方当事人在平等、自愿的基础上缔结的或双方协商议定的,且意志不能违背国家法律、法规。

(3) 劳动法律关系的客体表现为兼有人身性与财产性关系的一定的劳动行为和财物。

(三)劳动法律关系的内容

1. 劳动法律关系的主体

劳动法律关系的主体是指参与劳动法律关系享受劳动权利和承担劳动义务的当事人,包括劳动者和用人单位。

(1) 劳动者是指达到法定年龄、具有劳动能力，以从事某种社会劳动获取收入为主要生活来源的自然人，包括本国人、外国人和无国籍人，且不具备法定资格的自然人不能成为劳动关系中的合法当事人。

所谓的法定资格即公民的劳动权利能力和劳动行为能力。

劳动权利能力是指公民依法享受劳动权利和承担劳动义务的资格，是公民参与劳动法律关系成为主体的前提条件(注：劳动权利能力是抽象的权利，客观上的权利，是公民实际取得劳动权利的一种资格；而劳动权利是具体的权利，是主观上的权利，如报酬权、享受物质帮助权、参加民主管理权等)。

劳动行为能力是指公民能以自己的行为参与劳动法律关系，实际享受权利和履行义务的能力，是公民作为劳动法律关系主体的基本条件。

我国法律赋予公民的劳动权利能力和劳动行为能力也和世界上的其他劳动法律一样，从两个方面入手。①法定年龄。就业年龄为 16 周岁，禁止招用未满 16 周岁的未成年人；某些特殊职业，如文艺、体育和特种工艺单位确需招用未满 16 周岁的人时，须报县以上劳动行政部门批准。②具有劳动能力。劳动能力有三种情况：无劳动能力(身有残疾根本不能劳动的)；部分劳动能力(身有残疾不能提供正常劳动，但又没有完全丧失劳动能力的)；完全劳动能力(身体健康、智力健全的人)。只有达到法定年龄，具有完全劳动能力或部分劳动能力的公民，法律才赋予其劳动权利能力和劳动行为能力。

(2) 用人单位是指依法招用和管理劳动者，并按法律规定或合同约定向劳动者提供劳动条件、劳动保护和支付劳动报酬的劳动组织。用人单位包括：企业是以一定数量的生产资料和劳动者的结合为前提，以营利为目的，从事生产经营活动的经济组织，是最基本的劳动法用人单位主体。事业单位、社会团体是直接从事为国家创造和改善生产条件，为社会物质文化生活需要服务，不以为国家积累资金为直接目的，不以营利为生存、发展条件的单位。国家机关是依法设立的行使国家管理职能的机构，国家机关的干部统一实行公务员制度，不在管理岗位上的办事人员和后勤服务人员的招用和管理，统一按照劳动法规范进行。个体经济组织是依法经工商行政管理部门核准登记，并领取营业执照从事工商业生产、经营活动的个体单位，也称个体工商户。

2. 劳动法律关系的内容

劳动法律关系的内容是指劳动法主体依法享有的劳动权利和承担的劳动义务，即劳动者与用人单位之间的相互权利和义务。

劳动权利即为劳动法主体依法能够为一定行为和不为一定行为或要求他人为一定行为或不为一定行为，以实现其意志或利益的可能性。劳动义务即为劳动法主体根据法律的规定，为满足权利主体的要求，劳动过程中履行某种行为的必要性。

(1) 劳动者的劳动基本权利，包括劳动权、劳动报酬权、劳动保护权、接受职业技能培训权、生活保障权和合法权益保护权。

(2) 用人单位用人权，包括招收录用职工权、合理组织调配权、劳动报酬分配权、劳动奖惩权和辞退职工权。

3. 劳动法律关系的客体

劳动法律关系的客体是指劳动法律关系中主体的劳动权利和劳动义务所共同指向的对象,具体表现为一定的劳动行为(劳动者和用人单位在实现劳动过程中所实施的行为,如劳动行为、完成任务行为、进行管理行为等)和财物(劳动法律关系中体现双方当事人物质利益的实物与货币,如劳动报酬、劳动保护、劳动保险及福利等)。

(四)劳动法律关系的产生、变更和消灭

劳动法律关系的产生是指劳动法主体之间为实现一定的劳动过程,依照劳动法规,通过签订劳动合同而设立劳动权利与劳动义务关系。劳动法律关系的变更是指劳动法主体之间已经形成的劳动法律关系,由于一定的客观情况的出现而引起法律关系中某些要素的变化。劳动法律关系的消灭是指劳动法主体之间的劳动法律关系依法解除或终止,即劳动权利和劳动义务的消灭。

法律事实是指劳动法规定的能够引起劳动法律关系产生、变更或消灭的一切客观情况。法律事实包括行为和事件。行为是指劳动法规定的,能够引起劳动法律关系产生、变更和消灭的人的意志活动,包括作为与不作为;事件是指不依当事人意志为转移的客观现象,如自然灾害、人体伤残、疾病、死亡、破产等。

产生劳动法律关系的法律事实,只能是双方当事人一致的合法意思表示的劳动法律行为,即合法行为。变更、消灭劳动法律关系的法律事实,既可以是双方或单方的合法行为,也可以是违法行为或事件。

◉ 任务解析

(1) 任务案例中,叶某和运输公司之间是劳动关系,而不是劳务关系。虽然双方未签订劳动合同但是从各种条件来看双方构成了事实上的劳动关系。

(2) 劳动关系和劳务关系有本质上的区别,尤其是在适用法律上有不同,所以准确地判断劳动双方当事人之间存在劳动关系尤为重要,因为劳动关系是劳动法主要调整的对象。

任务二　劳动合同法

◉ 任务案例

黄某与某宾馆签订了为期5年的劳动合同,合同中有一条款:"鉴于宾馆服务行业本身的特殊要求,凡在宾馆工作的女性服务员,合同期内不得结婚,否则企业有权解除劳动合同。"黄某还依照宾馆内部规定,向宾馆交纳了2 000元抵押金。合同履行约1年后,黄某的男友单位筹建家属楼,为能分到房,黄某与男友结婚并在不久后怀孕了。宾馆得知后,以黄某违反合同条款为由作出与黄某解除劳动合同的决定,并没收了黄某交纳的抵押金。

⊙ 具体任务

试分析某宾馆违反了我国劳动法哪些规定？某宾馆能否单方解除劳动合同？

⊙ 理论认知

一、劳动合同概述

(一)劳动合同的概念及特征

劳动合同是指劳动者与用人单位确立劳动关系、明确双方权利和义务的协议。建立劳动关系应当订立劳动合同，劳动合同是确立劳动关系的普遍性法律形式，是用人单位与劳动者享有权利和履行义务的重要依据。

劳动合同具有以下特征：①劳动合同的当事人一方是用人单位，另一方是劳动者；②劳动合同的双方当事人具有职责上的从属关系；③劳动合同的目的在于劳动过程的实现，而不单纯是劳动成果的给付；④劳动合同条款具有较强的法定性，即劳动合同的订立是在双方当事人平等、自愿的基础上缔结的，但其意愿不得违反法律、行政法规。

(二)劳动合同的分类

1. 按签订合同期限的不同进行划分

按签订合同期限的不同进行划分，劳动合同可分为固定期限的劳动合同、无固定期限的劳动合同、以完成一定工作为期限的劳动合同。

(1) 固定期限的劳动合同，即定期劳动合同，是指双方当事人在劳动合同中约定一个明确的合同有效期限，期限届满可以依法续订，否则就终止双方的权利义务关系的劳动合同种类。

(2) 无固定期限的劳动合同，即不定期劳动合同，是指双方当事人在合同中没有明确规定合同的有效期限，劳动关系可以在劳动者的法定劳动年龄和用人单位的存在期限内持续存在，只有在法定或约定的条件出现时才终止双方的权利义务关系的劳动合同种类(不定期劳动合同关系比定期合同关系更稳定)。

我国《劳动合同法》第十四条第二款规定，用人单位与劳动者协商一致，可以订立无固定期限劳动合同。有下列情形之一，劳动者提出或同意续订、订立劳动合同的，除劳动者提出订立固定期限劳动合同外，应当订立无固定期限劳动合同：①劳动者在该用人单位连续工作满 10 年的；②用人单位初次实行劳动合同制度或国有企业改制重新订立劳动合同时，劳动者在该用人单位连续工作满 10 年且距法定退休年龄不足 10 年的；③连续订立二次固定期限劳动合同，且劳动者没有本法第三十九条和第四十条第一款、第二款规定的情形，续订劳动合同的。

用人单位自用工之日起满 1 年不与劳动者订立书面劳动合同的，视为用人单位与劳动者已订立无固定期限劳动合同。

(3) 以完成一定工作为期限的劳动合同，是指双方当事人把完成某一项工作或劳动任务

面向「十三五」高职高专项目导向式教改教材·财经系列

作为劳动关系的存续期间，约定任务完成后合同即自行终止的劳动合同。其本质上是固定期限的合同，一般适用于铁路、公路、桥梁、水利、建筑及工作无连续性的特定项目。

2. 按用工方式的不同进行划分

以用工方式的不同进行划分，劳动合同可分为全日制劳动合同和非全日制劳动合同。

全日制劳动合同是依据国家法定劳动时间的规定，从事全时工作的合同。非全日制劳动合同是指劳动者与用人单位约定的以小时作为工作时间单位确立劳动关系的协议。

3. 按用人单位的所有制性质进行划分

按用人单位的所有制性质进行划分，劳动合同可分为国有单位劳动合同、集体单位劳动合同、私营企业劳动合同、外商投资企业劳动合同、个体经济组织劳动合同。

(三)劳动合同的内容

劳动合同的内容即劳动合同条款，是指劳动合同中当事人双方的权利和义务的具体规定。其内容包括法定条款与约定条款两大部分。

1. 法定条款

法定条款是指依照法律规定劳动合同应当具备的条款，主要内容如下。

(1) 用人单位的名称、住所和法定代表人或主要负责人。

(2) 劳动者的姓名、住址和居民身份证或其他有效身份证件号码。

(3) 劳动合同期限。

(4) 工作内容和工作地点。

(5) 工作时间和休息休假。

(6) 劳动报酬(主要是以货币的形式实现的，其中工资是劳动报酬的基本形式，资金与津贴也是其重要组成部分)。

(7) 社会保险(一般包括五险：医疗险、养老险、失业险、工伤险、生育险)。

(8) 劳动保护、劳动条件和职业危害防护。

(9) 法律、法规规定应当纳入劳动合同的其他事项。

2. 约定条款

约定条款是指双方当事人在劳动合同中协商议定的条款，但这些条款不得违反法律、法规的规定，主要包括以下几点。

(1) 试用期。试用期是用人单位和劳动者为相互了解、选择而依法约定的考察期。劳动合同期限 3 个月以上不满 1 年的，试用期不得超过 1 个月；劳动合同期限 1 年以上不满 3 年的，试用期不得超过 2 个月；3 年以上固定期限和无固定期限的劳动合同，试用期不得超过 6 个月。以完成一定工作任务为期限的劳动合同或劳动合同期限不满 3 个月的，不得约定试用期。同一用人单位与同一劳动者只能约定一次试用期。试用期包含在劳动合同期限内。劳动合同仅约定试用期的，试用期不成立，该期限为劳动合同期限。

劳动者在试用期的工资不得低于本单位相同岗位最低档工资或劳动合同约定工资的 80%，并不得低于用人单位所在地的最低工资标准。

　　另《劳动合同法》第二十一条规定，在试用期中，除劳动者有本法第三十九条和第四十条第一款、第二款规定的情形外，用人单位不得解除劳动合同。用人单位在试用期解除劳动合同的，应当向劳动者说明理由。劳动者在试用期内提前 3 日通知用人单位，可以解除劳动合同。

　　(2) 培训条款。用人单位为劳动者提供专项培训费用，对其进行专业技术培训的，可以与该劳动者订立协议，约定服务期。劳动者违反服务期约定的，应当按照约定向用人单位支付违约金。违约金的数额不得超过用人单位提供的培训费用。用人单位要求劳动者支付的违约金不得超过服务期尚未履行部分所应分摊的培训费用。用人单位与劳动者约定服务期的，不影响按照正常的工资调整机制提高劳动者在服务期期间的劳动报酬。

　　(3) 补充保险和福利待遇。补充保险是指除了基本社会保险以外，用人单位根据自己的实际情况为劳动者建立的一种社会保险。其由用人单位自愿实行，国家不作强制的统一规定。福利待遇是指单位自愿给予劳动者的住房补贴、通信补贴、交通补贴、子女教育费等。

　　(4) 保密事项条款和竞业限制条款。用人单位与劳动者可以在劳动合同中约定保守用人单位的商业秘密和与知识产权相关的保密事项。对负有保密义务的劳动者，用人单位可以在劳动合同或保密协议中与劳动者约定竞业限制条款，并约定在解除或终止劳动合同后，在竞业限制期限内按月给予劳动者经济补偿。劳动者违反竞业限制约定的，应当按照约定向用人单位支付违约金。

　　竞业限制的人员限于用人单位的高级管理人员、高级技术人员和其他负有保密义务的人员。竞业限制的范围、地域、期限由用人单位与劳动者约定，竞业限制的约定不得违反法律、法规的规定。在解除或终止劳动合同后，前款规定的人员到与本单位生产或经营同类产品、从事同类业务的有竞争关系的其他用人单位，或者自己开业生产或经营同类产品、从事同类业务的竞业限制期限，不得超过 2 年。

　　(5) 违约金条款。除服务期、保密事项条款、竞业限制条款的情形外，用人单位不得与劳动者约定由劳动者承担违约金。

二、劳动合同的订立、履行、变更、解除与终止

(一)劳动合同的订立

1. 劳动合同应当采用书面形式

　　《劳动合同法》第十条明确规定："建立劳动关系，应当订立书面劳动合同。"除非全日制用工的双方可以口头订立劳动合同外，用人单位与劳动者之间建立劳动关系均应订立书面劳动合同。事实上已形成了劳动关系但未同时订立书面劳动合同的依下列规则处理。

　　(1) 用人单位自用工之日起即与劳动者建立劳动关系。

　　(2) 用工时未订立劳动合同，只要在自用工之日起 1 个月内订立了书面劳动合同，其行为即不违法。

　　(3) 用工时未订立劳动合同，且劳动报酬的约定不明确，则应按企业的或行业的集体合同规定的标准执行；没有集体合同的或集体合同未作规定的，则用人单位应当对劳动者实行同工同酬。

(4) 用人单位自用工之日起超过 1 个月不满 1 年未与劳动者订立合同，应当向劳动者每月支付双倍的工资。

(5) 用人单位自用工之日起满 1 年仍未与劳动者订立书面劳动合同，除按规定支付双倍的工资外，还应当视为用人单位与劳动者已订立无固定期限劳动合同。

2. 订立劳动合同的原则

(1) 劳动合同依法订立原则。首先，订立合同的双方当事人须具备主体资格即主体合法，劳动者必须是达到法定年龄及具备劳动行为能力和权利能力，用人单位必须是在我国依法成立的企业、个体经济组织、民办非企业等；其次，订立合同的内容必须合法，不得与法律、法规的规定违背；最后订立劳动合同的程序须合法，当事人平等自愿且双方都要诚实信用，不以欺诈、胁迫、乘人之危等手段使对方在违背真实意志下订立合同。

(2) 平等自愿原则。当事人双方在建立劳动关系过程中地位是平等的，在自愿的基础上签订劳动合同。但是一旦合同订立，劳动者成为用人单位中的一员后，劳动者要遵守用人单位的规章制度，接受用人单位的监督和管理。

(二)劳动合同的履行

劳动合同的履行是指劳动合同的双方当事人按照合同约定完成各自义务的行为。劳动合同的履行必须坚持以下三项原则。

(1) 实际履行原则。双方当事人都必须亲自履行合同义务，而不能由第三人代替履行。在完成劳动过程中，要使劳动力与生产资料的结合达到最佳状态。

(2) 全面履行原则。即按合同的规定要求双方当事人全面地进行履行。

(3) 合作履行原则。合同双方当事人相互配合、友好合作、互相理解和帮助，目的在于更好地维护和发展稳定的劳动关系，促进经济发展和社会进步。

(三)劳动合同的变更

《劳动合同法》第三十五条对劳动合同的变更加以规定，是指劳动合同双方当事人就已经订立的合同条款达成修改或补充协议的法律行为。此变更仅限合同内容的变化，另外变更应当提前通知对方，并须取得对方当事人的同意，且应形成书面协议，按原签订劳动合同的程序办理手续后，变更方为生效。

(四)劳动合同的终止和解除

1. 劳动合同的终止

劳动合同的终止是指劳动合同的自行失效，不再执行。我国《劳动合同法》中的合同终止是指狭义的合同终止，即不包括合同的解除。

劳动合同终止的具体表现形式为：劳动合同期满的；劳动者已经开始依法享受基本养老保险待遇的；劳动者死亡，或者被人民法院宣告死亡或宣告失踪的；用人单位被依法宣告破产的；用人单位被吊销营业执照、责令关闭、撤销或用人单位决定提前解散的；法律、行政法规规定的其他情形。

2. 劳动合同的解除

劳动合同的解除是指劳动合同签订以后，尚未履行完毕之前，由于一定事由的出现，提前终止劳动合同的法律行为。劳动合同解除是劳动合同的提前终止。

劳动合同解除按合同解除的方式不同分为双方解除和单方解除。双方解除也称协议解除，是指双方当事人在平等自愿的基础上，通过诚信协商，从而达成解除劳动合同的协议。单方解除也称法定解除，是指一方在享有单方解除权的条件下依照法定程序对合同进行的解除。按导致合同解除的原因是否含有当事人的过错分为过错解除和无过错解除。过错解除是指由于对方当事人的过错行为而导致劳动合同解除。无过错解除是指在对方当事人无重大过错行为的情况下单方解除劳动合同，如用人单位非过错性辞退、经济性裁员和劳动者的预告辞职、试用期内的即时辞职。

3. 劳动合同解除的条件和程序

劳动合同的双方解除，只要双方当事人协商一致即可，不问解除的理由或原因。如果用人单位首先向劳动者提出解除劳动合同的动议，应给予劳动者经济补偿。

劳动合同的单方解除可以分为以下几种情形。

(1) 用人单位单方解除劳动合同。《劳动合同法》第三十九条规定的用人单位可以解除劳动合同的情形，也称为过错性解除。劳动者有下列情形之一的，用人单位可以解除劳动合同：①在试用期间被证明不符合录用条件的；②严重违反用人单位的规章制度的；③严重失职、营私舞弊，给用人单位造成重大损害的；④劳动者同时与其他用人单位建立劳动关系，对完成本单位的工作任务造成严重影响，或经用人单位提出，拒不改正的；⑤因本法第二十六条第一款第一项规定以欺诈、胁迫的手段或乘人之危，使对方在违背真实意思的情况下订立或变更劳动合同的情形致使劳动合同无效的；⑥被依法追究刑事责任的。

《劳动合同法》第四十条规定的用人单位可以解除劳动合同的情形，也称为非过错性辞退即预告解除。有下列情形之一的，用人单位提前 30 日以书面形式通知劳动者本人或额外支付劳动者一个月工资，可以解除劳动合同：①劳动者患病或非因工负伤，在规定的医疗期满后不能从事原工作，也不能从事由用人单位另行安排的工作的(此处的医疗期是用人单位不得解除劳动合同的时限)；②劳动者不能胜任工作，经过培训或调整工作岗位后，仍不能胜任工作的(不能胜任工作是指不能按要求完成劳动合同中约定的任务或者同工种、同岗位人员的正常工作)；③劳动合同订立时所依据的客观情况发生重大变化，致使劳动合同无法履行，经用人单位与劳动者协商，未能就变更劳动合同内容达成协议的(此处的客观情况是指发生不可抗力或出现了致使劳动合同全部或部分无法履行的其他情况，但不包括企业发生经营困难的情况)。

《劳动合同法》第四十一条规定的单位经济性裁员的情形，即因经济性原因通过裁员从而达到增效目的。但经济性裁员的程序性规定比较严格，用人单位出现下列情形之一，需要裁减人员 20 人以上或裁减不足 20 人但占企业职工总数 10%以上的，用人单位应提前 30 日向工会或全体职工说明情况，听取工会或职工的意见后，裁减人员方案经向劳动行政部门报告，方可以裁减人员：①依照《企业破产法》规定进行重整的；②生产经营发生严重困难的；③企业转产、重大技术革新或经营方式调整，经变更劳动合同后，仍需裁减人员的；④其他因劳动合同订立时所依据的客观经济情况发生重大变化，致使劳动合同无法履行的。

裁减人员时，应当优先留用下列人员：①与本单位订立较长期限的固定期限劳动合同的；②与本单位订立无固定期限劳动合同的；③家庭无其他就业人员，有需要扶养的老人或者未成年人的。用人单位依照本条第一款规定裁减人员，在 6 个月内重新招用人员的，应当通知被裁减的人员，并在同等条件下优先招用被裁减的人员。

《劳动合同法》第四十二条规定劳动者有下列情形之一的，用人单位不得依照本法第四十条、第四十一条的规定解除劳动合同：①从事接触职业病危害作业的劳动者未进行离岗前职业健康检查，或者疑似职业病病人在诊断或医学观察期间的；②在本单位患职业病或因工负伤并被确认丧失或部分丧失劳动能力的；③患病或非因工负伤，在规定的医疗期内的；④女职工在孕期、产期、哺乳期的；⑤在本单位连续工作满15年，且距法定退休年龄不足 5 年的；⑥法律、行政法规规定的其他情形。《工会法》第五十二条规定，用人单位不得因为劳动者参加工会活动而与之解除劳动合同，或者因为工会工作人员履行职责而与之解除劳动合同。

(2) 劳动者单方解除劳动合同。《劳动合同法》第三十七条规定，劳动者提前30日以书面形式通知用人单位，可以解除劳动合同。劳动者在试用期内提前 3 日通知用人单位，可以解除劳动合同。此类解除方式也被称为劳动者预告辞职。

《劳动合同法》第三十八条规定的劳动者单方解除劳动合同的情形，也称即时辞职。用人单位有下列情形之一的，劳动者可以解除劳动合同：①未按照劳动合同约定提供劳动保护或劳动条件的；②未及时足额支付劳动报酬的；③未依法为劳动者缴纳社会保险费的；④用人单位的规章制度违反法律、法规的规定，损害劳动者权益的；⑤因本法第二十六条第一款规定以欺诈、胁迫的手段或乘人之危，使对方在违背真实意思的情况下订立或变更劳动合同的情形致使劳动合同无效的；⑥法律、行政法规规定劳动者可以解除劳动合同的其他情形。

用人单位以暴力、威胁或非法限制人身自由的手段强迫劳动者劳动的，或者用人单位违章指挥、强令冒险作业危及劳动者人身安全的，劳动者可以立即解除劳动合同，不需事先告知用人单位。

发生本法第三十八条规定的情况，劳动者不仅享有解除劳动合同的权利，而且可以依法要求用人单位承担赔偿责任和其他形式的法律责任。

4. 劳动合同解除的法律后果

(1) 用人单位的义务。第一，支付经济补偿金。《劳动合同法》第四十六条规定支付经济补偿金的具体情形包括：①劳动者依第三十八条的情形即时辞职的；②用人单位依第三十六条规定向劳动者提出解除劳动合同动议并与劳动者协商一致解除劳动合同的；③用人单位依第四十条的情形预告解除劳动合同的；④用人单位依第四十一条第一款的情形进行经济性裁员的(法定第四十一条的情形)；⑤除用人单位维持或提高劳动合同约定条件续订劳动合同，劳动者不同意续订的情形外，劳动合同期满终止固定期限劳动合同的；⑥依第四十四条第四款、第五款的规定用人单位被依法宣告破产的，用人单位被吊销营业执照、责令关闭、撤销或用人单位决定提前解散的；⑦法律、行政法规规定的其他情形。

支付经济补偿金的标准按劳动者在本单位工作的年限，每满 1 年支付 1 个月工资的标准向劳动者支付。6 个月以上不满 1 年的，按 1 年计算；不满 6 个月的，向劳动者支付半个月工资的经济补偿。

劳动者月工资高于用人单位所在直辖市、设区的市级人民政府公布的本地区上年度职工月平均工资 3 倍的，向其支付经济补偿的标准按职工月平均工资 3 倍的数额支付，向其支付经济补偿的年限最高不超过 12 年。本条所称月工资是指劳动者在劳动合同解除或终止前 12 个月的平均工资。

第二，劳动合同解除的经济赔偿金。经济赔偿金是指劳动合同当事人违反法律、法规的规定，而给受损害方的赔偿金。《劳动合同法》第八十五条规定，用人单位有下列情形之一的，由劳动行政部门责令限期支付劳动报酬、加班费或经济补偿；劳动报酬低于当地最低工资标准的，应当支付其差额部分；逾期不支付的，责令用人单位按应付金额 50%以上100%以下的标准向劳动者加付赔偿金：①未按照劳动合同的约定或国家规定及时足额支付劳动者劳动报酬的；②低于当地最低工资标准支付劳动者工资的；③安排加班不支付加班费的；④解除或终止劳动合同，未依照本法规定向劳动者支付经济补偿的。

另《劳动合同法》第八十七条规定，用人单位违反本法规定解除或终止劳动合同的，应当依照本法第四十七条规定的经济补偿标准的 2 倍向劳动者支付赔偿金。

(2) 劳动者的义务。结束并移交工作事务；《劳动合同法》第九十条规定："劳动者违反本法规定解除劳动合同，或者违反劳动合同中约定的保密义务或竞业限制，给用人单位造成损失的，应当承担赔偿责任。"

三、无效劳动合同

无效劳动合同是指当事人违反法律、法规或违背平等、自愿原则签订的对当事人全部或部分不产生法律约束力的劳动合同。依据《劳动合同法》第二十六条的规定，劳动合同无效或部分无效的情形包括：①以欺诈、胁迫的手段或乘人之危，使对方在违背真实意思的情况下订立或变更劳动合同的；②用人单位免除自己的法定责任、排除劳动者权利的；③违反法律、行政法规强制性规定的。

对劳动合同的无效或部分无效有争议的，由劳动争议仲裁机构或人民法院确认。无效劳动合同，从订立的时候起，就没有法律约束力；劳动合同部分无效，不影响其他部分效力的，其他部分仍然有效。

劳动合同被确认无效，劳动者已付出劳动的，用人单位应当向劳动者支付劳动报酬。劳动报酬的数额，参照本单位相同或相近岗位劳动者的劳动报酬确定。劳动合同被确认无效，给对方造成损失的，有过错的一方应当承担赔偿责任。

四、集体合同、劳务派遣与非全日制用工

(一)集体合同

集体合同实际上是一种特殊的劳动合同，又称团体协约、集体协议等，是指工会或职工推举的职工代表代表职工与用人单位依照法律法规的规定就劳动报酬、工作条件、工作

时间、休息休假、劳动安全卫生、社会保险福利等事项，在平等协商的基础上进行协商谈判所缔结的书面协议。《劳动合同法》第五十一条规定，企业职工一方与用人单位通过平等协商，可以就劳动报酬、工作时间、休息休假、劳动安全卫生、保险福利等事项订立集体合同。集体合同草案应当提交职工代表大会或全体职工讨论通过。集体合同由工会代表企业职工一方与用人单位订立；尚未建立工会的用人单位，由上级工会指导劳动者推举的代表与用人单位订立。可见，作为一种契约关系，集体合同是集体协商的结果。

1. 集体合同的基本特征

集体合同首先具有一般合同的共同特征，即是平等主体基于平等、自愿协商而订立的集体合同和劳动合同规范双方权利和义务的协议。除此以外，集体合同还具有其自身特征。

(1) 集体合同是特定的当事人之间订立的协议。在集体合同中当事人一方是代表职工的工会组织或职代表；另一方是用人单位。当事人中至少有一方是由多数人组成的团体。特别是职工方，必须由工会或职工代表参加，集体合同才能成立。

(2) 集体合同内容包括劳动报酬、工作时间、休息休假、劳动安全卫生、保险福利等事项。在集体合同中，劳动标准是集体合同的核心内容，对个人劳动合同起制约作用。

(3) 集体合同的双方当事人的权利义务不均衡. 其基本上都是强调用人单位的义务，如为劳动者提供合法的劳动设施和劳动条件。

(4) 集体合同采取要式合同的形式，需要报送劳动行政部门登记、审查、备案方为有效。

(5) 集体合同受到国家宏观调控计划的制约，就效力来说，集体合同效力高于劳动合同，劳动合同规定的职工个人劳动条件和劳动报酬标准，不得低于集体合同的规定。

(6) 集体合同是一项劳动法律制度。

(7) 集体合同适用于各类不同所有制企业。

(8) 集体合同的订立，主要通过劳动关系双方的代表或双方的代表组织自行交涉解决。

(9) 集体合同制度的运作十分灵活，没有固定模式，并且经法定程序订立的集体合同对劳动关系双方具有约束力。

(10) 集体合同制度必须遵循的一项重要原则，就是劳动关系双方在平等自愿的基础上相互理解和相互信任。

2. 集体合同的订立程序

(1) 制定集体合同草案。集体合同应由工会代表职工与企业签订，没有建立工会的企业，由职工推举的代表与企业签订。一般情况下，各个企业应当成立集体合同起草委员会或起草小组，主持起草集体合同。起草委员会或起草小组由企业行政和工会各派代表若干人，推选工会和企业行政代表各一人为主席或组长和副主席或副组长。起草委员会或起草小组应当深入进行调查研究，广泛征求各方面的意见和要求，提出集体合同的初步草案。

(2) 审议。劳动和社会保障部于 2004 年颁布的《集体合同规定》第三十六条规定，经双方协商代表协商一致的集体合同草案或专项集体合同草案应当提交职工代表大会或全体职工讨论。职工代表大会或全体职工讨论集体合同草案或专项集体合同草案，应当有 2/3 以上职工代表或职工出席，且须经全体职工代表半数以上或全体职工半数以上同意，集体合同草案或专项集体合同草案方获通过。

（3）签章。集体合同草案经职工大会或职工代表大会审议通过后，由双方首席代表签字或盖章。

（4）登记备案。集体合同签订后，应将集体合同的文本及其各部分附件一式三份提请县级以上劳动行政主管部门登记备案。劳动行政部门有审查集体合同内容是否合法的责任，如果发现集体合同中的项目与条款有违法、失实等情况，可不予登记或暂缓登记，发回至企业对集体合同进行修正。如果劳动行政部门在收到集体合同文本之日起15日内未提出异议的，集体合同即行生效，企业行政、工会组织和职工个人均应切实履行。

（5）公布。集体合同一经生效，企业应及时向全体职工公布。

3. 集体合同的法律效力

集体合同的法律效力是指集体合同的法律约束力。《劳动法》第三十五条规定，依法签订的集体合同对企业和企业全体职工具有约束力。职工个人与企业订立的劳动合同中劳动条件和劳动报酬等标准不得低于集体合同的规定。《劳动合同法》第五十四条第二款规定，依法订立的集体合同对用人单位和劳动者具有约束力。行业性、区域性集体合同对当地本行业、本区域的用人单位和劳动者具有约束力。

4. 集体合同的变更、解除和终止

集体合同的变更是指双方当事人在集体合同没有履行或虽已开始履行但尚未完全履行之前，因订立集体合同的主客观条件发生了变化，依照法律规定的条件与程序，对原合同中的部分条款进行修改、补充的法律行为。所谓集体合同的解除是指集体合同依法签订后，未履行完前，由于某种原因导致当事人一方或双方提前终止集体合同的法律效力，停止履行双方劳动权利义务关系的法律行为。

根据劳动和社会保障部于2004年颁布的《集体合同规定》第三十九条的规定，只需要双方意思表示一致即可以变更或解除集体合同。第四十条规定，有下列情形之一的，可以变更或解除集体合同或专项集体合同：①用人单位因被兼并、解散、破产等原因，致使集体合同或专项集体合同无法履行的；②因不可抗力等原因致使集体合同或专项集体合同无法履行或部分无法履行的；③集体合同或专项集体合同约定的变更或解除条件出现的；④法律、法规、规章规定的其他情形。

此外，该法第四十一条规定，变更或解除集体合同或专项集体合同适用本规定的集体协商程序。

集体合同的终止是指双方当事人约定的集体合同期满或集体合同终止条件出现，以及集体合同一方当事人不存在，无法继续履行劳动合同时，立即终止劳动合同的法律效力。劳动和社会保障部于2004年颁布的《集体合同规定》第三十八条规定，集体合同或专项集体合同期限一般为1～3年，期满或双方约定的终止条件出现，即行终止。集体合同或专项集体合同期满前3个月内，任何一方均可向对方提出重新签订或续订的要求。

(二)劳务派遣

劳务派遣就是由派遣单位通过与用工单位订立劳务派遣协议，将和自己签订劳动合同的劳动者派往用工单位从事劳动的一种用工方式。

随着我国改革开放的不断深化、社会劳动保障制度的完善及新一代求职者就业观念的变化，劳务派遣开始在不同层次的劳动力市场、人才市场得到发展，并顺应国际化的趋势成为今后劳动力市场不断成熟完善的用工模式。劳务派遣制度的意义在于，在尊重企业用人自主权和个人择业自主权的基础上，由人力资源公司直接对企业及其人员提供人事管理和系列化服务。人力资源承担的人力资源派遣服务能够使企业从具体琐碎的人事管理业务中脱身出来，全身心投入企业经营和市场竞争中，也使企业内部人力资源部门人员可以将更多精力关注在人力资源乃至人力资本管理当中。

劳务派遣单位应当依照《公司法》的有关规定设立，注册资本不得少于 200 万元。劳务派遣一般在临时性、辅助性或替代性的工作岗位上实施。劳务派遣单位是本法所称用人单位，应当履行用人单位对劳动的义务，与被派遣劳动者应当订立 2 年以上的固定期限劳动合同，按月支付劳动报酬；派遣劳动者前应当与接受以劳务派遣形式用工的单位(以下称用工单位)订立劳务派遣协议；跨地区派遣劳动者的，被派遣劳动者享有的劳动报酬和劳动条件，按照用工单位所在地的标准执行；用工单位不得将被派遣劳动者再派遣到其他用人单位，也不得自己设立劳务派遣单位向本单位或者所属单位派遣劳动者。

劳务派遣单位不得克扣用工单位按照劳务派遣协议支付给被派遣劳动者的劳动报酬。被派遣劳动者享有与用工单位的劳动者同工同酬的权利。

(三)非全日制用工

近年来，以小时工为主要形式的非全日制用工发展较快。这一用工形式突破了传统的全日制用工模式，适应了用人单位灵活用工和劳动者自主择业的需要，已成为促进就业的重要途径。为规范用工单位非全日制用工行为，保障劳动者的合法权益，促进非全日制就业健康发展，《劳动合同法》对非全日制用工制度作出非常详细的规定。

1. 非全日制用工的概念

非全日制用工是指以小时计酬、劳动者在同一用人单位平均每日工作时间不超过 4 小时，累计每周工作时间不超过 24 小时的用工形式。

从事非全日制工作的劳动者，可以与 1 个或 1 个以上用人单位建立劳动关系。用人单位与非全日制劳动者建立劳动关系，应当订立劳动合同，劳动合同一般以书面形式订立。劳动合同期限在 1 个月以下的，经双方协商同意，可以订立口头劳动合同。但劳动者提出订立书面劳动合同的，应当以书面形式订立。

2. 非全日制用工的工资支付

用人单位应当按时足额支付非全日制劳动者的工资。用人单位支付非全日制劳动者的小时工资不得低于当地政府颁布的小时最低工资标准。非全日制用工的工资支付可以按小时、日、周为单位结算。《劳动合同法》第七十二条规定："非全日制用工劳动报酬结算支付周期最长不得超过 15 日。"

3. 非全日制用工中的试用期禁止性条款

《劳动合同法》第七十条规定："非全日制用工双方当事人不得约定试用期。"用人单位违反本法规定与劳动者约定试用期的，由劳动行政部门责令改正；违法约定的试用期已经履行的，由用人单位以劳动者试用期满月工资为标准，按已经履行的超过法定试用期的期间向劳动者支付赔偿金。

4. 非全日制用工的社会保险

从事非全日制工作的劳动者可以以个人身份参加基本医疗保险，并按照待遇水平与缴费水平相挂钩的原则，享受相应的基本医疗保险待遇。参加基本医疗保险的具体办法由各地劳动保障部门研究制定。从事非全日制工作的劳动者发生工伤，依法享受工伤保险待遇；被鉴定为伤残 5～10 级的，经劳动者与用人单位协商一致，可以一次性结算伤残待遇及有关费用。

5. 劳动合同解除及补偿

《劳动合同法》第七十一条规定："非全日制用工双方当事人任何一方都可以随时通知对方终止用工。终止用工，用人单位不向劳动者支付经济补偿。"

◉ 任务解析

该宾馆在劳动合同中约定在合同期内不得结婚及交纳抵押金都是违反《劳动法》的，该部分的约定无效。根据本案案情，黄某没有严重违反用人单位的工作制度，也未违反劳动合同的相关规定，不存在《劳动合同法》中关于因劳动者违法而用人单位单方解除劳动合同的情形，所以，本案中该宾馆不能单方解除劳动合同。

任务三　劳动基准制度

◉ 任务案例

杨某于 2013 年 4 月来到畅顺服装厂务工，当时签订了 1 年的劳动合同。杨某在畅顺服装厂的 1 年期间，因该厂服装销路较好，所以加班较多。对于加班费，厂方说等到合同期满时与他一次性算清。2014 年 4 月，杨某与服装厂的劳动合同到期，厂方如约给他结算加班费，支付标准为每加班 1 小时 5 元，每加班 1 天 40 元。杨某认为加班费标准过低，多次与厂方交涉但没有结果。另查，合同约定杨某每月工资为 4 000 元。杨某 1 年中加班时间总计为正常工作日加班 200 小时，休息日加班 24 天，法定休假节日加班 4 天。2014 年 7 月，申诉人杨某来到该市劳动争议仲裁委员会申请仲裁，请求仲裁委员会裁决畅顺服装厂按法律规定的标准向其支付加班费。

◉ 具体任务

请为杨某计算出工作一年中共可以要求畅顺服装厂支付多少加班费。

一、劳动基准法概述

劳动基准法是有关劳动报酬和劳动条件最低标准的法律规范的总称。我国的劳动基准法主要由规定劳动标准的各项法律制度构成，包括工时标准、工资标准、职业安全卫生标准等。

二、工作时间制度和休息、休假制度

(一)工作时间制度

工作时间是指职工在用人单位用于完成本职工作的时间。劳动时间具有法定性，是劳动者履行劳动义务和用人单位计发劳动报酬的时间，是实际工作时间与从事相关活动时间的总和。

工作时间立法的意义重大，它保护劳动者身体健康和实现其休息权，可以加强用人单位的劳动管理，提高工时利用率。同时还能促进充分就业，促进经济发展，进而促进社会进步和社会文明。

根据工作时间的长短可以把工作时间划分为工作时、工作日、工作周、工作月，其中工作日是企业适用的最基本形式，那么，就有必要对工作日再进行分类。

1. 标准工作日

标准工作日是指由国家法律规定在一般情况下劳动者从事职业劳动的工作时间。1995年 5 月 1 日起我国实行标准工作日，每日标准工作时间为 8 小时，每周标准工作时间为 40小时。用人单位应当保证劳动者每周至少休息一日。

2. 缩短工作日

缩短工作日是指工作时间短于标准工作日的工作时间制度。主要适用于特殊条件下从事劳动和有特殊情况的职工，需要在每周工作 40 小时的基础上再适当缩短工作时间的，应在保证完成生产和工作任务的前提下，根据《劳动法》第三十六条的规定，由企业根据实际情况决定。主要适用于下列人员：①从事矿山井下、高山、有毒有害、特别繁重或过度紧张等作业的劳动者；②从事夜班工作的职工；③哺乳期内及怀孕 7 个月以上的女职工；④未成年职工。

3. 延长工作日

延长工作日是指长于标准工作日的工作时间制度，即所谓的加班加点。加点是指在正常工作日基础上延长工作时间，加班是指用人单位安排劳动者在法定节假日和公休假日进行工作。加班加点必然占用职工的休息时间，如何有效地控制加班加点？《劳动法》第四十一条规定："用人单位由于生产经营需要，经与工会和劳动者协商后可以延长工作时间，在保障劳动者身体健康的条件下延长工作时间：每日不得超过 1～3 小时；每月不得超过

36 小时。"且在延长工作日的情况下，用人单位应依法向劳动者多支付工资。

4. 不定时工作日

不定时工作日是指每日工作时间不能确定，实行非固定工作时间的工作日。它适用于工作性质和职责范围不能受固定工作时数限制的劳动者。不定时工作日制度主要适用于高级管理人员、外勤人员、推销人员、部分值班人员和其他因工作无法按标准工作时间衡量的职工，如长途运输工人、出租汽车司机和铁路、港口、仓库的装卸人员及因工作性质特殊，需机动作业的职工等。

5. 综合计算工作时间

综合计算工作时间是指分别以周、月、季、年等为周期综合计算工作时间，但其平均日工作时间和平均周工作时间应与法定标准工作时间基本相同的工时制度。它主要适用于从事受自然条件和技术条件影响或限制的季节性或特殊性的工种。实行综合计算工时工作制的企业，在综合计算周期内，如果劳动者的实际工作时间总数超过该周期的法定标准工作时间总数，超过部分应视为延长工作时间。

实行综合计算工作时间的应履行审批手续。例如，中央直属企业实行不定时工作制和综合计算工作制，须经国务院行业主管部门审核，报国务院劳动行政部门批准；地方企业实行不定时工作制和综合计算工作制的审批办法由各省、自治区、直辖市人民政府劳动行政部门制定，报国务院劳动行政部门备案。

(二)休息、休假制度

1. 休息时间的概念

休息时间是指劳动者按法律规定不必从事生产和工作，而由自己自行支配的时间。休息时间是劳动者休息权的体现。工作日内的间歇休息时间，劳动者应在工作 4 小时后有一次间歇休息时间，最短不得少于半小时。工作日之间的休息时间，每个工作日之间的休息时间不得少于 16 小时。

2. 休息、休假的种类

(1) 公休假日。它是指劳动者工作满一个工作周以后的休息时间。《劳动法》规定，每周的休息时间为 2 天，用人单位应当保证劳动者每周至少休息 1 天。

(2) 法定节日休假时间。法定节日是指由国家法律统一规定的用以开展纪念、庆祝活动的休息时间。

法定节日包括：①属于全体公民的法定节日有 11 天。其中元旦，1 月 1 日放假 1 天；春节，正月初一、初二、初三放假 3 天；国际劳动节，5 月 1 日放假 1 天；国庆节，10 月 1 日、2 日、3 日放假 3 天；清明节、端午节、中秋节各 1 天。②属于部分公民的节日有：妇女节 3 月 8 日；青年节 5 月 4 日；儿童节 6 月 1 日；建军节 8 月 1 日。③少数民族习惯的节日，如彝族的每年农历六月二十四日的火把节。④其他纪念日，用于纪念不放假。

属于全体公民的假日，适逢星期六、星期日时，应当在工作日补假；属于部分公民的假日，适逢星期六、星期日的，不补假。

(3) 探亲假。探亲假是指与父母或配偶分居两地而无法在公休日团聚的职工，在一定期限内所享受的带薪假期。探亲假的假期因探视对象不同而有不同的规定，职工探望配偶的每年 1 次，假期为 30 天；未婚职工探望父母的，原则上每年 1 次，假期为 20 天；已婚职工探望父母的每 4 年 1 次，假期为 20 天。

(4) 年休假。年休假是指国家根据劳动者工作年限和劳动的繁重紧张程度每年给予的一定期间的带薪连续休假。享受年休假的对象要满足连续工作 1 年以上的劳动者的条件。但是也有例外的情况，如有寒暑假的教师就不享有年休假。

(5) 婚丧假。婚丧是每个劳动者都会遇到的情况。婚假是指劳动者本人结婚依法享受的假期。劳动者结婚期间，给予一定的假期，并由用人单位如数支付工资的制度。职工本人结婚，可以根据具体情况，由本单位行政领导批准，酌情给予 1～3 天的婚假。晚婚的可以根据情况增加至 7 天的婚假。丧假是指职工本人的直系亲属(父母、配偶和子女)死亡时，可以根据具体情况，由本单位行政领导批准，酌情给予 1～3 天的休假。

职工结婚时双方不在一地工作的而休婚假的、职工在外地的直系亲属死亡时需要职工本人去外地料理丧事的，都可以根据路程远近，另给予路程假。职工在休婚丧假和路程假期间，企业均应当照常发放职工的工资。

三、工资制度

工资即劳动报酬，是指基于劳动关系，用人单位根据劳动者提供的劳动数量和质量，按照法律规定或劳动合同约定，以货币形式直接支付给劳动者的劳动报酬。

(一)分配原则

1. 按劳分配原则

按劳分配是指把劳动量作为个人消费品分配的主要标准和形式，按照劳动者的劳动数量和质量分配个人消费品，多劳多得、少劳少得。

2. 同工同酬原则

同工同酬是指用人单位对于技术和劳动熟练程度相同的劳动者在从事同种工作时，不分性别、年龄、民族、区域等差别，只要提供相同的劳动量，就获得相同的劳动报酬。同工同酬体现一个价值取向：确保贯彻按劳分配这个大原则，即付出了同等的劳动应得到同等的劳动报酬。

(二)工资形式

1. 基本形式

(1) 计时工资。计时工资是指根据劳动者的实际工作时间和工资等级及工资标准检验和支付劳动报酬。按照工人的劳动时间支付的工资，是工资的基本形式之一。工人按一定时间出卖劳动力，工资就要按一定时间来计量和支付，表现为日工资、周工资、月工资等。计时工资实际上是按照劳动时间支付的劳动力价值的转化形式。

(2) 计件工资。计件工资是按照劳动者生产合格产品的数量和预先规定的计件单价计量和支付劳动报酬的一种形式。

2. 辅助形式

(1) 奖金。奖金是对超额劳动的补贴，以现金方式给予的物质鼓励。奖金作为一种工资形式，其作用是对与生产或工作直接相关的超额劳动给予报酬。奖金是对劳动者在创造超过正常劳动定额以外的社会所需要的劳动成果时，所给予的物质补偿。

(2) 津贴。津贴是对劳动者在特殊条件下的额外劳动消耗或额外费用支出给予补偿的一种工资形式，主要有以下几种形式：地区津贴；野外作业津贴；井下津贴；夜班津贴；流动施工津贴；冬季取暖津贴；粮、煤、副食品补贴；高温津贴；职务津贴；放射性或有毒气体津贴。

(3) 补贴。补贴是为了保障劳动者的工资水平不受特殊因素的影响而支付给劳动者的工资形式，如物价补贴、边远地区的生活补贴等。

3. 特殊情况下的工资

(1) 加班工资。凡有固定工作时间的职工，在法定节日或公休假日，因生产和工作的需要，在法定的正常工作时间以外延长工作时间进行工作的，《劳动法》规定，安排劳动者延长时间的，支付不低于工资的150%的工资报酬；休息日安排劳动者工作又不能安排补休的，支付不低于工资的 200%的工资报酬；法定休假日安排劳动者工作的，支付不低于工资的300%的工资报酬。

(2) 履行国家和社会义务期间的工资。职工在工作时间内履行下列国家义务和社会义务时，工资照发。具体情形包括：行使选举权时；当选代表出席区以上的代表会议时；当选为人民法庭的人民陪审员、证明人及辩护人进行该项业务活动时；出席劳动模范、先进工作者大会时；不脱离生产的工会基层委员，因工会活动每月占用生产时间不超过 2 个工作日的；企业行政指定参加会议或群众性活动时。

履行上述义务超过 12 个工作日的，按照本人前 3 个月的平均工资计发工资，不足 12 个工作日的，按照本人前 1 个月的平均工资计发工资。

4. 最低工资保障制度

最低工资是指劳动者在法定工作时间内提供了正常劳动的前提下，其用人单位应当支付的最低劳动报酬。最低工资不包括加班工资，特殊工作环境、特殊条件下的津贴，也不包括劳动者保险、福利待遇和各种非货币的收入。

《《知识链接》》

2016 年我国各地最低工资标准

最低工资标准一般采取月最低工资标准和小时最低工资标准两种形式。最低工资标准适用于全日制就业劳动者，小时最低工资标准适用于非全日制就业劳动者。一般包括奖金和其他补贴，但下列项目不作为最低工资的组成部分，单位应按规定另行支付：①个人依法缴纳的社会保险费和住房公积金；②延长法定工作时间的工资；③中班、夜班、高温、低温、井下、有毒有害等特殊工作环境、条件下的津贴；④伙食补贴(饭贴)、上下班交通费补贴、住房补贴。

最低工资标准一般两年至少调整一次，国家人社部2016年12月13日发布了当年最新全国各地区月最低工资标准情况(截至2016年12月)，其中上海市月最低工资标准达2190元，为全国最高；小时最低工资标准最高的为北京市，达21元。我国具体月最低工资标准详情如表13-1所示：

表13-1 我国月最低工资标准详情

地　区	标准实行日期	月最低工资标准				
		第一档	第二档	第三档	第四档	第五档
北　京	2016.09.01	1890				
天　津	2016.07.01	1950				
河　北	2016.07.01	1650	1590	1480	1380	
山　西	2015.05.01	1620	1520	1420	1320	
内蒙古	2015.07.01	1640	1540	1440	1340	
辽　宁	2016.01.01	1530	1320	1200	1020	
吉　林	2015.12.01	1480	1380	1280		
黑龙江	2015.10.01	1480	1450	1270	1120	1030
上　海	2016.04.01	2190				
江　苏	2016.01.01	1770	1600	1400		
浙　江	2015.11.01	1860	1660	1530	1380	
安　徽	2015.11.01	1520	1350	1250	1150	
福　建	2015.08.01	1500	1350	1230	1130	
江　西	2015.10.01	1530	1430	1340	1180	
山　东	2016.06.01	1710	1550	1390		
河　南	2015.07.01	1600	1450	1300		
湖　北	2015.09.01	1550	1320	1225	1100	
湖　南	2015.01.01	1390	1250	1130	1030	
广　东	2015.05.01	1895	1510	1350	1210	
其中：深圳	2015.03.01	2030				
广　西	2015.01.01	1400	1210	1085	1000	
海　南	2016.05.01	1430	1330	1280		
重　庆	2016.01.01	1500	1400			
四　川	2015.07.01	1500	1380	1260		
贵　州	2015.10.01	1600	1500	1400		
云　南	2015.09.01	1570	1400	1180		
西　藏	2015.01.01	1400				
陕　西	2015.05.01	1480	1370	1260	1190	
甘　肃	2015.04.01	1470	1420	1370	1320	

续表

地 区	标准实行日期	月最低工资标准				
		第一档	第二档	第三档	第四档	第五档
青 海	2014.05.01	1270	1260	1250		
宁 夏	2015.07.01	1480	1390	1320		
新 疆	2015.07.01	1670	1470	1390	1310	

四、劳动保护制度

(一)劳动安全卫生制度

劳动安全卫生是指劳动者在劳动中安全和健康的法律保障，包括劳动安全技术规程、卫生规程、企业安全卫生管理制度等。该制度能有效地防止和减少伤亡事故，避免和降低职业危害，保证职工在劳动过程中的安全和健康；改善劳动条件，保护劳动力；促进生产率的提高和技术的进步；有利于保护女职工和未成年职工的合法权益。劳动者在劳动安全卫生方面享有一些基本权利的同时也要承担相应的义务。

劳动者在劳动安全卫生中享有知情权，劳动者有权了解工作内容、相关劳动安全信息、职业病可能性、用人单位的具体劳动安全保障措施等。当劳动内容违反合同约定或违反国家法律规定，不能达到相关安全保障的标准时，劳动者有权利拒绝劳动作业。

劳动者在劳动安全卫生中享有劳动卫生保障权，劳动者享受劳动保险的保障权利，当权益受损时有获得相应救济的权利。

劳动者在劳动安全卫生中享有批评、检举和控告权。同时，劳动者在劳动安全卫生中也要履行相应的义务。例如，遵守安全操作规程、规章制度，正确使用劳动防护用品，听从指挥、报告等义务。

(二)特殊的劳动保护制度

特殊保护主要是针对女职工和未成年职工的一些特别规定。女职工是指一切以工资收入为主要生活来源的女性劳动者，包括从事体力劳动和脑力劳动的妇女。未成年职工是指年满 16 周岁未满 18 周岁的劳动者。女职工和未成年职工特殊保护是指针对女职工和未成年职工的身体结构、生理特点及其各自的特殊需要，在劳动方面对他们的特殊权益的法律保障。

1. 女职工的特殊劳动保护

针对女职工的自身生理特点，女职工的保护主要体现在工作内容及女职工特殊生理期间的相关规定。

女职工禁忌劳动范围包括：矿山井下作业；森林业伐木、归楞及流放作业；达到第四级以上体力劳动强度的作业；建筑业脚手架的组装和拆除作业，以及电力、电信行业的高处架线作业；连续负重每次负重超过 20 千克，间断负重每次负重超过 25 千克的作业。

女职工"四期"保护是指对妇女生理机能变化过程中的保护，一般指女职工的经期、孕期、产期、哺乳期的保护。这种保护，不仅是对女职工本身，同时也是对下一代安全和健康的保护。

女职工在月经期间，不得安排其从事高空、低温、冷水和国家规定的第三级体力劳动强度的劳动，如食品冷库内及冷水等低温作业；已婚待孕女职工禁忌从事铅、汞、苯、镉等属于《有毒作业分级》国家标准中的三、四级的作业。女职工生育享受 98 天产假，其中产前可以休假 15 天；难产的，应增加产假 15 天；生育多胞胎的，每多生育 1 个婴儿，可增加产假 15 天。女职工怀孕未满 4 个月流产的，享受 15 天产假；怀孕满 4 个月流产的，享受 42 天产假。女职工产假期间工资照发。关于哺乳期保护，有不满一周岁婴儿的女职工，其所在单位应当在每班劳动时间内给予两次哺乳(含人工喂养)时间，每次 30 分钟。女职工在哺乳期内，所在单位不得安排其从事国家规定的第三级体力劳动强度的劳动和哺乳期禁忌从事的劳动，不得安排其延长工作时间和夜班劳动。

2. 未成年职工的特殊保护

针对未成年人的特殊性，劳动法从工作内容和工作时间等方面做了特殊规定。不得安排未成年职工从事矿山井下、有毒有害、国家规定的第四级体力劳动强度的劳动和其他禁忌从事的劳动。国家规定未成年职工实现缩短工作时间。用人单位应安排工作岗位之前、工作满一年及年满 18 周岁，距前一次的体检时间已超过半年的未成年职工定期进行健康检查。

◎ 任务解析

(1) 杨某的日工资为 3 000 元÷21.75 天=137.93 元；小时工资为 137.93 元÷8 小时=17.24 元。

(2) 工作日加班 200 小时的工资为：17.24 元×200 小时×150%=5 172 元；休息日加班 24 天的工资为：137.93 元×24 天×200%=6 620.64 元；法定休假节日加班 4 天的工资为：137.93 元×4 天×300%=1 655.16 元，因此杨某可以要求畅顺服装厂支付一年内的加班费共计 13 447.80 元。

任务四　劳动争议解决

◎ 任务案例

某国有企业设立了劳动争议调解委员会，由 5 名调解员组成，由该企业人事处副处长担任调解委员会主任。2014 年 2 月 5 日，职工张某因工作表现不佳被企业扣发了部分工资，张某不服与企业发生争执。企业提出必须先在本企业设立的劳动争议调解委员会先行调解。张某不同意调解，劳动争议仲裁委员会在企业提交申请后宣布维持企业的处理决定，而张某在争议发生后一个月内直接向人民法院提起诉讼。

◎ 具体任务

(1) 该企业劳动争议调解委员会的组成是否合法？为什么？

(2) 该企业劳动争议调解委员会的做法是否合法？为什么？

(3) 人民法院是否应该受理张某的起诉？为什么？

理论认知

一、劳动争议的概念

劳动争议又称劳动纠纷，是指劳动关系双方当事人之间因劳动的权利与义务发生分歧而引起的争议。劳动争议发生在用人单位与劳动者之间。根据我国《劳动争议调解仲裁法》的规定，劳动争议的范围包括：①因确认劳动关系发生的争议；②因订立、履行、变更、解除和终止劳动合同发生的争议；③因除名、辞退和辞职、离职发生的争议；④因工作时间、休息休假、社会保险、福利、培训及劳动保护发生的争议；⑤因劳动报酬、工伤医疗费、经济补偿或赔偿金等发生的争议；⑥法律、法规规定的其他劳动争议。

二、劳动争议解决机构

在我国，劳动争议解决机构主要有企业内设的劳动争议调解委员会和基层人民调解组织、劳动争议仲裁委员会及人民法院。其中，劳动争议仲裁委员会比较特殊，是指县、市、市辖区设立的裁处企业与职工之间发生的劳动争议的组织机构。劳动争议仲裁委员会不按行政区划层层设立。劳动仲裁会是劳动争议的法定前置程序受理和处理机构。

劳动争议仲裁委员会由劳动行政部门代表、同级工会代表、用人单位方面的代表组成，成员数量为单数。劳动争议仲裁委员会设主任一人，副主任一至三人，委员若干人。主任由同级人民政府分管领导或人力资源社会保障行政部门主要负责人担任，副主任由仲裁委员会委员产生。仲裁委员会主任、副主任、委员由同级人民政府任命。仲裁委员会委员的确认或更换，须报同级人民政府批准。

根据《劳动争议调解仲裁法》的规定，劳动争议处理机构处理劳动争议案件应当遵循合法、公正、及时处理的原则，注重调解。在处理劳动争议的过程中，应当注重运用调解方式解决劳动争议，不仅基层调解机构应当疏导当事人达成调解协议，而且仲裁机构在裁决前、人民法院在判决前，也应当先行调解，调解不成才进入下一道程序。

三、劳动争议解决的方式与程序

发生劳动争议，劳动者可以与用人单位协商，也可以请工会或第三方共同与用人单位协商，达成和解协议。当事人不愿协商、协商不成或达成和解协议后不履行的，可以向调解组织申请调解；不愿调解、调解不成或达成调解协议后不履行的，可以向劳动争议仲裁委员会申请仲裁；对仲裁裁决不服的，除法律另有规定外，可以向人民法院提起诉讼。

(一)协商

协商是指发生劳动争议的双方当事人在没有第三人参与的情况下，通过双方平等对话、互谅互让并作出必要的妥协而达成和解的劳动争议处理方式。协商不是劳动争议处理的必经程序。

(二)调解

调解是指在第三人的参与下,通过说服、劝导促成争议双方达成和解。劳动争议调解一般是指在企业调解委员会的主持下,当事人双方自愿进行的调解。此外,当事人可以向依法设立的基层人民调解组织或乡镇、街道设立的具有劳动争议调解职能的组织申请调解。调解不是劳动争议处理的必经程序。

根据《劳动争议调解仲裁法》规定,发生劳动争议时当事人可以到下列调解组织申请调解,所谓的第三人就是调解组织:①企业劳动争议调解委员会;②依法设立的基层人民调解组织;③在乡镇、街道设立的具有劳动争议调解职能的组织。其中,企业劳动争议调解委员会是主要的调解组织。

调解达成协议的,应当制作调解协议书。调解协议书由双方当事人签名或盖章,经调解员签名并加盖调解组织印章后生效,对双方当事人具有约束力,当事人应当履行。

自劳动争议调解组织收到调解申请之日起 15 日内未达成调解协议的,当事人可以依法申请仲裁。达成调解协议后,一方当事人在协议约定期限内不履行调解协议的,另一方当事人可以依法申请仲裁。

(三)仲裁

劳动争议仲裁委员会是依法设立的,经国家授权依法独立仲裁处理劳动争议案件的专门机构。仲裁庭是劳动争议仲裁委员会处理劳动争议案件的基本组织形式。仲裁委员会处理劳动争议案件实行仲裁庭制度,依照"一案一庭"的原则组成仲裁庭,受理劳动争议案件。

劳动争议仲裁的参加人包括:①当事人,即发生劳动争议的劳动者和用人单位,劳务派遣单位或用工单位与劳动者发生劳动争议的,劳务派遣单位和用工单位为共同当事人;②第三人,即与劳动争议案件的处理结果有利害关系的第三人,可以申请参加仲裁活动或由劳动争议仲裁委员会通知其参加仲裁活动;③代理人,当事人可以委托代理人参加仲裁活动,委托他人参加仲裁活动,应当向劳动争议仲裁委员会提交有委托人签名或盖章的委托书,委托书应当载明委托事项和权限。

劳动争议由劳动合同履行地或用人单位所在地的劳动争议仲裁委员会管辖。双方当事人分别向劳动合同履行地和用人单位所在地的劳动争议仲裁委员会申请仲裁的,由劳动合同履行地的劳动争议仲裁委员会管辖。

《劳动争议调解仲裁法》规定,劳动争议申请仲裁的时效期间为一年。仲裁时效期间从当事人知道或应当知道其权利被侵害之日起计算。

当事人向仲裁委员会申请仲裁,应当提交书面仲裁申请,并按照被申请人人数提交副本。书写仲裁申请确有困难的,可以口头申请,由劳动争议仲裁委员会记入笔录,并告知对方当事人。劳动争议仲裁委员会收到仲裁申请之日起 5 日内,认为符合受理条件的,应当受理,并通知申请人;认为不符合受理条件的,应当书面通知申请人不予受理,并说明理由。劳动争议仲裁委员会受理仲裁申请后,应当在 5 日内将仲裁申请书副本送达被申请人。被申请人收到仲裁申请书副本后，应当在 10 日内向劳动争议仲裁委员会提交答辩书。劳动争议仲裁委员会收到答辩书后，应当在 5 日内将答辩书副本送达申请人。被申请人未提交答辩书的，不影响仲裁程序的进行。

仲裁庭在作出裁决前，应当先行调解。调解达成协议的，仲裁庭应当制作调解书。调解书应当写明仲裁请求和当事人协议的结果。调解书由仲裁员签名，加盖劳动争议仲裁委员会印章，送达双方当事人。调解书经双方当事人签收后，发生法律效力。

在调解不成或者调解书送达前，一方当事人反悔的前提下，仲裁庭应当及时作出裁决。一般的劳动争议案件，劳动争议仲裁委员会应自受理仲裁申请之日起 45 日内作出裁决。案情复杂需要延期的，经劳动争议仲裁委员会主任批准，可以延期并书面通知当事人，但是，延长期限不得超过 15 日。

仲裁是指由公正的第三人居中裁决纠纷。劳动争议的仲裁是指由依法设立的劳动争议仲裁委员会按照法定程序对劳动争议所从事的仲裁活动。仲裁是劳动争议处理的必经程序。"必经程序"是相对于诉讼程序而言的，即不经仲裁程序不能进入诉讼程序。按照《劳动争议调解仲裁法》的规定，部分劳动争议案件实行有条件的"一裁终局"。

(四)诉讼

诉讼是人民法院通过审判程序解决劳动争议纠纷的活动。协商和调解不是仲裁和诉讼的必经程序，仲裁是诉讼的必经程序。仲裁前置有两种例外情况，一是劳动者以用人单位的工资欠条为证据直接向人民法院起诉，诉讼请求不涉及劳动关系其他争议的，视为拖欠劳动报酬争议，按照普通民事纠纷受理，不必经过仲裁程序；二是根据《劳动争议调解仲裁法》规定，部分劳动争议实行有条件的"一裁终局"。例如，因追索劳动报酬、工伤医疗费、经济补偿或赔偿金，不超过当地月最低工资标准 12 个月金额的争议，以及因执行国家劳动标准在工作时间、休息休假、社会保险等方面发生的争议等案件的裁决，劳动者在法定期限内不向法院提起诉讼、用人单位向法院提起撤销仲裁裁决的申请被驳回的情况下，仲裁裁决为终局裁决，裁决书自作出之日起发生法律效力。

当事人对上述"一裁终局"的劳动争议裁决以外的其他劳动争议案件的仲裁裁决不服的，可以自收到仲裁裁决书之日起 15 日内向人民法院提起诉讼；期满不起诉的，裁决书发生法律效力。它是解决劳动争议的最终程序。人民法院审理劳动争议案件适用《民事诉讼法》规定的诉讼程序。

劳动争议诉讼是指人民法院在劳动争议双方当事人和其他诉讼参与人的参加下，依法审理和解决劳动争议案件的活动。

任务解析

(1) 企业的劳动争议调解委员会的组成不合法，应该由企业的工会、职工代表和企业代表组成，且调解委员会的主任应该由工会代表担任。

(2) 该调解委员会的做法不合法，企业调解委员会的调节并不是劳动争议的必经程序，不是必须先行调解。

(3) 人民法院不应该受理张某的起诉，因为劳动争议仲裁委员会的仲裁是劳动争议解决的必经程序，未经仲裁的人民法院不予受理。

项 目 小 结

本项目主要介绍了劳动法、劳动合同法和社会保障法。其中，重点的内容有劳动关系、劳动法律关系等概念，劳动合同的签订、终止、解除等规定，以及劳动基准制度包括工作时间和休息休假制度和工资制度，最后是社会保障制度包括社会保险、社会救助、社会福利和社会优抚。除此以外，重点、难点是劳动争议的解决机制包括解决争议的机构、程序。

实 训 练 习

【实训项目】模拟签订劳动合同。

【实训操作及要求】将班级学生每 4 人分为一组，每组再分成两部分同学，一部分为用人单位，一部分为劳动者。模拟用人单位与劳动者之间就劳动合同中的主要条款进行谈判，并制作一份规范的劳动合同。

理 论 复 习

一、单项选择题

1. 现行的《中华人民共和国劳动法》生效施行的时间是(   )。
   A. 1994 年 1 月 1 日　　　　　　　B. 1994 年 7 月 5 日
   C. 1995 年 1 月 1 日　　　　　　　D. 1995 年 7 月 5 日

2. 下列社会关系中，属于劳动法调整的与劳动关系有密切联系的其他社会关系的是(   )。
   A. 劳动者在用人单位的社会劳动过程中与其他劳动者之间的关系
   B. 劳动者与用人单位在实现社会劳动过程中所产生的关系
   C. 工会组织与其所在的用人单位之间的关系
   D. 张某与某企业之间存在的劳务关系

3. 下列主体适用《劳动合同法》的有(   )。
   A. 国家机关公务员　　　　　　　　B. 事业单位职工
   C. 家庭保姆　　　　　　　　　　　D. 计算机公司硬件组装员

4. 不得招用不满 16 周岁未成年人的用人单位是(   )。
   A. 东方歌舞团　　　　　　　　　　B. 上海杂技团
   C. 山丹编织厂　　　　　　　　　　D. 国家体操队

5. 下列事项中所形成的法律关系由劳动法调整的是(   )。
   A. 丙公司为其职工购房，向银行提供担保
   B. 某国家机关招聘公务员

　　C. 农民李某每日支付给帮忙收割的邻居 50 元

　　D. 女工赵某被公司拖欠工资 5 000 元

二、多项选择题

1. 在就业时，需照顾的特殊群体人员包括(　　)。

　　A. 妇女　　　　　　　　　B. 残疾人　　　　　　　　C. 未成年职工

　　D. 少数民族人员　　　　　E. 退役军人

2. 下列人员中肯定不能享受失业保险待遇的有(　　)。

　　A. 因严重违反劳动纪律而被用人单位依法解除劳动合同的劳动者

　　B. 自行离职的劳动者

　　C. 缴纳失业保险费未满 1 年的劳动者

　　D. 移居境外的劳动者

　　E. 被判刑收监执行的劳动者

3. 下列人员中适用《劳动法》的有(　　)。

　　A. 国有企业的党委书记　　　　　B. 实行企业化管理的某文工团的演员

　　C. 重庆八中的高中老师　　　　　D. 某私营企业的农民工

　　E. 家庭佣人

4. 下列收入中属于《劳动法》所称的工资的有(　　)。

　　A. 高温津贴　　　　　　　B. 交通费补贴　　　　　　C. 失业保险金

　　D. 延长工作时间劳动报酬　E. 国家星火奖

5. 下列纠纷中属于劳动争议的有(　　)。

　　A. 劳动者与用人单位因内部集资而产生的纠纷

　　B. 劳动者与用人单位因执行国家有关劳动保护的规定而产生的纠纷

　　C. 劳动者因不服从用人单位调动其工作岗位而与单位产生的纠纷

　　D. 劳动者因有执行计划生育而被用人单位解除劳动合同而发生的纠纷

　　E. 劳动者再就业中因受到性别歧视而与招工单位发生的纠纷

三、案例分析题

1. 龙某是某市从事货物运输经营活动的个体经营者，长期雇用 3 个工人为其工作，并为 3 人缴纳社会保险费。2016 年 11 月，龙某承接了一项运输水泥电线杆的业务。2016 年 11 月 12 日开始运输后，龙某认为 3 人无法完成预定的运输任务，经其雇工之一张某介绍，张某的邻居钟某参加运输，龙某与钟某约定完成这次运输任务后即不再雇用钟某，费用一次性付给钟某。钟某和张某在卸车过程中，不慎被滑落的水泥电线杆压伤。2017 年 1 月 9 日，钟某和张某的家属向该市劳动局申请，要求对钟某和张某的受伤作出工伤事故认定。

试问:

(1) 龙某与其雇工张某之间是何种法律关系? 张某的受伤应如何处理? 为什么?

(2) 龙某与钟某之间是何种法律关系? 钟某的受伤应如何处理? 为什么?

2. 某私营企业招聘员工，出生于 1986 年 7 月的赵某应聘，双方签订了 1 年期的劳动合同，试用期为 30 天，从事货物装卸工作，并规定如赵某提前解除劳动合同视为违约，应支付违约金 1 000 元。赵某工作 2 个月后，感到货物装卸工作过于繁重，体力不支，于是向该私营企业提出解除劳动合同。该私营企业认为其行为构成违约，要求赵某支付违约金，赵某不同意，双方发生争议，该私营企业即以赵某为被申诉人向劳动争议仲裁委员会提出仲裁申请，要求裁决赵某承担违约责任，支付违约金。

试问赵某与该私营企业是否存在劳动法律关系。

3. 王某于 2016 年 8 月经招工考试被某企业录用，并签订为期 3 年的劳动合同。2017 年 8 月，企业以王某连续旷工 28 天，严重违反劳动纪律为由，对其作出除名并解除劳动合同的处理，同时开具退工单。王某不服，向当地劳动争议仲裁委员会提出申诉，要求维持劳动关系。仲裁委员会经调查确认，王某入厂以来，确有迟到、早退现象，最近半年以来，还常常完不成定额，2017 年 5 月又擅自出走 28 天。同时在调查中也听许多职工反映王某精神不正常，于是委托当地的劳动能力鉴定部门做了鉴定，证实王某患有精神分裂症。企业在仲裁过程中要求将退工理由改为"不符合录用条件"。

试问：

(1) 企业的处理是否正确？为什么？

(2) 仲裁委员会是否应当接受企业变更退工理由的请求？为什么？

(3) 本案应当如何裁决？

(4) 仲裁委员会作出裁决后，企业应如何处理？

新 法 列 表

中华人民共和国民法总则
(中华人民共和国主席令第六十六号)

《中华人民共和国民法总则》已由中华人民共和国第十二届全国人民代表大会第五次会议于 2017 年 3 月 15 日通过，现予公布，自 2017 年 10 月 1 日起施行。

中华人民共和国主席 习近平

2017 年 3 月 15 日

中华人民共和国社会保险法
(中华人民共和国主席令第三十五号)

《中华人民共和国社会保险法》已由中华人民共和国第十一届全国人民代表大会常务委员会第十七次会议于 2010 年 10 月 28 日通过，现予公布，自 2011 年 7 月 1 日起施行。

中华人民共和国主席 胡锦涛

2010 年 10 月 28 日

中华人民共和国食品安全法
(中华人民共和国主席令第九号)

《中华人民共和国食品安全法》已由中华人民共和国第十一届全国人民代表大会常务委员会第七次会议于 2009 年 2 月 28 日通过，现予公布，自 2009 年 6 月 1 日起施行。

中华人民共和国主席 胡锦涛

2009 年 2 月 28 日

《中华人民共和国食品安全法》已由中华人民共和国第十二届全国人民代表大会常务委员会第十四次会议于 2015 年 4 月 24 日修订通过，现将修订后的《中华人民共和国食品安全法》公布，自 2015 年 10 月 1 日起施行。

中华人民共和国主席 习近平

2015 年 4 月 24 日

工伤保险条例(2010 修订)
(国务院令第 586 号)

《国务院关于修改〈工伤保险条例〉的决定》已经 2010 年 12 月 8 日国务院第 136 次常务会议通过，现予公布，自 2011 年 1 月 1 日起施行。

总理 温家宝

2010 年 12 月 20 日

中华人民共和国劳动合同法实施条例
(国务院令第 535 号)

《中华人民共和国劳动合同法实施条例》已经 2008 年 9 月 3 日国务院第 25 次常务会议通过，现予公布，自公布之日起施行。

总理 温家宝

2008 年 9 月 18 日

中华人民共和国道路交通安全法(2007 修正)
(中华人民共和国主席令第八十一号)

《全国人民代表大会常务委员会关于修改〈中华人民共和国道路交通安全法〉的决定》已由中华人民共和国第十届全国人民代表大会常务委员会第三十一次会议于 2007 年 12 月 29 日通过，现予公布，自 2008 年 5 月 1 日起施行。

中华人民共和国主席 胡锦涛

2007 年 12 月 29 日

《全国人民代表大会常务委员会关于修改〈中华人民共和国道路交通安全法〉的决定》已由中华人民共和国第十一届全国人民代表大会常务委员会第二十次会议于 2011 年 4 月 22 日通过，现予公布，自 2011 年 5 月 1 日起施行。

中华人民共和国主席 胡锦涛

2011 年 4 月 22 日

缺陷汽车产品召回管理条例
(国务院令第 626 号)

《缺陷汽车产品召回管理条例》已经 2012 年 10 月 10 日国务院第 219 次常务会议通过，现予公布，自 2013 年 1 月 1 日起施行。

总理 温家宝

2012 年 10 月 22 日

参 考 文 献

[1] 李昌麒. 经济法学[M]. 北京：中国政法大学出版社，2007.

[2] 陈领会，杨家洪. 新编经济法[M]. 北京：电子工业出版社，2011.

[3] 朱弈锟. 商法学[M]. 北京：北京大学出版社，2009.

[4] 韩长印. 破产法学[M]. 北京：中国政法大学出版社，2007.

[5] 王欣新. 破产法[M]. 北京：中国人民大学出版社，2011.

[6] 冯强，郭彦桃. 经济法[M]. 北京：北京理工大学出版社，2009.

[7] 刘成高，张淑芳. 经济法[M]. 成都：西南财经大学出版社，2010.

[8] 何辛，梁敏. 新编经济法实用教程[M]. 大连：大连理工大学出版社，2009.

[9] 华本良. 经济法概论[M]. 大连：东北财经大学出版社，2008.

[10] 李昌麒. 经济法学[M]. 北京：中国政法大学出版社，2007.

[11] 潘静成，刘文华. 经济法学[M]. 北京：中国人民大学出版社，2005.

[12] 李正华. 经济法[M]. 北京：中国人民大学出版社，2009.

[13] 漆多俊. 经济法基础理论[M]. 武汉：武汉大学出版社，2000.

[14] 连有，秦敏，林小毅. 经济法实务[M]. 南京：南京大学出版社，2013.

[15] 王亦平. 经济法学[M]. 北京：北京大学出版社，2007.

[16] 庄建伟. 经济法典型案例集解[M]. 上海：上海人民出版社，2008.

[17] 曲振涛，王福友. 经济法[M]. 北京：高等教育出版社，2007.